CSSCI 来源集刊

语言研究集刊

Bulletin of Linguistic Studies

第二十三辑

复旦大学汉语言文字学科
《语言研究集刊》编委会

上海辞书出版社

《语言研究集刊》网址：http://yjjk.chinajournal.net.cn/

《语言研究集刊》编委会

主　　　编　陈忠敏

编　　　委　（按姓氏拼音排列）

　　　　　　陈忠敏　傅　杰　龚群虎

　　　　　　刘　钊　杨剑桥　游汝杰

编　辑　部　陈振宇　霍四通　刘　娇

　　　　　　盛益民　陶　寰　张新华（主任）

本辑英文审订　冯予力

责　任　编　辑　马　沙

封　面　设　计　杨钟玮

目 录

"换"类动词的语义特点及其所构成的句式 …………… 卢英顺（1）
"值得"句的构式形成和意义浮现 ………………………… 蔡淑美（14）
从互动看"这/那种"的功能 ……………………………… 殷志平（29）
"把NP给VP"句研究的检讨与反思 …………………… 程亚恒（47）
认知语法视角下的论元交替机制研究：以汉语两类保留宾语句
  为例 ……………………………………………………… 王立永（60）
言说动词"操"可后接"上" …………………………… 吕 佩 余义兵（76）
论新闻标题中"料"的语义演变 …………………… 仇立颖 李双剑（87）
构式形态学视阈下词语复合与派生的统一阐释 ………… 袁 野（100）
现代汉语动名型复合词义位内部组合研究 ……… 宋贝贝 苏新春（115）
句末语气助词"的"的来源和形成机制 ………………… 梁银峰（131）
近代汉语"只顾"的词汇化和语法化 …………………… 宗守云 姚海斌（152）
从假设否定到选择再到建议
  ——"再不"的成词与演变 …………………………… 刘红妮（164）
白话小说口语词辨释 ……………………………………… 李伟大（175）
19世纪传教士方言课本《温州话入门》中虚词的官话
  成分 ……………………………………………… 袁 丹 胡婷婷（184）
基于变量组配的敬称选择系统研究 ……………………… 邵长超（197）
21世纪以来汉语语篇研究的现状与趋势 ……… 黄 兵 张晓雨（211）
使用蚁群仿生算法的元音演化模拟 ……………………… 焦 磊（223）
语言经验对声调感知的影响
  ——以普通话母语者和大田话母语者对阴平和上声的感知
  为例 ……………………………………………………… 吴生毅（240）
纳西语与鼻音相关的语音演变 ……………… 李子鹤 潘晶晶 戴虎腾（254）
山东莒县方言尖团音的社会地理语言学研究 …………… 亓海峰（271）
上海话阴声韵元音的声学动态特征研究 ………………… 凌 锋（280）
《同音字类标韵》的音韵特点与音系性质 ……………… 王佳亮（295）

《音韵崇正》音系述评……………………………………周赛华(313)
《汉语大词典》补订九则……………………………………蒋远桥(324)

CONTENTS ……………………………………………………（332）
稿约 ……………………………………………………………（343）

"换"类动词的语义特点及其所构成的句式

卢英顺

提要 文章所说的语义指的是"换"类动词所能激活的认知要素。句式是指基于某一认知图景所激活的认知要素在经过两次凸显以后在句法上的排列格式。根据这些要素在句法结构上的映射情况对相关句式进行详细的描写,根据认知图景的层次性探讨"换"类动词内部句法、语义上的异同,并对相关的现象进行解释。

关键词 认知图景;句式;"换"类动词

一、引 言

本文所说的"换"类动词包括"换、替换、调换、兑换、交换、更换"等,其中,"换"的使用频率最高。这些动词以"换"为语义基础,构成现代汉语语汇系统的一个子语义场。根据系统论和语义场的思想,属于同一语义场内的不同成员,它们之间除具有相同之处以外,也会存在着相异的地方。揭示其语义、句法上的异同,不仅有助于更好地理解相关词语的用法,对对外汉语教学更具有参考价值。吕叔湘(1983)在《汉语研究工作者的当前任务》一文中曾经指出:"对于从小就说汉语的人来说,用法的说明似乎更重要。回顾起来,我们的语法研究工作不免有些偏颇,对于用法的研究是非常不够的。"时至今日,至少在动词的用法研究方面似乎没有明显的改观。而"动词研究是汉语语法研究中的第一号重要课题,也是语法研究中最复杂的问题……动词是一般句子里最重要的部分,以动词为谓语或谓语中心词的句子最多,句型最为丰富"。(胡裕树,范晓 1995)

孟琮等编(1987)《动词用法词典》中虽然有对"换"类动词用法的一些描写,但从句式描写的角度来看,显得过于简单。鲁川主编(1994)《动词大词典》对"换"的用法的描写虽然较前者细致,但其着眼点在解说相关的语义角色而不在该类动词所构成的句式。况且,我们这里所说的语义成分不同于一般所说的语义角色,因此我们也不用"施事""受事"这样的术语。吕叔湘主编(2001)《现代汉语八百词》虽然也涉及"换"类动词的用法情况,但也过于简单。笔者尚未看到学界对"换"类动词的专题研究论文,由于它们的平常性,一般语法论著似也未曾涉及。然而这对词语的用法研究,尤其是对动词的用法研究,很有必要。对把汉语作为第二语言来学习的人来说,仅仅掌握词语的意义是远远不够的,这充其量只能有助于阅读,而不能正确地运用相关词语来造句,致使自己在词汇的掌握程度上停留在被动接受阶段而难以达到主动运用阶段。

本文所说的语义指的是"换"类动词所能激活的认知要素。我们将根据这些要素在句法结构上的映射情况描写相关的句式。

二、句式描写的理论基础及描写标准

本文对"句式"的理解采用卢英顺(2016,2017b)的观点,即"句式是指基于某一认知图景①所激活的认知要素在经过两次凸显以后在句法上的排列格式"。其中"两次凸显"的意思是:在认知图景所激活的认知要素中选择哪些要素(语义成分)在句法结构中表现出来,这是第一次凸显;在所选的认知要素中再选择哪个要素作话题,哪个要素作焦点,这涉及要素的排列顺序问题,这是第二次凸显。(卢英顺 2008,2017a$^{31\text{-}38}$)经过这两次凸显之后所产生的现实的句子是我们进行句式描写的基础。

在对现实句子句式进行概括、描写的时候,我们还需要一个描写的标准。我们大体上遵循胡裕树(1984)确定汉语句型的标准,其主要思想是,扩展和省略、隐含不影响句型的性质。需要指出的是,所谓"扩展"应该理解为"'在原有最简的、可以成立的句子的基础上所进行的扩展',而不能简单地把定语和状语一律看作扩展成分。有些句子去掉定语或状语以后就不能成立,这样的定语或状语就不能看作扩展成分"(卢英顺 2017b)。这是从句型的确定的角度来看的扩展。从我们对句式描写的角度来看,所谓扩展是在

---

① 关于"认知图景"概念可参阅卢英顺(2005)《认知图景与句法、语义成分》,或者卢英顺(2017a)^5《认知图景:理论构建及其运用》。

相关认知要素凸显基础上的扩展。这意味着如果某认知要素在句法结构中删除后句子依然成立,从句型的角度看,这是扩展成分,而从我们所说的句式角度看,它不是扩展成分。请比较下列两例:

(1) 我说:"又想<u>用你那双布鞋</u><u>换</u>?"(梁晓声《一个红卫兵的自白》)
(2) 她赶快命令一个人:"带这些小鬼到浴池去洗洗澡,再找几套棉衣<u>给他们</u><u>换</u>上!"(梁晓声《一个红卫兵的自白》)

例(1)中,"用你那双布鞋"如果去掉,说成"又想换?"句子仍然成立,但我们不把它看作扩展成分,因为"你那双布鞋"是"换"所能激活的认知要素之一。而例(2)中的"给他们"则不然,其中的"他们"不是"换"激活的认知要素,所以"给他们"是扩展成分。

三、"换"类动词的语义特点及其所构成的句式

"换"类动词的语义特点,可以从两个方面去考察:一是动词本身所具有的语义特征,二是该类动词能带什么样的语义成分。本文着重描写这类动词所构成的句式,所以一般情况下我们不涉及前者,只涉及该类动词能带哪些语义成分?是什么样的语义成分?

"换"类动词认知图景能够激活的要素有:"换"行为的实施者(用 A 表示)、用来换东西的东西或者用来替换的东西(用 M 表示)、换后所得的东西或者被替换的对象①(用 O 表示),往往还涉及交换的对象,即跟谁换(用 R 表示)。这几个认知要素就是"换"类动词潜在的语义成分。由于这些动词内部自身语义上的特点,相关语义成分在句法结构的映射上会有一些差异。

根据两次凸显的情况,"换"类动词所构成的句式主要有以下几种:

1. A—用/拿/以 M—V—O 式

这种句式凸显了行为实施者(A)、用来换东西的东西(M)和"换"行为发生后所得的东西(O),并且以 A 为主题/主语,以 O 为焦点。例如:

---

① 换后所得的东西和被替换的对象虽然在语义上有所不同,但它们也有共同之处,即都是用另外的东西来置换的。故为了描写的方便,我们干脆把它们合并起来处理,在具体分析时,可以指出其语义上的差异。

(3) 正愁得没法儿,<u>一个上海的红卫兵</u>,凑过来与我商议,要拿<u>一双新布鞋</u>,**换**<u>我抢到手那块矿石</u>。(梁晓声《一个红卫兵的自白》)

(4) 往往是换到天黑不得不收摊儿时,以<u>我家的萝卜</u>,**换**<u>你家的白菜</u>,或以<u>你家的小葱</u>,**换**<u>我家的大蒜罢了</u>。(梁晓声《钳工王》)

(5) 不过,用<u>少将军服</u>**换**<u>套油渍麻花的伙夫衣服</u>,再用锅灰在脸上抹几把混进俘虏堆里,还是来得及的。(张正隆《雪白血红》)

例(3)中,"一个上海的红卫兵"是"换"行为的实施者,"一双新布鞋"是用来换东西的东西,"我抢到手那块矿石"是"换"行为发生后所得的东西。例(4)和例(5)类似,只不过这后两者的行为实施者承前文省略了。

在所搜集的语料中我们发现,认知要素 M 有时以变体的形式出现,即它不是做"用"等的宾语,而是做"换"所在小句前面一个小句某动词的宾语,偶尔做介词"把"的宾语。例如:

(6) <u>我便卖掉身上唯一值钱的手表</u>,**换**<u>了七十元</u>,买张去南通的车票。(冯骥才《一百个人的十年》)

(7) 他每月把钢镚儿全用纸包起来,一分一分算哪,什么钱买什么,只有发工资那天吃两毛钱肉,全指我那十七块工资;后来把<u>家具上的铜把手</u>都拆了卖了,**换**<u>点儿面粉</u>给孩子吃。(冯骥才《一百个人的十年》)

(8) 要把<u>白本子</u>(汽车司机的练习执照是白色的)**换**<u>成红本子</u>(正式的汽车司机驾驶证是红色的)。(蒋子龙《赤橙黄绿青蓝紫》)

例(6)中,做"卖掉"宾语的"身上唯一值钱的手表"实际上是"换"激活的认知要素 M。例(7)中,介词"把"的宾语"家具上的铜把手"既跟"拆了卖了"存在语义上的联系,同时它又是"换"所激活的认知要素 M;例(8)中的"白本子"类似。

2. A—V—M 式

这种句式只凸显了两个认知要素:行为的实施者(A)和用来换东西的东西(M),它们分别做话题/主语和焦点。例如:

(9) <u>索米娅</u>正在**换**<u>衣服</u>。(张承志《黑骏马》)

(10) <u>金秀</u>**换**好了<u>睡衣</u>,坐到床边,看着丈夫,犹豫了一下,用尽量委婉的语气说:"全义,你怎么怀疑起周仁来了?"(陈建功、赵大年《皇城根》)

(11) 一边跑进里间屋,**换**上<u>一件新褂子</u>,又系错了扣儿。(陈建功、赵大年《皇城根》)

例(9)中的"索米娅"是行为实施者,"衣服"是用来替换的东西,就是用现在的衣服替换原先的衣服,因此用来替换原先衣服的衣服可以看作认知要素M。例(10)类似。例(11)中,行为实施者承前文省略了,根据我们确定句式的原则,这不影响句式的类型,所以我们仍然把它看作A—V—M式;例(11)中的"上"和"新"更加凸显了用来替换的东西。

3. A—V—O式

这种句式只凸显了行为实施者(A)和行为发生后所得的东西或者是被替换的对象(O)这两个认知要素,它们分别做话题/主语和焦点。例如:

(12) 我**换**了<u>一只老母鸡</u>,才七块九。(陈建功、赵大年《皇城根》)

(13) <u>杨妈、张全义、金秀</u>**交换**了个<u>眼色</u>,不知再说些什么好。(陈建功、赵大年《皇城根》)

例(12)中,"我"是行为实施者,"一只老母鸡"是行为发生后所得的东西。例(13)有点特殊,其中的"眼色"是被替换的对象,但与一般的被替换物不同,眼色不是一种实物。

4. M—V—O式

这种句式只凸显了用来换东西的东西(M)和换行为发生后所得到的东西(O)这两个认知要素,以M为话题/主语,以O为焦点。例如:

(14) <u>稻草最贵,一斤稻草</u>**换**<u>几斤大豆</u>。(张正隆《雪白血红》)

(15) <u>几个大饼子</u>**换**<u>一个大姑娘</u>。(张正隆《雪白血红》)

(16) <u>美貌</u>能够**兑换**<u>金钱</u>,不妨也可视为金钱。(梁晓声《京华闻见录》)

例(14)至例(16)中的"一斤稻草""几个大饼子"和"美貌"都是认知要素M,"几斤大豆""一个大姑娘"和"金钱"都是"换"行为发生后所得到的东西。

值得注意的是"A—V—M式"和"A—V—O式"中的认知要素M和O,如果脱离特定的语境,我们有时很难确定相关要素是M还是O。例如:

(17) 渡江作战前,<u>部队</u>不仅改了番号也**换**了<u>着装</u>。(张佐良《周恩来的最后十年》)

(18) 半夜给儿子**换**<u>尿布</u>,她都觉得是一个女人不容侵犯的权利!(陈建功、赵大年《皇城根》)

仅仅从例句本身来看,例(17)中的"着装"是指原来的着装还是新换的着装,我们并不清楚;同样,例(18)中的"尿布"是指尿湿了的尿布还是新换的干净的尿布,我们也不清楚。这就要看说话人和听话人在心理上凸显的是哪一种认知要素了。

尽管如此,我们还是把"A—V—M 式"和"A—V—O 式"作分别描写,因为从认知要素的性质来看,它们毕竟属于不同的要素,而且有些情况下由于有其他词语的帮助,我们比较容易判断相关认知要素的性质。例如:

(19) 等我们洗完热水澡,<u>换</u>上替我们找来的"<u>炮轰派"孩子们的衣服</u>走出浴池,偌大的院子里已空寂无人。(梁晓声《一个红卫兵的自白》)

(20) 你放弃了自己肚子里的孩子,<u>换</u>来了<u>小兴兴</u>,小兴兴能不能给你带来安宁?(陈建功、赵大年《皇城根》)

(21) 我一<u>换</u>下<u>衣服</u>,顾不上洗把脸,就这儿那儿找他。(梁晓声《表弟》)

例(19)和例(20)中"换"后带了补语"上"或"来",我们就能清楚地知道其后的画线部分是 M。而例(21)中,"换"后带了补语"下",这表明"衣服"是被替换的对象,即认知要素 O。

5. O—V—M 式

这种句式同样只凸显了换行为发生后所得到的东西或者被替换的对象(O)和用来换东西的东西或者用来替换的东西(M)这两个认知要素,只不过以 O 为话题/主语,以 M 为焦点。例如:

(22) 不过<u>这地板革</u>太旧了,该<u>换</u>块新的了!(梁晓声《钳工王》)

(23) 历经三十六年沧桑后,尤其是随着改革开放时代的到来,如今的北京医院早已<u>旧貌换新颜</u>。(张佐良《周恩来的最后十年》)

(24) 如果<u>他</u>不是张全义,<u>换</u>成<u>别的什么人</u>,早就发作开了!(陈建功、赵大年《皇城根》)

例(22)中,"这地板革(旧的)"是被替换的对象,"(一)块新的(地板革)"是用来替换的东西。例(23)中,"旧貌"相当于被替换的对象 O,"新颜"相当于用来换东西的东西 M。例(24)中,被替换的对象"他(张全义)"和用来替换的要素"别的什么人"不是物,都是人。

6. T—V—O/M 式

这里的 T 表示话题,与前面几种情况不同的是,前面几种情况的话题都是"换"类动词所激活的认知要素,而在这种句式中充当话题的不是"换"类动词所激活的认知要素。这种句式实际上只凸显了用来换东西的东西(M)或者换行为发生后所得到的东西或者被替换的对象(O)这一个认知要素,其中的 M 或者 O 为焦点。例如：

(25) 新中国的中南海依然是政治权力中心，不过，它已**更换**了主人。（张佐良《周恩来的最后十年》）

(26) 这个节目后**换**了一男一女两位主持人，男的四十多岁，女的三十多岁……（梁晓声《感觉日本》）

(27) 酒，**换**成了洋河大曲；菜，**换**成了几听罐头。（陈建功、赵大年《皇城根》）

例(25)中，"它(新中国的中南海)"并不是"更换"所能激活的认知要素，它在这例中只是一个纯粹的话题，其中的"主人"随着凸显的不同可以是 O，也可以是 M；如果凸显的是以前的主人，即被替换的对象，那它就是认知要素 O，如果凸显的是当下的主人，即用来换东西的东西这一要素，那它就是 M。类似的，例(26)中的"这个节目后"和例(27)中的"酒"也都是话题。

7. M/O—V 式

这种句式只凸显了用来换东西的东西(M)或者被替换的对象(O)这一个要素，并且这个要素做主语/话题。例如：

(28) 金一趟做金丹四十年，杨妈也侍候了四十年，签筒**换**过几只，签子也**换**过几把，可从来也没发生过这样蹊跷的事。（陈建功、赵大年《皇城根》）

(29) 好多单位都是这样，人一**换**，结成死党，再变就很难了。（冯骥才《一百个人的十年》）

(30) 昨天的旧报纸没有**换**掉，我的一位从苏北来的学兄黄志坚又到报纸上去搜寻我的名字。（张佐良《周恩来的最后十年》，略有改动）

(31) 没有变，连牌子也没**换**，还是原来的油漆已经发黄了的木牌牌。（蒋子龙《赤橙黄绿青蓝紫》）

例(28)中的"签筒"和"签字"、例(29)中的"人"都是用来替换的东西，所以是认知要素 M；例(30)中的"昨天的旧报纸"和例(31)中的"牌子"是被替换的对象，虽然它们在这两例中没有实际上的被替换，但从"换"认知图景所激活的要素来看，它们是被替换的对象 O。

四、认知图景的层次与"换"类动词的内部差异

由于特定的认知图景是受相关的词语激活的，而词语的概念化又有概

括程度的不同,这样就导致了认知图景具有层次性。① 卢英顺(2008, 2017a$^{22\text{-}28}$)据此把认知图景分为上位认知图景和下位认知图景。处于同一层次的不同下位认知图景,彼此不妨称为"同位认知图景"。在认知要素的激活上,不仅上位认知图景和下位认知图景之间会存在差异,就是同位认知图景之间也不完全一致。

就"换"类动词而言,"换"所激活的认知图景是上位认知图景,"交换""替换/更换""兑换"等所激活的是下位认知图景。上位认知图景由于更抽象一些,所以在句法搭配上所受的语义限制相对较少,而下位认知图景相对具体些,所以在句法搭配上所受的语义限制往往更大些。比如能够跟"换"搭配的词语就比较广泛,这从上文的例子中可以看出;而"交换、替换、兑换"等动词在搭配上则受较多的限制。这部分我们着重讨论后者。

先看"交换"。"交换"认知图景在认知要素激活方面虽然与"换"一致,但是在其构词成分中有个语素"交",这就凸显了认知要素中"交换对象(R)"这一要素。这种由词语本身的意义决定的凸显,卢英顺(2017a)^{32}称之为"内在凸显","所谓内在凸显,是指相关词语意义本身就蕴含着要凸显的要素。"Goldberg(1995)对英语 rob 和 steal 的论述,沈家煊(2000)对汉语"偷"和"抢"的论述,以及王灿龙(2010)对汉语"租"的论述,都证明了这一点。

我们来看看包含"交换"的例句:

(32) 下面谨把我个人的一些想法**和**您**交换**一下,不当之处,望批评指正。(冯骥才《一百个人的十年》)

(33) 我不过是象征性的**与**你**交换**,你也应该理解我的心情……(梁晓声《一个红卫兵的自白》)

(34) 孩子们互相**交换**着会意的眼神儿。(梁晓声《冉之父》)

例(32)中的"您"、例(33)中的"你"都是交换对象要素,它们分别由"和""与"引进,在句子中做状语。例(34)中,"孩子们"是复数形式,可见"交换对象"这一要素和行为实施者是合为一体的,这点通过"互相"也可看出。

---

① 概念化的差异只是导致认知图景层次性的一个因素,其他句法成分也可能导致认知图景层次的不同。可详参相关文献。

"换"类动词的语义特点及其所构成的句式

上述例句,如果去掉交换对象这一要素,句子的可接受度就十分可疑,试比较:

(32') *下面谨把我个人的一些想法(　　)**交换**一下,不当之处,望批评指正。

(33') *我不过是象征性的(　　)**交换**,你也应该理解我的心情……

(34') *这个孩子(互相)**交换**着会意的眼神儿。

例(34')把原先的"孩子们"换成"这个孩子",目的就是要从"孩子们"中析出交换对象这一要素。如果简单地去掉"们"则不能达到目的,因为在汉语中光杆普通名词既可以指单数也可以指复数。

从搜集到的语料来看,经常与"交换"搭配的是"眼色",其次是"眼神、目光"等。但事实上,与"交换"搭配的还可以是其他名词,如"交换礼物""交换纪念品""交换意见"等。

再看"替换/更换"等的例子:

(35) 我会帮助你们接待宾客,会管住二宝不要吵闹,会**替换**颜林抱那个胖儿子。(张承志《北方的河》)

(36) 60年代初,周恩来身边工作人员乘总理出国访问的机会,为了保护与加固建筑物,他们抢时间只搞了点简单的内装修,**更换**了窗帘、洗脸池与浴缸。(张佐良《周恩来的最后十年》)

(37) 然而我没有充分的理由,要求领导**改换**他人参加会议。(梁晓声《京华闻见录》)

"替换"类动词的最大特点是,用来替换的东西(M)与被替换的对象(O)必须属于同一类。比如例(35)中的"颜林"是一个人,是被替换对象,用来替换颜林的必然也是一个人。类似地,例(36)用来更换的和被更换的都是"窗帘"等;例(37)用来改换的和被改换的都是"人"。

最后看"兑换"的例子:

(38) 我从来没有向外国朋友提过任何请求,诸如出国啦,从国外带什么东西啦,**兑换**外汇券啦……(梁晓声《京华闻见录》)

(39) 交存车费时,没了零钱,便用一元向那卖雪糕的老太婆**兑换**。(梁晓声《京华闻见录》)

(40) 美貌能够**兑换**金钱,不妨也可视为金钱。(梁晓声《京华闻见录》)

从搜集到的为数不多的例子来看,通过"兑换"行为所得的东西是金钱类或者是金钱的替代品,如各种券类;用来兑换的也往往是同类性质的东西,如例(38)中用来兑换外汇券的实际上是"人民币",只是没有在句中出现而已,例(39)中的"一元"是钱。偶尔有像例(40)中的"美貌",但从其后续句"不妨也可视为金钱"可以看出用来兑换的东西也是金钱类。

鉴于"换"类动词上位认知图景和下位认知图景之间及同位认知图景之间的这种特点,表示下位认知图景的动词可以换为表示其上位认知图景的动词"换",反之则不一定;处于同位认知图景的不同动词彼此之间也不能互换。试比较:

(41) 美貌能够**兑换**金钱。→

(41)a 美貌能够**换**金钱。

(41)b *美貌能够**交换**金钱。

(41)c *美貌能够**替换**金钱。

(42) 小王和杜逢时偷偷**交换**了个眼色,不再说笑,只顾低头吃饭。(陈建功、赵大年《皇城根》)→

(42)a？小王和杜逢时偷偷**换**了个眼色……

(42)b *小王和杜逢时偷偷**替换**了个眼色……

(42)c *小王和杜逢时偷偷**兑换**了个眼色……

例(41)的变换句(41)a之所以能说,是因为"换"所激活的认知图景是"兑换-认知图景"的上位认知图景;而变换句(41)b和变换句(41)c之所以不能说,是因为"交换""替换"和"兑换"所激活的认知图景,彼此之间是同位认知图景。例(42)的变换句情况大体类似,只是变换句(42)a不像(42)b和(42)c那样不能接受,究其原因可能有两方面:一是"换"是上位认知图景,与之搭配的词语比较广泛,"眼色"与之搭配也就成为可能,二是,如前所述,与"交换"搭配的最常见的词语是"眼色"等少数几个,这似乎就成了习惯,习惯形成之后,再看"眼色"与"换"搭配就觉得不大自然。

接下来再看相反的情形,即由上位认知图景的词换成下位认知图景的词以后的情况。试比较:

(43) 鬼想用一盘磨**换**人那些好吃的。(梁晓声《冉之父》)→

(43)a *鬼想用一盘磨**兑换**人那些好吃的。

(43)b *鬼想用一盘磨**替换**人那些好吃的。

(43)c？鬼想用一盘磨**交换**人那些好吃的。

根据上述"兑换""替换"的搭配特点,我们不难理解例(43)的变换句(43)a和(43)b为什么不能说。变换句(43)c之所以不像前两句那样不可接受,其原因在上文已做过分析。换一个由"换"构成的句子,就能变换为相应的句子。试比较:

(44) 从河底村出发,先截住一辆拖拉机,半路上在青羊坪又**换**了一辆卡车。(张承志《北方的河》)

(44') 从河底村出发,先截住一辆拖拉机,半路上在青羊坪又**替换**了一辆卡车。

(45) 我用100元**换**了两张面值50元的。(自拟)

(45') 我用100元**兑换**了两张面值50元的。

(46) 女子圣诞节**换**礼物收到一颗真猪头。(网络新闻标题)

(46') 据台湾联合新闻网报道,不少人喜欢在圣诞节前玩**交换**礼物的游戏……这名女网友表示,收到猪头简直哭笑不得,因为她们**交换**礼物的规则是"必须使用"。(新闻正文)

例(44)、例(45)、例(46)中的"换"之所以能为相应的词语替换,是因为这些例句中与"换"搭配的词语在语义上恰好与"替换""兑换"和"交换"对相关词语的搭配要求相一致。

五、"换"类动词的扩展用法

在上文所举的有关"换"类动词的用例基本上是其典型用法的例子,其特点是,"换"行为的实施者是由表示"人"的词语充当的;用来换东西的东西和换后所得的东西都是表示具体事物的名词性词语。而在我们所搜集到的语料中,出现了一些偏离这些典型用法的例子,如:

(47) 渡江作战前,部队不仅改了番号也**换**了着装。(张佐良《周恩来的最后十年》)

(48) 准备在中苏协议中有关苏联利益的条款下,做出最大的让步,以**换**取苏军在接收问题上的协助。(张正隆《雪白血红》)

(49) 就**换**了几次角度,拍了四五张。(梁晓声《冉之父》)

(50) 上中学时我**换**了一个较远的学校,以为别人不知道我过去那事,好受一些。(冯骥才《一百个人的十年》)

(51) 可是咱不是窝囊废,咱是硬汉子,要**换**平时,咱能豁出去拼啦。(冯骥才《一百个人的十年》)

(52) 那我就有正当的理由**换**另一种态度对待他了。(梁晓声《表弟》)

(53) 刚才他在楼下等了个把钟头,思前想后的,倒也从心中那个乱麻团里理出了几根线头儿,现在**换**了个口气。(陈建功、赵大年《皇城根》)

(54) 什么气都可以受,什么亏都可以吃,只求能**换**得他的心。(蒋子龙《赤橙黄绿青蓝紫》)

例(47)中的"部队"不是直接表示"人"的,这里存在一个转喻问题。例(48)中"做出最大的让步"和"苏军在接收问题上的协助"都不表示具体事物,而是表示一种行为,但前者相当于用来换东西的东西(M),后者相当于换后所得的东西(O),可见这是"换"的隐喻用法。例(49)中的"角度"虽然不表示具体的事物,但也并不抽象,"换角度"也不是用一个角度去换另一个角度,这是对典型"换"行为的一种偏离。例(50)中"一个较远的学校"虽然比较具体,但并不是真的用一个学校换来一个学校。这例与例(51)类似。例(51)中的"平时"指的是时间,也不表示具体的事物。例(52)和例(53)中的"另一种态度"和"口气"都是比较抽象的事物,它们相当于用来替换的东西。例(54)中,"什么气都可以受,什么亏都可以吃"不表示事物,只能说是表示某种状态,它相当于用来换东西的东西;"他的心"在这例中也不表示具体的心脏,而是表示抽象的事物,相当于换行为发生后所得的东西。

六、结 束 语

本文基于"换"类动词激活的认知图景中的要素,根据这些认知要素的凸显情况及其在句法结构上的映射情况对由这些词语构成的句式进行了较为全面的描写;较为细致地分析了不同动词在语义搭配上的同和异,并且指出,其相同之处源于它们具有相同的认知图景,其相异的根源在于其上位认知图景和下位认知图景之间及同一上位认知图景之下的同位认知图景之间又各有一定的特殊性。这一研究结果表明,属于同一语义场的不同词语,虽然具有共同的语义特点,但各词语之间在语义或用法上总存在着或多或少的相异之处,这点在研究过程中值得重视。

在语料中我们也发现数个"换句话说"的例子,如:

(55) **换**句话说,荒诞是生活的本质。(冯骥才《一百个人的十年》)
(56) **换**句话说:"我们这二十二年的苦难,难道就是为了你们这一句'对不起'吗?"(冯骥才《一百个人的十年》)

我们可以把"换句话说"作为整体来看,是一种话语标记。尽管如此,其中的"换句话"还是与"换"激活的认知图景有联系的,其中的"(一)句话"对应于"用来换东西的东西"这一要素,只不过这里是一种隐喻用法,是基于"换"认知图景的一种扩展用法。

参考文献

胡裕树(1984)如何确定句型,《中文自修》第4期;载文炼,胡附,《文炼胡附语言学论文集》,北京:商务印书馆,2010。
胡裕树,范晓主编(1995)《动词研究》,开封:河南大学出版社:1。
卢英顺(2005)认知图景:理论构建及其运用,《复旦大学学报》第3期。
——(2008)关于认知图景的几个问题,《语言科学》第6期。
——(2016)关于"句式"研究的一点理论思考——以"放置"类动词为例,《中国语文法研究》2016年卷。
——(2017a)《认知图景:理论构建及其运用》,上海:学林出版社。
——(2017b)"挂"类动词的语义特点及其所构成的句式,载复旦大学汉语言文字学科《语言研究集刊》编委会编,《语言研究集刊》第十九辑,上海:上海辞书出版社。
鲁川主编(1994)《动词大词典》,北京:中国物资出版社。
吕叔湘(1983)汉语研究工作者的当前任务,载吕叔湘《吕叔湘语文论集》,北京:商务印书馆:22。
吕叔湘主编(2001)《现代汉语八百词》(增订本),北京:商务印书馆:274-275。
孟琮,郑怀德,孟庆海等(1987)《动词用法词典》,上海:上海辞书出版社。
沈家煊(2000)说"偷"和"抢",《语言教学与研究》第1期。
王灿龙(2010)动词"租"的论元的语义角色及其句法表现,载中国语文杂志社编,《语法研究和探索》第十五辑,北京:商务印书馆。
Goldberg A E. (1995) *Constructions: A Construction Grammar Approach to Argument Structure.* Chicago: the University of Chicago Press: 45-48.

(200433 上海,复旦大学中文系 yingshun62@sina.com)

"值得"句的构式形成和意义浮现[*]

蔡淑美

提要 文章首先描写了"值得"作为词项的意义和用法,指出其概念基础是从功用角色的维度对事物的内涵或价值作出动作或行为实施之必要性的评述,然后考察了在其语义结构"[XP]对当[YP]"的促动下向句法层面投射而形成"值得"构式群的过程和特点,最后借助"值得"句所提供的语境信息推导出构式群中各构式的语法意义。我们发现,构式的形成和构式义的浮现具有多重界面互动的特点,这也为人们识别和理解构式及其意义提供了结构基础和认知路径。

关键词 "值得"句;构式形成;语法意义;浮现

一、引 言

"值得"在《现代汉语八百词》中(吕叔湘 1980/2005)的释义和用法如下:

值得 1. 价钱相当,合算。可带动词宾语:五十块钱一米的布值得买。
  2. 有好处,有意义,有价值。
   a. 单独做谓语:出去一趟很值得,长了不少见识。
   b. "值得"+动/小句:这个经验值得推广。/这种刻苦钻研的精神值得我们学习。

这样的说明对汉语母语者来说并不存在什么问题,但对留学生来说情况可能就不一样了。我们在中介语语料库中发现了下面这样一些病句:(" * "

---

[*] 本研究得到了国家社科基金青年项目(项目编号 16CYY040)的资助,《语言研究集刊》匿名审稿专家提出了富有建设性的宝贵意见,谨此一并致以诚挚谢意。

表示不合格)

(1) *但是长辈经验不少,值得听他们的意见。(韩国,高级水平)
(2) *反过来子女也先想一想父母的立场以后,再主张自己的意见的话,这代沟是不值得成为问题的。(韩国,中级水平)
(3) *他从来不在背后说别人的闲话也是我值得尊敬的。(日本,高级水平)
(4) *值得说,虽然两个国家之间的关系很密切,但是会说汉语的苏丹人几乎没有。(苏丹,高级水平)

例(1)—例(4)满足了"'值得'+动/小句"的要求,可为什么还是不合格呢? 留学生的习得偏误告诉我们,"值得"出现的句法结构具有特殊之处。它有什么样的句法配置,具有何种形式特征,背后有何概念基础,表达什么样的构式义,在汉语本体研究中鲜有人提及。本文便以这些问题为基本目标。

二、"值得"的意义和概念基础

这一部分我们通过实例来探讨"值得"的意义和它背后的概念基础。"值得"有两个义项,一是"价钱相当,合算",即对商品买卖行为是否具有价值性进行评述。例如:①

(5) 这鱼一块钱一斤值得买。
(6) 还有那些小饰物、装饰品,可致可爱呀!贵也值得买一点。

例(5)、例(6)均涉及商品交换行为,表明作为商品的事物(如"这鱼""那些小饰物、装饰品")其价值与"买"的行为之间具有某种对当关系,"值得"便是对商品交换行为的必要性做出"合算"的评述。

"值得"的第二个义项表达"有好处、有意义、有价值"的意义,例如:

(7) 文章颇具创见,值得一读。
(8) 就分析惩罚的教育价值和功能而言,科氏的两个重要研究结论值得我们特别关注。

例(7)"值得"一头连着"文章",一头连着对"文章"所采取的处置行为"读",它评述的是"文章"的价值与人们读文章的必要性之间的对当关系。例(8)

---

① 除非特别说明,以下用例均来自北京大学中国语言学研究中心 CCL 现代汉语语料库。

按此。有些动词虽然并不能像"读、关注"这样对事物进行处置,但由于本身表示所关涉的对象有价值,也可以构成"值得"句,例如:

(9) 又热烈又恬静,又深刻又朴素,又温柔又高傲,又微妙又率直:这是我们固有文化中的精华,值得我们自豪!

(10) 只要是能译出来的,他都译出来,实在无法译的则给以注释,务必使读者能够看到莎士比亚的原貌。老作家这种存真、求全、负责的精神,是值得佩服的。

"自豪""佩服"这样的心理动词本身就蕴含着事物有价值的客观属性,如"自豪"指"因为自己或与自己有关的集体或个人具有优良品质或取得伟大成就而感到光荣",因此进入"值得"句是没有问题的。

无论是从商品交换行为之必要性的维度(义项一所示)对事物的内涵或价值做出评述,还是从动作行为实施之必要性的维度(义项二的来源)对其做出衡量,"值得"都是在评述不同事物内涵或价值之间对待关系中的量化范畴。显然,义项二比义项一更具有普遍意义,义项一其实是包含在义项二之中的。因此,我们将"值得"的概念基础概括为:基于事物的内涵或价值而对动作实施的必要性做出评述。

更进一步,"值得"的概念基础背后折射了更深层次的理论背景——物性结构(qualia structure)。物性结构指的是事物的性质结构,它主要关注词项所指对象由什么构成、指向什么、有什么用途或功能及怎样产生的,等等。而刻画事物的内涵和性质大致可以从构成角色(constitutive role)、形式角色(formal role)、功用角色(telic role)和施成角色(agentive role)这四个方面来进行(Pustejovsky 1991,1995;Pustejovsk 等,2013)。以"小说"为例,它由一个或多个有情节的故事连缀而成,其构成角色便是"故事"等;它一般以书本的形式呈现,其形式角色便是"书";它的用途和功能是供人们阅读,其功能角色便为"读";它是通过人的写作而产生的,其施成角色便是"写"。本文所讨论的"值得"的概念意义,与物性结构中的"功用角色"这个维度关系最为密切,如"这文章值得一读""张家界的风景值得好好观赏"中,"文章"是供人们"读"的,"张家界的风景"是供人们"观赏"的,等等。因此,对"值得"的概念基础又可以进一步精准化为:从功用角色的维度对事物的内涵或价值做出动作或行为实施之必要性的评述。

三、概念驱动下"值得"的句法实现和句法特征

以上分析了"值得"的意义及背后的概念基础,那么这种意义和概念基础是如何结构化为现实表达的呢?引言部分告诉我们,"值得"的句法配置相当特殊。它到底能出现在什么样的句法结构里,它们之间是否具有内在关联,具有何种特征,是下面要着力解决的问题。

(一)"值得"的句法实现

通过考察,我们认为"值得"的句法配置是在概念基础和语义结构的促动下生成的。"值得"的概念基础里蕴含两个组成部分:一是事物的内涵或价值,二是主体对该事物实施某种动作或行为的必要性,二者形成对当关系。如果分别用 XP 和 YP 来表示这两个部分,那么"值得"的语义结构便可以描述成:

值得:[XP] 对当 [YP]

其中 YP 部分还可以进一步细化,我们用 A(agent) 来表示发出动作或行为的主体,用 VP 来表示动作行为,上述语义结构便可表示为:

值得:[XP] 对当 [A + VP]

句法形式是语义结构在线性序列上投射的结果。当语义结构中的成分及其关系投射到句法线性序列中来时,便形成了下面这样的形式:

1. "XP + **值得**(+A) +VP"

如果动作或行为的主体 A 出现,那么便有:

a. "XP + 值得 + A + VP"

(11)《叫魂》"讲故事"的形式、手法和技巧就更值得我们深思和借鉴了。

(12) 这种人不值得我替他卖这个命!

(13) 作者对于建设精神文明问题做了认真的研究,且具有创新的精神,取得了较好的成果,是值得我们赞赏的。

在这种格式里,语义结构中的所有成分都在线性序列中找到了自己的位置,"值得"一头连着 XP,一头连着主体对该事物采取的动作行为 A + VP。其中 XP 既可以是例(11)、例(12)这样的名词性实体成分,也可以是例(13)这样的述谓性成分。

如果主体 A 隐含不现,则有:

b. "XP + 值得 + VP"

（14）近九成市民认为,"老字号"值得保护,其无形资产不容小视。

（15）此路上的张良庙值得一看。

这两句的主体 A 虽然没有出现,但并不影响理解。如例(14)对"老字号"实施保护行为的主体肯定是"我们"或"人们",在上下文或谈话中并不需要出现(当然也可以补出来)。

从内部语义关系来看,"XP + 值得(+ A) + VP"最突出的句法特点便是：XP 是(A) + VP 所表事件中的广义受事成分,具有被动性质。如例(11)的《叫魂》'讲故事'的形式、手法和技巧"是"深思和借鉴"的受事等。有意思的是例(12),"这种人"与"替他卖这个命"中的"他"同指,充当的是"我卖这个命"的与事论元,做"替"的宾语,同样具有被动性质。

这样看来,引言部分的例(2)和例(3)在论元提取和位置安排上出现了偏误。例(2)"但是长辈经验不少,值得听他们的意见"中"长辈经验(不少)"并不是 VP"听他们的意见"中的论元成分,因为"听"后已经有受事论元"他们的意见"了,此时 VP 在句法上已经自足①。例(3)"他从来不在背后说别人的闲话也是我值得尊敬的"是将"尊敬"的主体"我"放错了位置。主体 A 如果要出现,一定是放在"值得"之后而不是之前。

既然主语部分含有 VP 事件具有被动性质的论元,那么是不是可以用"被"来彰显这种关系呢？答案是否定的。汉语水平考试(HSK)动态作文语料库中出现了下面这样的句子：

（16）*生命值得被保护,不能被我们轻易地扔掉。（美国,中级水平）
"生命"是"保护"的受事,"生命被保护"是合格的句子,但有了"值得",就不能再加"被"了("生命被值得保护"也不合格)。受事论元做主语,但却不能用"被"来标记,这正说明"值得"句的独特之处。

句法结构具有一定的灵活性,它与语义结构也并非总是一一对应。说话人可以选择其所要突出或强调的成分来实现特定的配位。如果说话人想要突出主体对某事物所采取的动作或行为是必要的,那么(A +)VP 便从语

---

① 修改时可把受事"意见"提到主语位置,即"他们的意见值得听"；或者去掉"他们的意见"这个受事论元,从而将前面的"长辈经验"作为"听"的受事论元,即"但是长辈经验不少,值得听"。

义结构中凸显出来置于主语位置。形成下面的句法形式:

2. "VP + 值得"

根据 XP 出现位置的不同,又可以具体分为以下两种:

a. "VP(V + XP) + 值得"

(17) <u>一个人一生哪怕只教出一个好学生</u>,也<u>值得</u>了。

"值得"评述的是"好学生"的价值与"一个人(用)一生来教"的必要性之间的对当关系,此时,XP"好学生"做了 V "教"的宾语,内嵌入句。不过,语料中出现的更多是下面这样的形式:

b. "为/为了/以/只要/……XP, VP + 值得"

(18) 他说:"<u>为了保证质量和信誉,多付一点学费也值得</u>。"

(19) 这个故事说明了青草堂禅师,是<u>以一生修行禅定功夫,只换来一个宰相的地位,实在太不值得了</u>,人的一言一行,都有因果,值得我们三思。

(20) 但老党认为<u>只要社会效益显著,亏损了出版社也值得</u>。

上述例句中的 VP 得到凸显后做"值得"的主语,XP 要么用标记引出做状语[如例(18)、例(19)],要么出现在关联复句的前一分句中[如例(20)]。

不管是 a 式还是 b 式,都是 VP 凸显而 XP 在句法上降级(down grade),它充当动词的宾语(a 式)或介词的宾语,亦或在语义上有所偏倚(条件复句是偏正复句,往往后一分句才是表达的重点,如 b 式)。

除了以上句法形式,"值得"还常出现在下面这样的格式里:

3. "值得(+ A) + V + 的是, + 小句(clause)"

(21) 时代在变,价值观念和审美观念也在变。<u>值得我们关注的是</u>,这种价值观念和审美观念的变化往往是复杂的,多面的。

(22) 这些事件被通称为地理大发现。<u>值得注意的是</u>,所谓的"地理大发现"仍是以欧洲为中心出发的历史观的认知。

(23) 元、明时期,汉字研究的成就不大,<u>值得一提的是</u>六书的研究、字书和古印谱的编纂。

"值得(+ A) + V + 的是"形成框式结构,V 和/或 A 插入其中,其他部分固定。在这种框式结构中,后面整个小句都是 V 的对象,如例(21)中,"这种价值观念……多面的"都是"关注"的对象。由于出现在"值得"后的动词常常是认知类(如"注意、关注、思考、研究、学习"等)、评判类动词(如"称颂、表扬、赞同、提倡、批判"等),这些动词往往以小句为宾语,因此这种配置方式跟"值得"后的动词有很大的关系。需要指出的是,像例(23)"值得一提的是"这样的表达具有高度凝固性,随意更换其中的成分或者变动次序都会带来偏误。例(4)就是将"值得一说的是"误用为"值得说",这是不清楚其作为框式结构的凝固性和特殊性带来的。

综上,在特定概念意义和语义结构的驱动下,"值得"实现了句法配置过程。以上这三种句法配置,虽然不同,但密切相关,都是基于相同底层语义结构关系而在表层配位上采取不同的方式,形成了"值得"构式群(zhide-construction group)①。下面我们来探讨"值得"构式群的句法特点。

(二)"值得"构式群的句法特点

在"值得"构式群里,无论是1式、2式还是3式,在句法上都有一些共同点,主要体现在对动词的选择限制和情态特征两个方面。首先来看对动词的要求。我们从北京大学中国语言学研究中心CCL现代汉语语料库里随机抽取出500个含有"值得"的句子,剔除掉一些无关句,在剩下的479例中,与"值得"搭配的动词或动词性结构大致可以分为以下几类:②

1. 认知类动词:表明人的思维、思考等过程或感官

注意、关注、重视、思考、参考、研究、学习、探讨、探索、考察、斟酌、考虑、推敲、玩味、讨论、深思、深究、商榷、怀疑、质疑、反省、警惕、借鉴、记住、铭记、回忆、怀念、留恋、回味、期待、追寻、追求、总结、说明
(一)看③、(一)听、(一)提、(一)读、(一)写、(一)谈、(一)说、大书特书、大书一笔

2. 评判类动词:表明人的态度、认识或感受

称颂、称述、称道、称许、称扬、称赞、敬重、尊重、尊崇、尊敬、喝彩、叫好、赞同、表扬、提倡、肯定、支持、推荐、仿效、珍视、相信、信任、信赖、爱护、鼓励

---

① "构式群"的内涵与施春宏(2010)的"句式群"本质一样,本文为了保持术语的一致性而采用"构式群"的说法。

② 陈爱锋、郭继懋(2016)按动词的具体词义对进入有宾句(如"这个意见值得参考")的高频谓词进行分类,如"思考"类、"注意"类、"写"类、"花钱"类等,认为这些动词具有[+可控][+自主]等特征。我们认为光是[+可控][+自主]并不能保证生成合格的"值得"句,如"*这儿的风景值得瞄一眼"。基于此,本文从更基本的语义范畴入手概括出动词进入"值得"句的允准条件,即"动作量或程度量越充足,就越能进入'值得'句"。

③ 像"看、听、提"等动词前一般都会加上体貌性成分"一",这属于句法层面上复杂的动词性结构。

自豪、骄傲、钦佩、佩服、惊讶、高兴、欣慰、同情、庆幸、神气

3. 其他

(一)去、(一)游、(一)玩、(一)逛、买、收藏、开发、采用、运用、继承、加强、保护、推广、发扬、实现、投资、变革、尝试、付出、持有

与"值得"搭配的动词带有强烈的倾向性,除了像"去、游、开发、采用"这样的无明显语义偏向的动词外,绝大多数动词与人的思维、感官、情绪、态度、认识等相关,这些动词都表示主体对外界事物的关注,体现了鲜明的主观性特征。① 更有意思的是,这里面有不少动词和形容词,它们所表达的动作量或程度量是充足和丰满的。比如"这个观点很值得推敲"中的"推敲",并不是一般的思考,而是"斟酌字句,反复琢磨",表明主体所花费的动力值足够大;又比如"他的说法值得我们重视","重视"是"认为人的德才优良或事物的作用重要而认真对待;看重",其中的"认真、看重"不是一般程度的对待,而是重点对待,需要主体付出更多的能量。不仅如此,"值得"之后、动词之前的状语也多是像"特别(如'这样的现象值得我们特别注意')、认真、深入、进一步、密切、高度、仔细、充分、谨慎"等修饰性成分,通过对动作量或程度量进行具体地刻画和描写来加强其充分性。即便像"这儿的风景值得一看"中的"一看",也蕴含着"好好/仔细/认真地一看"之义,而不能理解为"随便地一瞥/瞄一眼/扫一眼/过一眼"之类的,"一读、一写、一谈"等都是如此。而"大书特书、大书一笔"中的"大"和"特",也正是彰显了这其中动作量的充分性。

在说话者看来,如果动作的实施越必要,便越能凸显事物的内涵或价值。因此,那些具有较强动作或认知操控义的动词能顺利进入,反之则受到很大的限制。如 HSK 作文语料库中的偏误句:

(24) 一般人认为流行歌曲是很多人都喜欢听喜欢唱的就是流行歌曲,但是实际上人们喜欢的,流行的那些流行歌曲是值得喜欢、值得红火吗?(韩国 C)

(25) 反过来子女也先想一想父母的立场以后,再主张自己的意见的话,这代沟是不值得成为问题的。(韩国 B)[原例(2)]

---

① 在认知类动词里,有的词项出现的频率相当高,如"注意"出现了81次,"关注"出现了39次。

像"红火、成为问题"这样的表达,没有动作性,也不表示实施的必要性,自然就不能进入到"值得"句中来。

再来看"值得"句在情态方面的特征。"值得"句中的 VP 一般表未然,VP 所代表的动作或事件并未实际发生。不妨把前面提到的一些有代表性的例子摘录如下:

(26) 此路上的张良庙值得一看。[原例(17)]

"一看"的动作尚未展开,并没有实际发生,换成"此路上的张良庙值得看着/了/过"均不合法。有的句子,在句子末尾出现"了",如:

(27)《叫魂》"讲故事"的形式、手法和技巧就更值得我们深思和借鉴了。[原例(13)]

这个"了"是表示语气(与句中的"就""更"呼应)的句尾"了",而不是跟在动词后面表完成的"了"。由此可见,"值得"句中的 V 一般不能加体标记,它评述的是事物的某种内涵或性质,而不是描述动作的行为或状态,这点我们在谈"值得"句的语法意义时会进一步阐释。

在由"值得"构成的构式群里,不同的句法形式在动词的选择和情态特征方面呈现出相同的特点,这都受制于其共同的概念意义和基础,由此也鲜明地展现了同一概念基础对不同句法形式的制约。

四、"值得"构式群的意义浮现

以上考察了概念驱动下"值得"句的形成过程及其句法特点。作为形式和意义配对的构式,"值得"构式群里的各个构式又表达什么样的语法意义呢?苗传江、陈小盟(2011)将"花几个钱儿值得,我们打心眼儿里高兴!"(即本文的"VP+值得"式)的语法意义概括为"某事物值得",将"这里存在的一些问题很值得重视、他值得我为他付出全部的爱"[即本文的"XP+值得(+A)+VP"式]的语法意义概括为"某事物值得做某事"。这样的总结实际上是基于句法线性序列对语义成分做出的表层概括,并没有真正揭示出构式的语法意义,更无法说明不同构式之间所表语法意义的联系和区别。陈爱锋、郭继懋(2016)则将"值得"句分为有宾句(如"他值得我们学习")和无宾句(如"为这种人生气伤身不值得"),认为有宾句评价事物给人带来的所得大于或小于做这件事的付出,无宾句评价当前语境中某个具体行动(的付出)是否合算。这仍然是基于"值得"的两个义项、就其表层句法形式概括出来的句式义,同样无法说明"值得"构式群内部的联系与区别,也没有进一步论证句式义如何得来的问题。

基于本文对"值得"的分析,我们认为"值得"构式群中各构式所表达的基本语义关系是一致的,都是对事物的内涵或性质做出评述,但共性之下各构式的语法意义又有所不同,这主要来自于其配位方式形成过程的差异,通过这种差异实现了对基本语义关系的具体化和有别化。为了使问题集中,我们只考察"XP+值得(+A)+VP""(……XP,)VP+值得"和"值得(+A)+V+的是,小句(clause)"这三种构式,对每一种构式内部的下位分类 a 式和 b 式暂不展开,因为它们作为具体构式虽有个性的一面,但其构式意义同属于某个上层构式而具有共性。下面我们结合语料来考察这些构式的意义及其浮现过程。

由于"XP+值得(+A)+VP"是"值得"语义结构中的成分及其关系完整地投射到句法的结果,如果将它考察清楚了,其他相关构式也就能比较好地说明。对于"XP+值得(+A)+VP"构式,除了"这本书值得(我们)好好读读"这种各个成分结合较为紧密的例子外,实际语料中出现的大多数是下面这种成分结合不甚紧密、较为松散的句子:

(28) 宏印法师说,西安是历史上中国佛教最大的译经重镇,<u>这里的建筑、雕塑、壁画艺术举世无双</u>,是民族的瑰宝,<u>值得保护</u>。

(29) <u>蜂蜜作为大自然赠与人类的"私密"礼物,除了古方中提及的"清热、补中、解毒、止痛"等功效,它还有更多神奇的用途</u>,<u>值得女性宠爱</u>。

例(28)中的 XP"这里的建筑、雕塑、壁画艺术"和 VP"保护"在线性序列上隔开,中间插入了其他成分,例(29)按此。如果不拘泥于形式上的紧邻而注重内在的语义结构关系,这种松散形式跟"这本书值得(我们)好好读"应该同属一类,只是"这本书值得(我们)好好读读"是"XP+值得(+A)+VP"里构式化程度最高也是最典型的代表。已有的研究多关注这类"干净"的句子,忽略了很多篇章、信息表达方面的因素,也难以认识其本质。本文便从上述这样的实际语句出发去探寻其语法意义及其浮现过程。

我们发现,"值得"句中 XP 的特征对其语法意义的提取具有重要意义。从表面看,"值得"句中的 XP 常常是个名词性的实体成分(entity),如"这本书值得一看"中的"这本书",但语料中发现了不少 XP 为述谓性内容的表达,甚至是一个命题。比如:

(30) 它毕竟是一个新生事物,还有很多设计技术、社会和文化、价值观和方法、财政和教学法等诸多方面的问题值得思考和研究。

(31) 总之,一个人老无所养,只能靠别人的施舍了此残生,的确值得同情。

(32) 小凯不到 10 岁就读完了小学,这是值得骄傲的。

例(30)的 XP 为"还有……的问题",是述谓性表达。例(31)虽可以把实体成分"一个人"看成"值得同情"的对象,但更可能的是将整个述谓性表达看作"值得同情"的对象,即"老无所养,只能靠别人的施舍了此残生"的"一个人"才是值得同情的。例(32)则是将述谓性命题用指示代词"这"来指代。

即便表面由实体成分来充当,XP 在根本上还是述谓性的,而非完全的实体。如:

(33) 此菜简便易做,鸡蛋滑爽,葱香扑鼻,口感极好,有蛋羹的味道,烧制时间却比蒸鸡蛋羹要短得多,又不油腻,值得坛友们一试。

例(33)的 XP 为"此菜",接下来画曲线部分"简便易做,鸡蛋滑爽,葱香扑鼻,口感极好,有蛋羹的味道,烧制时间却比蒸鸡蛋羹要短得多,又不油腻"都是对"此菜"进行描绘,"此菜"具有这些属性或特征,所以值得坛友们一试。也就是说,其他补充说明或修饰限制信息表明 XP 具有强述谓性而弱实体性特征。像"这本书值得好好读读",从表面看"这本书"是典型的实体成分,前后又没有其他信息,但如果将之放到更大的篇章中去,那一定是"这本书"所具有的某种属性特征使得它值得人们好好读,如下画曲线所示:

(34) Lan Stewart 写过一本关于混沌的书,书名也叫《上帝掷骰子吗》,文字非常优美。这本书很值得一读,当然和我们的史话没什么联系。

下面这些句子也都是如此,虽然表面都是实体成分充当 XP,但实际上下文已经有了足够的信息表示这个实体的特点或特征,描述性特征得到凸显。如:

(35) 楚都郢(湖北江陵),西周其势力仅在丹水(汉水中游)流域;东周时日益发展,多次问鼎中原,地域最广,民族最杂,楚文化值得研究。

(36) 转念一想,你理岱在床上搂着小老婆睡大觉,还动不动要杀这个,砍那个,这种人不值得我替他卖这个命! [原例(12)的完整句段]

即便有时没有上下文,我们也可以依据生活经验从中推知 XP 的内涵或属

性,如:

(37) 要知道,<u>家门小巷虽值得眷恋</u>,外面的世界却更加精彩。
"家门小巷"具有"为人熟悉、温馨、乡情浓厚"等特点,所以才"值得眷恋"。这种特点是从人们的日常生活经验中得出的。

基于对"XP+值得(+A)+VP"构式中的成分及其关系的分析,我们将其构式意义概括为"XP 由于具有某种内涵或性质从而使得(主体 A)对其所采取的动作行为 VP 变得充分"。其中,XP 的内涵或属性对执行某动作提供了量的充分性。在具体语境中,对内涵或属性的描述特征越凸显、语境提供的内容越明确,这种句式就越有可能得到充分的读解。就该构式义的获得而言,"(主体)采取某动作行为"能比较透明地从线性序列"(+A)+VP"中继承过来,而"XP 由于具有某种内涵或性质从而使得……"部分则是"构"中所无,是在其他述谓性内容中浮现(emerge)出来的,上下文提供的语境或日常生活经验的规约性为其构式意义的浮现提供了现实化的条件。因此,"XP+值得(+A)+VP"的每个成分虽然在结构中作用大小或表现途径虽不一样,但都贡献了自己的意义,构式意义并不是无源之水。

与完整映射"值得"语义结构的"XP+值得(+A)+VP"相比,"(……XP,)VP+值得"和"值得(+A)+V+的是,+小句(clause)"则是通过对语义成分的特定配位方式来实现说话者特定的语用目的。对于"(……XP,)VP+值得"来说,XP 要么在句法上降级(V 的宾语或介词的宾语从而做整个"VP 值得"的状语),要么在语义上处在从属小句中,而 VP 直接与"值得"组合充当主句,如:

(38) 珍珠乡的一位老大娘看了<u>这出戏</u>后,拉着演员的手说:"花一万块钱也值得。"

(39) 由知青子女回沪所生的忧与虑确实不少,但喜和乐更多。为了<u>换来这一切</u>,吃多少苦也值得。

在说话者看来,例(38)的"这出戏"(前一小句中已出现)具有很高的观赏价值和意义,即便是花一万块钱也应该来看;例(43)则是说换来"知青子女回沪"这样的结果具有重大意义,无论吃多少苦也是必须去争取的。以上"值得"句通过对(主体)实施某动作行为 VP 的必要性的评述来间接说明 XP 所具有的内涵或价值,因此可以将其语法意义概括为:通过凸显(主体)实施 VP 的必要性来说明 XP 的内涵或价值。

对于"值得(+A)+V+的是,+小句(clause)",我们认为它与"XP+值得(+A)+VP"之间有着紧密的联系,但又具有自身特色。"值得+VP的(是)"后面常常接小句(方清明,2012),而小句所表内容是对前面语段/句中所谈话题的进一步说明。如:

(40) 淡盐水除了有排毒通便的功效之外,此法还有诸多健体作用。<u>值得注意的是,早喝淡盐水虽有助于长寿健康,但睡前饮用此物,却是对健康大大不利的</u>。

(41) 胡萝卜和菠菜营养成分极其丰富,其中<u>最值得一提的是茶多酚。研究发现,茶多酚可以降低血液中胆固醇和甘油三酯的含量,具有预防动脉硬化、降低血压和血脂、防治血栓等作用</u>。

例(40)谈论的话题是"淡盐水"的功效作用,在继续这个话题的过程中,说话人又特别提醒听众要注意饮用淡盐水的时间。例(41)接在"最值得一提"后面的"茶多酚"虽然不是一个小句,但接下来详细说明该物所具有的特点和功用。因此,"值得(+A)+V+的是,+小句(clause)"具有很强的话题跟进、强调或提示功能,"值得"作为话题标记,不仅起到了衔接和连贯的作用,而且还强调或提示下文是某种重要信息,需要听话人予以特别注意。因此,我们将其构式义概括为:凸显小句所示内容(评述事物的内涵或性质)是重要信息,需予以特别注意。

需要指出的是,"值得(+A)+V+的是,+小句(clause)"的形成和语法意义的获得并不仅仅由"值得"带来,还跟"值得"后的动词密切相关。"值得"常常跟认知类动词和评判类动词组合在一起,这些动词都表示主体对外界事物的关注,往往以小句为宾语。当该动词的主语是说话人时,"说话人+认识动词"这个主句部分常常会虚化,成为认知情态类的插入语,后面的宾语从句则主句化,即成为语篇的基本表述单位。这就跟"我认为他一定会赢"中的"我认为"可以虚化一样,它后面可以停顿,与宾语从句分开,宾语从句"他一定会赢"部分可以上升为语篇中的基本信息。"值得"后面的认知、评判两类动词也常常会发生这样的演化,而"值得"自身又是跟动词紧密结合的,所以它们就一起在语篇组织和认知情态上发挥话语标记的作用了。

至此,我们考察了"值得"在概念基础的促动下经由语义结构向句法结构投射并形成"值得"构式群的过程及其特点,并借助语句所提供的现实化环境和背景信息推导出了构式群中各个构式的语法意义。我们用图1来展示本文的推导过程和论证思路:

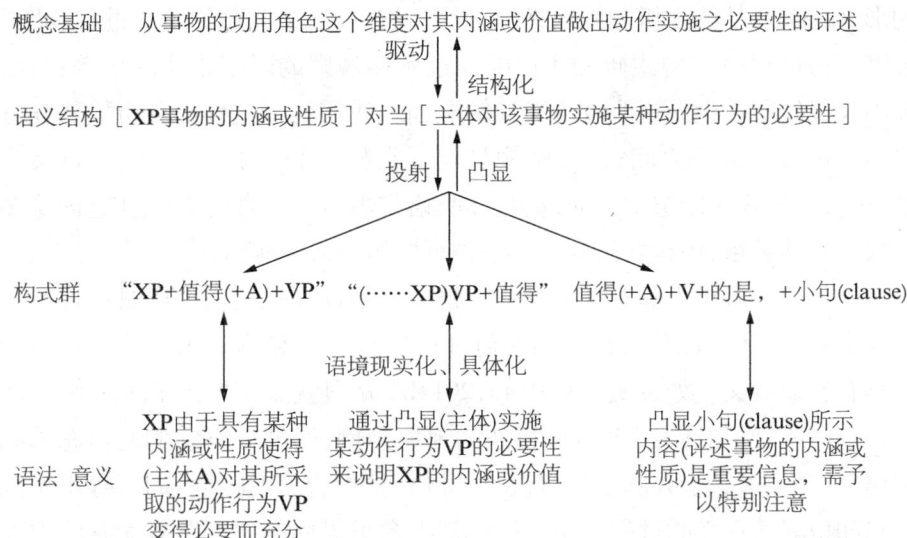

图 1 "值得"的构式形成和意义浮现

从图 1 可以看出,"值得"本身作为词项,其概念为语义结构的形成提供了基础,语义结构则是对概念基础的进一步结构化。在语义结构向句法结构投射的过程中,说话人选择不同的形式来凸显想要表达的内容,而这些特殊的句法配置形式基于同一语义关系而形成相互关联的系统——"值得"构式群。在语境所提供的现实化、具体化环境中,构式浮现出了语法意义,既有从"构"中透明地继承过来的意义,也有"构"中所无,从语句其他信息中整合而得来的"式"的意义。

以上分析还说明,"值得"构式的形成和构式义的浮现跟词库、词法、语义、句法、语境等方面都有很大的关系,具有多重界面互动的特征。比如,我们在归纳其概念基础时,是从具体的用法中总结出来的;在描写其句法格式和句法特点时,也以其概念基础和语义结构作为参照;在提取构式义时,又无一不是综合句法特点和语义关联来进行的。本文将其分开描写只是为了更清楚地展示层与层之间、界面与界面之间的作用机制和互动过程。

五、结　语

"值得"一直没能引起人们的注意,可是它的句法配置和语义关系很特殊,在动词选择、情态特征等方面也独具特色。本文通过分析"值得"构式中的形义关系及其浮现机制问题,借此说明只有对形义关系的建构过程和"浮现"特征加以分析,构式研究才可能通过条件规则的限定来实现可操作性,而不仅仅停留在观念说明或语义读解层面。我们认为这样的分析模式充分展示了词项与构式之间、语义结构与句法结构之间、构式的形式与意义之间、构式及构式义的透明与非透明之间、语言表达的线性与非线性之间等多层次的互动关系,为构式研究提供一种可操作的路径和模式。

这种关注多重界面互动关系的分析模式不仅在构式研究中具有理论意义和实际操作价值,在探讨人脑如何进行信息加工和语义识解等方面也同样具有普遍意义。如袁毓林(2014a,2014b)分别就副词"白、白白(地)"和"救火、养病、回复疲劳"等看似扭曲的现象为例,通过分析它们的概念基础和语义结构,探讨了人脑是如何根植于概念结构、在句法结构的制导下生成语句和识解其意义的过程。由于这种基于多重界面的研究路数尤其注重发掘不同界面之间的互动关系,揭示其中的作用范围和作用机制,因此在一定程度上反映了人脑信息加工和识解方式的基本路径和普遍模式。

参考文献

陈爱锋,郭继懋(2016)试谈"值得"句,《语文研究》第2期。
方清明(2012)论现代汉语"XP的是,Y"有标格式,《语言教学与研究》第1期。
吕叔湘主编(1980)《现代汉语八百词》,北京:商务印书馆。
苗传江,陈小盟主编(2011)《现代汉语动词例释》,北京:北京师范大学出版社:636。
施春宏(2010)从句式群看"把"字句及相关句式的语法意义,《世界汉语教学》第3期。
袁毓林(2014a)概念驱动和句法制导的语句构成和意义识解——以"白""白白"的语义解释为例,《中国语文》第5期。
——(2014b)汉语词义识解的乐观主义取向——一种平衡义程广泛性和义面突出性的策略,《当代语言学》第4期。
Pustejovsky J. (1991) The Generative Lexicon. *Computational Linguistics* 17(4):409-441.
——(1995) *Generative Lexicon*. Cambridge:MIT Press.
——, Bouillon P, Isahara H, et al. (2013) *Advances in Generative Lexicon Theory*. Springer.

(361005　福建,厦门大学人文学院中文系　shmcai@xmu.edu.cn)

从互动看"这/那种"的功能[*]

殷志平

提要 现代汉语中"这/那种"句法分布产生了三个层次上的变化,第一是"这/那种"的修饰对象从名词性成分扩展到动词形容词性成分,第二是从前置到后附,"这/那种"后附于名词性和动词性成分,第三是一些偶发性的超常规用法,属口语化现象。句法分布的变化带来语用功能的增强。"这/那种"的语用功能主要是建立基于听说双方共享知识设别指称对象的互动,"这/那种"的互动功能使话语呈现出对话性特点。

关键词 "这/那种";互动;共享知识

一、引　言

"这种""那种"是现代汉语中比较常用的指量组合,其词汇化和功能发展近期已经引起一些学者的关注。毕永娥(2007)认为,"那种"由定指虚化,不再表达"那一种"的意义,已发展出非组合性而习语化的意义,在人们的心理词库中多多少少已形成一个固定形式,"种"不再是一个名量词,"那种"也不再是两个独立的成分,而是具有特定意义——表模糊认定和不确定——的单一词汇;毕文还指出,在词汇化方面"这种"不像"那种"那样普遍。但毕文讨论的对象为台湾口语,且认为这种词串词汇化习语化的现象在书面语(特别是以传达信息为主的书面语)中尚未见到;同时,毕文讨论的现象仅限于"那种"充当修饰成分时被修饰对象的性质的变化,而未讨论

---

[*] 本文初稿曾在现代汉语语法前沿论坛(复旦大学,2017.8.26—8.27)上宣读,承蒙王一平、陈振宇等提出宝贵意见,《语言研究集刊》匿名审稿专家对本文的修改提出了非常有建设性的意见,一并表示衷心的感谢。

"那种"其他的特殊句法分布尤其是后附于其他成分的现象。汪化云(2015)讨论了处于话语中停顿之前的"那种"所构成的"X 的那种",认为因远指特征淡化、常用而语音弱化、因语义与"X 的"同指而成为赘余成分且处在一般为名词出现的位置,后附于"X 的"的指量短语"那种"趋于向名词演变的词汇化,其意义和功能近乎表示"类型"的名词;汪文还发现话语中停顿之前的"X 的那种"使用频率大大高于"X 的这种"。但汪文只是从构式角度讨论"那种"的功能,没有在整体上对"这/那种"功能变化展开全面深入的讨论。考察现代汉语语料,我们发现,现代汉语书面语和口语中"这种"和"那种"已经产生许多新的用法,发展出一些新功能。为此,本文针对现代汉语的书面语和口语对"这/那种"新的用法和功能做出全面考察和解释,并将考察重点放在"这/那种"的语用和互动功能方面。本文的例句均来自北京语言大学中国语言学研究中心 BCC 现代汉语语料库。

二、"这/那种"的特殊句法分布和语料统计

"这/那种"的特殊句法分布主要表现在以下几个方面:

(一)"这/那种"后附于名词性短语

一般情况下指量短语位于其修饰的名词性成分之前,但"这/那种"却可以后置于名词性成分,构成"NP + 这/那种"结构,"这/那种"后不再出现其他成分,并出现停顿,NP 包括一般名词性短语和"的"字结构(下文分别记为"NP + 这/那种"和"X 的这/那种"),整体上"NP + 这/那种"或"X 的这/那种"在句子中通常充当宾语、主语、同位语等。例如:

(1)"会不会被发现啊?""这你不用担心!不过最好是买针孔这种,它摄像孔很细,你可以把它装在天花板里,通过天花板的小洞来监控,简直就是神不知鬼不觉……"(《冷不防你正被人偷窥》,《厦门晚报》,2002-03-13)

(2)他推开谢文轩剥夺他侄儿的发言权,说道:"我向车行行了一部车子,你喜欢的红色那种,下午放学后爸爸陪你去取。"(梦媚《钟情恋一生》)

(3)遇见了他,一个极普通的男人,走在人群里,很快就被淹没的那种,但她还是爱上了他。(《1999 年的白菜鱼头汤》,《厦门日报》,

2004-07-23）

(4) 所谓生姜酒,一般就是用生姜和烈酒泡制而成、用于驱寒的混合酒类,张海诺所点的<u>这种</u>,就是舰员们利用生姜和白兰地自制的。（天空之承《重铸第三帝国之新海权时代》）

对语料库中"这/那种"后置于名词性成分的用例统计后发现：第一,"X 的这/那种"比"NP+这/那种"用例多得多,前者出现了 11 540 例,后者仅出现了 286 例；第二,后置的"那种"比"这种"多得多,前者出现了 11 566 例,后者仅出现了 260 例,第三,"这/那种"后置于名词性成分的用例主要出现在文学作品和微博中,总计分别出现了 8 713 例和 2 647 例,而在科技文献和报刊中非常少,总计只分别出现了 184 例和 280 例,且主要是"X 的那种"用例。具体情况如表 1。

表 1 "这/那种"后置于名词性短语用例统计

	文学作品	微博	科技文献	报刊	合计
NP 这种	46	26	1	1	74
X 的这种	154	20	9	1	184
NP 那种	129	81	0	0	210
X 的那种	8 384	2 520	174	278	11 356
合计	8 713	2 647	184	280	11 824

（二）"这/那种"后附于动词形容词性成分

话语中"VP+这/那种"结构后一般出现停顿,在句子中充当宾语、主语等。

(5) 这个玩家也不算很笨<u>那种</u>,一见情况不对就立刻开始招呼附近的盟友,这也正好合了李彬的意。（羽民《网游审判》）

(6) 楠：背单词,肯定有会有不会的,可以重点背一下平时经常错的,而考试又经常考的,因为英语考试中有填词<u>那种</u>。（科技文献）

(7) 可惜的是,这会他们吹的都是三四年前的事了,现在都是有身份的人了,想玩,大多去春因坊,偶尔偷<u>这种</u>,虽然刺激,但若是事发,太丢脸了。（清宵好梦《重回永乐时代》）

(8) 象骑马<u>这种</u>,属于"游玩"性质,因为速度不比神行快,还累赘,花费也不菲,当然还是有感兴趣的玩家专门买马练习骑术咧,过过现实

中难以实现的骑马瘾。(起点)

(9) 这看着不赖！这货属于有多少都能吃完,没吃完停不下来那种,又爱又恨顶~~（微博）

"这/那种"后置于动词性成分的用例中,其中的动词性成分大都是比较复杂的成分。对语料库进行统计分析,发现"这/那种"后附于动词只出现374个用例,比后附于名词性成分的用例少得多,同时"VP 那种"比"VP 这种"用例多得多,前者是后者的9.11倍,且93.32%出现在文学作品和微博语料中。"这/那种"置于动词之后的用例情况见表2。

表2 "这/那种"后附于动词用例统计

	文学作品	微博	科技文献	报刊	合计
VP 这种	8	8			37
VP 那种	215	118	2	2	337

（三）"这/那种"修饰动词形容词性结构

指量短语的常规功能是修饰名词性短语,但"这/那种"可以修饰动词短语和形容词短语,但主要是修饰单个动词,"这/那种+VP"结构在句子中充当宾语、主语和名词性短语的中心语等。例如:

(10) 不过现在想想,那也许是自己单方面地认为吧！下午会突然发起脾气,也就是因为一直以来的这种以为被破坏了吧！(顾西爵《若不是因为爱着你》)

(11) 经典果然是经典,还珠格格剧情真太 TM 狗血了！但没办法我就爱这种一边看一边吐槽,现实中哪有这样的。(微博)

(12) 好壮丽的天池！……我没什么语言能形容这种美丽,只是觉得长这么大没见过这么漂亮的景色。(Fantoccini《最强兵器》)

对语料库中"这/那种"修饰单个动词性的用例统计发现：第一,"这种"修饰 VP 的例子比"那种"修饰 VP 的多得多,前者出现24 454例,后者只出现3 032例,前者是后者的8.07倍。第二,"这种 VP"出现在书面语色彩较浓的科技文献和报刊语料中的例子比口语色彩较浓的文学作品和微博语料中的多,前两者合计出现了15 703个例,2 773个类,后两者合计只出现8 570个例,2 201个类,两者之间例的比例是1.79,类的比例是1.26;而"那种 VP"出现在口语色彩较浓的文学作品和微博语料中的例子比书面语色彩较浓的科技文献和报刊语料中的多,前两者合计出现了 2 716 例,后两者合计只出现 316 例。表 3 是语料库中"这种/那种"修饰单个动词的具体情况。

表3 "这种/那种"修饰单个动词用例统计

	文学作品		微博		科技文献		报刊		合计	
	例	类	例	类	例	类	例	类	例	类
这种 VP	6 936	1 634	1 815	567	11 770	1 803	3 933	970	24 454	4 974
那种 VP	1 438	667	1 278	284	190	144	126	99	3 032	1 194

(四)"这/那种 + X + 这/那种"结构

前置与后附两种情况糅合后,就产生"这/那种 + X + 这/那种"结构,"X"可以是 NP,也可以是 VP。目前语料库中出现的例句主要是"那种 + X + 那种",偶见"那种 + X + 这种"。例如:

(13) 杨小吉跟对方做网友这么久了,从对方的谈吐上让杨小吉觉得对方是个很能干的人,就是<u>那种</u>都市女强人<u>那种</u>,谈生意都是强项,现在居然要人帮忙,看来不是她原本熟悉的行业了。(天从月《我的老婆是上司》)

(14) 和不少义工曾经因为自己出现心理问题,走上义工岗位不同,慧心绝对是<u>那种</u>心理健康的让人妒忌的<u>那种</u>,喜欢笑,喜欢大声地说话,是她不经意间流露出来的生活态度。(《分享的快乐》,《厦门日报》,2002-04-08)

(15) 我一直坚信秀恩爱,分得快。尤其是<u>那种</u>,早餐老公端床边,睁眼就看见早餐<u>那种</u>,你早上起床不漱口就开吃嚜!(微博)

(16) 看见<u>那种</u>是 xx 的转,是 xx 的同学举手<u>这种</u>,就犯恶心。(微博)

例(16)表远指的"那种"和表近指的"这种"指向同一指称对象"是 xx 的转,是 xx 的同学举手",存在语义冲突,但用例极少。对语料库进行统计,"那种 + X + 那种"只发现 145 例,且主要出现在文学作品和微博语料中,具体情况见表4。

表4 "这/那种 + X + 这/那种"用例统计

	文学作品	微博	科技文献	报刊	合计
那种 + X + 那种	113	41	0	1	145

(五)"这/那种"重复

具体有两种情况,一是"这/那种"整体重复,二是"种"重复后与"这"组合。

1. "这/那种"重复

"这/那种"整体重复时通常伴随停顿,例如:

(17) 这几年呢,距离却愈来愈远。也说不上有什么矛盾。就是<u>那种,那种</u>,似乎有某种嫌隙,但又摆不上桌面。只可意会,难以言传。(卞毓方《非常之夜的故人之谊》,《文汇报》,2002-04-18)

(18) 高尘摸了摸自己的额头,"似乎,我不太习惯<u>这种,这种</u>,<u>这种</u>激烈的方式来解决问题,嗯,不对,这不怪我,怪不到我的头上,这是遗传,遗传!""啦啦啦,啦啦啦,你是一个大傻瓜!"(蛇吞鲸《至尊天骄》)

2. 连续出现几个"种"

例如:

(19) 那是一段迷惘、混乱、而痛苦的日子,还不仅仅是单纯的嫉妒,还有更多的失意,这<u>种种种种</u>,你又何曾知道?(我想我是海《几度夕阳红》)

语料库中此类现象十分稀少,统计语料库,"这/那种"复叠用例主要出现在文学作品中,在报刊语料中只出现个别用例,在科技文献语料中则没有发现用例。具体情况见表5。

表5 "这/那种"复叠用例统计

复叠形式	文学作品	微博	科技文献	报刊	合计
这种,这种	13	4		1	18
那种,那种	30	4		1	35
这种种种种	12	1			13

根据上述语料库统计,"那种"后附于"的"字结构和"这种"修饰单个动词的用法已经相当普遍,"那种"后附于一般名词和动词也已有不少用例。同时,"这种"修饰单个动词的用例主要出现在书面语色彩较浓的科技文献和报刊语料中,表明"这种"修饰单个动词的用法属于常规现象;而"那种"后附于名词性和动词性成分的用例主要出现在口语色彩较浓的文学作品和微博中,说明这是在口语中产生的习语化用法。至于前置与后附融合、"这/那

种"复叠等,用例较少,只是口语层面上的临时用法,下文不做更多的讨论。

三、"这/那种"的功能

(一)"这/那种"后附于名词性短语

1."这/那种"后附于"的"字结构

汪化云(2015)认为后附于"的"字结构的"那种"可以省略而不改变句子的基本意义,且语义与"X的"同指,因此"那种"是个赘余成分,"X的那种"指称一个具有X特征的下位范畴,这些观察无疑很有启发意义。但值得思考的问题是,"这/那种"的语义功能既然与"X的"相同,说话人为什么要附加这一成分呢?汪文认为"那种"有强调"X的"作为类型的作用,这种观点值得商榷。"这/那种"的基本功能是指称,怎么能对作为类型的"X的"有强调作用呢?我们认为,后附于"的"字结构的"这/那种"的语用功能主要是让听说双方置于共享的背景知识和共同的关注对象上,把话语置于双方互动的语境中(互动功能的解释见下文第四节)。例如:

(20) 后来,他看了意大利影星索菲娅·罗兰的电影,便想起了"七〇届的拉三"的脸型,就是索菲娅·罗兰的<u>这种</u>,但线条要柔和与细致多了,是东方人的情调。(王安忆《妹头》)

(21) 允嘉放开他的衣袖,抱着包,微仰起头看着天空,"等拿到工资,我要去买一条真维斯牛仔裤,直筒的<u>那种</u>"。(吴越《当时已惘然》)

例(20)、例(21)的"索菲娅·罗兰的这种"和"直筒的那种"不仅描述一种类型的"脸型"和"牛仔裤",而且邀请听话人利用自身对索菲娅·罗兰和直筒裤的知识参与对说话人所指的脸型和裤子的理解,实现听说双方之间的互动。

2."这/那种"后附于一般名词性短语

后附于一般名词短语的"这/那种"与后附于"的"字结构的"这/那种"都是后附于名词性成分,语法性质与功能是否相同呢?先从语义上进行考察。我们发现,"这/那种"在句法分布上虽然紧邻"NP",然而语义关系上并不指称"NP",而是指称事物的一个具有NP属性的下位范畴,对此可以用删除法证明。

(22) 前天和蓬蓬头说我想买一缝纫机,他问买一什么样的,我说就淘宝

上两千多那种,他说你干嘛使呀,我说我就砸个窗帘,给我的衣服都加个蕾丝花边儿什么的。(微博)

(23) 他不再笑,而是一本正经的。"下官是个医生,什么病没有见到过,像娘娘这种,也不是很严重……"(芸熙《怅恨皇妃》)

删除例(22)、例(23)的"这种""那种"后,句子都不能成立,因为"淘宝上两千多那种"指称淘宝上出售的价格为两千多的缝纫机,"淘宝上两千多"则指称缝纫机的价格,这与其对应的谓语"买"语义上不能搭配;"娘娘这种"指称像娘娘得的那种病,这与前文话题"什么病"相匹配,"像娘娘"则指称"娘娘",与前文的话题相左。

(24) 两个女人,一个短发精神抖擞手里持着五四枪,一个长发秀外慧中很是柔弱,两人模样都是属于一等品那种。(九头怪猫《重启家园》)

(25) 这是我第一次见到罗钟。他三十岁不到的样子,果然如我所料穿的就是仔裤恤衫那种,一进来就问我,"是石总?"(七剑下面条《奸诈人生》)

删除例(24)、例(25)中的"那种"后句子都可以成立,但句子的基本意义都变化了,例(24)"一等品那种"指称一种"模样",通过判断词"属于"与"模样"构成归属关系,删除后"一等品"在句子中成为一种述谓成分,对"两人模样"进行陈述;例(25)"仔裤恤衫那种"指称穿着仔裤恤衫的模样,对前文的话题即罗钟的"样子"展开详述,删除后"仔裤恤衫"指称罗钟的一种穿着,改变了句子的语义关系。

"NP+这/那种"中的"这/那种"紧邻NP却不指称NP,还可用添加法来证明。事实上,例(22)至例(25)中的"淘宝上两千多""娘娘""一等品""仔裤恤衫"与"那种"之间都可添加"的"构成"NP的+这/那种"结构而不改变句子的基本意义,因此可以认为"NP+这/那种"是删除了"的"字后形成的,删除的动因是经济性。而"的"字结构的功能是称代中心语(朱德熙 1983;袁毓林 1995),也就是说,"NP+这/那种"指称具有一个NP特征的下位范畴。那么,后附于一般名词短语的"这/那种"的句法功能是什么呢?袁毓林(1995)提出,当"的"加在NP后面时,"的"的语法功能是名词化,因为"NP+的"之间隐含了一个谓词,即其潜在形式是"NP+VP+的"或"VP+NP+的",由于"NP+VP"或"VP+NP"是谓词性的,而后附"的"的"NP+VP+的"或"VP+NP+的"成为体词性的了,也就是说"NP+的"的形成过程中存在名词化操作。既然"NP + 这/那种"是删除"的"字后形成的,"的"的名词化功能就由"这/那种"吸收与承担了,也就是说,后附于一般名词的"这/那种"具有名词化的句法功能。

既然"NP + 这/那种"与"NP + 的 + 这/那种"的语义功能都是指称事物的一个具有 NP 属性的下位范畴,那么两者就具有相同的语用功能,即引进听话人,把话语置于双方互动的语境中,让听说双方置于共享的背景知识和共同的关注对象上。例(22)至例(25)中,说话人在说出"淘宝上两千多那种""娘娘这种""一等品那种"和"仔裤恤衫那种"时,不仅描述一种类型的"缝纫机""病""模样"和"衣服",而且邀请听话人利用其共享知识,对分别具有"淘宝上两千多那种""娘娘这种""一等品那种"和"仔裤恤衫那种"等属性的"缝纫机""病""模样"和"衣服"的下位范畴所指对象加以设别。

(二)"这/那种"后附于动词形容词性短语

后附于动词短语的"这/那种"语义上不指称其紧邻的 VP 所指行为、性状,而是指称行为的一个具有 VP 属性的下位范畴。我们仍然用删除法加以证明。

(26) 不过很刺激,似乎像小说里那样。不仅做了夜行人,而且还似乎是偷情幽会那种,真是特别的感觉。(风铃的翅膀《风流飘香》)

(27) 他日的愿望,是有架私家飞机,里面有卧室、客厅、浴室那种,上了机往大床一躺,睡个清爽才下机,不用像平时捱挤迫捱得像把菜干似的下机。(林燕妮《死在昨日》)

例(26)的复句关联词"不仅……而且……"要求"而且"分句"是"后提供一个"夜行人"类别信息,即"偷情幽会那种夜行人",删除"那种"后,"偷情幽会"提供的则是陈述信息。例(27)"里面有卧室、客厅、浴室那种"是对飞机的一种类别信息的描述,对前一分句宾语"飞机"在具体类别上做出补充,删除"那种"后,"里面有卧室、客厅、浴室"则变成对飞机属性进行陈述。

那么为什么后附于 VP 的"这/那种"紧邻 VP 却不指称 VP 而是指称行为的一个具有 VP 特征的下位范畴呢? 也可以用添加法来探寻其中的缘由。例(26)、例(27)中的"偷情幽会""里面有卧室、客厅、浴室"与"那种"之间都可以添加"的"构成"VP 的这/那种"结构而不改变句子的基本意义,而"的"字结构的功能是称代中心语,即"VP 的"指称行为的一个具有 VP 属性的下位范畴。袁毓林(1995)提出,"的"加在 VP 后面时,其语法功能是名词化,使谓词性的 VP 变成体词性的"VP + 的"。既然"VP + 这/那种"是删除"的"字后形成的,"的"的名词化功能就由"这/那种"吸收与承担了,也就是说,后附于动词短语的"这/那种"具有名词化的句法功能。

有的"VP 这/那种"中的"这/那种"删除后句子能够成立,且基本意义不变,例如:

(28) 我们玩过三个人骑马那种,一个人低头搂着另外一个人腰,第三个人骑上去。哈,没玩过这个长了两个角?请相关朋友注意,62＊＊5566 来电拒不接受,感谢大家配合。(微博)

(29) 以下的内容都是我们班长教的:第一次亲女生的时候,千万不要把舌头伸进她嘴巴,要假装不是很会那种,不能像亲学姐那么用力,这是学妹,知道么!!!(微博)

(30) 我鼓掌说:继续,继续哭,不要停,他闻之,猛吸一口气,吊高嗓门继续,累了,我再说:接着哭,你还可以试试边哭边打滚那种,他茫然。。。(微博)

例(28)、例(29)和例(30)中的"那种"删除后句子都能成立,因为"三个人骑马""不是很会""边哭边打滚"分别充当谓宾动词"玩""假装""试试"的宾语,可以不依靠"这/那种"实现自指,但话语变成说话人独自陈述,仅仅提供命题信息,追加"这/那种"后,引进了听话人,邀请听话人利用其共享知识设别"三个人骑马那种""不是很会那种"和"边哭边打滚那种"所指的对象。

(三)"这/那种"修饰动词性结构

前文说过,受"这/那种"修饰的 VP 主要是单个动词,而且很多是动名词,这种情况下,删除后"这/那种"后句子一般能够成立,但 VP 所指范围变化了,例如:

(31) 1994 年的《活着》由于在国内的禁映和禁评,尽管获得戛纳电影节男主角桂冠,但并未引起像《红高粱》获奖时所引发的那种轰动,无论是普通公众还是专业影评家,都很难再给张艺谋如过去那种"神话英雄"的赞誉了。(《张艺谋不大可能再创神话》,《厦门商报》,1998 - 12 - 20)

例(31)中"那种"在语义上对"轰动"具有限制作用,指明一个特定的轰动状态,删除"那种"后就变成一般意义上的轰动了。然而"这/那种"的分类是约似的、模糊的,对于听读者来说,对"那种轰动"情状所指的理解还需利用其共享知识,也就是说,说话人使用"这/那种"修饰动词,不仅是为了限制所指动作行为的范围,还有邀请听话人参与互动的意图。

有的"这/那种"修饰复杂形式VP与"这/那种"修饰单个动词具有相似的语法特点,例如:

(32) 这事儿肯定没外边传的那么夸张,起因是在吴钧家里,一个例行的聚会上,<u>那种</u>聚会公开拍卖模特怕是你也知道。(七剑下面条《奸诈人生》)

(33) 那一排排毫无实用价值的诗句,却是我们现在最珍贵的至宝。他们把<u>这种</u>行千里路当做一种正事,为之不怕风餐露宿,不畏长途苦旅。(望月石《穿越之女人是老虎》)

例(32)、例(33)中"这/那种"删除后能够成立,因为受"这/那种"修饰的动词性成分"聚会公开拍卖模特""行千里路"分别充当"是"字句的主语和介词"把"的宾语,可以不依靠"这/那种"实现自指,"这/那种"在语义上对受其修饰的动词短语和形容词短语具有限制作用,指明一个特定的行为情状类别,然而这种范围限制仍然是模糊的、不确定的,对于听话人来讲,理解"那种聚会公开拍卖模特"和"那种行千里路"所指的行为情状需要利用其共享知识,表明"这/那种"在这里不仅有限制功能,还有互动功能,删除"这/那种"后就纯粹是说话人独自的陈述了。

有的修饰复杂VP的"这/那种"删除后句子不能成立,例如:

(34) 丢掉用了足足三个月的拐杖,用双脚走在路上,<u>那种</u>想跑就跑,想跳就跳,那种久违的自由自在无拘无束,让凤影楼真的想来上个一蹦三尺高,用来宣泄他现在的快乐。(舞妖姬《诡刺》)

"想跑就跑,想跳就跳"虽然处于主语位置,但由于包含量成分和主观性,难以成为听话人识别的对象,离开修饰成分"那种"后就不能成立,而用"那种"修饰后,"那种想跑就跑,想跳就跳"整体上具有就名词性成分的功能,成为"让"引导的VP陈述的对象,显然,这里的"那种"具有名词化的句法功能,语义上具有将复杂形式VP概念化的功能。但这种情况下"那种"的限制功能已经不是很凸显,因为不存在不同的"想跑就跑,想跳就跳",使用"那种"的目的除了将VP概念化后成为可指称对象外,主要功能是语用上的:说话人邀请听话人领悟、体会一个人足足用了三个月的拐杖,一旦丢掉,那双脚走在路上,想跑就跑,想跳就跳的自在状态和欢快心情。

毕永娥(2007)讨论到台湾地区口语中"那种"修饰复杂的 VP(例如出现在说话人的评断——通常是谓语或补语成分——之前,或者出现在谓语结构中,紧贴表程度或表动作的动词或动词组之前)的现象,她认为从语法角度来看,这种情况下的"那种"已经过重新分析,变成谓语中的修饰成分,且具有特定意义——表模糊认定与不确定立场。显然,本文讨论的"这/那种"修饰动词的现象与台湾口语比有不一样的特征,现代汉语中"这/那种"修饰动词性成分时,句法语义功能总体上没有变化,仍起修饰作用,但还具有语用上的互动功能。

(四)"这/那种+X+这/那种"结构

上文分析表明,用于动词前的"这/那种"具有指称功能,也具有互动语用功能;后附于名词和动词的"这/那种"的主要功能是互动,显然,具有互动功能的"这/那种"重复指向同一对象,就是为了强化互动功能。

(35) 十几分钟后,气喘吁吁的母亲从火车的窗户上递给我一个精美的盒子,我打开一看,里面放着一双棕色皮鞋,是<u>那种</u>很流行我曾经很向往的<u>那种</u>,母亲没说什么,而此刻,我的脑海里一次次地闪现《背影》中的情节,……(科技文献)

上文提到语料中存在远指的"那种"与近指的"这种"指向同一对象从而产生语义冲突的现象,汪化云(2005)也注意到"那种、这种"指向同一对象的情况,他认为由于"那种"的远指意义淡化且常用,在"X的那种/这种"中,"这种"和"那种"一般并不确指远近,其使用往往有一定的随意性,这是一种可接受的解释。需要补充的是,语义冲突的"这/那种"指向同一对象,一个重要原因是后附于名词和动词的"这种/那种"主要表达语用意义,不表示命题意义,重复使用是为了增强语用功能。此外,这种用法用例较少,是一种口语化现象。

(五)"这/那种"复叠使用

"这种""那种"重复使用等主要出现在文学作品和微博语料中,用例不多,往往伴随停顿,是一种口语化现象。

(六)小结

上文分析表明,"这/那种"句法分布有三个层次上的变化,第一是修饰对象从名词性成分扩展到动词性成分(主要是单个动词),语义上主要表示指称,这还属于指量短语的常规功能;第二是"这/那种"后附于名词性和动词性成分,其中后附于一般名词短语和动词短语的"这/那种"句法上有名词化功能,语义上有指称功能,但更具语用上的互动功能,而后附于"的"字结构的"这/那种"已经没有句法和语义功能,主要起语用上的互动作用;第三是口语化用法,前置与后附融合、语义冲突的"这/那种"指向同一对象及"这/那种"重复的用法并没有改变句法语义功能,只是口语层面上的现象。本节的分析与上文关于语料库中各种用法的频次统计具有相关性,即使用频次高的,成为常规用法,产生特定的语用功能,使用频次低的,只是口语化现象。

四、"这/那种"互动功能的阐释

(一)在听说双方之间建立基于共享知识设别指称对象的互动

上文分析表明,前置和后附的"这/那种"语用上具有互动功能,那么"这/那种"为什么会产生互动功能?这是指示词"这/那"和量词"种"的性质决定的。

Diessel(2006)指出,在外指用法中,指示词与直接指示手势具有相同的功能,两者都指示与指示中心相关的客体位置,即提供空间定向,两者都将受话人的注意力聚焦于一特定指示对象,即操纵语内主体的共同关注(joint attention)。"这/那种"后附时,所附着的名词性或动词性成分已经提供了新信息,表达了完整的命题意义,但说话人仅仅在自言自语,而不是在对听话者说话(高增霞 2016)。在 NP 或 VP 后追加"这/那种"后,说话人就将听话人引进话语语境中,并指引听话人将注意力放到所指对象上。例如:

(36)茶,陈观鱼很爱喝,当然。只属于爱喝<u>那种</u>,还没有培养成茶道。
(陈观鱼《重生之无限精彩》)

例(36)中,说话人通过"爱喝"介绍了陈观鱼的一种生活习惯,追加"那种"是着眼于听话人,将听话人的注意力吸引到"爱喝"所指对象上。

另一方面,分类量词"种"表明所修饰的事物与其他事物存在区别,"种"的意义本来就只是一种概括、约似(approximation),语义很容易走向"差不多、如同、好像"之意(毕永娥 2007),"那种"也间接表达说话者"对于所说内容不完全确定"的态度(毕永娥 2007),这就要求听话人承担起利用其自身知识设别"这/那种"修饰成分所指对象的责任。"这/那"的协调注意焦点功能和"种"的约似性质两相结合,就在听说双方之间建立起基于共享知识设别指称对象的互动。

这种基于听话双方间共享知识的互动,造成了话语的会话性特点。

一是直接用于对话。后附于名词性和动词性成分的"这/那种"出现在对话语境中时,一般用于答句,例如:

(37) 路过一家发廊,店门口贴了张林青霞的大彩照。一头潇洒的短发,听说林青霞是为情而剪,欣然摸摸自己的头发,就进去了。"要什么发型?""<u>林青霞那种</u>。"

二是用于设问句的答句,通过自问自答的方式构建会话性,例如:

(38) 仁九医院在深圳书城的后街,靠近宝安路,从书城高高的台阶走下,右拐,再右拐,直走下去就是;见过消音式战斗机么?屁股上拖白烟的<u>那种</u>,一侧机翼,飞机在天上划个弧线,一溜白烟;仁九医院与深圳书城的关系,就相当于这条弧线,拐弯的白烟。(巫马英雄《偶是深圳一个贼》)

三是构造拟对话性。拟对话是指相关话语"不是出现在对话中,但是读起来似乎有一种对话的感觉"(李宇明 1997)。许多"NP/VP+(的)那种"不是出现在对话人之间的问答或自问自答的语境中,前文也不存在问句,但读起来似乎是针对听话人对某事物属性进行界定的问题的回答。例如:

(39) 此时的她却忽然想起行角熟食档的汤团来,许久没有吃了,一团面粉当中裹一颗小小黄糖<u>那种</u>,人生如果像它就好了,香且糯,代价又不贵。(亦舒《叹息桥》)

(40) "你自己的家?""是,我自己有一幢老房子,"她很为得意,"是老得几乎要塌下来<u>那种</u>,三千多尺大小,隔壁盖大厦,想连我这边也买下来,我不肯,留下它,有时想逃避一下,享受清静,便去住上一两天。"(亦舒《玫瑰的故事》)

例(39)中说话人先说想起了"行角熟食档的汤团",接着说许久没吃了,话题和陈述都有了,按理接下来可以进一步推进话语了,但说话人重新回到话题"行角熟食档的汤团"上,说出"一团面粉当中裹一颗小小黄糖那种",给人的感觉是听话人提出了"行角熟食档的汤团是什么样的"问题。例(40)说话人针对听话人的问话"你自己的家?"回答"是,我自己有一幢老房子,"此时听话人并没有就说话人自己拥有的那幢老房子提出新的问题,但说话人继续对自己的老房子补充说明"是老得几乎要塌下来那种",读上去似乎在回答听话人"哪一种老房子"的问题。我们完全可以在由后附"这/那种"的小句之前将相应的问句添加进话语中来验证我们理解话语的这种"感觉""似乎"。

上述对话性主要出现在"这/那种"后附于一般名词、"的"字结构和动词形容词性成分的情形,当"这/那种"修饰动词性形容词性成分时,也体现出一定的对话性,因为互动就意味着话语介入到听说双方,只是这种听说双方的介入只体现为听者导向的说话方式,并没有显现(explicite)的听说双方的话语交换,这与上述不出现问句的拟对话相似,只是拟对话话语比较容易添加问句,而"这/那种"修饰动词性形容词性成分时,很难添加相应的问句。

上文说到,互动建立在听说双方之间的共享知识上,那么,听话人与说话人之间共享知识的来源是什么?

(二) 共享知识的来源

我们认为主要来自于以下三个方面。

1. 语境化提示

听话人通过上下文中的一些指示性信息对"这/那种"指称对象做出理解。例如:

(41) "呃……头,杯子在饮水机下面的柜子里呢,对,纸的<u>那种</u>,"楚云飞直接岔开了话题,接着转向二人。(随缘·珍重《都市逍遥客》)

例(41)"那种"所指杯子仅仅凭"纸的"的描写还无法完全设别,但听话人通过前文所提供的语境"在饮水机下面的柜子里"的提示,便能清楚设别。

2. 投射信息

Halliday(1994)将投射定义为小句间的这样一种逻辑—语义关系,其中"一个小句的功能不是对(非语言的)经验的直接表述,而是对(语言的)表述的表述"。当"这/那种"投射一种言辞观念时,被投射的言辞观念体现为一种社会知识,能成为听话人设别"这/那种"所指对象的共享知识。当"这/那种"前后包含言说动词或修饰成分带有引号时,则表明引导的是投射信息。例如:

(42) 像福柯一样,尼采大半辈子都反对<u>那种</u>认为自我纯属某种外界赋予的东西的观点,在两个人的心目中,"真实",包括关于人的自我的"真实"。(詹姆斯·米勒《福柯的生死爱欲》)

(43) 方怡面有难色地打断道:"你这个情报我还没听说过,本公司从来

没有想过这种歪点子。不过,我很想听听你讲讲<u>这种</u>所谓世界潮流。"(柳建伟《突出重围》)

(44) 按套(单元)计算的房产,在《商品房买卖合同》中只表明了总价,没有分列出单价;有点类似于<u>我们常说的</u>那种"一口价"。(《让您买房更惬意》,《厦门商报》,2002-01-17)

(45) "我同意你的说法",客途温和一笑:"我一向认为,<u>说</u>那种'我告诉你,你不要告诉别人'的话,最是无聊。"(李凉《江湖风神帮》)

例(42)和例(43)"这/那种"引导言说动词"认为"和"所谓",说话人据此提示听话人,"这/那种"所指事物属于投射信息。例(44)既在"那种'一口价'"前使用言说词"我们常说的",又在"那种"指称对象"一口价"上打上引号,共同表明了"一口价"属于投射信息。例(45)在"那种"之前使用了言说动词"说",同时在"我告诉你,你不要告诉别人"上加引号,两者一起表明"我告诉你,你不要告诉别人"为投射信息。

3. 共享社会知识

作为同一社区内的成员,话语参与者具备长期拥有的共识(common ground, Levinson 1995),没有这种长期拥有的共识,会话就无法进行。在使用"这/那种"的话语时,说话人希望听话人用来设别"这/那种"修饰成分指称对象的共享知识,有部分就来自于共享社会知识。例如:

(46) 霍司崖简直服了她了,这几天她想必胡思乱想了不少罢?"雪色是我下属,我和她不是你想象的<u>那种</u>关系。"(醉琉璃《有宝来仪》)

例(46)中"那种关系"到底是什么样的关系,说话人没有具体说出来,但听话人凭借社会知识,一定明白话语中说话人(男性)与其下属雪色(女性)之间的"那种关系"所指是什么。

五、结　　论

现代汉语中"这/那种"的句法分布产生了三个层次上的变化,第一是"这/那种"的修饰对象从名词性成分扩展到动词形容词性成分,其中"这种"修饰单个动词的用法广泛出现在书面语色彩较浓的科技文献和报刊语料中,但这仍属于指量短语的常规功能,只是增强了语用功能;第二是从前置到后附,"这/那种"后附于名词性和动词性成分,其中"那种"后附于"的"字结构的用法已经相当普遍，"那种"后附于一般名词和动词性成分的也已有不少用例，"那种"后附于一般名词性成分和动词性成分的用例主要出现在口语色彩较浓的文学作品和微博中，语义上仍具有指称功能，但语用功能进一步增强，而后附于"的"字结构的"这/那种"已经基本失去句法和语义功能，主要表达语用功能；第三是一些偶发性的超常规用法，它们并没有改变句法语义功能，只是口语化现象。"这/那"的协调注意焦点功能和"种"的约似性质两相结合，使听话人与说话人之间建立起对"这/那种"指称对象的共同关注和互动，这是听话人导向的互动，听话人基于语境化提示、投射信息和社会知识建立与说话人之间的互动，这种互动造成了话语的会话性特别是拟对话特点。

参考文献

毕永峨(2007)远指词"那"词串在台湾口语中的词汇化与习语化，《当代语言学》第2期：128-138。

方　梅(2002)指示词"这"和"那"在北京话中的语法化，《中国语文》第4期：343-356。

——(2016)北京话语气词变异形式的互动功能，载方梅主编，《互动语言学与汉语研究》，北京：世界图书出版公司。

高增霞(2016)从互动角度看"吧"的使用，载方梅主编，《互动语言学与汉语研究》，北京：世界图书出版公司。

李宇明(1997)拟对话语境中的"是的"，《第五届国际汉语教学讨论会论文选》，北京：北京大学出版社：220-230。

完　权(2015)话语互动中的光杆有定宾语句，载方梅主编，《互动语言学与汉语研究》，北京：世界图书出版公司。

汪化云(2015)说"X的那种"，《语言教学与研究》第1期：88-96。

袁毓林(1995)谓词隐含及其句法后果，《中国语文》第4期：241-255。

朱德熙(1983)向指和转指，《方言》第1期。

Aijrner K. (1984) Sort of and Kind of in English Conversation. *Studia Linguistica* 38: 118-128.

Ariel M. (1991) The Function of Accessibility in a Theory of Grammar. *Journal of Pragmatics* 16(91): 443-463.

Diessel H. (2006) Demonstratives, Joint Attention, and the Emergence of Grammar. *Cognitive Linguistics* 17(4): 463-489.

Halliday M A K. (1994) *An Introduction to FunctionalGrammar* (2nd ed.). London: Edward

Arnold Publishing Limited: 250.

Levinson S. (1995) Interactional Biases in Human Thinking. In Goody E. (ed.) *Social Intelligence and Interaction*. Cambridge, MA: Cambridge University Press: 221-260.

Margerie H. (2010) On the Rise of (inter) Subjective Meaning in the Grammaticalization of Kind of/Kinda. In Davidse K, Vandelanotte L, Cuckens H. (eds.) *Subjectification, Intersubjectification and Grammaticalization*, Berlin: Mouton de Gruter.

Romaine S, Lange L. (1991) The Use of Like as Marker of Reported Speech and Though: A Case of Grammaticalization in Progress. *American Speech* 66 (3): 227-279.

(200030　上海,上海殷殷商务咨询有限公司　yin-zhiping@hotmail.com)

"把 NP 给 VP"句研究的检讨与反思[*]

程亚恒

提要 "把 NP 给 VP"句是汉语中使用频率较高的一种句式。"把 NP 给 VP"句中的 VP 不仅可以是动结式、动趋式,也可以是动宾式或 VV、V一V、V了V 等动词重叠形式,而且还可以是表状态持续的"V 着",少数情况下甚至可以是有伴随成分的"一 V"结构。"把 NP 给 VP"句中的"给"是来自与事介词的"使役"标记。"把 NP 给 VP"句包含"处置"和"致使"两个处于变化连续统中的子系统。"把 NP 给 VP"句中,"给 VP"之间也可以有多样化的状语出现。

关键词 "把 NP 给 VP"句;使役标记;连续统;致使;处置

一、引　言

作为"把"字句的一种下位类型,"把 NP 给 VP"句(包括小句,下同)具有"把"字句的很多特征。与一般的"把 NP VP"句相比,"把 NP 给 VP"句更倾向于口语化,口语色彩相对较浓的小说中也比较多见,而典型的书面语中则极其少见。尽管学界对"把"字句的研究已经相当深入,但对"把 NP 给 VP"句式的专门研究则相对较少,且研究的语料均局限于典型的书面语,所以结论未免失之片面。

本文拟将调查语料扩展到口语化程度较高的网络小说和网络用语,从四个方面对"把 NP 给 VP"句进行进一步探讨,针对目前研究中存在的问题进行检讨和反思,并提出一孔之见,以与方家同好共商。这四个方面的内容

---

[*] 本文是教育部人文社会科学研究规划基金项目(项目编号 15YJA740006)的部分成果,曾在第 47 届国际汉藏语言暨语言学会议上宣读。感谢《语言研究集刊》匿名审稿专家提出的宝贵意见,文中不妥之处与他人无关,概由作者负责。

包括:"把 NP 给 VP"句中 VP 的结构类型;"把 NP 给 VP"句中"给"的使用条件;"把 NP 给 VP"句中"给"的语义与表达功能是否相同;"把 NP 给 VP"句中,"给 VP"中间能否出现状语。

二、"把 NP 给 VP"句中 VP 的结构类型

王彦杰(2001)[65]指出"把 NP 给 VP"句中 VP 的三种主要结构形式是单个动词、动结式动词和动趋式动词,此外还有"吓了一跳""撂那儿""摔阴沟里"等几种表示结果意义的不典型结构形式。张谊生(2002)[326-327]把"把 NP 给 VP"句中 VP 归结为动结式、动补式、动趋式、唯补式、单词式五类。柯航(2004)在肯定了"把 NP 给 VP"句中 VP 的类型经常是动结式、动趋式和带"了"的单动式之外,又补充了一种动处式和 1 例"V一V"重叠式。李光(2009)又在前贤研究的基础上补充了 1 例"VV"重叠式。需要指出的是,这些结论都是建立在现代汉语书面语语料基础上的,如果把调查和研究的范围扩大到现代汉语的网络用语,我们就会发现,除了常见的动结式、动趋式、补充式、单词式外,"把 NP 给 VP"句中的 VP 还有更丰富的形式,重叠式也有更多用例。

首先,就"V一V"重叠式充当 VP 的情况来说,口语中可谓屡见不鲜,而且书面语中也不乏其例,如:

(1) 诛仙什么时候能把飞剑给改一改啊?(http://iask.sina.com.cn/b/14378388.html)

(2) 把窝给挪一挪。(http://www.westshu.com/xiaolei4570/paper1520272.htm)

(3) "赵处哇,昨天忘告诉你了,抓紧写一篇报道,把咱们刹借机敛财风的事儿给吹一吹。"潘正秋站在赵进科的门口,交代着。(黄凌《扶正》)

(4) 给你,闲着也是闲着,把羊圈门口给扫一扫。(丛培德《炮大嫂告状》)

除了"V一V"外,"VV""V 了 V"重叠式也可以出现在"把 NP 给 VP"句中,而且用例也不在少数,例如:

(5) 今天阳光好,把狗当被子一样给晒晒。(http://bbs.hefei.cc/thread-2743920-1-488.html)

(6) 我要不要用洗洁精把肉给洗洗?(http://www.qiushibaike.com/article/65495174)

(7) 三天,他一共做了十二只小凳,还捎带把桌面给刨了刨,给小旦旦做了个木头枪。(李佩甫《李氏家族》)

其次,"把 NP 给 VP"句中的 VP 还可以是动宾结构,而且宾语是[-处所]义名词性成分。尽管这种情况比前面几种形式少见,但也不乏用例,不妨多看几个例子:

(8) 太监就把范虎给松了绑,给他带上了手铐。(冯向光《三晋春秋》)

(9) 号了半天脉,归根结蒂还得治病,得把部队抬到手术台上给挖挖瘤子。(许福芦《第一野战军征战纪实》)

(10) 这时候母亲及时地发话,要西西第二天把去年冬天剩下的两筐土豆给去了皮来磨粉。(迟子建《逝川》)

(11) 老财主气得从屋里跳到屋外:"……好,你不能割青稞,那么套起牦牛,把割好的地给翻翻土。"(姜涛《中国传奇·蒙藏民间故事·潮州七贤故事》)

(12) 你说说,这小子把你从非洲拿来的名贵木雕给送人了,比我还有理!(熊江平《中学生最新分类作文精选大全》之《礼物》)

(13) 安娜老师指指红军和共产党人,告诉她说:"是他们说服了德寇守卫,才把门给拉开了一道缝的。"(丹琳《卐字旗下小囚徒》)

可以看出,这种动宾结构中宾语的语义类型大多数属于受事,如上例(9)、例(10)、例(11),例(8)的"绑"因为转指"绳子",所以也属受事宾语。不过,少数情况下宾语也可以是其他类型,如例(12)宾语"人"是动词"送"的终到目标,所以属于目标宾语;例(13)中,"拉"的受事宾语是"门",而"一道缝"则属于结果宾语。值得注意的是,这些带宾语的 VP 多数情况下有助词"了"配合使用,如上例(8)、例(10)等,但并不限于与助词"了"配合使用。

第三,"把 NP 给 VP"句中的 VP 也可以由表示状态持续的"V 着"充当,例如:

(14) 我就把它给摆着,不做什么。(三毛《我的宝贝》)

(15) 精通各种武术套路的骆敏与郝好玩起了太极,一直把人家给吊着。(周林《军心如铁》)

(16) 没有千里马,至少也把千里马的牙齿给供着。(http://bbs1.people.com.cn/post/4/1/2/129152747.html)

此外,王彦杰(2001)[68]和李光(2009)[29]认为"把 NP 一 V"结构中不能添

加"给",实际上这种观点也过于绝对,至少对于"一V"前后有其他伴随成分的"把 NP 一 V"结构来说并非如此,例如:

(17) 忽然,她尖叫了一声,原来潘把她给用力一夹抱了起来,从头上翻了过去。(黄裳《一脚踏进朝鲜的泥淖里》)

(18) 一只怯生生的白色小猫咪正在窝里安稳的静卧着,突然被人把遮蔽的窝棚给猛一揭去了。(冯紫英《女兵事》)

尽管这种用例极其罕见(我们仅检得三例),而且常有伴随成分出现,如例(17)"一夹"前有状语"用力",后有动补结构"抱了起来",例(18)前有状语"猛",后有补语"去",但这种"一V"前也可以出现"给"的情况至少说明了"把 NP 一 V"结构中并非绝对不能添加"给"。

从上面的例子可以看出,"把 NP 给 VP"句中的 VP 并非局限于动结式、动趋式、补充式、单词式等几种形式,动宾结构和动词重叠形式的"VV""V 一/了 V"及"VV"结构①及表达状态持续的"V 着"也可以进入这种句式,而且这种"把 NP 给 VP"句在现代汉语口语和口语性较强的作品中并不在少数。

三、"把 NP 给 VP"句中"给"的使用条件

关于"把 NP 给 VP"句中"给"的使用条件问题,目前主要有四种观点:即王彦杰(2001)、张谊生(2002)的[＋结果][＋意外]及同一话题链 TC 链末端说;柯航(2004)的动作行为结果实现说;李光(2009)的 VP 有界、VP 前无与事介词"给"、VP 中的 V 不包含"给予"义说;沈阳、司马翎(2010)的双动词说。这些论述各有一定道理,但细究起来又不够全面,所以这里进行一些必要的补充。

王彦杰(2001)依据 V 的语义特征把"把"字句分成[＋自主]和[－自主]两类,指出[－自主]类"把"字句都可以添加"给",[＋自主]类"把"字句能否添加"给"的情况比较复杂,大致是[－结果]义 VP 一定不能添加,而[＋结果]义 VP 若具有终位、终属、终成物特征时还必须同时具备[＋意外]的语义

---

① 吕叔湘先生(1948/1984)把这类结构称为"动量宾语",若如此,则可以认为"把 NP 给 VP"句中的 VP 是意义丰富的动宾结构。

特征,从语用角度分析,不处于同一话题链 TC 链末端的"把"字句不能添加助词"给"。张谊生(2002)[327-328]指出:"凡是重在描述、叙述动作情状的把字句,一般不能添加助词'给',因为这类'把'字句中的'V'都具有[-结果][-意外]的语义特征。凡是'V'具有[+终结][-意外]语义特征,其构成的'把'字句不能添加'给'。从语篇的角度看,同'被'字句一样,凡是不处于话题链末端的'把'字句一般也都不宜添加'给'。"柯航(2004)认为表结果是"把"字句的一般语义特征,并非"把……给 VP"句式的特别要求,动作行为结果的实现才是"把……给 VP"句式倾向表达的语义。李光(2009)[33]认为"把……给 VP"句式中"给"的使用条件是:"把"字句中的 VP 表示"有界"动作,VP 前不能出现标记与事的介词"给",VP 中的 V 不能是包含"给予"义的动词。沈阳、司马翎(2010)[228-233]认为:"NP_Y把NP_X给 VP"致使结构("把"字句)来自中动结构"NP 给 VP"。所有能加"给"的"NP VP"必须是只带内论元而不带外论元的结构,结构中加上"给",无非就是再引入造成这种"动作——结果"事件的语义上的"外力"罢了。所有能加"给"的"NP VP"在句法上必须包含两个动词:一个是主要谓语动词,一个是补语小句动词。

  研究中我们也发现了两种不能添加"给"的"把"字句,一是表示动作重复或反复发生的"把 NP + V 了又 V"句式。这种句式大约出现于元明之际,现代汉语中极其常见,如:

(19)(屠岸贾云)程婴,我见你把棍子拣了又拣,只拣着那细棍子,敢怕打的他疼了,要指攀下你来。(纪君祥《赵氏孤儿》)

(20)遂将十二字念了又念,把头点了又点,靠在窗槛上,把手在空中画了又画。(《初刻拍案惊奇》卷十九)

(21)那五把钱在手里掂了又掂,拿不定主意。(邓友梅《那五》)

  二是"把 NP + V_1 了又 V_2,V_2 了又 V_1"句,这种句子也不大能添加"给",例如:

(22)他少年新寡,春心正盛,转一个念头,把个脸儿红了又白,白了又红。(《初刻拍案惊奇》卷十七)

(23)他把这个破机器拆了又安,安了又拆,折腾了几十回。(《现代汉语词典》第 6 版)

  "把 NP 给 VP"句中"给"的使用条件究竟如何?实际上已有的结论都有未尽之处。首先,就"把 NP 给 V(一/了)V"与"把 NP 给 V 着"句式的使用情况来看,已有的观点都无法给出圆满的解释。更令人费解的是,当"一V"前后有其他伴随成分时,"把 NP 给一V"句式也可以成立。至于在连动句和非话题链末端的"把"字句能否添加"给"的情况,李光(2009)[6]已经修正了王彦杰(2001)和张谊生(2002)的错误。此外,李光从 VP 的"有界"性分析了"把 NP 给 VP"句式,沈阳、司马翎也认为"给 VP"中的 VP 除了有动作行为动词表示无界的开放动作(动作 V_1),还要有结果状态动词表示有界的动作终点(结果 V_2)。不过,我们则认为"VP 有界"既不好解释无伴随成分的"把 NP 一V"前不大出现"给"的原因,也无法解释"把 NP 给 V 着"句式为什么也能成立。更何况"把 NP 给 V 着"句是如此常见,除了上文所举的几例外,不妨再看几例:

(24) 因为小莹的机智,在阿宗打电话要赎款之后,小莹便把电话给开着,好让警方可以顺利追踪绑匪。(稻草人《再见萤火虫》)

(25) 隆兴北伐失败后,宋孝宗仍然还不死心,所以一直把这位反对北伐的老师给晾着。(赵晓岚《金戈铁马辛弃疾》)

(26) 我的日子也不多了,与其把那几个玉扣给守着,不如让六个女娃儿带着。(孙爱玲《玉魂扣》)

(27) 什么时候搞忘了不小心把卡一直给挂着,正当你在重庆北碚的大街上花枝招展或者玉树临风的时候,就有特别不客气的看着你笑。(李燕《那年我们同桌》)

从动词的意义特征来看,例(24)—例(26)中"开着""晾着""守着"和"挂着"都是静止的状态,表达的是某种状态的持续。按照沈家煊(1995,2004)"有界"与"无界"的解释,它们都属于"有始无终"的无界动词结构,这一点显然与"VP 有界"或"VP 包含有界动作终点"的观点相左。

此外,为什么"把 NP 给 VP"句式中,VP 不能含有确指的给予对象?① VP 前为什么又不能出现与事介词?这些都是弄清"给"的使用条件的重要问题。而已有的观点都无法给出令人满意的解释,所以我们不得不重新审

---

① 李光(2009)[33]认为 VP 中的 V 不能是包含"给予"义的动词,我们认为不确。VP 中的 V 包含"给予"义时,"把 NP 给 VP"也可以成立,如曾荷绿《美丽人间》:"阿有妈一家只有三口人,听说因为穷把小儿子给送人了。"黑糖 MM《恋爱中毒》:"我必须把韩昱威的钱给还了。"这些"把 NP 给 VP 了"都能成立。

视"把 NP 给 VP"句中"给"的使用条件。当然,要解决这一问题,还需要先弄明白"把 NP 给 VP"句中"给"的性质。

四、"把 NP 给 VP"句中的"给"是否相同

"把 NP 给 VP"句中,当 VP 的组成成分不同时,"给"的意义是否相同?或者进一步说,"把 NP 给 V 得""把 NP 给 VO""把 NP 给 V 了""把 NP 给 V 着"和"把 NP 给 V(一/了)V"中的"给"是完全相同的一个"给",还是分别属于几个不同的"给"?柯航(2004)认为两种形式中的"给"都是已经虚化了的助词,李光(2009)则认为这些"给"是处在介词向助词虚化过程中的"半助词",沈阳、司马翎(2010)[227-233]认为 VP 为动结式的"把 NP 给 VP"中的"给"是使整个结构引入了语义上的"外力"的前后连接标记,而后者则不同。沈阳、司马翎还指出:S_3 并不包括非典型的把字句,如"把桌子(给)擦擦""把帽子(给)一摔"等,这些同样不属于 S_1 和 S_2。显然,按照沈阳、司马翎的观点,"把 NP 给 VP"句中的"给"至少有两个,它们的语法意义和句法功能并不相同。

要弄清楚"把 NP 给 VP"句中的"给"究竟是否相同,还必须先理清"把 NP 给 VP"句的形成原因。这个问题已有学者论述。张谊生(2009)认为"把 NP 给 VP"句式形成的原因是同类介词叠加。他说:"作为多功能介词,'给'既可以表处置,也可以表被动。使用中,为了表述精确,避免歧义,人们尽量用'把、将'表处置,用'被、叫、让'表被动。但有时在使用这两类介词时,常常会再加上一个'给'——先是为了加强支配,后来成了习惯用法。同类介词叠加的结果是,介词'给'必然以悬空形式出现。"沈阳、司马翎(2010)[235]则认为:S_3(即"NP_Y 把 NP_X 给 VP",笔者注)就是一般所说的"致使结构"(把字句),汉语的 S_3 致使结构("把"字句)并非生成于单动词及物结构,而应是来自 S_2(即"NP_X 给 VP")中动结构。

不过,我们并不赞同上述观点。问题是:如果依据 VP 不同而认为"把米饭给煮糊了"和"把桌子给擦擦"中的"给"不同,那么,加上"把 NP 给 V 得""把 NP 给 VO""把 NP 给 V(一/了)V""把 NP 给 V 着"几种句式,"把 NP 给 VP"中的"给"究竟有几个?如果认为"把 NP 给 VP"的"给"是在"把 NP VP"句的基础上加上去的,那么,为什么不加别的介词?

我们认为"把 NP 给 VP"句的形成原因是"把 NP VP"与"给(NP) VP"两种同义句式的叠加整合,而不是在"把 NP VP"结构中再加上一个"给"。之所以这么说,一是因为语言中确实存在同义复用现象,二是因为语言中本来已经存在"把 NP VP"句式,如:

(28) 只有小娘子见丈夫不要他,把他休了,哭出州衙门来。(《喻世明言》卷三十五)

(29) 素日皆是你们这些人把他酿坏了,到这步田地,还来解劝。(《红楼梦》卷三十三)

后来又出现了与"把 NP VP"句式意义接近的"给 NP VP"句式,如:

(30) 你有本事给他搁下,他在上头就把你干下来了。(《儿女英雄传》第三十四回)

(31) 老爷待要不接,又怕给他掉在地下,惹出事来,心里一阵忙乱,就接过来了。(《儿女英雄传》第三十八回)

有时候,"给 NP VP"句的 NP 也可以不出现,这时的"给 VP"句依然可以表达"处置"或"致使"的意义,如:

(32) 我同你大姐姐我们爷儿俩还有点臊脸礼儿,给姑娘垫个箱底儿,不值得给你送到跟前来,我才托了我们张老大,都给上了抬了。(《儿女英雄传》第二十七回)

(33) 谁知叫这位老爷子这么一拆,给拆了个稀呼脑子烂。(《儿女英雄传》第四十回)

例(32)的"给上了抬了"表达"处置"义,例(33)的"给拆了个稀呼脑子烂"表达的是"致使"义。

另外,在"给 NP VP"系统中,NP 最早的语义角色只有"与事",后来才又出现了"施事"与"受事"两种情况,例如:

(34) 黛玉冷笑道:"问的我倒好,我也不知为什么。我原是给你们取笑的?拿着我比戏子,给众人取笑。"(《红楼梦》卷二十二回)[①]

(35) 谁知把个诗倒了平仄,六韵诗我又只作了十句,给他落了一韵,连个复试也没巴结上。(《儿女英雄传》第十五回)

[①] 《红楼梦》版本众多,这一例句各本有异文。本文这一例句引自曹雪芹、高鹗著,启功等注释本《红楼梦》,北京:中华书局,2010:270。

例(34)的"你们""众人"是"取笑"的施事,例(35)的"他"("六韵诗")是"落"的受事。据此我们推测,大约是受"与事"省略的"给 VP"格式影响,NP 为受事的"给 NP VP"结构也在结构类化的影响下出现了删除"受事"的"给 VP"格式。更有意义的是,"把 NP VP"句有表"处置"和"致使"义的两个子系统,如例(28)的"把他休了"表达"处置"义,例(29)的"把他酿坏了"表达"致使"义;而"给 NP VP"结构系统中也包含有表"处置"和"致使"义的两个子系统,如上例(30)、例(31),所以在语言表达过程中,就可能出现由于说话者在选用两种意义相近的句式时,既想用"把 NP VP"句式,又想用"给 NP VP"(包括省略受事的"给 VP"),以至于把两者叠加套合在一起使用了。叠加套合的一种简单情况是"把 NP VP"与相应的"给 VP"套合成"把 NP 给 VP";另一种情况是先对叠加后形式和意义都重复的 NP 进行重新编码,在避复动因的驱使下将后一 NP 改为复指 NP 的代词"他(她,它)",从而形成了"把 NP 给他(她,它)VP"结构。如果这里所说的句式叠加套合假设能够成立,那么"把 NP 给 VP"句中"给"的性质也就不难确定了:它实际上是一个表"使役"的介词标记。(洪波 2004)所以,具有双重使役标记的"把 NP 给 VP"句会因"给"后 VP 不同而分为"处置"和"致使"两个子系统:VP 的动作性或状态性越强,"把 NP 给 VP"句越倾向于处置句;VP 的结果性越强,"把 NP 给 VP"句就越倾向于致使句。表处置和致使的"把 NP 给 VP"句虽然属于"把"字句的两个子系统,但二者并非毫不相干,而是处于"处置——致使"变化连续统中的两个子系统。

这样,"把 NP 给 VP"句中的"给"是否相同的问题就解决了:"把 NP 给 VV""把 NP 给 V 着"是突出处置方式(行为动作、状态)的"处置"句,"把 NP 给 VC"句是突出结果的"致使"句,而"把 NP 给 V 了 V"和"把 NP 给 VO"则是同时包含处置方式和结果的中间状态,处于"处置——致使"变化连续统的中段。

五、"把 NP 给 VP"句中的状语位置

"把 NP 给 VP"句中,状语一般出现在"给 VP"之前,这一点无须赘述。但问题是,是否"把 NP 给 VP"句的状语只能出现在"给 VP"前而不能是其他位置呢?沈阳、司马翎(2010)[234]认为"如果要在'被/把……给 VP'结构中插

入状语,通常也只能插在'给VP'前"。我们觉得这种认识不免过于绝对,实际上我们可以找到很多"被/把……给VP"(以下写作"被/把NP给VP")句中状语用在"给"与"VP"之间的例子,如:

(36) 太子今天为了一件小事,把个宫女给活活打死了。(朱湘云《中国古代皇帝故事·隋文帝杨坚》)

(37) 他把事情给原原本本捅了出来,严厉地批评了采煤队长。(郑正《面前,是深沉、庄严、峭峻的大山》)

(38) 牙本质变厚以后,把牙齿中心空芯子部分的位置给一点一点侵占了,牙髓越来越小,血管受到挤压,流进的血液少,养料供应也减少。(韩济生、刘国隆等《青年生理卫生常识(一)》)

例(36)—例(38)"把NP给VP"句中的状语均出现于"给"与"VP"之间。

此外,值得注意的是,在"把NP给VP"句中,并非只有叠词充当的状语才能出现在"给"与"VP"之间,其他形式的状语也可以出现在这个位置上,例如:

(39) 不想二位老人家今日这等高兴,把我们俩这么出好戏给先点了。(《儿女英雄传》第三十七回)

(40) 只见他"噗"的一声吹着了火纸,就把烟袋往嘴里给楞入。(《儿女英雄传》第四回)

(41) 老美皱着眉头把昨天发生在家里的事给一股脑倒了出来。(袁雅琴《给女人一次机会》)

(42) ……就把查询认证资料给火速送到了美国大使馆。(王永成《猎杀红色十月号》)

(43) 问题是,几年后,读者照旧会像扔掉破布一样把那些个"体力"不支的家伙给无声无息地抛弃。(仓生《我是农民》)

(44) 不对!是一只中国的王八,一只变成了浆糊的大王八,把美国的牛奶拖拉斯给彻底击溃了。(刘恒《贫嘴张大民的幸福生活》)

(45) 昨天俺忍不住又把《生化危机4》给从头到尾玩了一遍。(http://bbs.a9vg.com/thread-522967-1-1.html)

非但"把NP给VP"句中"给VP"之间可以出现状语,"被NP给VP"句中"给VP"之间也可以出现状语,例如:

(46) 十多年前那场浩劫如今已成了过眼烟云,那些留在墙上的标语被一次次粉刷给彻底掩盖了。(余华《一九八六年》)

(47) 但总的来说,大多数争议,算是被沈家本的这一方法给轻轻带过了。(李贵连《沈家本评传》)

(48) 太后不愉快的心情当然就稍稍地解除了些,准备应战的防御心理,也自然地被触耆给不知不觉地消融了。(吕支东《说服人的艺术》)

这样的例子还有很多,无须一一罗列。很明显,这些句子与"如果要在'被/把……给VP'结构中插入状语,通常也只能插在'给VP'前"的观点不一致。至于这些状语为什么可以出现在"给"和"VP"之间,而且有时这些出现在"给"和"VP"之间的状语在语感上甚至比出现在"给VP"之前还要自然的原因是什么,我们觉得这是一个值得进一步研究的问题。

总之,在汉语的"把NP给VP"句中,虽然不少状语出现于"给VP"之前,但大量的事实证明"给VP"之间也可以有状语出现,叠词充当的状语是比较多见的情况,当然这种状语并不限于叠词。

六、其他相关问题

上文说过,"把NP给VP"句中的"给"是一个"使役"介词标记,而这一标记又来源于与事介词"给"。由于"给NP VP"结构中的NP可以是受事(朱景松1995),而这个语义上为受事、形式上为与事(朱德熙1982)的NP正是把介词"给"解释成"使役"介词的关键。我们说"使役"标记来源于与事介词"给",可以通过下面两个例子得到很好的证明:

(49) 乌大人接过去,又给收拾了收拾,便叫安公子戴上。(《儿女英雄传》第四十回)

(50) 忽然的有人把他说不出的话替说出来了,了不了的事给了了,这个人还正是他一个性情相投的人,那一时喜出望外!(《儿女英雄传》第二十七回)

例(49)中,介词"给"后省略的成分是"(拴了翎子的)亮蓝顶儿",从语义层面分析,它既是动词"收拾"的受事,同时也可以说是动作"收拾"所服务的对象,即与事成分。例(50)比一般的"把NP给VP"稍复杂一些,"把"字后面是两个并列的"NP+VP"结构,最有启示性的是前一VP前用了介词

"替",而后一 VP 前用的则是介词"给",显然这一介词"给"还保留着介引"与事"的意义。

另外,介词悬空现象一直是汉语中客观存在的语言事实,"使役"句"给 VP"只是众多介词悬空现象中的一种句式。关于汉语介词悬空现象,前修时贤多有论述,张谊生(2009)更是从介词悬空的方式、后果、动因和作用多角度分析了介词悬空现象,其说可信。沈阳、司马翎(2010)[223,235]一方面认为相当于介词"把、为"的"给"不能悬空,另一方面又认为"给参谋参谋""给投了资"之类的"给"或者相当于介词"为"而省略了宾语的例外用法,这一方面反映了该文处理"给 VP"的矛盾,另一方面也说明该文忽视了两类"给 VP"之间的内在联系,何况引进语义上"外力"的解释并不能解释"把 NP 给 VP"句中"给"前后排斥与事介词、VP 中不能含有确指给予对象的原因。我们认为,由于介词"给"可以引进与事、施事、受事,所以在"与事"省略的类化作用下,受事、施事也经常省略,结果导致了介词悬空的多义结构"给 VP"。

正是因为"把 NP 给 VP"句中"给"是一个来源于与事介词"给"的标记,他还保留着介引对象语义上受事、形式上与事的介词特征,所以它会排斥其他与事介词出现在 VP 前后,甚至不能与含有确指"给予"对象的 VP 相容。因此可以说,"把 NP 给 VP"句中"给"的使用条件主要有三个:一是 VP 不能为单独的动作行为,必须包含"界变";二是 VP 前无与事介词;三是 VP 不能含有确指的"给予"对象。违背其中任何一个条件,都不能用"把 NP 给 VP"句来表达。

至于"把 NP 给一 V"极其罕见的原因,我们认为是由于早期表使役的"给(NP)VP"系统中未出现"给(NP)一 V",而"把 NP 给 VP"句又是表使役的"把 NP VP"和"给(NP)VP"句直接套合而成的句式,所以尽管早期文献中出现了"把 NP 一 V"句,但却未见"把 NP 给一 V"句,只是在后来发展的过程中,在"把 NP 给 VP"句的类化作用下才偶尔出现了"把 NP 给一 V"句,但用例极其有限。

参考文献

程琪龙(2000)致使概念语义结构的认知研究,《现代外语》第 2 期。

洪　波(2004)"给"字的语法化,《南开语言学刊》第 2 期:143。

柯　航(2004)"把……给 VP"句式的历时考察,华中师范大学硕士学位论文:13。

李　光(2009)"把……给 VP"句式中"给"的使用条件,北京语言大学硕士学位论文。
吕叔湘(1948/1984)《把字用法的研究》,载吕叔湘,《汉语语法论文集》,北京:商务印书馆:184-185。
牛保义(2008)"把"字句语义建构的动因研究,《现代外语》第 2 期。
沈家煊(1995)"有界"和"无界",《中国语文》第 5 期:370-371。
——(2004)再谈"有界"与"无界",载北京大学汉语语言学研究中心《语言学论丛》编委会编,《语言学论丛》第三十辑,北京:商务印书馆:43。
沈　阳,司马翎(2010)句法结构标记"给"与动词结构的衍生关系,《中国语文》第 3 期。
王　健(2004)"给"字表处置式的来源,《语文研究》第 4 期。
王　力(1989)《汉语语法史》,北京:商务印书馆。
王彦杰(2001)"把……给 V"句式中助词"给"的使用条件和表达功能,《语言教学与研究》第 2 期。
张伯江(2000)论"把"字句的句式语义,《语言研究》第 1 期。
张　黎(2007)汉语"把"字句的认知类型学解释,《世界汉语教学》第 3 期。
张谊生(2002)《助词与相关句式》,合肥:安徽教育出版社。
——(2009)介词悬空的方式与后果、动因和作用,《语言科学》第 3 期:295-296。
周　红(2006)客体致使句的认知语义分析,《语言研究》第 3 期。
朱德熙(1982)《语法讲义》,商务印书馆:181-182。
朱景松(1995)介词"给"可以引进受事成分,《中国语文》第 1 期:48。
太田辰夫(1991)《汉语史通考》,江蓝生、白维国译,重庆:重庆出版社。

(332005　九江,九江学院文学与传媒学院　belandcheng421@163.com)

认知语法视角下的论元交替机制研究：
以汉语两类保留宾语句为例

王立永

提要 现代汉语"把"字句和"被"字句的一个特殊变体是动词后面带所谓的保留宾语。张庆文、邓思颖(2011)以"把"字句为例，根据内外宾语是否具有领属关系，将保留宾语句分为两类，前者如"我把橘子剥了皮"，后者如"我把水浇了花"。二位学者从生成语法的角度认为，两种保留宾语句在句法上对应于两种不同的施用结构(applicative)，二者在句法表现、语义限制方面的差异也是由这两种施用结构造成的。然而，文章在认知语法理论的框架下，借助语法象征性的概念，认为：(1) 设置抽象的句法范畴并无必要，不管是哪个成分做"把"字宾语，都是聚焦凸显的产物；(2) 两种保留宾语句的各种差异取决于聚焦凸显的概念观照方式与事件概念内容之间的互动。文章的研究可以为汉语的论元交替现象提供一个新的视角。

关键词 保留宾语句；施用结构；语法象征性；概念观照方式；概念内容

一、引 言

现代汉语句子结构的一个重要特点就是一个动词可以有不同的论元实现方式，选择不同的成分作为主、宾语，这就是所谓的论元交替(argument alternation)。从语言理论的角度看，论元交替涉及一个重要议题，即语法功能的本质为何？也就是说，某个成分充当句子的主语或宾语到底意味着什么？现有的讨论基本上以形式语法为框架，认为主、宾语属于句法范畴，并以动词的某一种论元实现方式为基础，假设各种抽象范畴或操作来推导生成另外一种论元实现方式。例如,徐杰(1999)通过"领有名词提升移位"来统一解释汉语领主属宾句和带保留宾语的被动句的生成。林宗宏(Lin 2001)认为汉语中所谓的非选择性主语和宾语都是由轻动词所投射的。而孙天琦、李亚非(2010),佟和龙、梅德明(2015),程杰、温宾利(2008)等则根据Pylkkänen(2002)的思想,认为汉语通过施用结构(applicative)引入新的论元。

另一方面,以认知语法(Langakcer 1987,1991,2008)为代表的认知语言学认为,语言中并不存在抽象的范畴和操作。同时,包括语法功能在内的所有语法范畴都是有概念基础的。不管哪个成分实现为主、宾语,都源自于同一套认知机制,即在概念背景中选择某一个成分作为聚焦关注的对象(focus of attention)①。本文以汉语两类"把"字保留宾语句[分别如例(1)a和例(1)b所示]为例对这一思想进行阐释。与主流句法思路(张庆文,邓思颖 2011)相反,我们认为保留宾语的允准并不是抽象句法操作的结果,而是涉及聚焦凸显(focal prominence)的转移,而两种保留宾语句的各种差异源自于概念观照方式(construal)与事件概念内容的互动。本文的研究旨在从概念认知的角度为汉语的论元交替现象提供一个新的思路。

(1) a. 张三把苹果削了皮。
　　 b. 张三把花浇了水。

论文其余部分安排如下。第二节介绍两类保留宾语句的特点,简要概述张庆文、邓思颖(2011)在生成语法理论框架下的分析,并指出其存在的问题。第三节介绍认知语法关于语法功能的基本思想,即主、宾语为聚焦凸显的产物。第四节和第五节从两个方面对相关结构展开分析,即保留宾语的形成机制和造成两类保留宾语结构在句法、语义方面差异的根源。第六节是本文的结论。

---

① 需要注意的是,在认知语法中,Langacker用focus of attention,focal participants等术语来定义主宾、语,似乎与信息焦点意义上的focus形成混淆。然而,两者差别是很明显的。前者是从说话人当前关注对象的角度来定义的,而后者是从旧信息、新信息的角度来定义的。从语义上来讲,前者仅限于事件参与者(人或物)、方位(location)或场景(setting),后者可以是各种范畴。为区分起见,本文用"聚焦关注"和"聚焦点"等术语来翻译主、宾语意义上的focus。

二、两类保留宾语句及其相关研究

和典型的"把"字结构(如"张三把李四打了")不同,例(2)和例(3)的一个明显的特点是动词可以带宾语(吕叔湘 1965/1984)。这类宾语在以往文献中称之为保留宾语①。张庆文、邓思颖(2011)根据"把"字宾语和保留宾语之间有无领属关系,将保留宾语句分为两类,分别称为句式1[如例(1)a和例(2)所示]和句式2[如例(1)b和例(3)所示]。

(2) a. 张三把橘子剥了皮。
   b. 李四把狗打折了一条腿。
   c. 张三把门换了锁。
(3) a. 张三把水浇了花。
   b. 张三把纸糊了墙。
   c. 李四把布蒙了眼睛。

[例(2)—例(3)来自张庆文,邓思颖 2011]

根据张庆文、邓思颖(2011)的研究,句式1和句式2除了具有若干共同特征之外,在语法表现、宾语题元角色及内外宾语(即保留宾语和"把"字宾语)是否对称方面存在较大的差异。以语法表现为例,如表1所示,句式1内外宾语无法互换,仅外宾语可以进行被动化和话题化操作。相反,句式2内外宾语可以互换,而且内外宾语都可以进行被动化和话题化操作。关于两类保留宾语句在其他方面的详细差异,请参见张庆文、邓思颖(2011)的相关讨论,这里不再赘述。

表1 两种保留宾语句的不同语法表现(张庆文,邓思颖 2011)

		句式1		句式2
内、外宾语是否有领属关系	有	橘子的皮	无	*水的花
内、外宾语位置是否可互换	不可	张三把橘子剥了皮 *张三把皮剥了橘子	可以	张三把水浇了花 张三把花浇了水

---

① 除了"把"字句,保留宾语也可以出现在"被"句中,如"句子被剥了皮"等。为了讨论的方便起见,本文借鉴张庆文、邓思颖(2011)的做法,将研究范围限定在"把"字。

（续表）

		句式 1		句式 2	
外宾语是否可以被动化	可以	橘子被张三剥了皮	可以	水被张三浇了花
内宾语是否可以被动化	不可	*皮被张三剥了橘子	可以	花被张三浇了水
外宾语是否可以话题化	可以	橘子,张三剥了皮	可以	水,张三浇了花
内宾语是否可以话题化	不可	*皮,张三剥了橘子	可以	花,张三浇了水

针对这两类保留宾语句,我们至少需要回答两个方面的问题。首先,保留宾语是如何允准的？其次,如何解释两类保留宾语句在语法表现等方面的差异？

张庆文、邓思颖(2011)在生成语法的框架下,根据 McGinnis(2001)、Pylkkänen(2002)等的研究思路,认为保留宾语句中的额外论元是由施用短语(applicative phrase)的中心语 Appl 引介到句法结构中的。两类保留宾语句的差异在于,句式 1 在句法结构上属于低层施用结构,而句式 2 属于高层施用结构,二者在语法、语义等方面的差异完全是两种不同的施用结构造成的。详细讨论请参见该文,篇幅所限,这里不再赘述。需要指出的是,这种假设有一定的解释力,但也有许多不足之处。首先,从语言的事实来看,句式 2 并不像两位作者所说的那样内外宾语总是可以互换。例如,根据张庆文、邓思颖(2011),例(4)a—例(6)a 应该归为句式 2,因为动词的内外宾语不存在领属关系。然而,内外宾语是无法互换的,如例(4)b—例(6)b 所示。

(4) a. 他把毛线织了毛衣。

　　b. *他把毛衣织了毛线。

(5) a. 他把钱买了烟。

　　b. *他把烟买了钱。

[例(4)—例(5)来自翁姗姗 2012]

(6) a. 他把面擀了饺子皮。

　　b. *他把饺子皮擀了面。

其次,根据两位作者的假设,两类保留宾语句在宾语省略方面存在不对称。具体来说,在句式 1 中,保留宾语和"把"字宾语都可以省略,如例(7)所示。相反,在句式 2 中,只能省略"把"字宾语,如例(8)所示。

(7) a. 张三把橘子剥了皮。

b. 张三把橘子剥了。

c. 张三剥了皮。

(8) a. 张三把水浇了花。

b. *张三把水浇了。

c. 张三浇了花。

然而,仔细观察我们会发现,事实并非如此。首先,句式 1 中的保留宾语并不能总是能够省略,这一点可以很好的从例(9)中看出来。其次,"把"字宾语也无法轻易省略,否则也会造成理解上的障碍,如例(10)所示。

(9) a. 张三把李四打断了一条腿。

b. *张三把李四打断了。

(10) ??? 张三打断了一条腿。

与张庆文、邓思颖(2011)不同,本文以认知语法为理论框架,从概念语义学的角度出发,对保留宾语句的允准机制及两类不同结构之间的异同进行探讨和解释,从而为汉语的论元交替现象提供一个新的思路。

三、语法功能的概念基础

主流生成语法的一个重要假设就是句法自治。该假设的一个重要理由是所有的句法范畴如词类、语法功能等都无法由语义进行定义,例如名词可以指称物体(如 book)、特征(如 sadness)、事件(explosion)等各种概念。(Jackendoff 1994)就语法功能而言,主语或宾语都是纯粹的形式概念,可以由各种语义角色承担,其实现由包括题元指派一致性假设(Uniformity of Theta Assignment Hypothesis)(Baker 1988)在内的若干原则进行支配的。一旦这些原则被违反之后,通常的做法是设置一些抽象的成分或操作,如移位、轻动词、施用结构等,以便推导出正确的句子结构。

与生成语法不同,认知语法认为所有的语法范畴都是有概念基础的。生成语法之所以否认语法的概念属性,是因为仅将语义简单视为客观的真值条件(truth condition),而忽略了说话人对概念内容的观照方式(construal)。相反,在认知语法框架下,包括语法功能在内的所有语法范畴都是借助概念观照方式来进行定义的。例如,不管由什么样的语义角色实现,主语和宾语都可以视为说话人聚焦关注的对象,分别为第一聚焦点或为射体(trajector)和第二聚

认知语法视角下的论元交替机制研究：以汉语两类保留宾语句为例

焦点或界标(landmark)。以主语为例，该假设可以很好的解释例(11)中两个答句的可接受性差异。根据例(11)中的问题，我们知道说话人目前谈论的对象是台灯，因此答句只能以台灯而非桌子作为主语。

(11) 台灯在哪里？
  a. 台灯在桌子上面。
  b. #桌子在台灯上面。

同理，选择哪个成分作为宾语也取决于我们当前关注的对象是什么？以动词"吃"为例，当其后接宾语"苹果"时，我们关注的是主语和"苹果"之间的力量传递关系。相反，如果其后接宾语"食堂"时，我们关注的是食堂在吃饭这一惯常事件中所扮演的重要角色。（参见董粤章 2011）

同时，认知语法还认为选择哪一个成分作为聚焦关注的对象并不是一成不变的，而是表现出极大的灵活性。（Langacker 2006）例如，例(12)中的英语动词 see 和 witness 既可以选择指人短语作为主语，也可以选择时间短语或地点短语作为句子主语。

(12) a. *The refugees have {seen/witnessed} some traumatic events.*
  b. *{This country/The last decade} has {seen/witnessed} some traumatic events.*

(Langacker 2006)

在此背景之下，我们认为汉语保留宾语的允准就意味着聚焦关注的转移，即一个成分(保留宾语)的去焦化(defocusing)和另外一个成分("把"字宾语)的聚焦化(focusing)。至于两类保留宾语句的差异，则来源于去焦化和聚焦化操作与事件所表达的概念内容之间的互动。论文的第四和第五节将对这一思想进行具体展开。

四、保留宾语与聚焦点转移

第三节已经提到，认知语法是从聚焦关注的角度来定义语法功能的。在典型"把"字句中，受事充当"把"字宾语，因此按照认知语法的假设即为事件聚焦关注的对象。在"把"字保留宾语句中，受事之外的成分成为"把"字宾语。这意味着：1. "把"字宾语成为焦点关注的对象，也即聚焦化(focusing);2. 保留宾语(受事)退居背景之中(defocusing)。（翁姗姗 2012）

1. "把"字宾语的聚焦化

根据孙朝奋(Sun 1995)、张伯江(2001)、李艳惠(Li 2006)、施春宏(2010)、李思旭(2012)、玄玥(2017)等学者的研究,"把"的一个核心语义为"受影响性"(affectedness)。换言之,"把"字句显影(profile)①"致使-受影响"的关系。在这个显影事件中,"致使者"是第一聚焦点,因为其是理解该事件的起点,受影响者则为第二聚焦点。依据本文假设,不管是在一般"把"字句还是保留宾语"把"字句中,"把"字宾语都是聚焦关注的对象。以例(13)为例,"橘子"在两个句子中都是受影响者,所不同的是,其在 a 句中是事件"吃"的受影响者,在 b 句中是事件"剥皮"的受影响者。

(13) 他把橘子怎么样了?

  a. 他把橘子吃了。

  b. 他把橘子剥了皮。

同一个客观事件,选择不同的参与者作为聚焦关注的对象,可以造成不同的句式。图1是动词"剥"的两种论元实现模式,一个以"皮"作为聚焦关注对象,凸显施事对"皮"的作用力;一个以"橘子"作为聚焦关注对象,凸显施事通过"剥皮"这种行为对"橘子"产生的影响。在后一种情况中,由于受到所谓的短语规则限制(Phrase Structure Condition)(Huang 1984)②,动宾结构"剥皮"后不能再加宾语,因此"橘子"通过"把"字结构移到动词前面。

(a)"张三剥了橘子的皮"   (b)"张三把橘子剥了皮"

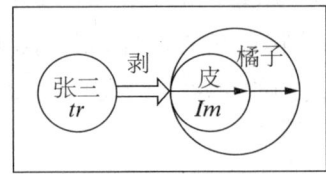
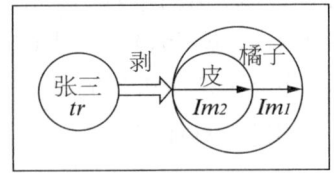

图1 两种"把"字句的概念结构

---

① 在认知语法中,某个语言表达的显影(profile)是指在该表达所预设的直接概念背景中说话人聚焦关注的对象。(Langacker 2008)这里是其动词用法。

② 根据黄正德(Huang 1984),短语结构限制的主要内容是:"在汉语句子中,中心语(动词或动词短语)只能向左分支一次,且只在最低扩展层次(lowest level of expansion)。"简单来讲,就是汉语的动词后面只能同时带一个补足成分。除了这里的保留宾语句,其他的例子包括"*下雨下得很大"vs."雨下得很大","*他骑马骑得很累"vs."他骑马骑得很累"等。

从例(13)我们可以看到,在典型"把"字句中,"把"字宾语是当前讨论的对象。而且在保留宾语句中,这一特征仍然是被保留的。这一特点早在薛凤生(Hsueh 1989)、曹逢甫(Tsao 1987)两位先生的讨论中已经被注意到了。如在例(14)中,"爸爸买了一盆花"引入一个语篇话题(discourse topic)。例(14)a 句可以接受是因为后面的"把"字宾语和该话题是重合的。相反,例(14)b 不可以接受,是因为该话题被放在通常是信息焦点(informational focus)所在的位置,与语篇的一般推进规则相违背。

(14) a. 爸爸买了一盆花,他把这盆花放在阳台上。
 b. *爸爸买了一盆花,他在阳台上放着这盆花。

(金立鑫 1997)

以上讨论都说明,"把"字宾语,不管是在典型"把"字中,还是保留宾语"把"字句中,都是当前话语关注的对象,而其共同的语义基础就是受影响性。

2. 保留宾语的去焦化

如上一小节所述,保留宾语句意味着额外论元成为说话人聚焦关注的对象。那么问题是,原来的论元,即作为施事的保留宾语,发生了怎么样的变化呢?

根据以往研究(如 Thompson 1973;Huang 1992;Shi 1997;Ting 1998;Wu 2013),在保留宾语中,动词和保留宾语构成一个复杂谓语(complex predicate)。该复杂谓语作为整体给"把"字宾语分配一个论旨角色(theta role)。以"把橘子剥了皮"为例,"剥皮"描述一个相关事件,其作用的对象为"橘子"。

应该说,这样的分析是非常符合我们对于"把"字保留宾语句的语感的。然而,这在语义上又意味着什么呢?从认知语法的角度来看,我们认为其本质就是一种去焦化(defocusing)。

首先,在 Langacker(2006)所讨论的去焦化手段中,去确指性(despecification)就是其中之一。在有些情况下,保留宾语给人的感觉是已经并入(incorporate)到动词之中(关于并入的讨论详见 Baker 1988)。值得注意的是,在"把"字保留宾语句中,有一类结构,动词和保留宾语形成了一种熟语性的组合,语义上无法拆分,如"把钱打了水漂","把张三绑了票",等等。

即使在非熟语性的结构中,仔细观察一下我们也会发现,保留宾语基本上是无定指称的,无法由指示代词修饰。例如,在例(15)中,保留宾语只能是光杆名词"水",而不能是指称明确的"那桶水"。

(15) 我把花浇了(??? 那桶)水。

其次,保留宾语的去焦化也可以由话题化操作进行测试。众所周知,话题在信息结构上属于凸显(prominent)单位,而且通常是已知信息。例如,在例(16)—例(18)中的保留宾语句中,保留宾语不能移到句首成为话题,说明其无法成为聚焦关注的对象。

(16) a. 我把橘子剥了皮。
　　　b. *皮,我把橘子剥了。
(17) a. 我把花浇了水。
　　　b. *水,我把花浇了。
(18) a. 我把水浇了花。
　　　b. *花,我把水浇了。

总而言之,在"把"字保留宾语句中,保留宾语与动词组成复杂谓语,实现其在语义上的去焦化,从而为"把"字宾语的聚焦化提供基础。

五、聚焦点转移与概念内容的互动

在第四节,我们探讨了保留宾语句的认知机制,即外宾语的聚焦化和内宾语的去焦化。本节将对本文的第二个研究问题进行回答,即如何解释两种保留宾语句在语法表现上的异同。我们认为,二者的一切差异取决于聚焦凸显的概念观照方式与事件所表达的概念内容之间的互动。本节将从两个方面展开论证:1. 内外宾语互换;2. 宾语省略。

1. 内外宾语互换

先看句式1,其概念结构可以表示为图2。此类句式所表达的事件最为明显的特点,就是如张庆文、邓思颖(2011)所指出的,内外宾语之间存在领有关系。这一特点对该句式的句法表现产生直接的影响。

需要指出的是,这里内外宾语之间的领有关系其实并不限于狭义的领有,而是包括了三种不同的情况,即:1)狭义领有关系;2)部分整体;3)活跃区,分别如例(19)a—例(19)c所示。

所谓活跃区是指名词或名词短语的概念结构中实际与关系性成分发生语义关系的部分。(Langacker 1984)活跃区/显影(profile/active zone discrepancy)的不对应现象在语言中广泛存在。以名词修饰结构 yellow pen 为例,其有两个解读,即外表为黄色的笔和写出来的字为黄色的笔。这两种解读就是选择不同活跃区进行语义组合的结果。再以 I heard the piano 为例,"我"听到的不是钢琴本身,而是钢琴所弹奏出来的乐曲。同样的,例(19)b 虽然以"橘子"作为宾语,但直接和"剥"这个动词发生关系的成分是"皮"。

(19) a. 李四被张三打死了一条狗。(狭义领属关系)
　　 b. 我把橘子剥了皮。(活跃区)
　　 c. 张三把八个苹果吃了四个。(部分整体)

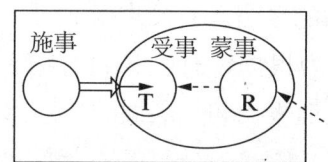

图2　句式1的概念基础

其实不管是哪种关系,在认知语法框架内,都可以看作是一种参照点关系。(Langacker 1993)所谓的参照点关系,是指通过某个参照物对目标进行心理提取的认知能力。根据 Langacker 的观点,参照点关系有一个非常重要的特点,即不可逆转性(irreversibility)。在领有关系中,我们只能借助领有者提取领有物,而无法借助领有物提取领有者,因为前者在认知上更加凸显。例(20)中的英文例子和例(21)中的汉语例子都很好的说明了这一点。

(20) a. *the boy's watch*; *the girl's uncle*; *the dog's tau*; *the cat's fleas*; *Lincoln's assassination*
　　 b. **the watch's boy*; **the uncle's girl*(meaning 'his niece'); **the tail's dog*; **the fleas' cat*; **the assassination's Lincoln*

(Langacker 1993)

(21) a. 橘子的皮;张三的腿;张三的狗
　　 b. *皮的橘子;*腿的张三;*狗的张三

一方面,我们可以看到,句式1中的外宾语(领有者)和内宾语(领有物)

存在一种内在的参照点关系。另一方面,该句式还存在另外一种参照点关系,即"把"字宾语和除主语之外的其他成分(动词及其他名词性成分)之间的参照点关系。这是因为,根据认知语法,主语和宾语分别是理解关系性结构(如动词)的第一和第二参照点。也就是说,关系性结构只有借助主语和宾语才能进行提取。换言之,宾语是除主语之外其他成分的参照点。因此,在保留宾语句中,保留宾语自然就在把"字"宾语的提取范围之内。这样一来,两种参照点关系的互动就可以产生非常有意思的效果。当两种参照点关系一致时,句子可以接受;当两种参照点关系冲突时,句子则不合法①。

(23) a. 张三把橘子剥了皮。

b. *张三把皮剥了橘子。

例如,例(23)a之所以合法,是因为不管根据内外宾语之间的内在参照点关系还是句法结构要求的参照点关系,"橘子"都是"皮"的参照点。相反,例(23)b不能接受,是因为根据领有者和领有物之间固有的参照点关系,"橘子"是"皮"的参照点;而根据句子层面的参照点关系,"皮"又是"橘子"的参照点。

同时,句式1的被动化和话题化也无法成立,因为根据认知语法,话题和主语都是典型的参照点。(Langacker 2001)如例(24)所示,当保留宾语做被动句主语和话题时,其参照点关系也与内在的参照点关系相冲突。

(24) a. *皮被张三剥了橘子。

b. *皮,张三剥了橘子。

这里的分析还可以很好地解释张庆文、邓思颖(2011)中的反例。例如,例(25)a—例(27)a[=例(4)a—例(6)a]各例中内外宾语并不存在任何意义上的领有关系。按照张、邓文的分析,应该归为句式2,照理说内外宾语是可以互换的。然而,事实正好相反,如例(25)b—例(27)b[=例(4)b—例(6)b]所示。然而,我们认为,虽然这些句子中内外宾语不存在领属关系,但外宾语都是内宾语存在的前提,仍然可以看作参照点关系。例如,毛线是用

---

① 审稿人援引陈振宇先生(2017)的观点指出,"把橘子剥了皮"与"*把皮剥了橘子"的对比源自于"领有关系"的制约,因为"词汇性质回指受领属和蕴涵关系的制约,领有者从当主题,而不能相反"。我们认为,这与我们的参照点分析并不矛盾,因为不管是哪一种分析,都以领有者和领有物之间的不对称性为基础。

认知语法视角下的论元交替机制研究:以汉语两类保留宾语句为例

来织毛衣的,钱是用来买东西的,面是用来做饭的。用认知语法(Langacker 1993)的术语,这些功能都可以看成是毛衣、钱和面的领地(dominion),即说话人借助参照点用来提取目标的范围。

(25) a. 他把毛线织了毛衣。

b. *他把毛衣织了毛线。

(26) a. 他把钱买了烟。

b. *他把烟买了钱。

(27) a. 他把面擀了饺子皮。

b. *他把饺子皮擀了面。

再来看句式2。从概念结构上看,该类句式区别于句式1的一个重要特征就是背景事件中的参与者,即施事、移位者与处所,构成一个完整的行为链(action chain)。从理论上讲,动词可以和移位者、处所之间的任何一个成分组合成一个复杂谓语。以图3为例,如果选择与处所结合,则构成复杂谓语"浇花";如果选择与移位者结合则构成复杂谓语"浇水"。同时,被排除在复杂谓语之外的参与者作为复杂谓语的射体(即"把"字宾语)而存在。

　　　　　　　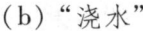
(a)"浇花"　　　　　　　　　(b)"浇水"

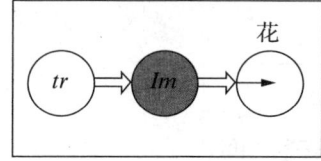　　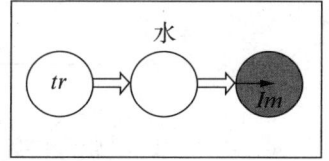

图3　句式2的概念观照方式

2. 宾语省略问题

第二节提到,根据张庆文、邓思颖(2011)的预测,句式1保留宾语和"把"字宾语都可以省略,而句式2只能省略"把"字宾语,如例(28)—例(29)[=例(7)—例(8)]所示。

(28) a. 张三把橘子剥了皮。

b. 张三把橘子剥了。

c. 张三剥了皮。

(29) a. 张三把水浇了花。

b. *张三把水浇了。

c. 张三浇了花。

同时，我们也提到，张庆文、邓思颖(2011)关于句式 1 的假设是存在反例的，因为如例(30)[=例(9)]所示，句式 1 中的保留宾语并不总能省略。

(30) a. 张三把李四打断了一条腿。

　　b. *张三把李四打断了。

其实，例(28)a 和例(30)a 的差异是存在概念上的基础的，与内外宾语之间的语义关系及动词所表示的语义密不可分。在例(28)a 中，动词"剥"的动作虽然作用于"皮"，但"橘子"也是直接受影响者。因此，我们似乎可以认为，"剥橘子"和"剥皮"表达同样的概念。简单来讲，"剥橘子"就是把皮剥掉，而"剥皮"就是剥橘子的皮。在"剥橘子"中，"皮"是"橘子"的活跃区，直接参与"剥"的事件。相反，在例(30)a 中，"打断"事件的受事是"腿"，而"李四"仅是间接受影响者，因此只能选择前者作为界标(宾语)。

至于句式 2 只能省略"把"字宾语的问题，我们可以结合其所蕴含的概念结构来看。在上文我们指出，在句式 2 所蕴含的背景事件中，施事、移位者与处所构成一个完整的行为链(action chain)，即施事作用于移位者将其移位到某个处所。以"张三把水浇了花"为例，其概念结构可以表现为图 4。省略保留宾语"花"的后果是事件的完整性被破坏，因此"*张三把水浇了"不合法。

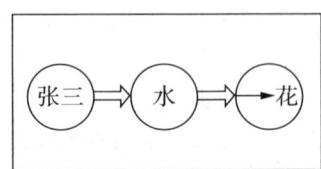

图 4　句式 2 的概念基础

六、结　　语

本文以认知语法为理论框架，分析了两类把"字"保留宾语句(以内外宾语有无领属关系为分类标准)的允准机制，并探讨了造成两者在句法表现、语义特征上存在差异的原因。根据认知语法的相关精神，我们认为，不管是什么语义成分充当"把"字宾语，都是聚焦凸显的产物。保留宾语的允准同时涉及保留宾语的去焦化和"把"字宾语的聚焦化。两类保留宾语句的差异来自于聚(去)焦化操作的概念观照方式与不同的概念内容之间的互动。本研究不但为"把"字保留宾语句的允准提供了一个自然、直观的分析框架,而且还能很好地解释以往生成语法分析中存在的反例,如内外宾语互换和宾语省略等问题。更为重要的是,本文的研究为汉语构式交替现象的功能、认知分析提供了一个可供参考的思路。

参考文献

程 杰,温宾利(2008)对汉语两类非核心论元的 appl 结构分析——兼论英汉 appl 结构之差异,《外国语文》第 2 期:82-87。

陈振宇(2017)汉语的指称与命题:语法中的语义学原理,上海:上海人民出版社:281。

董粤章(2011)构式、域矩阵与心理观照——认知语法视角下的"吃食堂",《外国语》第 3 期:2-12。

金立鑫(1997)把字句的句法、语义、语境特征,《中国语文》第 6 期:415-423。

李思旭(2012)"完全受影响"和"部分受影响"编码方式的类型学研究,《外国语》第 4 期:12-23。

吕叔湘(1965/1984)"被"字句、"把"字句动词带宾语,载吕叔湘,《汉语语法论文集》,北京:商务印书馆。

孙天琦,李亚非(2010)汉语非核心论元允准结构初探,《中国语文》第 1 期:21-33。

施春宏(2010)从句式群看"把"字句及相关句式的语法意义,《世界汉语教学》第 3 期:291-309。

佟和龙,梅德明(2015)现代汉语非核心论元的句法推导,《外语学刊》第 6 期:64-68。

翁姗姗(2012)现代汉语非典型"把"字句研究,北京大学博士论文:82-84。

徐 杰(1999)两种保留宾语句式及相关句法理论问题,《当代语言学》第 1 期:16-29。

玄 玥(2017)保留宾语类把字句与完结短语理论,《语言教学与研究》第 3 期:28-39。

张伯江(2001)被字句和把字句的对称与不对称,《中国语文》第 6 期:519-524。

张庆文,邓思颖(2011)论现代汉语的两种不同保留宾语句,《外语教学与研究》第 4 期:512-528。

Baker M. (1988) *Incorporation: A Theory of Grammatical Function Changing*. Chicago: University of Chicago Press.

Hsueh F. (1989) The Structural Meaning of *ba* and *bei* Constructions in Mandarin Chinese: Do they Really Mean Disposal and Passive? In James H, Hsueh F. (eds.) *Functionalism and Chinese Grammar*. New Jersey: Chinese Language Teachers Association: 95-125.

Huang J. (1984) Phrase Structure, Lexical Integrity and Chinese Compounds. *Journal of the*

Chinese Teachers' Association 19(2): 53-48.

——(1992) Complex Predicates in Control. In Larson R, Iatridou S, Lahiri U. *et al.* (eds.) *Control and Grammar*. Kluwer: Dordrecht. 109-147.

Jackendoff R. (1994) *Patterns in the Mind: Language and Human Nature*. New York: Basic Books: 68-69.

Langacker R. (1984) Active Zones. In Brugmann C, Macaulay M. (eds.) *Proceedings of the 10th Annual Meeting of the Berkeley Linguistics Society*. Berkeley: Berkley Linguistic Society: 172-188.

——(1987) *Foundations of Cognitive Grammar (vol. 1), Theoretical Prerequisites*. Stanford: Stanford University Press.

——(1991) *Foundations of Cognitive Grammar (vol. 2), Descriptive Application*. Stanford: Stanford University Press.

——(1993) Reference-point Constructions. *Cognitive Linguistics* 4(1): 1-38.

——(2001) Topic, Subject, and Possessor. In Simonsen H G, Endresen R T. (eds.) *A Cognitive Approach to the Verb: Morphological and Constructional Perspectives*. Berlin: Mouton de Gruyter: 11-48.

——(2006) Dimensions of Defocusing. In Tsunoda T, Kageyama T. (eds.) *Voice and Grammatical Relations. In Honor of Masayoshi Shibatani*. Amsterdam/Philadelphia: John Benjamins: 115-137.

——(2008) *Cognitive Grammar: A Basic Introduction*. Oxford/New York: Oxford University Press: 66.

Li A. (2006) Chinese *Ba*. In Everaert M, Riemsdijk H. (eds.) *The Blackwell Companion to Syntax: Volume 1*. Malden, MA: Blackwell: 374-468.

Lin T. (2001) *Light Verb Syntax and the Theory of Phase Structure*. PhD Dissertation, University of California.

McGinnis M. (2001) Phases and the Syntax of Applicatives. In Kim M, Strauss U. (eds.) *Proceedings of NELS 31*. Amherst: GLSA: 333-349.

Pylkkänen L. (2002) *Introducing Arguments*. PhD Dissertation, Massachusetts Institute of Technology.

Shi D. (1997) Issues on Chinese Passive. *Journal of Chinese Linguistics* 25(1): 41-70.

Sun C. (1995) Transitivity, the *ba* Construction and Its History. *Journal of Chinese Linguistics* 23(1): 159-195.

Thompson S. (1973) Transitivity and Some Problems with the *bǎ* Construction in Mandarin Chinese. *Journal of Chinese Linguistics* 1(2): 208-221.

Ting J. (1998) Deriving the *bei*-construction in Mandarin Chinese. *Journal of East Asian Linguistics* 7(4): 319-354.

Tsao F. (1987) A Topic-comment Approach to the *ba* Construction. *Journal of Chinese Linguistics* 15(1): 1-53.

Wu Y. (2013) On the So-called Unbounded Passives. *Journal of Chinese Linguistics* 41(1): 65-90.

(710062　西安,陕西师范大学外国语学院　liyongwang0410@163.com)

言说动词"操"可后接"上"

吕 佩 余义兵

提要 言说动词"操"后有大量可接"上"的用例。文章基于前贤的研究,根据语言事实说明在"操(着/起/上)+NP"结构中,"起""上"和"着"一样也是体标记,只不过表达不同的体意义;NP 在"操(着/起)+NP"中只能是方式宾语,而在"操上+NP"中既可以是方式宾语也可以是结果宾语。"操"等这类词从手部动作动词能发展为言说动词,也可以发展为心理动词。

关键词 言说动词;操;上;方式宾语;结果宾语

一、引 言

董正存(2009a,2009b,2012,2015)、王丽玲(2011)等研究了汉语这样一类语言现象,即"手部动作动词"可发展出表言说义的"言说动词",如"提""扯""操"等,为"言说动词"的来源和发展提供了一个新的考察角度,并把相关研究提升到一个新的认识高度。其中董正存(2015,以下简称"董文")对"操"的句法表现和语用功能进行了充分的描写和详细的说明,同时揭示了言说动词"操"与言说动词"说""提"用法上的差异。其严谨的行文和细致的论证使我们获益良多。

不过,我们认为董文某些方面还可以进一步考察和分析。比如董文认为"言说动词'操'后的趋向补语只能是'起',并且数量极为有限,……未见出现其他趋向补语的用例"。据我们考察,其实言说动词"操"后除了可以加"起",还可以加"上"。本文将在董文研究的基础上,分析"操"后加"上"的句法、语义等功能。首先描写在各种性质的语料中所搜集的"操上"用例;其次考察"操上+NP"的句法性质,认为"操上+NP"和"操(起/着)+NP"的句法表现大体相同,不同的是"操上+NP"一般不做定语;然后分析"操上+

NP"中 NP 的语义类型,认为"操上 + NP"中 NP 既可以是方式宾语,也可以是结果宾语;接着论证"上"的性质界定,认为"上"和"起""着"都是体标记;最后是结语。

二、"操上"用例

我们在北京大学中国语言学研究中心 CCL 现代汉语语料库发现"操上"有如下用例,且重复达六次之多:

(1) 正因为中国的许多老百姓囊中羞涩,即使见了"精品"买卖般的"高层次追求",也只是惊羡一番,操上几句国骂,如此而已。(1994 年报刊精选)

很显然,这里的"操"是言说动词。我们也在一些书籍报刊上发现"操上"这样的用例。不仅有的用例时间较早,而且涉及的文体来源也十分广泛。下面是我们查找得较早的一例:

(2) 那些姑娘二三个月不见,穿戴干净了,操上普通话了,还学了很多家用电器常识呢。(郭蓝燕《射洪姑娘进京来》,《中国青年报》1987 - 03 - 06)

以下是学术论著中的四例:

(3) 他们多数兼操普通话和方言,视不同对象、不同环境而灵活择用,有的因此操上了"方言普通话"。(周一农《论汉语规范化的层次性》,《语文建设》1990 年第 3 期)

(4) 如果你能操上几句潮州话,他立即会高兴得象要把心都掏出来给你似的,殷勤地接待你饮上一天的功夫茶,直饮到你无法脱身。(刘志文《论中日民间仪礼中的茶俗文化》,选自贾蕙萱、沈仁安主编《中日民俗的异同和交流——中日民俗比较研究学术讨论会论文集》,北京大学出版社,1993)

(5) 大批美籍教师和美国英语教材引进国内,如我校外语系五位美籍教师都讲 GA。学生操上美国英语,……(董仲文《美国英语及英美语言教学》,《乐山师专学报》1995 年第 4 期)

(6) 但是,他在温州待上一段时间,逐渐就有一点了解,……再待上更长一段时间,这个人说不定还能操上那么一些温州方言了。(汪剑钊

《俄罗斯"白银时代"诗歌漫谈》,选自文池主编《在北大听讲座:俄罗斯文化之旅》,新世界出版社,2002)

以下是文学类作品中的三例:

(7)店主不时与外国友人搭讪几句,黄皮肤黑头发的龙的传人能操上一口标准的英语……(姬子著《水草》,天马图书有限公司,2003)

(8)犹太人流亡各地,都能操上几种外语。其语言等级是,越往西越牛。(黎戈著《因自由而美丽·语言的意味》,新星出版社,2013)

(9)田领队每人收取小费84美元,我想等她带我去买照相机用的存储卡,可等半天她也不太清楚,后来干脆自己操上半生不熟的英语,过安检,……(陈晓红著《意犹未尽》,安徽文艺出版社,2013)

以下是其他社科类书籍中的七例:

(10)领导者回乡探亲、下乡考察民情,操上纯朴的乡音,显得和蔼可亲,给自己塑造出接近平民的人民公仆的形象。(宗庆后、梁国藩著《领导语言艺术实用全书》,企业管理出版社,1997)

(11)为了方便交谈,有时我们也不得不操上几句"川汤普通话"。[邓立中《韶山情思》,选自古蔺县文史资料委员会编《古蔺文史资料选辑》(第6辑),1997]

(12)在我们这个年月,骗子……把头发梳光,一副金丝眼镜,一只密码提包,操上几句"广普话",作港商状,能弄到上百万的订单货款,然后逃之夭夭。(李转良编著《企业家必读书手册》,中华工商联合出版社,1999)

(13)他们一改吴越软语,操上满口闽西客话,他们身上的故事越来越多来自闽西。(林汉扬主编《沧桑闽西》,中央文献出版社,2007)

(14)舒葆初操上地地道道的平定营腔:"我的家嘛,是在瓮安河的源头平定营的高枧坡唰。"(瓮安县政协编著《黔中雄杰——舒葆初》,贵州人民出版社,2011)

(15)因为谢安年少的时候就有鼻疾,所以浊音较重,一旦操上洛阳口音就显得另有一番韵味。(姚胜祥著《818疯狂魏晋的牛人》,万卷出版公司,2011)

(16)室友甘德平便不止一次地操上广西壮族口音的普通话聊起我这姓名的"可人"之处,与素来同事们的见解异曲同工吧,最基本的优

势至少有"三长"。(鲁修贤著《如何教学生知写与善写》,万卷出版公司,2014)

以下是境外香港文学类作品中的一例:

(17) 刘老师欣然接受这一要求,她操上一口亲切而流利的普通话:"同学们",大家竖耳恭听,"徐州名城,自古以来……"(刘桂梓《川光明媚》,香港天马图书公司,2000)

以下是国外作品中译本中的三例:

(18) 和比阿特丽丝交谈时,亚瑟喜欢不时操上几句方言,有时她会和他一起抽烟,或干脆把他嘴上的烟拿过来吸上几口。(〔英〕D.H.劳伦斯著,李健、何善强译《儿子与情人》,四川人民出版社,1986)

(19) "巴比康,这究竟是什么玩意儿?"阿当时不时操上几句美国俚语,……(〔法〕凡尔纳著,何佳译《环绕月球》,中国少年儿童出版社,1999)

(20) 但是,从全国各地来的小弟小妹,大多没有上过大学,却个个有语言天才,他们在短短的几个月内,甚至几个星期,很快就在商场、酒店等工作场所操上广州话了。(D.W.著,佚名译《英语学习的革命》,湖北教育出版社,2007)

另外,我们在网络中也发现四例:

(21) 众所周知方言是最易逗人大笑的表演方式,颇有喜剧细胞的陈英俊操上一口搞笑方言还怕你不笑?(《〈一只狗的大学时光〉陈英俊誓将搞笑进行到底》,新浪网,2010-08-07)

(22) 不过不要以为自己能操上一口流利的英语跟老外交流就可以忽视它。(《经验:CET4不及格照样能勇闯托福80分大关》,新浪博客,2013-01-24)

(23) 英国工薪阶层青年装扮得像纨绔子弟,而顽固的中产阶层年轻人却操上伦敦口音。(《音符跳动的时尚》,新浪网,2013-07-26)

(24) 曾记否百年,中国内陆一位外国人将英语翻译成四川方言进行教学,让一群外国人熟练地操上一口四川话。(《民国四川话英语教材再版作者后人仍能说一口地道四川话》,中国新闻网,2015-10-11)

可见,言说动词"操"后的成分除了可以是"着""起",也还可以是"上"。

三、"操上 NP"的句法功能

董文关于"操"句法表现的分析十分精当,比如"'操'后强制性出现宾语""'操'后可以出现体标记,也可以不出现体标记""'操'没有重叠性形式""'操'不能出现在受事主语句中"等①。同样"操上"也严格遵循这些概括。下面我们根据上面 24 例语料进一步分析"操上 + NP"的句法功能,主要体现在下面两点:

第一,"操上 + NP"不做定语,这一点与"操起 + NP"相同,与"操 + NP" "操着 + NP"不同。例如(均转自董文):

(25) 一个多月后,他从深圳机场登机前往上海,探望这位<u>操一口吴侬软语</u>的女网友。(试比较:＊这位操起/操上一口吴侬软语的女网友)

(26) 在北京、天津、济南的大型农贸批发市场上,<u>操鲁西口音</u>的菜贩子越来越多。(试比较:＊操上/操起鲁西口音的菜贩子)

(27) 每年冬末春初,<u>一群群操着不同口音的外乡人</u>,一批批"面朝黄土背朝天"的农民,蜂拥而至。(试比较:＊一群群操上/操起不同口音的外乡人)

(28) 我看了看车里的人,"泰森"和"熟人"都在,只有<u>那个操着东北腔的瘦子</u>没有上来,看来是"落选"了。(试比较:＊那个操上/操起

---

① 董文认为"'操'不能被否定,不能出现在否定句中",这个概括或许不够准确。我们在北京大学中国语言学研究中心 CCL 语料库找到古代和现代各三例用于否定句的言说动词"操"的例子,如下:

(i) 楚人<u>不</u>操吴音,惟长孺能。(明《情史》)

(ii) 言眉目疏朗,美须髯,音吐弘畅,<u>不</u>操乡音。(清《明史》)

(iii) 州人口音实同舌,亦竟以此通行远迩,无一人肯习官话而<u>不</u>操土音者。(清《浪迹续谈》)

(iv) 苏州人成了个荣誉称号,苏白成了妓女的"标准语言"。……<u>不</u>操苏白者,"那里比得上苏州、上海人,一举一动,别有一种温柔软媚的神情"(155 回)。(陈平原《说〈九尾龟〉》)

(v) 好久好久//<u>没</u>操过京片子说话的他//在异国的天空下//引颈遥望着……(赵天仪《乡音》)

(vi) 程先生很久<u>不</u>操王萍瑶的名字,是躲避,也是自伐,要痛上加痛似的。(王安忆《长恨歌》)

东北腔的瘦子)

第二,"操上+NP"可以做谓语,这一点与"操+NP""操起+NP""操着+NP"都相同,既可以独立出现在单句中,如上面例(7)、例(18)等;也可以用于句组,如例(1)、例(2)等;还可以用于连动谓语,如例(16)、例(22)等。

四、NP 的语义类型

董文分析"操"后面接宾语时指出:"宾语只能是受地域或来源地名称修饰限定的语言、方言或口音,或者是被某种性质限定的腔调"。这个概括对"操(着/起)+NP"而言非常准确。不过有两个可以进一步探讨的问题:一是董文没有说明这种宾语的语义类型,二是这一概括是否适用于"操上+NP"。

我们首先分析第一个问题。关于宾语成分的语义类型分类,主要有黄伯荣和廖序东(2007)、邢福义(1996)、孟琮等(1999)等,其中的小类不外乎受事宾语、施事宾语、时间宾语、处所宾语、存现宾语、目的宾语、工具宾语、方式宾语、结果宾语、原因宾语等。"操(着/起)+NP"中 NP 的语义类型最可能的是受事宾语、工具宾语、方式宾语或结果宾语。谢晓明、谷亚丽(2009)考察和分析了四种宾语的鉴定模式及其典型性,我们把该文用以鉴定的标准所列的几个表格整合并简化成表 1 所示:

表 1 四种宾语的鉴定模式

语义角色	用 O 的方式 V	V 成了 O	把 OV 成/好了	把 OV 了	O 是 V 的一种工具	举例
典型方式宾语	+	-	-	-	-	写仿宋体
典型工具宾语	-	-	-	-	+	写毛笔
典型受事宾语	-	-	+	+	-	写题目
典型结果宾语	-	+	+	-	-	写剧本
工具性方式宾语	+	-	-	-	+	打直拍
受事性方式宾语	+	-	+	+	-	寄快件
结果性方式宾语	+	+	+	-	-	写大字报

我们也可以用表 1 中的项目来检测"操(着/起)+NP"中 NP 的语义类型。我们以用作单句的谓语和用在连动谓语中为例说明,试比较["操"用

"说(话)"替代,下同]:

(29) 兴宁人绝大部分操客家方言。(转自董文)

　　a. 兴宁人用客家方言说话。

　　b. *兴宁人说成了客家方言。

　　c. *兴宁人把客家方言说成/好了。

　　d. *兴宁人把客家方言说了。

　　e. ? 客家方言是兴宁人说话的工具。

(30) 人们操着南腔北调洽谈生意,……(转自董文)

　　a. 人们用南腔北调洽谈生意。

　　b. *人们洽谈生意说成了南腔北调。

　　c. *人们洽谈生意把南腔北调说成/好了。

　　d. *人们洽谈生意把南腔北调说了。

　　e. ? 南腔北调是人们洽谈生意的工具。

(31) 他操起芜湖口音问价,却遭到营业员白眼。(转自董文)

　　a. 他用芜湖口音问价。

　　b. *他问价问成了芜湖口音。

　　c. *他问价把芜湖口音问成/好了。

　　d. *他问价把芜湖口音问了。

　　e. ? 芜湖口音是他问价的工具。

由例(29)—例(31)可见,"操(着/起)+NP"中的NP应该看作是方式宾语。我们再分析第二个问题。试比较例(22)和以下各句:

(32) a. 自己能用一口流利的英语跟老外交流。

　　b. *自己能说成一口流利的英语跟老外交流。

　　c. *自己能把一口流利的英语说好/成了。

　　d. *自己能把一口流利的英语说了跟老外交流。

　　e. ? 一口流利的英语是自己跟老外交流的工具。

由例(32)可见,这里"操上+NP"中的NP也可看作是方式宾语(或工具性方式宾语),上面例(16)、例(21)等类同。再比较例(24)和以下各句:

(33) a. *让一群外国人熟练地用一口四川话说话。

　　b. 让一群外国人熟练地说成一口四川话。

　　c. 让一群外国人熟练地把一口四川话说好/成了。

d. ＊让一群外国人熟练地把一口四川话说了。
　　e. ？一口四川话是让一群外国人熟练地说话的工具。

由例(33)可见,这里"操上+NP"中的NP应该看做结果宾语,上面例(1)、例(6)等类同。我们再以例(1)为基础比较"骂/操国骂"和"骂/操几句国骂":

(34) a1. 用国骂骂了　　　　　a2. ＊用几句国骂骂上了
　　　b1. ＊骂成了国骂　　　　b2. 骂成了几句国骂
　　　c1. ＊把国骂骂成/好了　　c2. 把几句国骂骂成/好了
　　　d1. ＊把国骂骂了　　　　d2. ＊把几句国骂骂上了
　　　e1. ＊国骂是骂的工具　　 e2. ＊几句国骂是骂的工具

由例(34)可见,"国骂"和"几句国骂"不同:"国骂"是无指、类指;"几句国骂"是有指、不定指。"骂/操国骂"和"骂/操几句国骂"也不同:"骂/操国骂"是"用国骂的方式骂",是"骂/操+方式宾语";"骂/操几句国骂"是"骂出来几句国骂一样的话",是"骂/操+结果宾语"。

综上,"操(着/起)+NP"中NP的语义类型是方式宾语,而"操上+NP"中NP的语义类型既可能是方式宾语也可能是结果宾语。

五、"上"的性质界定

董文把"操着+NP"中的"着"看作体标记,表示"持续体",我们非常认同;但把"操起+NP"中的"起"看作"趋向补语",我们认为不太准确。我们认为这里的"起"也是体标记。不可否认,"起"最初的确是趋向补语。试比较:

(35) a. 捡起纸片/抬起锣鼓/举起手掌
　　　b. 提起水桶/操起扁担/拿起铅笔
　　　c. 写起大字/打起锣鼓/拍起手掌
　　　d. 提起往事/操起土话/拿起干劲(干革命)
　　　e. 说起往事/说起土话/说起干劲(,你不如他)

例(35)从 a 到 e 大致能说明"起"由表示"趋向意义"的补语到表示"体意义"的标记的过程,"起"之前的动词和之后的名词在"起"的演变中起到至关重要的语境作用。同为"V起+手掌"格式,"举起手掌"与"拍起手掌"不同:前者表示"趋向";而后者表示"起始体"(或"开始体"),即"指事物从尚未具备某种状况变为已经具备某种状况并且还要保持一段时间,符号式为:(-P→P)

卜P"。(左思民 2014)[32]。同为"提起/操起/拿起＋NP"格式,"提起水桶""操起扁担""拿起铅笔"与"提起往事""操起土话""拿起干劲"也不同：前者表示"趋向"而后者也表示"起始体"。因此,言说动词"提""操""扯"后面的"起"与"说"后面的"起"一样,都是体标记,表示"体意义"。

同样,"操上＋NP"中的"上"也不是趋向补语,而是体标记,表示"实现体"。试比较：

(36) a. 登上长城/走上飞机/爬上高楼
   b. 提上水桶/操上扁担/拿上铅笔
   c. 用上空调/吃上粮食/住上高楼
   d. 提上日程/操上英语/扯上关系(就好办事情了)
   e. 说上亲事/说上英语/说上关系(,你比我要与他亲密些)

例(36)从 a 到 e 大致能说明"上"由表示"趋向意义"的补语到表示"体意义"的标记的过程,"上"之前的动词和之后的名词同样在"上"的演变中起到至关重要的语境作用。同为"V 上＋高楼"格式,"爬上高楼"与"住上高楼"不同：前者表示"趋向"；而后者表示"实现体",即"指事物从尚未具备某种状况变为已经具备某种状况,符号式为：-P→P"。(左思民 2014)[31] 同为"提上/操上/拿上＋NP"格式,"提上水桶""操上扁担""拿上铅笔"与"提上日程""操上英语""扯上关系"也不同：前者表示"趋向"而后者也表示"实现体"。因此,言说动词"提""操""扯"后面的"起"与"说"后面的"起"一样,都是体标记,表示"体意义"。

表示"起始体"的"操起＋NP"与表示"实现体"的"操上＋NP"都可以表示"事物从尚未具备某种状况变为已经具备某种状况",而差别就在于：前者预示这种状况"还要保持一段时间"；而后者并没有这样的预示,即这种状况可能保持也可能不保持。正因为如此,"操上"有时可以换作"操起",有时不能。试比较例(2)和以下各句：

(37) a. 那些姑娘二三个月不见,穿戴干净了,操起普通话了,还学了很多家用电器常识呢。
   b. *那些姑娘二三个月不见,穿戴干净了,操着普通话了,还学了很多家用电器常识呢。
   c. 那些姑娘二三个月不见,穿戴干净了,操起普通话,还学了很多家用电器常识呢。

d. 那些姑娘二三个月不见,穿戴干净,操着普通话,还学了很多家用电器常识呢。

试比较例(4)和以下各句:

(38) a. ？如果你能操起几句潮州话,他立即会高兴得象要把心都掏出来给你似的。

b. *如果你能操着几句潮州话,他立即会高兴得象要把心都掏出来给你似的。

c. 如果你能操起潮州话(说几句),他立即会高兴得象要把心都掏出来给你似的。

d. 如果你能操着潮州话(说几句),他立即会高兴得象要把心都掏出来给你似的。

例(37)中,"了"是"了$_1$+了$_2$",兼表"实现体"和语气,"实现体"的"符号式为:-P→P"(左思民 2014)[32],与"起"没有冲突,两者具有"复叠性",(左思民 2014)[61]所以 a 句成立;而"着"表示"持续体","符号式为:P→P",(左思民 2014)[32]与"了"发生冲突,所以 b 句不成立,但去掉"了"的 d 句就成立。例(38)中,"几句潮州话"是结果宾语,而"操起""操着"的宾语必须是方式宾语,从而发生冲突,所以 a 句和 b 句都不成立;但如果改为"潮州话",即为方式宾语,那么 c 句和 d 句就自然成立。

六、结　　语

本文以一定的语言事实说明言说动词"操"可以后接"上",并且在与"操(着/起)+NP"的比较中分析了"操上+NP"所表现出来的句法功能、时体特征及其中 NP 的语义类型,总结且列表 2 如下:

表 2　四种格式的对比分析

四种格式	句法功能			NP 语义类型		时体特征		
	名词组合式定语	单句或句组谓语	连动谓语前项	方式宾语	结果宾语	[惯常]	[起始]	[持续]
操+NP	+	+	+	+	−	+	−	+
操着+NP	+	+	+	+	−	+	−	+

（续表）

四种格式	句法功能			NP 语义类型		时体特征		
	名词组合式定语	单句或句组谓语	连动谓语前项	方式宾语	结果宾语	[惯常]	[起始]	[持续]
操起 + NP	−	+	+	+	−	−	+	+
操上 + NP	−	+	+	+	+	−	+	±

此外，手部动词"操""提""挂""扯"等除了能发展出言说动词，还可以引申出心理动词（李小军 2014），如"操闲心""操神""提心吊胆""提精神""挂怀""挂心""扯心"等，虽然在现代汉语中很多固定成词了，但仍有一些还是动宾短语。"提""操""挂"等表示手部动作行为是"行域"，表示言说行为是"言域"，表示心理行为是"知域"，这三个域统一在"提""操""挂"等一类词中，进一步佐证了"这三个概念域之间的区别和联系在语言的许多方面都有反映"（沈家煊 2003）。

参考文献

董正存(2009a)词义演变中手部动作到口部动作的转移，《中国语文》第 2 期。
——(2009b)元代至清代否定句中的言说动词"提"，载中国人民大学文学院《语文论集》编辑部编，《语言论集》第六辑。北京：中国社会科学出版社。
——(2012)动词"提"产生言说义的过程及动因，《汉语学报》第 2 期。
——(2015)言说动词"操"的句法-语用表现及相关问题研究，《语文研究》第 1 期。
黄伯荣，廖序东(2007)《现代汉语》增订四版，北京：高等教育出版社：62。
李小军(2014)论手部动作范畴向心理范畴的演变，《江西师范大学学报》第 6 期。
孟　琮等(1999)《汉语动词用法词典》，北京：商务印书馆：8-13。
沈家煊(2003)复句三域"行、知、言"，《中国语文》第 3 期。
王丽玲(2011)也谈动词"提"言说义的来源，《中国语文》第 6 期。
谢晓明，谷亚丽(2009)方式宾语的鉴定模式及其典型性考察，《语言研究》第 2 期。
邢福义(1996)《汉语语法学》，长春：东北师范大学出版社：75-78。
左思民(2014)现代汉语体的再认识，载左思民，《语言规律探索集》，北京：世界图书出版公司；上海师范大学博士学位论文，1997。

（吕　佩　200234　上海，上海师范大学语言研究所　lvpei123123@163.com；
余义兵　200241　上海，华东师范大学中文系　yuyibing1980156@163.com）

论新闻标题中"料"的语义演变*

仇立颖　李双剑

提要　从多个角度可以证明近些年来"料"字在新闻标题中正在经历从"猜想"义到"可能"义的语义演变。新闻标题"S + 料 + V (O)"格式是"料"字演变出可能义的句法环境，并且此格式中的"料"的施事不能是主语 S，主语 S 与谓语（中心）V 要为主谓关系或施动关系。

关键词　新闻标题；"料"；语义演变；语序

一、引　言

"标题"简单地说就是指题目。按照尹世超（2001）[1]的看法，标题有广义和狭义两种理解，广义的标题包括新闻的题目、文章作品等的题目，狭义的标题特指新闻的题目。本文研究的范围仅限于新闻标题，也就是狭义标题。"新闻标题就是新闻的题目，它是新闻内容的形象概括。"（周胜林，尹德刚，梅懿 2013）[33]新闻标题作为读者最先阅读到的一篇新闻的有机组成部分，重要性不言而喻。周胜林、尹德刚、梅懿（2013）[36]将制作新闻标题要遵守的最基本原则归纳为："贴切传神""具体明了"和"简练生动"，主要是因为

---

* 本项研究得到国家社会科学基金青年项目（项目编号 17CYY033）、上海市社科规划基金青年课题（项目编号 2018EYY008）、中国博士后科学基金第 61 批面上资助项目（项目编号 2017M611600）和第 10 批特别资助项目（项目编号 2017T100306）与上海外国语大学校级重大项目（项目编号 KX161076）和校级规划项目（项目编号 2018114039）的资助；本文在上海外国语大学"青衿学术沙龙"（2017 年 12 月 29 日）上报告过，在场的师生提出了宝贵的意见；复旦大学中文系陈振宇教授给出了中肯的建议；《语言研究集刊》编辑部和匿名审稿专家也赐予了专业的修改意见；左丽亚老师协助了问卷调查。谨此一并致以诚挚的谢意！文责自负。

标题有自身的要求,报纸、网页等要受制于空间因素,以及尽可能吸引读者;后两者也就是"版面空间的限制和视觉刺激的强化双重因素"(白丽娜 2013)[58]。

尹世超(2001)[2-3]认为:"对现代汉语标题语法进行研究……有助于现代汉语语法研究的拓展和深化,发掘新的语言事实和语法规律。"事实上,语言学界从语言学角度对标题(包括新闻标题)进行了不少研究,也取得了若干成果,揭示了不少语言规律。本文考察"料"字近年来在新闻标题中的语义演变,寻求其演变的规律,以及"料"字为何会在新闻标题中产生语义演变,进而探讨新闻标题对"料"字语义演变的重要作用。

二、新闻标题中"料"字的语义演变

现代汉语中"料"字的动词用法之一是表"猜想"义或"推测"义,如"料"字在《现代汉语词典》第6版中的第一个义项是:"预料;料想:~事如神|不出所~|~不到他会来。"为便于研究,本文将此义的"料"字标记为"料$_1$"。

我们注意到,"料"字在近年来的不少新闻标题中解释为"猜想"义已经不大合适,更为恰当的意义是"可能"义。举例如下①:

(1) a. 中国明年战略石油储备采购量料翻倍
    b. 中国将加大战略石油储备的采购力度,购买量可能增加一倍。(澎湃新闻,2015-11-11)
(2) a. 日本首次允许非军事目的援助外军,政府开发外援料染迷彩色
    b. 这意味着今后日本政府开发援助(ODA)计划可能带上军事色彩。(新华网,2015-02-10)

类似例(1)、例(2)a句中的"料"字还出现在了不少其他新闻标题中。本文将"可能"义的"料"字标记为"料$_2$"。之所以认为这些新闻标题中的"料"字

---

① 本文例句标字母"a"的表示新闻标题,标字母"b""c"的表示新闻正文的部分句子,"b"句或"c"句句尾括号中的内容标示的是新闻出处。同一个例子中的"a""b"(和"c")均来自同一个新闻报道。另外,文中所用例句(包括调查问卷所用语料)全部来自严肃且影响力较大的网络媒体,比如新华网、人民日报客户端等。我们认为这些语料在语言上与严肃纸质媒体并无明显差异。之所以语料来自网络媒体,主要是便于搜集检索。感谢匿名审稿专家提醒。

是"可能"义,除了凭借语感可理解为"可能"义外,主要还有以下理由,我们分别论述。

(一) 与文中"可能"一词的照应

尹世超(2001)[7]说过:"标题语言语法研究要采用对比法。……标题作为标明文章、作品等内容的简洁的语言片段,与正文密切相关。研究标题语言的语法,须要和文中的非标题语言进行比较。"可见,将新闻标题与正文中的相应语句进行对比,有时会有不少的发现。

我们说新闻标题中"料"字与文中词语照应,所照应的主要就是"可能"一词。例(1)、例(2)中的 b 句中分别都有"可能"一词与标题中的"料"字照应。如例(1)a 句标题中有"采购量料翻倍",例(1)b 句正文中有"购买量可能增加一倍"。例(2)a 句标题中有"政府开发外援料染迷彩色",例(2)b 句正文中有"日本政府开发援助(ODA)计划可能带上军事色彩"。

本文认为,这种照应不是偶然的,句法语义上可能存在某种对应。从句法上看,这种照应一般都很整齐:主语、谓语、宾语几乎都可以直接对应。那么,从读者的角度来理解"料"字,也就是从语义上,很可能会理解为"可能"义。我们的推断是,从新闻报道角度来看,新闻记者(媒体)应该是把"料"字理解成了"可能"义,才会在正文中使用"可能"一词进行了替换。

(二) 与"或"字的换用

现代汉语中"或"字有连词和副词两种用法,做连词义为"或者"("或$_1$"),做副词义为"或许"、"也许"("或$_2$")。白丽娜(2013)[23]考察了新闻标题中"或"字的用法:《国际金融报》共收集到 2 688 条新闻标题,其中 58 条出现"或";《新民晚报》共 1 006 条,有 4 条含"或";《南方周末》708 条,有 2 条含"或"。其中的"或"基本上都指"可能"、"或许"("或$_2$"),仅有 1 例,"或"义为"或者"("或$_1$")。

通过语料检索,本文发现新闻标题中如果都出现了"料"字和"或"字,在新闻正文中这两个词很可能都是"可能"义。例如:

(3) a. 加拿大森林大火或成其史上最惨重自然灾害,料损失 90 亿加元

b. 火灾可能造成 90 亿加元(约合 455 亿元人民币)经济损失,可能成为加拿大史上损失最为惨重的自然灾害。(澎湃新闻,2016 - 05 - 06)

(4) a. 2016 年中国大豆需求料放缓 大豆价格或承压

  b. 2016年中国大豆需求增速可能出现放缓,未来大豆价格可能继续走低……(幸福投资网,2016-01-11)

或者新闻标题中出现"料"字,而新闻正文中有"或"字与其照应,例如:

(5) a. 欧元区发债规模明年料降低　欧债危机或终结

  b. 欧元区政府国债销售明年或将降至9,000亿欧元之下,为2011年以来首次……(中国证券网,2015-12-21)

或者新闻标题中出现"或"字,而新闻正文中出现"料"字与其照应,例如:

(6) a. A股再度闯关MSCI,美联储明晨或加息

  b. 美联储……料加息25个基点并透露"缩表"信号。(澎湃新闻,2017-06-14)

也有原新闻标题中用"或"字,其他新闻媒体转载时将其中的"或"字改为"料"字。例如:

(7) a. 韩媒:朴槿惠或近期被逮捕 罪成后将面临终身监禁(海外网,2017-03-19)

  a'. 朴槿惠料近期被逮捕:涉13项罪名,一旦成立或面临终身监禁(澎湃新闻,2017-03-19)

也有原新闻标题中用"料"字,其他新闻媒体转载时将其中的"料"字改为"或"字。例如:

(8) a. 摇摆的前锋:IH与IC"跷跷板"料延续(中国证券报·中证网,2017-08-23)

  a'. 摇摆的前锋:IH与IC"跷跷板"较量或延续(新浪网,2017-08-23)

以上语言事实说明了"料$_2$"与"或$_2$"在语义上的同一性,也就说明了"料$_2$"是"可能"义。但是"料$_2$"与"或$_2$"在使用上还是有不同之处,这主要体现在时间方面。

"或$_2$"可以用在事件为过去、现在或将来的句子中,例如:

(9) a. 医学家称康熙乾隆或死于雾霾:清代京城霾灾重(参考消息,2016-01-08)

(10) a. 常州修复"毒地"土壤或致学生过敏咳嗽,附近一中学停课(澎湃新闻,2016-01-13)

(11) a. 上海今年再生育人数或增6万(澎湃新闻,2016-01-14)

论新闻标题中"料"的语义演变

例(9)a 是过去事件,例(10)a 是过去开始一直持续到现在的事件,例(11)a 是将来事件。"或₂"对句子事件的时间没有特别要求,无论过去、现在还是将来都可以使用,或者说"可能"义的"或₂"在新闻标题中很发达。但是,"料₂"几乎都是用于过去和将来事件的句子,尤其是将来事件的句子,例如:

(12) a. "大 V"蔡奇消失两月再现身,料已赴中央任正部级官员(澎湃新闻,2014-05-30)

(13) a. 中共两大法规力推纪法分开,"贪污"等词汇料被从党纪中删除(人民日报客户端,2015-10-13)

例(12)a 是过去事件,例(13)a 是将来事件,但例(10)a 中的"或"字就不能用"料"字替换。

本文认为,"料₂"之所以用于过去和将来事件的句子,特别是将来事件的句子,而几乎不用于现在事件的句子,既与新闻的特点有关,也与"料₂"的来源"料₁"的语义有关:在新闻报道中,人们进行"猜想""推测"的事件,更多的是将来事件,也有可能是过去事件,但正在发生的现在事件几乎用不着"猜想""推测"。"料₂""可能"义刚刚兴起,加之上述的新闻特点,所以暂时不能用于现在事件。但是,随着"料₂""可能"义的演进,也许以后会像"或₂"一样可以用于现在事件。

(三)问卷调查所反映的语言使用情况

为探究日常生活中人们对"料₂"的实际使用情况或对其的意义理解,我们设计了调查问卷进行了一次小规模的问卷调查,调查对象是上海外国语大学本科生(全校多个专业),以二年级学生为主,请调查对象根据各个题目的要求进行语感判断。(题目中的新闻标题均来自日常实际新闻)

我们回收到 97 份有效问卷,从对有效问卷的分析中可以了解"料₂"在实际运用过程中的不少情况。本文的调查揭示了一个极为重要的结果:整体上看当前日常语言理解中"料"字正在经历从猜想义到可能义的演变过程中,但"料"字并没有完全演变为可能义,"料"字的猜想义可以说还是存在的,或者说当前"料"字的可能义和猜想义是同时并存的,甚至在一定的语境下"料"字的猜想义可能是更优先的理解,如天气预报类型的新闻标题中。

(四) 从世界语言语义演变的角度看"料"字的演变

本部分从世界语言语义的演变共性来看"料"字的语义演变。贝罗贝、李明(2008)在论述语义演变的方向性时,认为猜想义隐涵(implicate)可能义,即[猜想] > + [可能](" > +"表示隐涵)。"想""怕""恐怕"等词可以转化为可能义,比如"他恐怕不行"源于"我恐怕他不行",义为"他可能不行",是因为"我恐怕他不行则他可能不行"这个常理。并且从中也可以看出,"[猜想] > [可能]"在语义演变前后都涉及说话人。

根据胡斌彬(2017)的考察,汉语(包括方言)存在恐怕类心理动词兼表可能、猜测义;他对其他语言中普遍存在的这种情况也做了综述:由害怕义到担心——可能义是跨语言的一条常见的演化路径,有的语言还发展出了中性可能揣测义;英语、西班牙语用害怕等意义的词语表达期望性和认识性上的不确定;马来语中表可能义的情态小词 kut 来源于表害怕义的词语 takut。(胡斌彬 2017)胡斌彬认为心理动词演变为表可能揣测义的情态标记在语言中广泛存在,并且具有普遍的认知基础。

实际上,"料$_1$"演变为"料$_2$"也是"[猜想] > [可能]"的语义演变,只是这种语义演变的语境是在新闻标题中完成的。例如,下面的例(17)a 中,"李显龙料将继续当选总理"源于"(记者)料李显龙将继续当选总理",义为"李显龙可能将继续当选总理",这也是因为"(记者)料李显龙将继续当选总理则李显龙可能将继续当选总理"。例(22)a 也可做类似分析。

(五)"料"字语义演变中的临界环境

在不少新闻标题中,"料"字是"料$_1$"还是"料$_2$",或者说是"猜想"义还是"可能"义,实际上已经变得非常模糊,也就是在这些新闻标题中,"料"字既可以按照"猜想"义理解,也可以按照"可能"义理解。例如:

(14) a. 复旦大学料将设立甘地印度研究中心

　　b. 两国领导人欢迎上海复旦大学设立甘地印度研究中心。(新华网,2015-05-16)

实际上,这里涉及了语法化研究中的"临界环境"。彭睿(2008)在 Heine(2002)、Diewald(2002)等人研究的基础上,把语法化的连续环境分为四个阶段:A. 非典型环境;B. 临界环境;C. 孤立环境;D. 习用化环境。

那么,目前"料"字从"[猜想] > [可能]"这一语义演变中,其连续环境很可能才刚刚进行到 C 阶段,甚至 C 阶段也还并未彻底完成。除了上文例

(14)a 是连续环境的 B 阶段外,有大量的例句可以认为"料"字在从[猜想]>[可能]"的语义演变中,目前是处于 B 阶段的。例如:

(15) a. 北京一夜暴雨致多处积水,降水料将持续 3 天

b. 降水预计将持续 3 天。(新华社,2015-07-17)

(16) a. 圣诞节纽约气温料破纪录 年轻一代关注气候变化

b. 圣诞节期间纽约的气温预计会超过 65 华氏度(约 18.3 摄氏度),可能打破 1982 年出现的 64 华氏度的最高纪录。(中国新闻网,2015-12-24)

同样是对天气的新闻报道,例(15)a 中的"料"字是"料$_1$",但例(16)a 中的"料"字是"料$_2$"。实际上,如果把例(15)a 中的"料"字理解为"料$_2$"、把例(16)a 中的"料"字理解为"料$_1$"也未尝不可,也比较符合语境意义。类似的例句比较多。

再次强调,根据我们对语料的考察(不包括调查问卷),目前"料"字并没有完全演变出可能义,"料"字的猜想义还是存在的,也就是说"料"字的可能义和猜想义是同时并存的,甚至在一定语境下"料"字的猜想义是更为优先的理解。的确,我们还没有发现哪个新闻标题中"料"字只能解释为可能义,而不能解释为猜想义。但是从第(三)小节的调查问卷的结果分析看,确实在部分母语者的语感中"料"字完全就是可能义,而不再是猜想义了。这就是本小节为什么说"料"字从"[猜想]>[可能]"的连续环境 C 阶段还并未彻底完成。

(六)"料"字所在新闻标题的主语

在不少新闻标题中,"料"字前面即使有主语,并且主语是典型的施事(如有生命的"人"),"料"字也不可能是"料$_1$",而是"料$_2$"。例如:

(17) a. 新加坡即将举行大选 李显龙料将继续当选总理(央视网,2015-08-29)

(18) a. 宋楚瑜今登记,朱立伦料排在明日(澎湃新闻,2015-11-24)

例(17)a 和例(18)a 中的"料"字都是"料$_2$",因为从语境看,很明显"李显龙""朱立伦"不可能是"料"的施事。并且,本文的看法是这样的句式是"料$_1$"演变为"料$_2$"的典型句法环境。下文详述。

但是以下例句中的"料"字一定是"料$_1$",不可能是"料$_2$",例句如下:

(19) a. 一线楼市库存不足成涨价主因 专家料政策或收紧(中国新闻网,2016-03-04)

(20) a. 北京交管部门料午后进京车流渐增,上海昨已现返程高峰(澎湃新闻,2016-05-02)

例(19)a和例(20)a中的"料"字都是谓语中心,按"料₂"来理解句子,会发现句法上是不合格的。

三、新闻标题对"料"字语义演变的作用

(一) 新闻标题的语序

新闻标题中的句法成分的语序有其特殊性。尹世超(2001)[158]指出:"在标题这一特殊的语用环境中,有些语序可以前后颠倒而无关宏旨。这里,语用环境成为背景条件,语义关系成为决定性因素,由于它的支撑,语法格式的变换获得了较大的自由度,可以更好地、灵活地适应表达的需要。"简单地说,就是由于语用的需要,语序可以有变化,但语义关系不变。

尹世超(2001)[137]归纳出了非标题语言向报道性标题转换过程中,报道性标题求简的常用六种方法①,其中的"句式变换法"中有一类是变宾语为主语。同时,尹世超(2001)[67]认为"标题中动词具有后置倾向",他(2001)[113]还认为"作为报道性标题的主谓标题,主语多为体词性,且多为施事及受事主语,不是或很少是工具、处所、方式、目的、原因或关涉对象等主语"。

本文也认为新闻标题如果可能具有主语(S)、谓语(中心)(V)、宾语(O),那么新闻标题的语序很可能是SVO(主谓宾成分俱全)或SV(无宾语或宾语提前),作为报道性标题的主语S一般是必须具备的。SVO语序的新闻标题的例句如例(1)a、例(2)a等,SV语序的新闻标题的例句如例(5)a等。从语义角度分析,新闻标题的主语S表示的是所要陈述的事物;从语用角度分析,新闻标题的主语S表示的是话题。

(二) 新闻标题对"料"字语义演变的影响

在新闻标题的SV(O)语序中,如果出现"料"字,那么最有可能的位置是在主语S之后。当然也有可能直接出现在句首的,例如:

(21) a. 料A股市场进一步反弹

---

① 关于"报道性标题""称名性标题"的定义及区分,具体请参看尹世超(2001)[106-122]。

b. 预期 A 股市场或迎来一波向上的反弹行情。(中国证券报·中证网,2016-09-24)

类似于这样句子中的"料"字一般都是句子的谓语中心,与本文讨论的"料"字的语义演变的句法环境关系不大。当然,新闻标题中"料"字直接出现在句首的情况比较少见。

如果"料"字出现在主语 S 之后,如例(19)a、例(20)a,这样的句式中的"料"字也是句子的谓语中心。我们认为,"料"字在这样的句式中也不会演变出可能义。

如果由于新闻标题的需要,将非标题语言转换为新闻标题,并形成新闻标题的 SV(O)语序,那么要对语序要进行调整,"料"字就可能出现在主语 S 之后,形成"S + 料 + V(O)"格式;此格式中"料"的施事如果是记者(作者、机构等),主语 S 与谓语(中心)V 才是主谓关系或施动关系,那么这样的格式才是"料"字语义演变的句法环境。举例如下:

(22) a. 美民调:特朗普和希拉里在五州初选料大有斩获

b. 多项民调显示,美国共和党总统选举参选人特朗普和民主党参选人希拉里很可能在 15 日举行的五州初选中大有斩获……(中国新闻网,2016-03-16)

如果将例(22)a 的新闻标题转换成非标题语言,则是"(美民调)料特朗普和希拉里在五州初选大有斩获","料"的施事是记者(作者、机构等),"特朗普和希拉里"与"大有斩获"是施动关系。但是为适应新闻标题的特点,作为新闻标题时就要改为"特朗普和希拉里在五州初选料大有斩获",也就是将"特朗普和希拉里"置于主语或话题位置。然而,此时"料"的施事仍然是记者(作者、机构等),"特朗普和希拉里"与"大有斩获"仍然是施动关系。但正是由于"料"字在新闻标题中位置的移动,就可能引发语义的演变。"特朗普和希拉里在五州初选料大有斩获"源于"记者(作者、机构等)料特朗普和希拉里在五州初选大有斩获",义为"特朗普和希拉里在五州初选可能大有斩获",这是因为"记者(作者、机构等)料特朗普和希拉里在五州初选大有斩获则特朗普和希拉里在五州初选可能大有斩获"。这样的理解与例(22)b 可以形成很有意义的对比。

本文认为,正是在这样的句法环境下才会引发"料$_1$"演变为"料$_2$"也是"[猜想] > [可能]"的语义演变,"料"从主要动词正在演变为助动词。也可以说,新闻标题的语序的特殊性造成了"料"字的语义演变,新闻标题的"S + 料 + V(O)"格式是"料"字的演变出可能义的句法环境。

(三) 新闻标题的空间限制对"料"字的必然选择

众所周知,对于新闻的报道,无论是纸质媒体(如报纸)还是网络媒体(如新闻网页),由于受版面空间等的限制和要求,新闻标题必须简练。白丽娜(2013)[20-57]曾讨论了空间因素影响下新闻标题词语的使用特征。根据对相关语料库的分析,她认为新闻标题在用词求简的途径主要表现在:尽量使用单音节词:选择使用具有独立表意的单音节词;使用有标题标记的单音节词、使用省略的单音节词替代复合双音节词;使用同音的单音字表达异义;还有少量文言词也被新闻标题使用。上文所引用的白丽娜(2013)[23]考察的新闻标题中"或"字即是在新闻标题中使用的文言词,这不但可以体现标题语言的书面语体特点,并且大大节省了空间。

新闻标题中经常使用"料"字而不使用与其同义的"预料、预计",其实也是新闻标题的空间限制因素选择的结果,与白丽娜(2013)对新闻标题用词求简的看法一致。用"料"字这一单音节词完全可以表达"预料、预计"的意思,也就没必要使用双音节的"预料、预计"。并且"料"字在口语中不经常使用,是一个书面化的词语,用在新闻标题中也是很恰当的。所以,新闻标题中经常使用"料"字而不太会使用"预料、预计"就不难理解了,可以说是一种必然选择。

(四) 新闻标题中"料"字语义演变的机制

关于语义演变机制的研究,学术界讨论的非常多,例如 Bybee 等(1994)认为语义演变的基本机制是隐喻、推理、泛化、和谐和语境吸收等五种。Traugott(1999,2000)、Traugott 和 Dasher(2002)认为语义演变的机制主要有三种:类推、重新分析和主观化。

贝罗贝、李明(2008)指出,在 Traugott 对语义演变的阐述中,"语用推理""转喻化""主观化"三者可以画上约等于号:语用推理≈转喻化≈主观化,并被视为语义演变的主要机制。但是,他们认为语用推理不是所有语义演变的机制,比如"[猜想] > [可能]"的语义演变就与主观化无关。

正如吴福祥(2015)所说,语义演变到底有哪些可能的机制,一般所提到的演变机制是否都能适用于所有的语义演变或者同一演变过程的不同阶段,诸如此类问题值得深入探讨。本文认为语用推理也不适用于本文讨论的新闻标题中"料"字语义演变机制。"料$_1$"(猜测义)和"料$_2$"(可能义)都属于认识域(cognitive domain),都是用于说话人对某一命题或事件实现可能性的推测与判断。根据李命定、袁毓林(2018),"可能"是一种概率算子,即估计P在多大程度上真,这说明"料$_1$"(猜测义)和"料$_2$"(可能义)在语义上有相通的一面。当然,"料$_1$"和"料$_2$"的区别也是显而易见的,"料$_1$"是一个心理动词,而"料$_2$"是一个认识情态动词。

"料"字如果出现在新闻标题中,由于新闻标题特有的语序[即 SV(O)],则会形成"S + 料 + V(O)"格式,其中的"料"的施事如果是记者(作者、机构等),主语 S 与谓语(中心)V 是主谓关系或施动关系,此格式就是"料"字语义演变的句法环境。或者可以这么理解:非新闻标题的一般语序是"料 + S + V(O)",但为了适应新闻标题的特殊要求——把非新闻标题语言转换为新闻标题——要进行的一步操作是,把一般语序中宾语小句的主语提升,这就会形成"S + 料 + V(O)"格式。由于新闻标题用词求简,新闻标题中经常使用"料"字而不使用与其同义的"预料、预计",是新闻标题的空间限制因素的作用。而"料$_1$"(猜测义)和"料$_2$"(可能义)都属于认识范畴,在语义上具有相通性。综合以上因素,新闻标题中"料$_1$"(猜测义)语义上演变出"料$_2$"(可能义)就是一种必然的情形了。

四、结　语

本文考察了"料"字近些年来在新闻标题中正在经历从"[猜想] > [可能]"的语义演变。核心问题是,新闻标题"S + 料 + V(O)"格式是"料"字演变出可能义的句法环境,并要求此格式中的"料"的施事须是记者(作者、机构等),不能是主语 S,主语 S 与谓语(中心)V 应是主谓关系或者施动关系。

新闻标题的语序安排涉及句法、语义、语用等多个方面,也可能还有不少其他的句法语义上的创新或演变,值得探索。例如司罗红(2015)简要分析了几种新闻标题对语法的突破现象:新闻标题对"复杂形容词作定语规则的突破"、"被"字句的创新格式"被 X"、新闻标题中"各种"格式的突破、新闻标题中的不及物动词带宾语现象。实际上,尹世超(2001)[136-152]已详细讨论了报道性标题求简中的成分删减与句式变换,总结出了成分删减和句式变换的种种情况。这些当然也是在标题所能允许的范围内的创新。

事实上,也要看到:"从语言学的角度来看,标题辞格实用艺术一类的内容谈得比较多,标题语法谈得比较少,而且多局限于某种结构作标题之类的泛泛之论,没有揭示出标题语法的特点。"(尹世超 2001)[2-3]所以,我们应深化对新闻标题的多方面多角度研究。

参考文献

白丽娜(2013)空间的制约与语言的表达——基于汉语报刊新闻标题的考察,华东师范大学博士学位论文。

贝罗贝,李　明(2008)语义演变理论与语义演变和句法演变研究,载沈阳,冯胜利主编,《当代语言学理论和汉语研究》,北京:商务印书馆。

胡斌彬(2017)汉语恐怕类心理动词向情态标记的语法化及跨语言考察,第九届汉语语法化问题国际学术讨论会,安徽大学。

李命定,袁毓林(2018)信念与概率:认识情态动词的语义差异及其功能分化,《世界汉语教学》第1期。

彭　睿(2008)"临界环境-语法化项"关系刍议,《语言科学》第3期。

司罗红(2015)新闻标题的语言特区属性,《新闻爱好者》第12期。

吴福祥(2015)汉语语义演变研究的回顾与前瞻,《古汉语研究》第4期。

尹世超(2001)标题语法,北京:商务印书馆。

周　杰(2008)中外报纸新闻标题语言及文化特点分析——一项基于语料库的研究,《贵州社会科学》第10期。

周胜林,尹德刚,梅　懿(2013)当代新闻写作(第二版),上海:复旦大学出版社。

中国社会科学院语言研究所词典编辑室(2012)现代汉语词典(第6版),北京:商务印书馆。

Bybee J, Perkins R, Pagliuca W.(1994)*The Evolution of Grammar: Tense, Aspect and Modality in the Languages of the World*. Chicago: University of Chicago Press.

Diewald G.(2002)A Model for Relevant Types of Contexts in Grammaticalization. In Wischer I, Diewald G.(eds.)*New Reflections on Grammaticalization*. Amsterdam/Philadelphia: John Benjamins Publishing Company: 103-120.

Heine B.(2002)On the Role of Context in Grammaticalization. In Wischer I, Diewald G.(eds.)*New Reflections on Grammaticalization*. Amsterdam/Philadelphia: John Benjamins Publishing Company: 83-101.

Traugott E C.(1999)The Role of Pragmatics in Semantic Change. In Verschueren J.(eds.)

Pragmatics in 1998: Selected Papers from the 6th International Pragmatics Conference (vol. II). Antwerp：International Pragmatics Association：93-102.

Traugott E C. (2000) *From Etymology to Historical Pragmatics.* Paper Presented at the Conference on Studies in English Historical Linguistics, UCLA.

——, Dasher R B. (2002) *Regularity in Semantic Change.* Cambridge：Cambridge University Press.

（仇立颖　200444　上海,上海大学国际教育学院　qiuliying0803@163.com；
李双剑　200083　上海,上海外国语大学国际文化交流学院/外国语言文学博士后流动站　kunhaolee@126.com）

构式形态学视阈下词语复合与派生的统一阐释*

袁 野

提要 传统形态学乃至当今主流分布形态学通常都把复合和派生这两个主要构词手段区分开来,但是文章从构式形态学(Booij 2010,2016)角度出发,认为适当抽象程度的构式认知模板可以将二者统一起来,在进行复合和派生形态学操作时通常不需要对二者采取截然不同的处理手段。鉴于包括加前缀词、类词缀(affixoids)及合成复合词(synthetic compounds)在内的很多复合与派生边界不明的现象,文章试图在构式形态学(CM)认知模板思想指导下找到复合与派生之间的共性和相互转化的认知基础及语言学阐释。在对比传统形态学、主流分布形态学(DM)及构式形态学(CM)对同一现象的分析中我们看到,CM 具有明显的直观性、心理真实性及理论概括性。

关键词 构式形态学;复合词;派生词;合成复合词;构式模板

一、引 言

Goldberg 于 1995 年正式提出了构式语法理论,但是它主要针对各种论元结构进行句法语义研究。Booij(2010)正式创立了"构式形态学"(Construction Morphology,简称 CM)理论体系(严敏芬,万华敏 2015),认为更好的形态学理论框架应该是基于对词语构式的深入分析,以此为核心的构

---

* 本研究获北京市社科基金一般项目"汉语网络语言的认知构式语法研究"(项目编号 15WYB050)及教育部人文社会科学研究规划基金项目"汉语问句中焦点的韵律语法研究"(项目编号 18YJA740068)的资助。感谢匿名评审的宝贵意见。

式形态学将具有更高的直观性和概括性。

本文旨在介绍并拓展当前的构式形态学(CM)理论框架,并在此框架内结合汉语实例探讨当今形态学中的争议话题,比如复合词与派生词之间的划界及合成复合现象(synthetic compounding)(Ackema & Neeleman 2004;Harley 2008;McIntyre 2009)等。本文的讨论展示了构式形态学理念的优势及它在汉语构词研究中的适用性。

二、问题的提出:复合与派生划界的模糊性

(一) 复合词与派生词的概念

形态学主要以词语内部的结构为研究对象(司富珍 2012),研究语素如何组词,并归纳出若干种构词手段,而复合与派生是其中最主要的手段。传统的形态学文献(如 Bauer 2005;Marchand 1969)通常这样区分复合词与派生词,即前者是两个或多个词(lexeme)的结合,如汉语的"水果、干果、思想、学习、胆怯",以及英语的 waterfall,motherland 和 snowwhite 等都是标准复合词;后者是一个(或多个)词缀(affix)①加到一个独立词上,如汉语的"老师、阿爸、读者、作者、石头、盖儿、慢性、深化、反脱欧派",以及英语的 breathless,friendly 和 impoliteness 等。当前比较有影响的分布形态学(Distributed Morphology,简称 DM)将复合词定义为包含了两个或更多词根(Roots)的大小为词的语言单位(Harley 2008)[241],而通过屈折或派生形成的派生词只有一个词根。然而,Booij(2005)指出,事实上复合与派生并非泾渭分明,二者之间经常出现交叉和模糊地带。我们分两种情况结合汉语词例分别给予说明。

(二) 加前缀 vs. 复合(Prefixation vs. Compounding)

Bauer(2005)说过,起码在法语里,把加前缀的词看作复合而把加后缀

---

① 关于词缀的界定,笔者倾向于赞同董秀芳(2005)的观点,即确定词缀应该强调其定位性和规则性。词缀不是自由语素,必须作为词的一个成分出现,而且出现的(前或后)位置要固定。词缀的规则性是指其形式和语义的关系明确,即与词根结合后应表达特定意义或语法功能。"老虎"或"老鼠"中的"老"含义和语法功能都不确定,似乎应该看作固定搭配而非前缀,而"老大"和"老二"中的"老"专门表达排行关系,位置也固定,应该看作词缀。

的词看作派生已有很长的历史。这句话点明了加前缀词与复合词之间的边界模糊现象。Booij(2005)也指出,包括法语在内的罗曼语中有很多语素既可以单独做介词,比如 avant(前)、en(进入)和 sur(在……之上),也似乎可以作为某一个词的前缀,如 avant-guerre 'pre-war period'(战前时期)、en-lever 'to raise'(提升)和 sur-exposition 'overexposure'(过度曝光)。

这种介词前缀现象实际上很普遍,比如汉语中就有很多"前门""里间"和"上身"这样的复合词。从某种意义上讲,这里的"前""里"和"上"既可以看做是独立的方位词,也可以看做是必须依附于一个词干而存在的前缀语素。

荷兰语中也有一些介词(如 ann"在")、副词(如 weer"又")和形容词(如 mis"错误"),虽然本身是可以独立存在的词(lexemes),但是也可以作为复杂词的一部分出现,类似依附于词基的前缀(Booij 2005),如例(1):

(1)

词/前缀	词基	加前缀的动词
ann 'at'	bid 'to pray'	ann-bid 'to worship'
mis 'wrong'	vom 'to form'	mis-vom 'to deform'
over 'over'	win 'to win'	over-win 'to defeat'
weer 'again'	schijn 'to shine'	weer-schijn 'to reflect'

这些独立词在复杂词中相当于前缀的证据(Ackema & Neeleman 2004)可以来自音系、语义和句法三个方面:

从音系角度看,例(1)中复杂词的前面语素不携带词重音,词重音落在该类复杂词后面的那个词基语素,而正常荷兰语复合词的主重音应该是落在前面的那个构词成分(Booij 2005)。因此,从音系角度,例(1)中的词更多地应该被看作为派生而非复合,前面的语素为前缀。汉语前缀派生词"小偷""小摸""老大""老小"和"所作所为""所思所想"中的前缀"小""老"和"所"也需要去重音,因此是比较公认的前缀。"小兵"与"老兵"中的"小"和"老"则在去重音方面不那么明显,因此它们似乎更倾向于被认为是复合词而不是派生词。"小孩"中的"小"相对于后面的"孩"的重音介于"小偷"和"小兵"两种情况之间,因此较难判断"小孩"为派生词还是复合词。这种"相对重音"的理念很少有人论及,但笔者认为,即使是做语音实验也应该着重考察双音节词前后两个音节的相对重音[包括音高、音强和时长(Duanmu

2007)],因为发音者在发出以上每个双音节词时未必用力一致。另外,"准航母"和"超负荷"中的"准"与"超"则未发生轻读现象,因此可以判断它们尚未成为真正的前缀(prefix),属于我们即将讨论的"类词缀"。

　　从语义角度看,相对于原词,词缀形式的语义或者比较特殊或者比较有局限。比如例(1)中的副词 weer,它的原意是"再"或"回来",但是当它作为复杂词的一部分时,其语义变为"反对"和"反方向"。例(1)中 weer-schijn 中的 weer 就表示"反方向",即"反方向照"或"反映"。因此,从语义角度来看,例(1)中的词也为派生而非复合。汉语"小偷"和"老大"中作为前缀的"小"和"老"的语义也已经特殊化,前者用于蔑称,后者用于按年龄或身份排行。然而,笔者认为这里的语义判断标准有时并不可靠,比如"准航母"与"反坦克"中的"准"和"反"已经具有了相当的特殊性和专业性,但是这两个汉字仍未被普遍承认其前缀地位,更多地被认为是"类词缀"。

　　句法证据可以来自多个角度,比如词缀往往决定一个词的词性(Harley 2008, 2017)。英语中众多例子之一就是动词性前缀 en-,它加在名词 slave 和形容词 able 的前面都会产生一个相应的动词,即 enslave(使……成奴隶)和 enable(使……能),汉语该类现象较少,但是"大胜"和"大败"当属此类[参见例(2)]。例(1)中的某些词也和前缀一样具有这样的功能,比如其中的 over- 与 brug "桥"构成复杂词时,原来的名词"桥"就变成了动词(over-brug)"架桥"的意思。如果 over 不是前缀而是一个独立词的时候就没有改变词性的功能。因此,从句法角度我们也可以将例(1)中这些看似自由语素但起着前缀作用的词看做词缀或约束语素 v^0[参见例(2)],与根词条(√SLAVE/ABLE/BRUG/胜/繁荣)合并形成派生动词,而不是复合词[参见例(2)]。

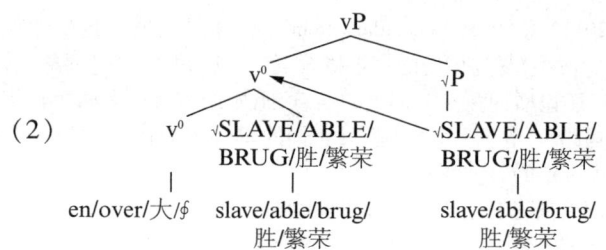

(2)

　　例(2)是分布形态学(DM)对于动词(vP)的一般分析,来说明从句法的角度例(1)中的词也为派生。一个简单动词 vP 首先可以分析为由没有词类特征只有语义内容的根短语(ROOT phrase)√P,以及起着决定该√P 语类的特征束(feature bundle) v^0 组成。(Harley 2008[246];2017)由于这里是简单动词,因此根短语所统辖的只有相应的一个根词条(Root Vocabulary Item)[①] √SLAVE[或者√ABLE,√BRUG(荷兰语的'桥'),√胜,√繁荣],该根节点由相应的具有语音形式的词条 slave(或者 able,brug,胜,繁荣)实现。由于根词条是无词类(acategorical)的,因此需要与带有词类特征的 v^0 合并[例(2)中箭头所示]。v^0 可以是英语 en-和荷兰语 over-这样的前缀,也可以为零形式(∅)或汉语的"大"。汉语缺乏词缀语素,因此,很多此类动词[如"繁荣(经济)""明确(态度)""方便(群众)""丰富(思想)"和"纯洁"(队伍)等]分析中的 v^0 一般都为∅形式[②],而英语中非派生的动词如 run 和 wait 等的 v^0 也是∅形式。"大胜"和"大败"中的"大"算是为数不多的能进行词性改变的汉语显性前缀,即把作为词根的词性不明的"胜"与"败"变成动词——单音节的"胜"与"败"词性介于名词、形容词和动词之间,要由语境或者这里的功能中心语 x^0 的性质决定,当 x^0 = 大 = v^0 时,则作为 DM 所说的无词性根词条的"胜"与"败"变成动词。汉语新词"零首付"和"零容忍"中的"零"则不改变后面词根的词性,因此可以说尚未成为前缀,前者仍然保持"首付"的名词性,后者仍然保持"容忍"的动词性。名词复合词"发明家""运动员"和"炒股热"中的"-家""-员"和"-热"改变了其前面动词的词性,因此从句法角度应该可以看作具有了词缀性质,虽然它们还未成为公认的词缀(suffix),仍被看做名词,最多算是类词缀。(王洪君,富丽 2005)

本小节论证说明,很多语言中都有一些复合词同时也可以看做是加前缀的派生词,同时有一些派生词可以看做复合词,说明各语言中的很多词都

---

① 林巧莉、韩景泉(2011)将"Root Vocabulary Item"翻译成"词根",这虽然在直觉上没什么问题,但是笔者认为这容易与传统的词根概念混淆。DM 中的"根词条"被约定为只有语义,而传统"词根"还包括词源甚至词类的信息,比如汉语有很多两个词根合成的词(Packard 2004),像"马路""电脑"和"出版",它们的词性都是由其中的一个词根("路""脑"和"出")的语类决定的。

② 虽然汉语不属于词缀系统发达的语言,但是我们也可以发现数量有限的几个前缀及后缀可以改变原来词语的词性。这样的前缀主要包括"小""老"和"所"(司富珍 2012),它们可以把原来的动词或形容词变为名词,如"小偷""老大"和"所想"等。可以将原来的动词及形容词等改变成名词的汉语后缀主要有"子""头"和"儿",如"刷子""傻子""念头"和"盖儿"等。另外,汉语还有一种通过音系学声调手段来改变词类的做法,比如非去声的动词"钻"和"数"可以变为去声的名词"钻"和"数"。

存在复合与派生的模糊性。

（三）类词缀（affixoids）

从上一小节我们看到，很多语言中都有一些语素，它们既具有相对清晰的语义，可以被看作独立词语（lexeme），也可以被看作一个不能独立存在的词缀，必须附加到一个词基上来表达一定的语义或改变词基的词性。这样的语素被称为类词缀或准词缀（affixoid）。汉语中常被提到的类词缀有后缀词"-家，-式，-型"和前缀词"类-，准-，超-，反-"等（王洪君，富丽 2005）。一般认为前缀词可以改变词根的词义而非词性，如前面提到的"零首付"和"零容忍"及"类新星"和"超导体"，而后缀词可以改变词性，如前面提到的"发明家"及"运动员"。相对于语义完全虚化的真正词缀（如"-子，-头，-儿，老-"）而言，汉语中的类词缀数量更加多，被认为是汉语特有的现象，比如宋作艳（2010）和李文艳（2013）将汉语类词缀至少分为五类，包括表人的"-族，-党"，表称谓的"-哥，-姐"，表场所的"-吧，-室"，表情状的"-热，-风"，和表示零程度的"零-，裸-"。（王洪君，富丽 2005；马庆株 1995）

Booij & Hünig（2014）把类词缀看做是复合词的一个成分，但是认为类词缀具有类似词缀（affix-like）的行为。Arcodia（2011）也指出，汉语中的派生词缀（如"-性"）来自于其作为复合词成分的逐渐进化（evolution）——原来的词（lexeme）变成派生词缀要经过语义的转移。王素珍（2006）结合吕叔湘（1979）的观点指出，汉语中还有很多像"手"（棋手）、"热"（足球热）和"化"（标准化）这样意义没有完全虚化的词缀，因此产生了词与词缀及复合与派生的中间地带。具有词缀与词双重身份的词缀就被称作类词缀。

最后，我们还应注意到去语法现象（degrammaticalization）的存在（Norde 2008）。正如 Bauer（2005）所说，派生与复合的边界是双向可渗透的，不仅以前的复合词现在可被看作加缀词，以前的词缀也可能被看作单词。"ex-wife"或"ex-husband"中的"ex"本来是一个前缀，表示"前-"，但是目前已经可以作为名词单独出现，根据上下文可以指"前妻""前夫"或泛指"前任"等。

三、构式形态学视阈下复合与派生的统一

（一）复合与派生构式模板及二者的统一阐释

如前所述，具有复合与派生二重性的类词缀现象对以往的形态学理论

提出了挑战,既不能得到分布形态学(DM)这样重点描述派生词的理论框架的完整阐释[参见例(2)],也不能单纯按照传统形态学进行两个词根构成复合词那样来解释。我们认为,新出现的构式形态学(Booij 2005,2010;Booij & Hünig 2014)理论可以很好地表征复合与派生的二重性,并且揭示二者之间的区别与联系。

构式形态学(CM)的理论根源来自构式语法(CxG)。CxG的基本思想之一就是每一个具体的语言表达都需要单独进行构式分析,无论它符合核心语法规则还是作为约定俗成的惯用语。根据CM,具体的及抽象的词语都被称为构式,而一个语言中的词语构式或其他级别的构式并非随意地储存在大脑中,而是将类似的表达[如例(5)中最下层的三个词]抽象出一个共同的模板来统领它们,从而使各类词语或表达形成一个自下而上的抽象程度渐次升高的家族树或承继网络[Inheritance network,Goldberg(2006)],下一级的构式继承上一级模板的特征,同时每一级的构式又因为纳入了一定的具体语言成分而带有自己的特性。

$$(3) \quad \begin{array}{c} [[x]_X[y]_Y]_Y \\ | \\ [[x]_N[y]_N]_N \quad \text{'Y with some relation to X'} \\ | \\ [[x]_N[boer]_N]_N \quad \text{'seller of } [x]_N\text{'} \\ \diagup \quad | \quad \diagdown \\ [[groente]_N[boer]_N]_N \quad [[sigaren]_N[boer]_N]_N \quad [[kolen]_N[boer]_N]_N \\ \text{'green-grocer'} \quad \text{'cigar seller'} \quad \text{'coal merchant'} \end{array}$$

在例(3)中,最底层的三个具体复合词首先被概括统一在一个以[boer]$_N$为中心语的抽象模板构式[[x]$_N$[boer]$_N$]$_N$中,该模板和所有构式一样自身也具有特定语义,这里即'seller of [x]$_N$'([x]$_N$的售卖者)。在例(3)的更上一层我们看到了一个更为抽象的构式模板[[x]$_N$[y]$_N$]$_N$,它可以将包括 boer 在内的所有"名-名"(即[N N]$_N$)复合词概括进来。然而,如果说[[x]$_N$[boer]$_N$]$_N$是半填充的名词复合词构式模板,而[[x]$_N$[y]$_N$]$_N$是未填充的名词复合词构式模板,那么例(3)最上层的模板[[x]$_X$[y]$_Y$]$_Y$则是完全未填充的任意词性的复合词模板,其具体词类 Y 依右边中心语的 Y 值而定,可以涵盖名词复合词[[x]$_A$[y]$_N$]$_N$及[[x]$_V$[y]$_N$]$_N$,和动词复合词[[x]$_A$[y]$_V$]$_V$等各词类复合词的情况。

至此我们看到了复合词的构式表征方式。例(4)则以英语 baker 一词为例,考察加词缀的派生词的构式表征。

构式形态学视阈下词语复合与派生的统一阐释

(4)
$$[[x]_X\ y]_Y$$
$$|$$
$$[[x]_V\ er]_N\quad \text{'one who V's'}$$
$$|$$
$$[[bak]_V\ er]_N\quad \text{'one who bakes (professionally)}$$
$$/$$
$$[bake]_V$$

从例(4)(Booij 2005)我们可以看到,像 destroyer, builder 及 driver 一样, baker 一词是由动词[bake]$_V$及名词性后缀-er 构成的,可以表征为[[bak]$_V$er]$_N$(e 因不发音而删除),是一个具有具体语义[一个(专业)烤糕点的人]的具体构式。构式语法学家相信,每个语言学习者都不断地对所见到的词语进行概括和抽象(Goldberg 2006),因此在这些以-er 结尾的去动词名词的基础上,出现了更高一级的构式模板[[x]$_V$er]$_N$,它有一个相应抽象的语义极"从事 x 行为的人"。和例(3)中复合词承继网络的情况一样,后缀派生词也可以概括出一个超越了词性或词类的构式模板,即例(4)中的最高层构式表达[[x]$_X$y]$_Y$。

例(3)和例(4)的差别是,前者是复合词构式表征,后者是后缀派生词构式表征。但是不难看出,二者又颇为相似,有很多共同点。首先,二者都有一个半填充的构式层级,前者填充的是右侧中心语 boer,后者填充的是右侧中心语 er;其次,虽然例(3)中的 boer 与独立单词 boer(农夫)读音和形式是一样的,似乎它是一个自由语素,而例(4)中的-er 是约束语素(bound morpheme),但是实际上出现在例(3)复合词中的 boer 的语义已经发生了变化,专指"商人"而不是原来的"农夫",符合前面说到的判断词缀的标准之一,因此也已经成为需要与一个词干结合使用的约束语素。(Booij 2005)从这个意义上讲,笔者认为,复合词构式例(3)与派生词例(4)之间是可以互相转化的,没有本质区别,可以用一个更抽象的模板例(5)将二者统一起来:

(5)
$$[[X]_X H_Y]_Y$$
$$/\quad\backslash$$
$$(3)\quad(4)$$

例(5)中最高层构式模板的 H 表示中心语,涵盖了独立单词[y]$_Y$和词缀 y 两种情况。因此,例(5)可以将例(3)和例(4)两个构式承继网络统一起来,统领(dominate)一个更大的构式网络。这样事实上也对上文提到的加前缀词 vs. 复合词,以及类词缀词体现的复合与派生的二重性给予了很自然的阐释——即虽然复合词例(3)的右手成分[y]$_Y$是独立语素,而派生词例(4)的右手成分 y 是约束成分,但是从更高一级的抽象模板来看,它们的右手成分都可概括为中心语 H,而左手成分相同,整个词的词类由 H 的词类特征决定。例(5)适用于类似"桌子""刷子"和"目击者""围棋热"在内的所有派生词及复合词的构式表征。

不仅如此,在下文我们会提到,McIntyre(2009)从分布形态学的角度认为,每一个复合词都至少有一个成分是词缀(affixal),而且所有的英语名词都有一个词缀的变体(affixal variant),主要做前缀,这个对复合与派生二重性的新观察同样支持了我们对复合与派生进行统一阐释的尝试。

(二)汉语新旧词语中复合与派生现象的构式形态学统一阐释

与英语、荷兰语等一样,汉语复合词也是右中心的(right-headed),符合构式模板例(3)。传统的例子有很多,如例(6):

(6) a. "新闻中心","股票市场","生态社区","绿色通道","问题少女"
　　b. "董事会","运钞车","动画城"

例(6)a 和例(6)b 中的例子都是典型的汉语复合词,但是前者的中心语"中心","市场"和"社区"等都是双音节,经常独立使用,有很丰富的组合,因此似乎是更典型的"词根+词根"(张桂英2009)或[$N_1 N_2$]复合词。但事实是,其中的一些 N_2,如"中心"和"市场",其语义都在一定程度上被泛化(bleach),泛指各种中心或市场,必须与前置的限定性名词结合使用,体现出了类后缀特征。例(6)a 中的"生态""绿色"和"问题"当出现在[$N_1 N_2$]复合词的 N_1 位置时实际上都呈现出该位置的特有语义,而不是通常的词义,比如"绿色通道"中的"绿色"不是颜色,而专指某种特殊待遇,"问题少女"中的"问题"不指疑问,而专指某种违法违规,"生态社区"中的"生态"专指绿色环保——也就是说,这里所有的 N1 都已经变成了类前缀。(张桂英2009)

而例(6)b 中的中心语"会"和"车"等都是单音节,独立使用的情况较少,可以看做[N N]复合词,更可以看做是[N_{stem}-$Suffix_N$]结构的派生词。因此,例(6)中的两组词例都显示了复合—派生的模糊性或二重性,需要借助更抽象的模板例(5)来解释。

近几年随着互联网越来越多地进入人们生活,网民新创的一些复合词也变成了人们争相使用的流行词,见例(7)。

(7) a. 中国大妈,广场舞大妈,熊孩子,女汉子
　　b. 凤凰男,孔雀女,表叔,颜值,型男,火星文,广场舞,中国梦

本文认为,与例(6)相似,例(7)a 和例(7)b 这些网络新词也分别对应着复合词结构([N_1 N_2]),但同时其中的 N_1 或 N_2 如"-大妈,熊-,女-,-男,-女,-叔,-值,-文,-舞,-梦"都具有词缀特征,即结构位置固定并且语义特殊化,因此可看做类词缀。

一般认为汉语中缺乏句法形态(方梅 2007),但是我们仍然可以找出一些经典的汉语词缀,其中前缀有方位词"前,后,左,右",有外来语"泛"(pan-),"准"(quasi-)和"亲"(pro-)等,后缀有"前""后""家""者"和"商"等。以后缀为中心语的派生词符合例(4)中的构式模板,传统例子有"会<u>前</u>""饭<u>后</u>""科学<u>家</u>""爱好<u>者</u>"和"供应<u>商</u>"等,网络新词可参考例(8)中所列:

(8) 蚁族,恐婚族,苹果粉,军事迷,大叔控,棱镜门,房姐,闪客,话吧

例(8)中的网络新词都可以看做具有[N_{stem}-$Suffix_N$]$_N$结构的派生词,其中的"族""粉""迷""控""门""姐""男""客"和"吧"等后缀增强了汉语的后缀体系①。但是笔者认为,例(8)中的后缀与例(7)b 中的 N_2 类词缀其实并没有严格界限。

事实上,我们可以借助构式形态学(CM)思想用例(9)这个适度抽象的构式模板来统一表征例(6)—例(8)中的所有词语。这些词语的中心语及左边的修饰成分都是名词性质的,而 H_N 可以涵盖名词性的单词与词缀中心语:

(9) [N H_N]$_N$

例(9)可以看做对例(5)中最高构式[[x]$_X$$H_Y$]$_Y$的词类下标 X 和 Y 赋值(N)后更具体化了的一个构式模板。前面提到,[[x]$_X$ H_Y]$_Y$ 或[[x]$_X$[y]$_Y$]$_Y$抽象模板不仅可以生成名、动词及形容词等性质的复合词,如[[x]$_A$[y]$_N$]$_N$,[[x]$_N$[y]$_A$]$_A$ 和[[x]$_A$[y]$_V$]$_V$,还可以生成相对应的加缀派生词。因此,本文所给出的构式模板[见例(3)、例(4)、例(5)和例(9)]具有很高的概括性,将很多种既有区别又有联系的结构统一了起来。这充分展示了构式形态学的精髓及其在观察、描述和解释方面的充分性。

(三) 合成复合构词相关现象的构式形态学阐释

合成复合词(synthetic compounding)是与词的复合及派生相关的一个前

---

① 笔者同意张桂英(2009)的一个观点,即这些网络词语中的词缀并不都是新的,有些只是过去属于构词能力弱,或属于局部地方方言不常用的,如"族""门""客",而现在突然借助网络平台被大量使用和传播开来。

沿议题。典型的例子有两类,一类是 N-N 结构的,如 cake devouring, infrastructure building, city construction 及 truck driver 等,另一类是 N-A 结构的(Harley 2008[252]; Ackema & Neeleman 2004),如 meat eating (cow) 和 taxpayer-financed (project) 等。这两类复合词的共同特点是前一个成分 N 为后面的 N 或 A 成分中动词词根(devour, build, construct, eat, finance 等)的(施事或受事)论元,而后面的成分 N 或 A 都是由动词词根加后缀派生出来的。本文只研究第一类 N-N 结构的情况,另一类情况的分析类似。具体而言,N-N 结构的合成复合词应该分析为[N V Affix],这里的问题是先进行 N + V 复合,然后再对此复合词进行加缀派生,还是名词 N 直接对加缀后的动词 V + Affix 进行修饰。Harley(2008,2017)和 MacIntyre(2009)基于分布形态学(DM)思想的研究倾向第二种分析,见例(10)。

(10)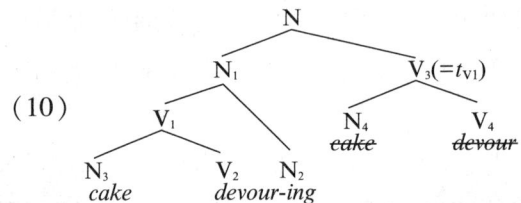

在例(10)的 V3 下面(V3 合并到 V1 位置后会留下语迹 t_{V1}),动词 V4(devour)与光杆名词补足语 N4(cake)合并,而整个词 cake devouring 的名词性质来自其与动名词词缀中心语-ing(N2)的合并。由于相对于动词 V4,动词 V3 更高一层,因此根据包蕴成分(A-over-A)原则(Chomsky 1973),包含了 cake devour 的 V3 移动到 N2 的补足语位置,而不单只是 V4 移动。笔者认为,在 DM 所依附的最简方案框架(Chomsky,2000)下,下一步的最合理推导应该是无语类的根词条 V2 与相当于 n^0 的特征束 N_2(-ing)合并(林巧莉,韩景泉 2004),形成了动名词 devouring,而 N3 成为新句法体(V2 + N2)修饰语(modifier),这是因为 N3(cake)作为复合词的前位名词具有前缀性质[McIntyre(2009)],而该前缀成分必须提升并依附于距离最近的名词 N_1(同上)。然而,这种在 DM 框架下的分析存在一个重要缺陷,即语义上本该做动词受事的 N(cake)却成了修饰语,有违我们的语言直觉。

运用构式形态学关于复杂图式可以来自多图式嵌套的构式合一(unification)(Booij 2010)思想,合成复合词则可以看做同时调动构式图式例(3)[[x]$_X$[y]$_Y$]$_Y$ 和例(4)[[z]$_Z$w]$_W$ 进行组合的结果,参见例(11)a,而根据

Piaget(1977),组合或嵌套是人自幼就开始获得的基本认知能力之一。

(11) a. $[[x]_X[y]_Y]_Y + [[z]_Z w]_W \rightarrow [[[x]_X[y]_Y\ w]_W$

b. $[[[x]_X[y]_Y]_Y\ w]_W \rightarrow [[[cake]_N[devour]_V]_V\ \text{-ing}]_N \rightarrow$ cake devouring

c. $[[[x]_X[y]_Y]_Y\ w]_W \rightarrow [[[taxpayer]_N[finance]_V]_V\ \text{-ed}]_A \rightarrow$ taxpayer financed

例(11)a 中得出的合成复合词构式模板具有高度抽象性,可以涵盖本小节开始时提到的 N-N 和 N-A 两类合成复合词构式,因此我们既可以从这个构式模板生成名词性质的合成复合词 cake devouring 例(11)b,也可以生成形容词性质的合成复合词 taxpayer financed 例(11)c,从而将二者统一起来。笔者想指出的是,虽然从纸面上看,例(11)a 中两个模板的合成过程及例(11)b、例(11)c 中具体合成复合词的形成像是代数中的"代入"(substitution)操作,但是作为认知语言学分支的构式形态学仍然认为,例(11)中的操作是一种认知图式之间的空间叠加。(Booij 2010;Tomasello 2003)

同时,构式模板的视角还可以很好地解释这里的两个问题,一个是前面提到的 DM 分析例(10)造成的受事 N 作 V + Affix 修饰语的违反直觉问题,一个是如何解释宾语 N 出现在动词 V 之前,而不遵从[V N]句法顺序的问题。对于第二个问题顾阳、沈阳(2001)从汉语出发给出了两方面的解释,一是认为凡动词或论元是双音节的,则域内论元(受事)移到动词前,二是合成复合词是在句法之前的词汇层面形成的,不遵守句法规则。他们的这种解释实际带有明显的后验性,这对于提倡先验性的生成语法流派是不可接受的,而且也未必适用于英语等情形。然而,我们基于构式的分析例(11)则不存在这两个问题——构式模板都是基于使用而形成的,本身就是后验或者说是约定俗成的,只需要先形成(11)a 中的构式模板,然后按照模板中的某些限制条件(比如习惯采用双音节的$[x]_X$或$[y]_Y$),将相应的名词、动词和词缀同时填充到模板变量处[参见例(11)b 和例(11)c],就可以产生具体的词例。

我们认为,虽然 cake devour 用法尚不存在,但是英语中不乏[N V]结构的实例,包括"工具-行动"关系的 to breast-feed, to hand-make, to pan-fry,和"受事-行动"关系的 to air-condition 和 to baby-sit 等(Ackema & Neeleman 2004),因此该语言中应该存在构式模板$[[x]_N[y]_V]_V$。(严敏芬,万华敏 2015)

顾阳、沈阳(2001)从传统的题元角色角度讨论汉语合成复合词,但是笔者认为,像"古墓盗窃"和"汽车修理"这样的名词性词语的产生过程可直接参照这里例(11)b对cake devouring或stamp collecting等的分析,只是汉语缺乏屈折变化的词缀,因此我们可以将这里的名词化功能中心语[相当于例(11)b中的-ing]看作语音为空(即 y = Suffix = ∅)。这样例(11)b构式分析对英、汉语都适用。由于∅带有名词词类特征,因此我们可以把这两个汉语合成复合词表征为例(12)。

(12) [[[古墓/汽车]$_N$[盗窃/修理]$_V$]$_V$∅$_N$]$_N$

我们的既有构式模板之间经合一操作(unification)形成新模版的构式形态学理念符合认知心理学的成果(Piaget 1977;Barsalou 1999),也是合一构式语法(Kay & Fillmore 1999)所主张的。它解决了DM模式下例(10)这样的分析在语义上的问题——受事论元变成了"动词+词缀"的修饰语。在我们的构式模板合一分析中,名词cake可以看做动词devour的受事论元,而动名词后缀-ing只是对[cake devour]事件进行了名词化。

四、结　　语

本文对前缀词与复合词的转化,类词缀现象(affixoids),以及合成复合词(synthetic compounds)等形态学中涉及复合与派生构词之间划界模糊性的议题进行了探讨。在此过程中我们立足于Booij(2005,2010)及Booij & Hünig(2014)构式形态学的视角,回顾了以往的研究观点,尤其是当前主流分布形态学(DM)的分析方法,并展示了以不同抽象级别的构式模板概念为核心的构式形态学在阐释复合与派生二重性问题方面的优势。同时,本文还结合汉语实例,包括在互联网中出现的新词语,来考察相关理论的跨语言普遍性。

参考文献

董秀芳(2005)汉语词缀的性质与汉语语法特点,《汉语学习》第6期:13-19。
方　梅(2007)北京话儿化的形态句法功能,《世界汉语教学》第2期:5-11。
顾　阳,沈　阳(2001)汉语合成复合词的构造过程,《中国语文》第2期:122-133。
马庆株(1995)现代汉语词缀的性质、范围和分类,《中国语言学报》第6期:101-137。

李文艳(2013)现代汉语新词新语五类类词缀研究,山西大学硕士论文。
林巧莉,韩景泉(2011)从"分布形态理论"看汉语的词类,《外国语》第 2 期：47-55。
吕叔湘(1979)《汉语语法分析问题》,北京：商务印书馆。
司富珍(2012)英汉两种语言派生构词的形态学比较,《伊利师范学院学报》第 1 期：98-102。
宋作艳(2010)类词缀与事件强迫,《世界汉语教学》第 4 期：446-458。
王洪君,富丽(2005)试论现代汉语的类词缀,《语言科学》第 5 期：3-17。
王素珍(2006)汉语词缀和类词缀的语法化过程,《语文学刊》第 5 期：124-126。
邬菊艳,王文斌(2014)论英汉类词缀的语法化和词汇化,《外语教学》第 5 期：5-8。
严敏芬,万华敏(2015)构式形态学：形态分析的构式语法路向述评,《天津外国语学院学报》第 1 期：12-17。
张桂英(2009)新词语构词特点初探,《教育与教学研究》第 10 期：76-88。

Ackema P, Neeleman A. (2004) *Beyond Morphology: Interface Conditions on Word Formation*. Oxford: Oxford University Press: 55.

Arcodia G F. (2011) A Construction Morphology Account of Derivation in Mandarin Chinese. *Morphology* 1: 89-129.

Barsalou L. (1999) Perceptual Symbol Systems. *Journal of Behavioral and Brain Sciences* 22: 577-660.

Bauer L. (2005) The Borderline between Derivation and Compounding. In Dressler W. *et al.* (eds.) *Morphology and Its Demarcations*. Amsterdam/Philadelphia: John Benjamins Publishing Company: 97-108.

Booij G. (2005) Compounding and Derivation: Evidence for Construction Morphology. In Dressler W. *et al.* (eds.) *Morphology and Its Demarcations*. Amsterdam/Philadelphia: John Benjamins Publishing Company: 109-132.

——(2010) *Construction Morphology*. Oxford: Oxford University Press: 41-44.

——(2016) Construction Morphology. In Hippisley A, Stump G. (eds.) *The Cambridge Handbook of Morphology*. Cambridge: Cambridge University Press.

——, Hünig M. (2014) Affixoids and Constructional Idioms. In Boogart R. *et al.* (eds.) *Constructions All the Way Everywhere. The Extending Scope of Construction Grammar*. Berlin: Mouton de Gruyter: 77-103.

Chomsky N. (1973) Conditions on Transformations. In Anderson S, Kiparsky P. (eds.) *A Festschrift for Morris Halle*. New York: Academic Press: 232-286.

Chomsky N. (2000) Minimalist Inquiries: The Framework. In Martin R, Michaels D, Uriagereka J. (eds.) *Step by Step*. Cambridge, MA: MIT Press: 89-156.

Duanmu S. (2007) *The Phonology of Standard Chinese*. Oxford: Oxford University Press.

Goldberg A E. (1995) *Constructions: A Construction Grammar Approach to Argument Structure*. Chicago: The University of Chicago Press.

——(2006) *Constructions at Work*. Oxford: Oxford University Press.

Harley H. (2008) Compounding in Distributed Morphology. In Lieber R, Stekauer P. (eds.) *The Oxford Handbook of Compounding*. Oxford: Oxford University Press.

——(2017) The "bundling" Hypothesis and the Disparate Functions of Little v. In D'Allessandro R. et al. (eds.) *The Verbal Domain*. Oxford: OUP: 3-28.

Kay P, Fillmore C. (1999) Grammatical Constructions and Linguistic Generalizations: The What's X doing Y Construction. *Language* 75(1): 1-33.

Marchand H. (1969) *The Categories and Types of Present-Day English Word Formation* (2nd ed.). Munich: Beck.

McIntyre A. (2009) Synthetic Compounds and Argument Structure. Talk Given at the Roots Workshop, University of Stuttgart, Stuttgart: 3.

Norde M. (2008) Grammaticalization: Three Common Controversies. Unpublished manuscript. University of Groningen.

Piaget J. (1977) *Epistemology and Psycholog of Functions*. Dordrecht: D. Reidel Publishing Company.

Packard J. (2004) *The Morphology of Chinese*. Cambridge, N.Y.: Cambridge University Press: 81.

Plag I. (2003) *Word Formation in English*. Cambridge, N.Y.: Cambridge University Press.

Tomasello M. (2003) *Constructing a Language: A Usage-based Theory of Language Acquisition*. Cambridge, MA: Harvard University Press.

(100191 北京,北京航空航天大学外国语学院　yeyuan19@aliyun.com)

现代汉语动名型复合词义位内部组合研究*

宋贝贝　苏新春

提要 本文对动名型复合词义位内部组合情况进行了全面、系统的考察,提出义位成分的概念及切分原则,总结、建构了义位成分的类型和层级系统,详细论述了义位成分的组合模式。动名型复合词义位内部组合模式大类分成基础组合模式、扩展组合模式和叠加组合模式3种,其中基础组合模式为主要组合模式。3种组合模式大类主要包括24种组合模式小类,其中有3种组合模式小类为最主要组合模式。最后指出了义位内部组合研究的意义。

关键词 动名型复合词；义位；义位成分；组合模式

一、引　言

在词汇语义学领域,义位组合研究与聚合研究一直受到中外语言学者的关注。(Ullmann 1962；Cruse 1986；Murphy 2003；周荐 1991；贾彦德 1999；张志毅,张庆云 2001；曹炜 2003；王惠 2004；符淮青 2006；汪梅枝 2006；董秀芳 2013；袁世旭,张志毅 2014)相对于义位聚合研究而言,义位组合研究显得较为薄弱。张志毅、张庆云(2005)指出,"现代词汇学,特别是现代词汇语义学应该突破传统词汇学的研究范围,把组合问题作为自己的新课题。"

义位组合可分成两类:一是义位外部组合,即义位之间的组合；二是义位内部组合,即语素义之间的组合。(张志毅,张庆云 2005)在语素义组合之外,义位内部其他成分的组合也属于义位内部组合。符淮青(2006)为表动作行为的词归纳出六种释义模式,体现出义位内部成分之间的多种组合。

---

* 本文得到2019年教育部人文社会科学研究一般项目"外国留学生习得不同语义透明度合成词的实证研究"(项目编号19YJC740066)的资助。

与义位外部组合相比,义位内部组合受到较少关注,本研究重点探讨这个问题。

每一类复合词都存在义位内部组合问题,本文只讨论现代汉语动名型复合词①的义位内部组合。动名型复合词指动词性词根语素和名词性词根语素组成的复合词,如"爱国、昂首、报恩"等,前一个语素(爱、昂、报)是动词性的,后一个语素(国、首、恩)是名词性的。所有动名型复合词从《现代汉语常用词表》(草案)中筛选得到,共 3 130 个②。一般认为,词典的一个义项可以看做一个义位,这些词在《现代汉语词典》(以下简称《现汉》)第 6 版③共 3 635 个义项,即 3 635 个义位。我们将系统考察这 3 635 个义位的内部组合情况。

二、动名型复合词义位内部成分分析

(一)义位、义位内部成分及语素义关系

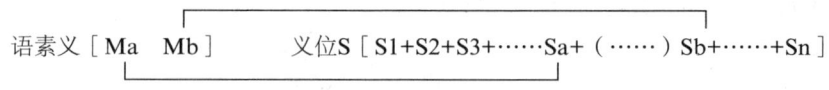

语素义 [Ma　Mb]　　　义位S [S1+S2+S3+……Sa+(……) Sb+……+Sn]

图 1　义位、义位内部成分及语素义关系

如图 1,我们把双语素复合词的义位用"S"代表,义位内部成分用"S1、S2、S3……Sn"代表,语素义用"Ma、Mb"代表,语素义或义位包含的内容用"[ ]"代表。语素义和义位主要表现为三种关系:

第一,两个语素义 Ma、Mb 分别和义位内部成分 Sa、Sb 对应(图 1 中的折线代表了这种对应关系)。如"变型"的语素义 [Ma 改变 Mb 类型] 和义位 S

---

①　苑春法、黄昌宁(1998)统计过各类复合词的数量,我们根据文中数据计算出动名型复合词比例为 19.55%,仅低于名名型复合词的比例,所占比例较大。

②　我们对动名型复合词的筛选采取机器筛选和人工筛选相结合的方法,设置了几个筛选条件:(1)双音节。(2)语法属性为动词和名词。(3)单义词和义项数为 2 的多义词。(4)义位内部可以体现语素义的组合。在一些表引申或比喻的义位内部,无法找到语素义的组合,如在"下马"的义位"比喻中止或放弃某项重大的工作、工程等"中就找不到语素义的组合,我们不把它作为本文的研究对象。

③　本文动名型复合词的义位、语素义分别参照《现汉》第 6 版动名型复合词的义项和相应单字条目的义项。

[Sa 改变 + Sb 类型]，其中 Ma 和 Sa 对应, Mb 和 Sb 对应。

第二，两个语素义 Ma、Mb 只有一个和义位内部成分对应。如"倒头"的语素义[Ma 横躺下来 Mb 头]和义位 S[Sa 躺下]，只有 Ma 和 Sa 对应。

第三，两个语素义 Ma、Mb 都不和义位内部成分对应，如"放水"的义位"指体育比赛中串通作弊，一方故意输给另一方。""放""水"的语素义不与任何义位内部成分对应。

后两种关系不能较好地体现语素义的组合，因此我们只讨论第一种关系下的义位内部组合问题。

（二）义位成分的概念及切分原则

研究义位内部组合的前提是对义位内部成分进行分析，分析的基础是语义成分分析理论。运用该理论分解出的语义成分一般叫做"义素"或"语义特征"。本文提出"义位成分"的概念，与一般的称呼有差异，具有以下特点：第一，不是最小语义成分。第二，不从义位之间区别对立的角度分解语义。第三，借助词典义项这一有义有形实体进行语义分解。

本文对义位成分的分析受格语法思想的启发。格语法认为，根据句子中单词与单词的语义关系可归纳出不同的语义格，如施事格、受事格等。因此，语义格归纳的重要前提是句法环境。事实上，在一个义位（或义项）内部同样存在句法环境。Fradin 和 Marandin(1979)认为"我们在谈论一个词的意义时，不能不同时提到它的句法构造，因为大多数情况下意义是和句法联系在一起的"（转引自章宜华 1998）。用自然语言表述一个词的意义时需借助句法环境，同理，将词的意义固化为词典释义时同样要借助句法环境。如"拜年"在《现汉》的义项为"向人祝贺新年"，释义的核心内容是"祝贺"，"向人"是核心"祝贺"的状语，"新年"是核心"祝贺"的宾语。通过句法环境下单词之间的语义关系可归纳出，"祝贺"是核心动词，"向人"是对象格，"新年"是内容格。这种根据语义关系分解出的不同成分，我们称为"义位成分"。

根据以上分析，"义位成分"可界定为：指义位的构成成分，是借助词典义项、根据义项核心、义项内部语义关系切分出的长短不一的意义片段。

义位成分的切分原则为：先切分核心再切分其他。在所有义位成分中存在一个核心，需先切分出这个核心，再根据不同语义关系切分出不同义位成分。有些义位成分与核心不存在直接语义关系，需借助切分出的其他义位成分进行切分。

如下面的例子(本文分析的所有义位都出自《现汉》第6版)：

筹资：<u>筹集资金(A)</u>。

发报：<u>用无线电或有线电装置(A)</u>把<u>消息、情报等(B)</u>发给<u>收报人(C)</u>。

充血：<u>局部组织或器官(A)</u>，<u>因小动脉、小静脉以及毛细血管扩张(B)</u>而<u>充满血液(C)</u>。<u>如消化时的胃肠、运动时的肌肉都有充血现象(D)</u>。

在上举动名型复合词的义位中，核心是与动词性语素义对应的成分，分别为"筹集""发给""充满"(上面画双横线的部分)，它一般与其他义位成分存在直接语义关系，切分时需先切分出这个核心。然后，根据语义关系的不同可切分出一个个意义片段，如上面画单横线并用字母标示的部分。"筹资"义位的核心与 A 的语义关系为"动作——受事"，"发报"义位的核心与 A、B、C 的关系分别为"动作——工具""动作——受事""动作——对象"，"充血"义位的核心与 A、B、C 的关系分别为"动作——主事""动作——原因""动作——客事"。在"充血"义位中，D 与核心不存在直接语义关系，但与 A、B、C 的组合存在"主要——附加"语义关系(后文会详细介绍与核心存在不同语义关系的各种义位成分)。根据以上不同语义关系可切分出不同义位成分，包括"动作""受事""对象""工具"等义位成分。

通过切分出的义位成分可发现，义位成分是长短不一的意义片段。如"筹资"的 A 义位成分是一个词，"发报"的 A 义位成分是一个短语，"充血"的 D 义位成分是一个句子。

(三) 义位成分的类型、层级

根据义位成分的定义及切分原则，我们对动名型复合词的义位做了具体划分。图 2 是划分出的义位成分类型和层级。

图 2 共包含 28 种义位成分和 5 个层级。义位成分首先可粗分为动作、核心、外围、表达、附加这 5 种，有的内部还可细分出一些具体义位成分。下面进行具体解释。

1. 动作义位成分

是动词性语素义对应的义位成分，在整个义位中居于最重要的地位。其他义位成分与它构成多种语义关系。如"编程：<u>编制</u>计算机程序"，动词性语素"编"的意义对应的义位成分是"编制"，为动作义位成分。动作义位成分包括表具体动作和表抽象动作(心理活动)的义位成分。

现代汉语动名型复合词义位内部组合研究

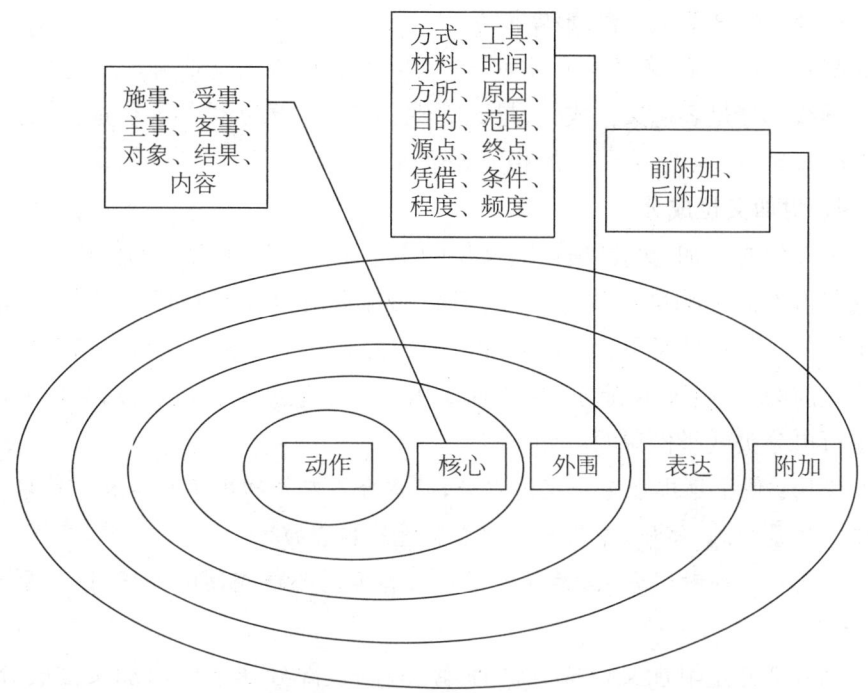

图2 义位成分的类型和层级

2. 核心义位成分和外围义位成分

核心义位成分和外围义位成分是"骨架"与"血肉"的关系,前者支撑起整个义位最核心的部分,后者围绕在它周围并以之为存在前提。二者的存在都是必要的,它们共同构成义位的完整性、准确性。前者一般是必需的,后者则不是,一个义位可以不包含外围义位成分,但必须包含核心义位成分。

核心义位成分包括施事、受事、主事、客事、对象、结果、内容等具体义位成分。外围义位成分包括方式、工具、材料、时间、方所、原因、目的、范围、源点、终点、凭借、条件、程度、频度等具体义位成分。如:

抻面:用手(A)抻成(B)的面条儿(C)。

画线的 B 是动作义位成分,C 是核心义位成分中的结果义位成分,A 是外围义位成分中的工具义位成分。

3. 表达义位成分

是在动作、核心和外围义位成分基础上升华出的成分,是义位实际要传达的内容,一般具有某种表达功能。如下:

垂涎:因想吃而流口水,比喻看见别人的好东西想得到。

刺骨：寒气侵人入骨，<u>形容极冷</u>。

打钩：在公文、试题等上面画"√"，<u>表示认可、肯定或正确</u>。

画线部分是表达义位成分，是比喻性、形容性、表示性的义位成分，分别具有比喻义、形容义、表示义的相关表达效果。

4. 附加义位成分

是义位的附加、次要部分，对义位的主要部分起附加说明的作用。它的存在与否不会影响义位的完整性，但它的存在可以使义位内容更加丰满。附加义位成分具体又可分为前附加义位成分和后附加义位成分。前者位于义位最前面，一般表示词的语义类属。后者位于最后面，一般是对义位的内容进行再分类或举例说明。如下：

保墒：使土壤中保存一定的水分，以适合于农作物出苗和生长。<u>保墒的主要方法是耙地、镇压、中耕和采用塑料地膜覆盖技术</u>。

闭卷：<u>一种考试方法</u>，参加考试的人答题时不能查阅有关资料（区别于"开卷"）。

画线部分是附加义位成分，"保墒"的画线部分属于后附加义位成分，"闭卷"的画线部分属于前附加义位成分。

下面分别解释上文提到的具体义位成分。

5. 施事义位成分

表示动作行为发出者的义位成分。如"查铺：<u>（教师、干部等）</u>到集体宿舍检查住宿、睡眠情况"。画线部分为施事义位成分，与动作义位成分构成"动作——施事"语义关系。

6. 受事义位成分

表示施事发出动作行为的直接接受者的义位成分。如"触雷：人、船等碰触到<u>地雷、水雷等爆炸物</u>"，画线部分为受事义位成分，与动作义位成分构成"动作——受事"语义关系。它一般与施事义位成分同现，如"人、船等"是施事义位成分。

7. 主事义位成分

表示非自主动作行为发出者的义位成分。非自主动作行为指有些动作行为的进行不是人主动发出的，而是与人或事物有关。如"破浪：<u>（船只）</u>冲过波浪"。画线部分是非自主动作行为的发出者，与动作义位成分构成"动作——主事"语义关系。它区别于表自主动作的施事义位成分。

8. 客事义位成分

表示非自主动作行为直接涉及对象的义位成分。如"失聪：失去<u>听力</u>"。画线部分为客事义位成分，与动作义位成分构成"动作——客事"语义关系。与主事义位成分相对，二者可以同时出现。

9. 方式义位成分

表示动作行为进行方式的义位成分。如"定情：<u>以赠物、题诗等方式</u>表示确定爱情关系"。画线部分为方式义位成分，与动作义位成分构成"动作——方式"语义关系。

10. 工具义位成分

表示动作行为所凭借工具的义位成分。如"发报：<u>用无线电或有线电装置</u>把消息、情报等发给收报人"。画线部分为工具义位成分，与动作义位成分构成"动作——工具"语义关系。

11. 材料义位成分

表示动作行为所使用材料的义位成分。如"催奶：<u>用药品或食物</u>使产妇分泌出乳汁。也用于动物"。画线部分为材料义位成分，与动作义位成分构成"动作——材料"语义关系。

12. 时间义位成分

表示动作行为发生时间的义位成分。如"措辞：<u>说话或作文时</u>选用词句"。画线部分为时间义位成分，与动作义位成分构成"动作——时间"语义关系。

13. 方所义位成分

表示动作行为发生方位、处所的义位成分。如"叫门：<u>在门外</u>叫里边的人来开门。"画线部分为方所义位成分，与动作义位成分构成"动作——方所"语义关系。

14. 原因义位成分

表示动作行为产生原因的义位成分。如"破相：指<u>由于脸部受伤或其他原因</u>而失去原来的相貌。"画线部分为原因义位成分，与动作义位成分构成"动作——原因"语义关系。

15. 目的义位成分

表示动作行为进行目的的义位成分。如"献礼：<u>为了表示庆祝</u>而献出礼物"。画线部分为目的义位成分，与动作义位成分构成"动作——目的"语义关系。

16. 范围义位成分

表示动作行为涉及方面、范围的义位成分。如"援外：(在经济、技术等方面)支援外国"。画线部分为范围义位成分,与动作义位成分构成"动作——范围"语义关系。

17. 源点义位成分

表示动作行为开始地点的义位成分。如"卸车：把运输的东西从车上卸下来"。画线部分为源点义位成分,与动作义位成分构成"动作——源点"语义关系。

18. 终点义位成分

表示动作行为结束地点的义位成分。如"入土：埋到坟墓里"。画线部分为终点义位成分,与动作义位成分构成"动作——终点"语义关系。

19. 对象义位成分

表示动作行为朝向对象的义位成分。如"致电：给对方打电报或发电传等"。画线部分为对象义位成分,与动作义位成分构成"动作——对象"语义关系。

20. 结果义位成分

表示动作行为产生结果的义位成分。如"组队：组成队伍(参加比赛、慰问、演出等)"。画线部分为结果义位成分,与动作义位成分构成"动作——结果"语义关系。

21. 条件义位成分

表示动作行为发生条件的义位成分。如"晕血：看见出血就头晕、心悸、呕吐甚至昏迷"。画线部分为条件义位成分,与动作义位成分构成"动作——条件"语义关系。

22. 内容义位成分

表示动作行为涉及内容的义位成分。如"怀古：追念古代的事情(多用于有关古迹的诗题)"。画线部分为内容义位成分,与动作义位成分构成"动作——内容"语义关系。

23. 凭借义位成分

表示动作行为所凭借方面的义位成分。如"打靶：按一定规则对设置的目标进行射击"。画线部分为凭借义位成分,与动作义位成分构成"动作——凭借"语义关系。

24. 程度义位成分

表示动作行为程度的义位成分。如"裹脚：旧时一种陋习,用长布条把女孩子的脚<u>紧紧地</u>缠住,为使脚纤小,而造成脚骨畸形"。画线部分为程度义位成分,与动作义位成分构成"动作——程度"语义关系。

25. 频度义位成分

表示动作行为频度的义位成分。如"落英②①：<u>初</u>开的花"。画线部分为频度义位成分,与动作义位成分构成"动作——频度"语义关系。

前文介绍了粗略分出的 5 种义位成分,它们分别是：动作、核心、外围、表达、附加。图 2 显示了它们的层级关系,动作义位成分位于最里层,处于最重要位置。核心和外围义位成分以它为中心,与它构成各种语义关系。表达和附加义位成分处于外层,围绕在动作、核心、外围义位成分周围。随着 5 种义位成分由里层到外层的变化,重要程度由大变小：动作＞核心＞外围＞表达＞附加。

另外,我们还介绍了一些具体义位成分。比如核心义位成分又分为施事、受事等具体义位成分;外围义位成分又分为方式、工具等具体义位成分;附加义位成分又分为前附加、后附加义位成分。具体义位成分是某些粗分出的义位成分的下义范畴,是更加精细化的成分,有利于显示义位的微观构成及内部组合情况。

三、义位成分的组合模式

在动名型复合词义位内部,义位成分的存在状态并不是一盘散沙,而是按照某种模式组合在一起。我们发现,组合模式主要包括基础组合模式、扩展组合模式和叠加组合模式三种。

(一) 基础组合模式

基础组合模式是动作义位成分和核心义位成分的组合,这二者位于义位成分层级系统的里层,具有基础性、重要性特征,它们的组合为基础组合模式。由于核心义位成分具体包括施事、受事、主事、客事、对象、结果、内容

---

① 序号②代表"落英"在《现汉》第 6 版的第 2 个义项。以此类推,下同。

义位成分,因此基础组合模式就体现为这些义位成分和动作义位成分的组合。主要包括如下 11 种(例子中每个义位成分加下画线,义位成分之间用竖线隔开,下同):

1. 动作 + 受事

共 974 例。例如:采油:<u>开采</u>｜<u>石油</u>。

2. 动作 + 客事

共 147 例。例如:超期:<u>超过</u>｜<u>规定的期限</u>。

3. 主事 + 动作

共 107 例。例如:换季:<u>季节</u>｜<u>更换</u>。

4. 主事 + 动作 + 客事

共 80 例。例如:带电:<u>物体上</u>｜<u>带有</u>｜<u>正电荷或负电荷</u>。

5. 施事 + 动作 + 受事

共 76 例。例如:触雷:<u>人、船等</u>｜<u>碰触到</u>｜<u>地雷、水雷等爆炸物</u>。

6. 对象 + 动作 + 受事

共 51 例。例如:让贤:<u>把职位</u>｜<u>让给</u>｜<u>有才干的人</u>。

7. 施事 + 动作

共 48 例。例如:劫匪:<u>进行抢劫或劫持</u>｜<u>的匪徒</u>。

8. 动作 + 结果

共 41 例。例如:绘图:<u>绘制</u>｜<u>图样或地图等</u>。

9. 动作 + 受事 + 结果

共 18 例。例如:切片①:<u>把物体</u>｜<u>切成</u>｜<u>薄片</u>。

10. 施事 + 对象 + 动作 + 受事

共 15 例。例如:看病①:<u>(医生)</u>｜<u>给人或动物</u>｜<u>治</u>｜<u>病</u>。

11. 对象 + 动作

共 11 例。例如:拜佛:<u>向佛像</u>｜<u>行礼</u>。

基础组合模式主要体现为以上 11 种模式。构成该模式的动作义位成分和核心义位成分起着"骨架"的作用,请看下面的例子:

义位 A:让贤:<u>把职位</u>｜<u>让给</u>｜<u>有才干的人</u>。(《现汉》第 6 版)

义位 B:让贤:<u>主动</u>｜<u>把职位</u>｜<u>让给</u>｜<u>德才兼备的人</u>。(《现代汉语规范词典》)

我们把"让贤"出自两部词典的义位分别记作义位 A、义位 B。前者的义位内部组合为：对象+动作+受事,后者的义位内部组合为：方式+对象+动作+受事。前者组合内含的动作、核心义位成分(把职位｜让给｜有才干的人)都是必需的,是构成完整义位的"骨架";后者组合内含的方式义位成分(主动)属于外围义位成分,不是必需的,是使义位更丰满的"血肉"。对比之下,构成基础组合模式的动作、核心义位成分确实起到了"骨架"的作用。

除上述11种模式外,基础组合模式还包括其他模式(如"动作+内容"等),由于其他模式例子较少(不足10例),在此不做介绍。

这里需要说明的是,我们归纳出的组合模式中义位成分的排列次序,是句法结构所反映出的常式排列次序,体现在义位中的次序可能发生变化。如组合模式"动作+受事+结果"为常式次序,体现在"切片"的义位(把物体｜切成｜薄片)中却是"受事+动作+结果"的变式次序。后面的扩展组合模式和叠加组合模式也体现为这样的特点。

（二）扩展组合模式

扩展组合模式是在基础组合模式的基础上增加外围、表达、附加义位成分构成的组合模式。为了分类的简单,在概括该类组合模式时,将增加的义位成分用"外围""表达""附加"来代表,在举例时再使用具体义位成分的名称。

扩展组合模式可概括为10种主要类型,如下(加括号的义位成分表示在基础组合模式之上增加的义位成分,也表示可能会出现的义位成分)：

1. 动作+受事+（外围）+（表达）+（附加）

共491例。例如：刻骨：刻在｜骨头上,｜形容感念或仇恨很深,牢记不忘。(动作+受事+表达)

2. 主事+动作+（外围）+（表达）+（附加）

共92例。例如：脱发：头发｜大量｜脱落,｜多由发癣等皮肤病引起。(主事+程度+动作+原因)

3. 施事+动作+受事+（外围）+（表达）+（附加）

共63例。例如：举重：体育运动项目之一,｜运动员｜以抓举、挺举两种举法｜举起｜杠铃。(前附加+施事+方式+动作+受事)

4. 施事+动作+（外围）+（表达）+（附加）

共58例。例如：入院：(需要住在医院里治疗的人)｜进入｜医院。(施事+动作+方所)

5. 主事＋动作＋客事＋（外围）＋（表达）＋（附加）

共 56 例。例如：脱位：<u>由于外伤或关节内部发生病变</u>，｜<u>构成关节的骨头</u>｜<u>脱离</u>｜<u>正常的位置</u>。也叫脱臼。（原因＋主事＋动作＋客事）

6. 动作＋结果＋（外围）＋（表达）＋（附加）

共 33 例。例如：雕花①：<u>一种工艺</u>，｜<u>在木器上或房屋的隔扇、窗户等上头</u>｜<u>雕刻</u>｜<u>图案、花纹</u>。（前附加＋方所＋动作＋结果）

7. 动作＋客事＋（外围）＋（表达）＋（附加）

共 20 例。例如：收音①：<u>集中</u>｜<u>声波</u>，｜<u>使人听得清楚</u>。（动作＋客事＋目的）

8. 对象＋动作＋受事＋（外围）＋（表达）＋（附加）

共 19 例。例如：发报：<u>用无线电或有线电装置</u>｜<u>把消息、情报等</u>｜<u>发给</u>｜<u>收报人</u>。（工具＋受事＋动作＋对象）

9. 动作＋受事＋结果＋（外围）＋（表达）＋（附加）

共 15 例。例如：切片②：<u>用特制的刀具</u>｜<u>把生物体的组织或矿物</u>｜<u>切成</u>｜<u>的薄片</u>。｜切片用来在显微镜下进行观察和研究。（工具＋受事＋动作＋结果＋后附加）

10. 对象＋动作＋（外围）＋（表达）＋（附加）

共 13 例。例如：喊话：<u>对特定的人</u>｜<u>大声</u>｜<u>呼喊</u>，｜<u>进行宣传或劝说</u>。（对象＋程度＋动作＋目的）

（三）叠加组合模式

叠加组合模式是由两个或两个以上的基础组合模式或扩展组合模式叠加而成的组合模式。这种组合模式包含两个或两个以上的动作义位成分，分别称其为动作、附加动作 1、附加动作 2、附加动作 3 义位成分。在概括该组合模式时，使用"核心""外围"等相对概括的义位成分名称，举例时再使用"施事""受事"等具体义位成分名称。

与附加动作义位成分构成语义关系的义位成分用"义位成分名称＋数字"代表，比如与"附加动作 1"构成语义关系的"核心义位成分"用"核心 1"代表，以此类推。

叠加组合模式可概括为 3 种主要类型，如下（括号内的义位成分表示可选择出现的义位成分）：

1. 动作+（核心）+（外围）+附加动作1+（核心1）+（外围1）+（表达）+（附加）

共 955 例。例如：刮痧：民间治疗某些疾病的方法，｜用铜钱等物｜蘸｜水或油｜刮｜患者的胸、背等处，｜使局部皮肤充血,减轻内部炎症。（前附加+工具1+附加动作1+受事1+动作+受事+目的）

2. 动作+（核心）+（外围）+附加动作1+（核心1）+（外围1）+附加动作2+（核心2）+（外围2）+（表达）+（附加）

共 165 例。例如：扬场：把打下来的谷物、豆类等｜用机器、木锨等｜扬起，｜借风力｜吹掉｜壳和尘土，｜分离出｜干净的籽粒。（受事+工具+动作+凭借+附加动作1+受事1+附加动作2+客事2）

3. 动作+（核心）+（外围）+附加动作1+（核心1）+（外围1）+附加动作2+（核心2）+（外围2）+附加动作3+（核心3）+（外围3）+（表达）+（附加）

共 33 例。例如：禁毒：禁止｜制造、｜贩卖｜和吸食｜毒品。（动作+附加动作1+附加动作2+附加动作3+受事）

根据前文的分类，我们把义位内部组合模式整理如表1所示：

表1 组合模式大类和小类所占比例

组合模式大类	组合模式小类	义位数	比例	组合模式小类	义位数	比例	总比例
基础组合模式	1	974	26.80%	7	48	1.32%	43.74%
	2	147	4.04%	8	41	1.13%	
	3	107	2.94%	9	18	0.50%	
	4	80	2.20%	10	15	0.41%	
	5	76	2.09%	11	11	0.30%	
	6	51	1.40%	其他①	22	0.61%	
扩展组合模式	1	491	13.51%	7	20	0.55%	24.43%
	2	92	2.53%	8	19	0.52%	

---

① 基础、扩展和叠加组合模式所含的组合模式小类不只表中列出的类别，还有一些其他类别，由于所含例子较少（都不足10个），在此不单独列出，归到"其他"类。

（续表）

组合模式大类	组合模式小类	义位数	比例	组合模式小类	义位数	比例	总比例
扩展组合模式	3	63	1.73%	9	15	0.41%	24.43%
	4	58	1.60%	10	13	0.36%	
	5	56	1.54%	其他	28	0.77%	
	6	33	0.91%				
叠加组合模式	1	955	26.27%	3	33	0.91%	31.83%
	2	165	4.54%	其他	4	0.11%	

通过表1中数据可得出如下结论：

第一，动名型复合词义位内部组合体现为基础、扩展、叠加三种组合模式，基础组合模式为主要组合模式。基础组合模式所占比例最高，为43.74%。扩展组合模式和叠加组合模式也占有一定比例，分别为24.43%、31.83%。

第二，在组合模式小类中，有三种组合模式为最主要组合模式。在每个组合模式大类中，都有一个组合模式小类尤为凸显。如在基础组合模式中，"1. 动作＋受事"类所占比例最高，为26.80%，远高于其他小类；在扩展组合模式中，"1. 动作＋受事＋（外围）＋（表达）＋（附加）"类所占比例最高，为13.51%，远高于其他小类；在叠加组合模式中，"1. 动作＋（核心）＋（外围）＋附加动作1＋（核心1）＋（外围1）＋（表达）＋（附加）"类所占比例最高，为26.27%，远高于其他小类。这三个组合模式小类所占比例之和为66.58%，是动名型复合词义位内部组合模式小类中的最主要组合模式。

符淮青(2006)在探讨表动作行为词的释义模式时涉及义位内部组合问题，如图3所示：

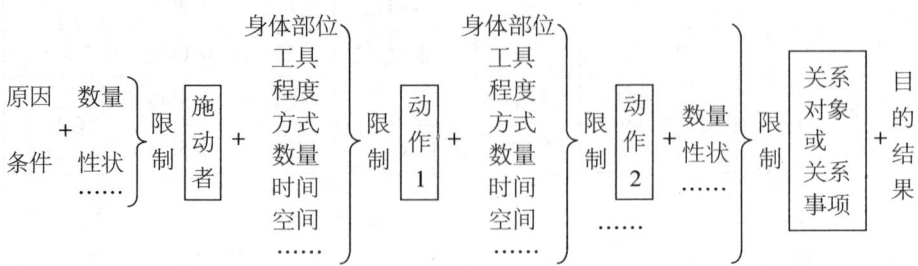

图3　表动作行为词的释义模式

这个释义模式同时揭示出了动词义位内部的组合情况,这与本研究有同有异。相同点主要体现为两点:(1)都把义位中表动作的成分置于最重要的位置;(2)都根据语义关系切分义位内部成分。与该模式相比,本研究的不同点体现为:(1)重点揭示了义位内部成分的层级关系及重要程度,强化了义位成分的系统性。(2)通过定量统计揭示出哪些组合模式更重要。

四、义位内部组合研究的意义

义位内部组合研究的意义主要体现在以下三个方面:

首先,有助于揭示词义微观世界的面貌和词义的衍生机制。义位内部组合研究涉及义位、义位成分、语素义及其语义关系,因此词义微观世界的面貌、特点可以得到揭示,有利于词义研究趋于精细化。本研究还进一步揭示了意义的初级单位(语素义)组合、衍生为意义的再生单位(义位)的多种模式,有助于对词义衍生机制的研究和探索。

其次,在汉语二语教学中可以为不同组合模式的词语制定相应的教学策略,从而提高词汇教学效率。我们发现,从基础组合模式到扩展组合模式,再到叠加组合模式,义位内部所含义位成分的数量总体上体现为逐渐增加的特点,也就是义位成分的密度逐渐变大。义位成分的密度越大,表明义位内部的组合越复杂,汉语二语学习者在学习时可能越不容易理解。比如基础组合模式的"采油:开采｜石油"和扩展组合模式的"催眠:对人或动物｜用刺激视觉、听觉或触觉｜来引起｜睡眠状态,｜对人还可以用言语的暗示引起"。前者的内部组合较简单,义位内部成分同时也是语素义,理解起来较容易,后者的内部组合较复杂,义位成分数量较多,较难掌握整个义位的准确内涵。针对这种特点,在汉语二语教学中,可采取不同的教学法。对基础组合模式的复合词可多使用"语素教学法",即通过语素义及其组合的教学促进词义教学。对扩展和叠加组合模式的复合词多使用"整词教学法",即把整个词的意义教给学生,让他们作为一个整体去理解和认知词义。另外,三种不同的组合模式实际也从意义角度揭示了词语的难度,在教学时可以由易到难,先教基础组合模式词,再教扩展组合模式词,最后教叠加组合模式词。

最后,义位内部组合研究有助于提高词典释义的精度。义位内部成分并不是一成不变的,在真实语料中,义位和义位的组合有可能导致义位成分发生变化。于屏方(2005)调查语料库中"购买"的用法发现,它后面的宾语多是表示"价格高的物品或大宗物品",但词典却简单解释为"买"。结合本文对义位成分的研究来看,"购买"的义位中应该增加受事义位成分"价格高的物品或大宗物品"。在日后词典的编纂或修订工作中,编纂者可以考虑把这一义位成分固化为释义内容,以提高释义的精度。

参考文献

曹　炜(2003)现代汉语聚合词初探,《语言文字应用》第3期。
董秀芳(2013)词汇与句法的关联:词义聚合与句法结构义聚合的平行性,《语文研究》第4期。
符淮青(2006)《词义的分析和描写》,北京:外语教学与研究出版社。
贾彦德(1999)《汉语语义学》,北京:北京大学出版社。
李行健主编(2004)《现代汉语规范词典》,北京:外语教学与研究出版社。
汪梅枝(2006)"反义聚合"定义及性质的再探讨,《山东社会科学》第7期。
王　惠(2004)《现代汉语名词词义组合分析》,北京:北京大学出版社。
现代汉语常用词表课题组编(2008)《现代汉语常用词表》(草案),北京:商务印书馆。
于屏方(2005)动词义位中内化的概念角色在词典释义中的体现,《辞书研究》第3期。
袁世旭,张志毅(2014)义位组合的体点规则研究,《汉语学习》第3期。
苑春法,黄昌宁(1998)基于语素数据库的汉语语素及构词研究,《世界汉语教学》第2期。
张志毅,张庆云(2001)《词汇语义学》,北京:商务印书馆。
——(2005)《词汇语义学》修订本,北京:商务印书馆。
章宜华(1998)自然语言的心理表征与词典释义,《现代外语》第3期。
中国社会科学院语言研究所词典编辑室(2012)《现代汉语词典》第6版,北京:商务印书馆。
周　荐(1991)复合词词素间的意义结构关系,《语言研究论丛》第6期。
Cruse D A. (1986) *Lexical Semantics*. Cambridge:Cambridge University Press.
Fradin B, Marandin J M. (1979) Autour de la définition: de la lexicographie à la sémantique. *Langue Française* 43:60-83.
Murphy M. L. (2003). *Semantic Relations and the Lexicon*. Cambridge:Cambridge University Press.
Ullmann S. (1962) *Semantics: An Introduction to the Science of Meaning*. Oxford:Basil Blackwell.

(宋贝贝　071002　保定,河北大学文学院　yiqing2240@126.com;
苏新春　361005　厦门,厦门大学人文学院　suxch@xmu.edu.cn)

句末语气助词"的"的来源和形成机制

梁银峰

提要 文章围绕句末语气助词"的"的来源和形成机制展开深入研究。在产生年代上,文章认为,句末助词"底(的)"在五代时期已经萌芽,宋代正式产生。在形成机制上,文章认为,句末助词"底"是在"M+是+DJ底"式判断句中产生的,最初"底"用作结构助词时附在"DJ"之后,经过重新分析之后被离析出来变成独立的虚词而附在整个句子之后。此外,由于句末助词"者"和句末助词"底"在语法功能上的相似性,后者在形成过程中也受到了前者的类化。

关键词 句末助词;的;来源;产生时间;形成机制

一、现代汉语语气助词"的"的语法性质和语法功能

(一)句法分布

谈到语气助词"的",大家通常会举如下的例子:

(1) 我问过老张的。|我早就知道的。(已然句)//他不会来的。|问题总要解决的。(未然句)

(2) 办法是大家想的。|他是不会答应的。|要干好这项工作,不懂外语是不行的。("是"后面的成分不重读,"是"是系词)//他是 昨晚六点钟 到的。|我是 爱你 才这么说的。|是 谁 告诉你的?(方框内的成分重读,是焦点信息,"是"是焦点标记)

(3) 老马发的言,我没发言。|回去坐的飞机,两小时就到了。|我昨天进的城。("的"位于动宾之间)

(4) 我还是赶紧溜走的好。|她还是马上去打针的好。|这些事,还是不说的好。(取舍句)

本文重点讨论例(1)、例(2)两类句子中语气助词"的"的来源和形成机制,例(3)、例(4)两类句子中的语气助词"的"也会涉及,但由于这两类"的"位于句中,其来源和形成机制与位于句末的"的"是否相同需要专文探讨,故本文不作为探讨的重点。在例(2)类句子中,当"是"是焦点标记时,有的学者把这类句子称作"分裂句(cleft sentence)"(参见张和友 2007)。这类分裂句与例(3)类句子关系密切,例(3)类句子也是焦点句,如果在焦点信息之前添加焦点标记"是",就变成了例(2)类句子。

有人把用在形容词(短语)和名词(短语)(尤其是时间词和指人的称谓语名词)之后的"的"也看作语气助词(参见张斌 2001)。如:

(5) 嘴里凉丝丝的。|身上干干净净的。|你怎么吞吞吐吐的?|我被搞得糊里糊涂的。|让人知道了怪难为情的。

(6) 大热天的,还是在家里歇着吧。|大白天的,开什么灯?|你抢什么先,大姑娘家的!

上面这两类例句中的"的"虽然也具有一定的感情色彩或情态功能,但由于是处在词或短语的层面,与例(1)、例(2)两类句子中处在句子层面的"的"明显不同,故本文也不作为探讨的重点。

(二) 句末助词"的"的性质和功能

例(1)、例(2)两类句子中的"的"属于朱德熙(1961/1980,1966/1980,1978/1980)所讨论的"的$_3$"。朱先生认为,名词(包括人称代词)、动词或动词性短语、单音节形容词加上"的$_3$"之后(可表示为"X 的")跟名词的功能基本上相当,所以"的$_3$"可以说是名词性语法单位的后附成分。按照朱先生的观点,在上述例(1)各句中,"的"是附在做谓语的动词性成分之后;在例(2)各句中,"的"是附在"是"后面的动词性成分之后,但不管哪种情况,"的"都不是附在整个句子之后,这两种情况下的"X 的"的功能与处在主语、宾语和定语位置上的"X 的"是一样的,"的"都不是语气助词。袁毓林(2003)继承了朱先生的观点,他认为例(1)、例(2)两类句子中的"的"仍是结构助词,不是语气助词。不过袁先生又指出,这种"的"不同于一般表转指的"的",它在语义功能上是表自指的,即指这种 VP 所具有的某种属性,从这个角度说,它同例(4)各句中的"的"是一样的。

与朱先生、袁先生的看法不同,现代汉语学界大多数学者认为上述例(1)、例(2)两类句子中的"的"在语法性质上是语气助词,而不是结构助词

(如吕叔湘1980;张斌2001);在语法功能上表示某种情况确实如此,起加强肯定语气或者起强调作用,或者认为表示主观的确认态度,属于认识(epistemic)范畴,反映的是句子的情态(modality)类型(参见李讷,安珊笛,张伯江1998)。本文采用这一看法,主张语气助词"的"和结构助词"的"应该区分开来。关于这一点,吕叔湘(1962/1984)曾经说过:"也许历史上这个'的'字(笔者按,即句末的'的')是由'的$_3$'演变来的,可是演变到一定程度就成为另一物,这是语言史上常有的事。"笔者非常赞同这一论断。如果将句末的"的"和处在主语、宾语和定语位置上的"X的"的"的"归为一类,均看作结构助词(或名词性语法单位的后附成分),不符合绝大多数以汉语作为母语的人的语感。

　　支持将语气助词"的"和结构助词"的"区分开来还有一个证据。比如当结构助词"的"后面的中心名词不出现而"的"字结构又位于句末时,理论上这个"的"既是结构助词,又是语气助词,只不过两者在位置上发生重合才省说成一个,但即便如此,也不代表两者是同一种语法成分。① 对此赵元任先生曾有过十分精当的分析。赵先生指出,在现代汉语中,就像表动作完成的词尾"了"("了$_1$")和语气助词"了"("了$_2$")因为重复音省略套装成一个"了"一样,结构助词"的"(他称作表示附属的"的")和语气助词"的"(他称作具有名词化作用的"的")连用时也可以省略成一个。赵先生举例说,如果回答"这是谁的筐子?"这句问话,可以说"是那个卖菜的",意思似乎是说"是那个卖菜的人",好像答非所问。如果想回答"是那个卖菜的人的",那么因为通常"人"等于"的"(卖菜的人=卖菜的),而表示所有的(东西)也用"的",照理该说"是那个卖菜的的"。可是从来没有人在任何场合连说两个"的"字。原来说国语的人就算看到连着写的两个"的"字也不会照着说。不过要是在两个"的"中间停一下,两个"的"就可以同时存在。如"这是卖菜

---

① 这有点类似于现代汉语动态助词"了"("了$_1$")和事态助词兼语气助词"了"("了$_2$")的关系,不过结构助词"的"和语气助词"的"存在渊源关系(详见下文),而动态助词"了"和事态助词兼语气助词"了"却并非如此。关于事态助词兼语气助词"了"的来源及形成过程,请参见曹广顺(1995)[84-97]、梁银峰(2006,2017)的研究。

的(咳嗽)的筐子"(参见赵元任 2002)³⁹⁶。① 赵元任先生的论述表明,现代汉语中确实存在两个性质和功能不同的"的",如果按朱德熙先生、袁毓林先生的意见,不管"X 的"处在什么位置(主语、宾语、定语和谓语),"的"的性质都是一样的,则无法解释上述赵先生所说的两个功能不同的"的"。

二、句末语气助词"的"的出现年代

据曹广顺(1995)¹³⁷、孙锡信(1999)¹⁴⁶、刘敏芝(2008)¹¹⁸、苏政杰(2010)、钟兆华(2015)¹³⁸等众多学者的研究,句末语气助词(下文简称"句末助词")"的"最早见于元代文献。② 例如:

(7) 恁不会摆时,帖落上拴着一块砖头者。那的俺自会的,索甚么你教?(《原本老乞大》,09 左:04-05)

(8) 上天之命最是无常的。(《鲁斋遗书·大学直解》)

(9) 老身不好说得,这大户人家,不是你少年人走动的。(《喻世明言》卷一)

(10) 西门庆道:"且耐心着,太医也就来了。待他看过脉,吃两钟药,就好了的。"(《金瓶梅词话》第五十四回)

(11) 朱贵笑道:"这封鸟书打甚么不紧!休说拆开了太师府书札,便有利害,俺这里兀自要和大宋皇帝做个对头的!"(《水浒传》第三十九回)

---

① 需要指出的是,赵元任先生把表附属的"的"和有名词化作用的"的"(另外还有副词性的"的")均看作"语助词",之所以看作语助词,是因为这两类用法的"的"的前面的成分绝大多数情况下都是短语,而不是词(区别于词尾用法,如"-子")。不过赵先生同时还指出,虽然有名词化作用的"的"可以使一个词名词化,但有时说不出后面哪一个名词给省略了,如赵元任先生《中国话的文法》2.4 节所举"的"表情况的用法(参见赵元任 2002)³⁹⁵,这类"的"指整个情况,意思是"就是这个情形"。例如"你不能走了就算完事的",这句话末尾的"的"找不出有什么名词可以加在"的"后面,它跟前面整个句子不分,所以完全是一个句子助词。赵元任先生所谓"的"句子语助词的用法实际上正是本文所探讨的句末语气助词"的"。

② 孙锡信先生(1999)指出北宋欧阳修的词中已有句末助词"的"的用例,但未必可靠。孙先生所举例子如下:欲落又开人共惜,秋气逼,盘中已见新荷的。(欧阳修《渔家傲》)笔者按,"的"通"菂(dì)",指莲子,不是句末助词。《尔雅·释草》云:"荷,其实莲,其中的。"

(12) 这是虎啸,不要紧的。(《老残游记》第九回)

下面两例是与焦点标记"是"配合使用,即用于焦点句句末的"的":

(13) [末]是谁画的?[旦]是奴家将就描摹的。(《琵琶记》第二十九出)

(14) [末]道姑,我且问你,你是从幼出家的,还是在嫁出家的?(《琵琶记》第三十五出)

如果不拘泥于字形,我们发现在句末助词"的"出现之前,其实"底"字已经有了句末助词的用法,或者说至少有了句末助词用法的萌芽,这与结构助词"的"在元明以前一般写作"底"的情形类似,不过在元代之前"底"作为句末助词的用法还很少见。如:

(15) 师入园取菜次,乃画圆相,围却一株,语众曰:"辄不得动着这个。"众不敢动。少顷,师复来,见菜犹在,便以棒趁众僧云:"这一队汉,无一个有智慧底。"(《景德传灯录》卷七,庐山归宗寺智常禅师)

(16) 参洞山,得正法眼。一日,与渤潭澄、上蓝溥坐次,潭问:"闻郎中道:'夜坐连云石,春栽带雨松。'当时答洞山甚么话?"公曰:"今日放衙早。"潭曰:"闻答泗州大圣在扬州出现底,是否?"公曰:"别点茶来。"潭曰:"名不虚传。"公曰:"和尚早晚回山?"潭曰:"今日被上蓝觑破。"蓝便喝。潭曰:"须是你始得。"公曰:"不奈船何,打破戽斗。"(《五灯会元》卷十五,洪州太守许式)(洞山,指洞山晓聪禅师。公,指许式。)①

(17) 问魂魄。曰:"魄是一点精气,气交时便有这神。魂是发扬出来底,如气之出入息。魄是如水,人之视能明,听能聪,心能强记底。有这魄,便有这神,不是外面入来。魄是精,魂是气;魄主静,魂主动。"(《朱子语类》卷三)

(18) 仁礼是敷施出来底,义是肃杀果断底,智便是收藏底。(《朱子语类》卷六)

前两例"底"附在普通的动词短语(主谓短语)之后,后两例"底"附在含有系

---

① 此例有的读本"底"作"语",疑因前文"答"而误。此例又载于明代僧人居顶撰《续传灯录》(载《大正藏》51/494b),其材料多从《五灯会元》《佛祖慧命》《禅林僧宝传》《禅门宗派图》等书中采择,例中除"须是你所得"一句中的"你"作"尔"外,其余文字均同,作"底"不作"语"。

词"是"的判断句之后。在例(15)中,"无一个有智慧底"的意思基本等同于"无一个有智慧","底"在语义上是羡余的,主要起加强肯定语气的作用。① 如果认为"底"的后面省略了"僧"或"人"之类的中心名词而将它当作结构助词似乎过于牵强。在例(16)中,"泗州大圣在扬州出现"一事在《五灯会元》《佛祖慧命》《禅林僧宝传》《禅门宗派图》等禅宗文献中均有记载,可见该故事已成为当时禅林中流传颇广的公案,"底"附在整个小句之后,也起加强肯定语气的作用。例(17)、例(18)也类似,我们很难说"底"的后面究竟隐含着或省略了什么中心名词,因而将"底"字看作句末助词较妥。② 钟兆华(2015)[140]在分析例(18)时,一方面认为其中的"底"字用于陈述句末尾,表示肯定语气,但另一方面却又把它看作结构助词,态度上有些摇摆。不过需要指出的是,宋代"底"字确实处在由结构助词向句末助词的过渡阶段,关于这个问题,第四节还要详细讨论。

有一个现象需要解释:为什么宋代"底"字的句末助词用例没有结构助词用例多?如果把时代再往前推,我们注意到,在成书于五代时期的《祖堂集》中,结构助词"底"的使用已经很普遍了,而同时期尚未见到典型的句末助词"底"的例子。我们认为,这可能与结构助词"底"和句末助词"底"各自的功能特点及其在语言系统中的地位有关。唐宋时期的结构助词"底"和上古汉语的结构助词"之"在功能上虽有重合之处,但"底"在句法位置上既可以是后附的(相当于名词化标记),也可以是居间的(相当于定语标记),而"之"只能是居间的(定语标记),也就是说,"底"的功能涵盖了"之",这是结构助词"底"出现之后能够快速取代结构助词"之"的原因。本文第一节指出,句末助词"的"主要起加强肯定语气或者起强调作用,其功能虽然大体上相当于上古汉语的句末助词"也",但实际上"也"的功能比"的"要广泛得多,它除了用于陈述句句末,帮助表达判断语气或者加强确认语气外,还可

---

① 同时期的文献中句末不带"底"的例子也有,例如:师上堂时久,大众尽谓不说法,一时各归。师乃呵云:"看,总是一样底,<u>无一个有智慧</u>!但见我开遮两片皮,尽来簇着觅言语意度。是我真实为他,却总不知。看,怎么大难!大难!"(《景德传灯录》卷十八,福州玄沙宗一大师)可见"底"字的使用是可有可无的。

② 或可认为例(15)、例(16)两例中间隐含或省略了系词"是"(即"无一个[是]有智慧底""泗州大圣[是]在扬州出现底"),如此则与例(18)、例(19)两例一样,"底"都是用于判断句之后,详见下文的分析。

用于祈使句、感叹句、疑问句等多种句型末尾,强化祈使语气、感叹语气、疑问语气等,①甚至还可以用于句中表示停顿、舒缓等语气(具有话题标记性质)。更重要的是,在另外一个句末助词"了"兴起之前(南宋之前),句末助词"也"甚至还可以一度表示事实的变动,具有叙实语气(相关论述,请参见刘勋宁1985;梅祖麟1994;黄锦君2005;曹广顺,梁银峰,龙国富2011等),在语法功能上临时侵占了"矣"、也就是后来句末助词"了"的地盘,这一现象在上古汉语中是几乎不曾见到的。也就是说,唐宋时期句末助词"也"的功能完全涵盖了新产生的句末助词"底"(即后来的"的"),这应该是句末助词"底"产生之后没有马上大规模使用而滞后于结构助词"底"的主要原因。

唐宋时期句末助词"也"表示事实的变动还有一个证据。根据梅祖麟(1994)对《祖堂集》中的完成貌格式"VO 了"和"VO 了也"的研究,"VO 了"不能独自成句,需要再加一个分句才能打住(可以表示为"VO 了 VP₂"或"VO 了#VP₂");"VO 了也"独自成句,可以打住(可以表示为"VO 了也##")。梅先生特别指出,句末助词"也"表示新情况的出现,它能够使"VO 了"成为一个独立的句子。试比较:

(19) 师游西院了,归山次,问泯典座:"三世诸佛在什摩处?"典座无对。(《祖堂集》卷七,雪峰和尚)

(20) 当时百丈造典座,却自个分饭与他供养。其僧吃饭了,便去。(同上卷十四,江西马祖)

(21) 师曰:"吃饭也未?"对曰:"吃饭了也。"(同上卷四,丹霞和尚)

上面的事实表明,上古汉语的句末助词"也"在唐宋时期(至少在南宋以前)的口语中可能并未衰退,它的大量使用在一定程度上抑制了句末助词"底(的)"甚至句末助词"了"("了₂")的产生。

三、句末助词"的"的来源

在句末助词"的"出现以前,汉语中已经有结构助词"底(的)"、"地"(唐五代),近代汉语学界的主流意见认为,句末助词"的"是从结构助词"底

---

① 句末助词"的"也可以用于疑问句,参见张斌(2001)的举例。

(的)"转化而来的。① 据曹广顺(1995)¹²⁷⁻¹³⁰的考察,这两个结构助词除了位于所修饰的名词、动词、形容词、副词之后做主语、宾语、定语、状语以外,也可以作谓语。孙锡信(1999)¹⁴⁵据此推测说,当作谓语的"的"字结构用于句中时,"的"的语法位置处于句末,这种句法位置使"的"有可能从实词和短语的后附地位转化为全句的后附地位。一旦这种转化得以成立,那么"的"就从结构助词虚化为语气助词,或者也可以说,处于句末的结构助词兼有表达语气的功能。刘敏芝(2008)¹¹⁸也有类似表述:"语气助词'的'是从结构助词'的'进一步虚化产生的。'的'字结构做谓语时,'的'位于句末,这种语法位置最适宜虚化为语气词。'的'从词或词组的后附成分转化为全句的后附成分,其功能也从表示转指转化为表示自指,性质发生了很大的变化。……当'的'字结构做判断句的谓语而又难以理解为表示分类时,这个'的'的转指作用不明显,与前面词语结合不紧密,于是就有了重新分析的可能。"此外,冯春田(2000)⁴³³、齐沪扬(2002)、苏政杰(2010)等学者也持类似看法。如下面三例:

(22) 又有个小妮子,是自幼伏侍孩儿的,唤做红娘。(《西厢记》第1本,楔子)(小妮子,对婢女的称呼。)

(23) [洁云]贼兵退了也,三日后不送出去,便都是死的。(《西厢记》第2折)

(24) [末]道姑,我且问你,你是从幼出家的,还是在嫁出家的?[旦]贫道在嫁出家的。[贴]院子,从幼出家的怎么说?在嫁出家的怎么说?[末]告夫人知道:从幼出家是没丈夫的,在嫁出家是有丈夫的。那道姑是有丈夫的。[贴]呀,险些儿差了。他既有丈夫的,难以收留。院子,你多打发些斋粮与他,教他别处抄化去。(《琵琶记》第三十五出)(抄化,募化、求乞。)

刘敏芝(2008)¹¹⁹认为,上面例子中加点的"的"处于两解状态,有歧义:既可以理解为"的"的后面省略了中心词,表示分类(表转指,是结构助词);又可以理解为只是为了表示强调(表自指,是句末助词)。与此相应,当把"的"理解为结

---

① 关于句末助词"的"的来源,曹广顺(1995)¹³⁸推测可能与蒙古语语气词的影响有关,但未展开论证。这种观点无法解释元代以前"底"的句末助词用法是怎么来的,因而说服力不足。

构助词时,"是"是系词;而当把"的"理解为句末助词时,"是"是焦点标记。①

刘敏芝(2008)的观点沿袭了朱德熙(1978/1980)对现代汉语"的"字结构和判断句的分析。朱先生(1978/1980)曾经指出,在汉语里,凡是指称形式在前、分析形式在后的判断句(可表示为"M + 是 + DJ 的")②总是表示分类,分析形式在前、指称形式在后的判断句("DJ 的 + 是 + M")总是表示等同。如:

(25) 小王是昨天来的。("小王"是指称形式,"昨天来的"是分析形式。"的"后面省略了"人",因而是表示分类。)

(26) 昨天来的是小王。("昨天来的"和"小王"表示等同。)

刘敏芝(2008)认为,当"的"字结构做判断句的谓语而又难以理解为表示分类时,这个"的"的转指作用(即结构助词)不明显,与前面词语结合不紧密,于是就有了重新分析的可能(句末助词)。如:

(27) 小王昨天来的。

朱先生(1978/1980)认为,"小王昨天来的"是"小王是昨天来的"的紧缩形式(省略了"是")。

太田辰夫(2003)认为句末助词"的"是"是……的"省略而成的形式,因此"的"是属于"底"(笔者按,即结构助词"底[的]")的系统的。太田先生(2003)进一步说,表示说明的语气本来是"是"具有的,但"是"省略之后,就使人感到好像是"的"表达这种语气似的。这一观点与朱德熙先生对现代汉语"的"字结构和判断句的分析是一致的。按照太田先生的观点,如果句末助词"的"是在"是……的(类指名词)"这种判断句中产生的,那么像例(7)、例(10)、例(11)、例(12)这样的动词谓语句应该是后来产生的[等同于例(1)中现代汉语的例子],它是由句中带"是""的"的判断句进一步扩展而来的。

---

① 我们注意到,在刘敏芝(2008)所举的例(24)中,除了加着重号的几处句末的"的"以外,前面还有几处"的"也用在句末,这几处"的"与加着重号的"的"在语法性质上应该有所不同:"你是从幼出家的,还是在嫁出家的?"是对比焦点句,"是"应该是焦点标记,与此相应,句末的"的"当是句末助词,不可再分析为结构助词;"从幼出家是没丈夫的,在嫁出家是有丈夫的"是询问两种情况,不是对比焦点句,因而"是"是表示判断的系词,由于是普通的判断句,既可以认为句末"的"的后面省略了中心词("的"是结构助词),也可以认为句末的"的"只是为了表示强调("的"是句末助词)。这种情形类似于上文所举例(2)中的双斜线前后的现代汉语用例。

② 按朱先生的界定,"M"代表名词性成分,"DJ"代表动词性成分(包括单独的动词、各种类型的动词性结构以及由动词作谓语的主谓结构)。

总的来看,近代汉语学界对于句末助词"的"来源于结构助词"的"持有较为一致的看法,其形成途径则是在"是"字判断句中逐步完成虚化的。笔者以为,尚待解决的问题有:第一,结构助词"的"演变为句末助词"的"的具体过程和形成机制目前还缺少深入的研究,结构助词"的"和句末助词"的"之间的界限也没有明确的表述;第二,结构助词"的"本质上是个名词化标记和定语标记,而句末助词"的"是个主观标记(在交际功能上说话人重在调动听话人的注意力关注"的"前面的事态),两者在语法功能方面本来存在较大差异,那么结构助词"的"在演变过程中如何衍生出了句末助词的功能还需要做出明确解释;第三,与这种演变相平行的一个现象是,"者"字从上古汉语、中古汉语到近代汉语一直存在句末助词用法,以往的研究有一个重要观点,即结构助词"底"是从上古汉语的后置被饰代词"者"发展而来的(系统论述参见梁银峰 2016)[280-290],那么句末助词"底"会不会也是句末语气助词"者"的语音变体?即使不是的话,文言性的句末助词"者"对句末助词"底"的形成是否产生过影响?下文将就这些问题展开探讨。

四、句末助词"的"的形成机制

(一)句末助词"的"与"是"字判断句

上一节我们在援引近代汉语学界的研究成果时指出,句末助词"的"是在"是"字判断句中逐步完成虚化的,从近代汉语的白话文献来看,包含系词"是"的"底(的)"字结构确实与结构助词"底(的)"关系密切,在"是"字判断句子中,"底(的)"从结构助词发展为句末助词是完全有可能的。在论证这一历史演变过程之前,我们先结合现代汉语的例子,分析句末助词"的"与"是"字判断句的关系,然后再用近代汉语的语料对这一演变过程加以验证。

仍然以本文第一节所举的例(1)和例(2)两类句子为例加以说明。上文指出,这两类例句的区别是,例(1)中不包含"是"(表判断的系词),例(2)中包含"是"(表判断的系词或者焦点标记)。① 按照朱德熙(1961/1980)的分

---

① 汉语史上,焦点标记"是"是由系词"是"虚化而来的(具体论述参见梁银峰 2014),如果不考虑"的"字的语义功能,而只着眼于形式的话,使用焦点标记"是"的焦点句(分裂句)可视为使用系词"是"的判断句的变体。

析,虽然例(1)中各句不包含系词"是",但这类句子能够插进一个"是"字,这样在形式上就和例(2)这类句子变得相同了。① 在例(2)各句中,按照朱德熙(1978/1980)的分析,"办法是大家想的"、"他是不会答应的"(形式上是"M+是+DJ 的")可以变换为"大家想的是办法"、"不会答应的是他"(形式上是"DJ 的+是+M");"他是昨晚六点钟到的"、"我是爱你才这么说的"(形式上是"M+是+DJ 的")、"是谁告诉你的?"(形式上是"是+M+DJ 的")可以分别变换为"昨晚六点钟到的是他"、"爱你才这么说的是我"、"告诉你的是谁?"(形式上都是"DJ 的+是+M")。按照朱先生的看法,在变换前后,"M+是+DJ 的"、"DJ 的+是+M"、"是+M+DJ 的"等句式中的"的"都是"的₃",即名词性后附成分。② "不懂外语是不行的"(形式上是"DJ+是+DJ 的",前一个"DJ"已经名物化了)这个句子中,"不行的"做"是"的宾语,"的"的后面虽然补不出中心名词,但"不行的"具有名词性。③ 本文第一节指出,现代汉语中已经从"的₃"分化出了句末助词"的",所以将"M+是+DJ 的""DJ 的+是+M""是+M+DJ 的""DJ+是+DJ 的"等句式中的"的"都看作"的₃"我们持保留意见。具体来说,将"DJ 的+是+M"中的"的"看作"的₃"没有问题,至于其他句式中的"的"如果仍看作"的₃"而不看作句末助词,尤其是在"是+M+DJ 的"这样的焦点句中,在"是"是焦点标记、"M"代表焦点信息的情况下,如果仍将句末的"的"看作"的₃"而不看作句末助词是难以令人接受的。

尽管如此,假如纯粹从形式着眼,我们认为朱德熙先生的观点对于本文探讨句末助词"的"的产生仍然具有积极的启示意义。从历史上看,鉴于"是+M+DJ 的"句式是晚出的(那时句末助词"的"已经发展成熟),我们可以暂且不予讨论;但其他三类句式,即"DJ 的+是+M""M+是+DJ 的"

---

① 例(1)中的各句插进"是"字后如下:我是问过老张的。|我是早就知道的。(已然句)//他是不会来的。|问题总是要解决的。(未然句)

② 另外,按照朱德熙(1961/1980)的分析,"他是昨晚六点钟到的""我是爱你才这么说的""是谁告诉你的?"这类焦点句中"的"的后面还可以添上相应的名词,即分别说成"他是昨晚六点钟到的车站""我是爱你才这么说的话""是谁告诉你的这件事?"去掉焦点标记"是"就成为例(3)这样的焦点句。

③ 吕叔湘(1943/1984)说带"的"的格式"可以用在句子里的任何部分,但是最常见的是用作表语(笔者按,'表语'是旧称呼,今天现代汉语语法学界一般称作'宾语'),这个时候就不一定能说是后面省去一个名词"。

"DJ+是+DJ的"却是较早出现的,尤其是后两种句式中的"的",在具体语境中,究竟看作结构助词还是句末助词有时确实难以判断,而这一点可能恰恰反映了"的"由结构助词用法向句末助词用法的过渡(例子详见下文)。赵元任(2002)[394-396]曾经提出一个重要观点,他认为本文第一节所举例(1)、例(2)两类"的"字句(包括附在名词、人称代词、形容词、动词及各类短语之后组成名词性结构而后面不出现中心名词的"的")中的"的"字具有名词化的作用,这两类"的"区别于附在各种修饰语之后而后面出现中心名词的"的"。① 这一观点虽然与朱德熙先生所主张的这两类"的"都属于"的$_3$",从而无须做出区分的观点有所不同,但就例(1)、例(2)这两类句子末尾的"的"都具有名词性这一观点来说却是相同的。为什么这两类句子末尾的"的"会具有名词化作用呢?我们认为,这恐怕与它是从结构助词"的"脱胎而来不无关系。

(二)唐宋白话文献中的过渡证据

鉴于元代句末助词"的"已经正式产生,我们穷尽性地考察了五部唐宋白话文献《祖堂集》《景德传灯录》《五灯会元》《古尊宿语录》《朱子语类》中结构助词"底"的使用情况,我们的目的是希望从带"是"的"底"字结构判断句中揭示出由结构助词"底"向句末助词"底"演变的一些线索。

由于"DJ底+是+M"中的"底"肯定是结构助词,"底"字不大可能首先在这类句式中发展为语气助词,我们重点考察了"M+是+DJ底""DJ+是+DJ底"两种句式中"底"的功能和性质。经过考察我们发现,有些"M+是+DJ底""DJ+是+DJ底"有与之对应的"M+是+DJ底 M""DJ+是+DJ底 M",这样就可以确定这些"M+是+DJ底""DJ+是+DJ底"中"DJ底"的后面省略了中心名词(M),"底"仍是典型的结构助词。试比较:

(28)a. 上堂:"诸方祗具啐啄同时眼,不具啐啄同时用。"僧便问:"如

---

① 赵元任先生(2002)把例(4)类取舍句也归入了例(1),他举的例子是:我想是先说的(法子,办法……)好。|还是不理他的(法子,办法,……)聪明;对于例(2)类焦点句"是……的"中的"的",赵先生认为它的作用是表特指,即把逻辑谓语(笔者按,即句子里的焦点信息)挪到动词以外的其他部分上,他举的例子是:他是要去休息休息的。|他是从日本来的。|你是来看房子叮?赵先生还认为例(3)类句子("的"字位于动宾之间)可视为例(2)类焦点句"是……的"的变体。也就是说,赵先生认为例(3)、例(4)两类句子中的"的"也具有名词化的作用。

句末语气助词"的"的来源和形成机制

何是啐啄同时用?"师曰:"作家不啐啄,啐啄同时失。"……后于云门会下,闻二僧举此话。一僧曰:"当时南院棒折那!"其僧忽契悟,遂奔回省觐,师已圆寂。乃谒风穴。穴一见便问:"<u>上座莫是当时问先师啐啄同时话底</u>么?"僧曰:"是。"(《五灯会元》卷十一,南院慧颙禅师)

b. 所以南院示众云:"诸方祇具啐啄同时眼,不具啐啄同时用。"时有僧问:"如何是啐啄同时用?"院曰:"作家不啐啄,啐啄同时失。"……后至云门会中,因二僧举此话,一僧曰:"当时南院棒折那!"其僧忽悟,即回南院,院已迁化。时风穴作维那,问曰:"<u>你是问先师啐啄同时话底僧</u>那?"僧曰:"是。"(《五灯会元》卷二十,玉泉宗琏禅师)

例(28)a、例(28)b 记录的是同一则禅宗公案,只是文字稍异。例(28)b 加下画线的部分"底"字后面有中心名词"僧"(形式上是"M+是+DJ 底 M"),"底"为结构助词;两厢对照,例(28)a 中加下画线的部分"底"字后面显然省略了中心名词"僧"(形式上是"M+是+DJ 底"),"底"字仍为结构助词无疑。

例(29)也是如此:

(29) "如何是被衣?"师云:"去离不得。"僧云:"是个什摩衣,去离不得?"师云:"<u>人人尽有底衣</u>即是。"僧云:"既是<u>人人尽有底</u>,用被作什摩?"师云:"岂不见道'起倒相随,处处得活'?"(《祖堂集》卷八,曹山和尚)

相较前一句云"人人尽有底衣",后一句"人人尽有底"中"底"后面显然省略了"衣",两处"底"均为结构助词。

有的"DJ 底"结构单独成句,"底"表面上可以分析为句末助词,但联系同类"DJ 底"结构可知,这类"DJ 底"结构实际上是主语和系词"是"都省略的判断句,在某些语境中,尤其是人物对话的场合,主语往往是交谈双方都事先了解的客体(即被前提化了),所以可以不出现。试比较:

(30) a. 昔有一庵主,见僧来,竖起火筒,曰:"会么?"曰:"不会。"主曰:"<u>三十年用不尽底</u>。"僧却问:"三十年前用个甚么?"主无对。(《五灯会元》卷六,亡名古宿)

b. 师住赵州二年,将谢世时,谓弟子曰:"吾去世之后焚烧了,不用净淘舍利。宗师弟子不同浮俗,且身是幻,舍利何生,斯不可也。"令小师送拂子一枝与赵王,传语云:"<u>此是老僧一生用不尽底</u>。"师于戊子岁十一月十日端坐而终。(《古尊宿语录》卷十三,赵州[从谂]真际禅师语录并行状)

　　c. 吕少冯再至褒禅见师。师寻常以六只骰子示禅人,遂将三只令侍者送与少冯,仍传语云:"<u>此是老僧平生用不尽底</u>。"少冯接得,复令回语云:"谢和尚见惠,只得一半在。"师复令侍者传语云:"一半留与老僧。"(《古尊宿语录》卷三十四,垂代)

只就例(30)a来看,"三十年用不尽"似乎是个表明说话人主观态度的评判句,"底"附在该小句之后表示说话人的肯定语气,"底"已经是句末助词了。但联系例(30)b、例(30)c加下画线的部分可知,例(30)a"三十年用不尽底"实际上是"此是三十年用不尽底"的省略("此"指"火筒"),"三十年用不尽底"做系词"是"的宾语,"底"的后面虽然不好说省略了什么名词,但主语是名词性的,所以宾语"三十年用不尽底"也应是名词性的,"底"作为结构助词是无可怀疑的。

　　但有的"DJ底"结构究竟该如何分析就颇费斟酌了。如下面两例:

(31) 师问尼众曰:"汝㛐爷还在也无?"对曰:"在。"师曰:"年多少?"对曰:"年八十。"师云:"有个爷年非八十,汝还知也无?"对曰:"<u>莫是与摩来底</u>,是不?"师曰:"这个犹是儿子。"洞山云:"直饶不来,也是儿子。"(《祖堂集》卷五,云岩和尚)

(32) 气化,是当初一个人无种后,<u>自生出来底</u>。形生,却是有此一个人后,<u>乃生生不穷底</u>。(《朱子语类》卷九十四)

在例(31)中,从前后文来看,一方面可以认为"莫是与摩来底"一句是承接"有个爷年非八十"来发问的,则"与摩来底"是名词性成分,做"是"的宾语,"底"字的后面省略了或隐含着中心名词"人"[与例(28)a相同];另一方面,由于动词"来"之前受指示词"与摩"的修饰,强调"来"的方式,也可以认为"与摩来"是句子的语义重心,"底"分析为句末助词也说得通[与例(17)、例(18)相同]。在例(32)中,两处加下画线的部分形式上与例(31)相同,因此可以将"自生出来底""乃生生不息底"分析为"是"的名词性宾语,"底"是结构助词;不过这两个小句的前面毕竟分别插入了时间成分("当初一个人无种后""有此一个人后"),因而可以认为这两个小句是整个句子的语义重心,尤其是"生生不穷底"的前面有表示肯定语气的副词"乃",这说明该小句陈述的意味较浓,所以将这两句末尾的"底"分析为句末助词也说得通。

那么该如何判别结构助词"底"和句末助词"底"之间的界限呢?我们认为,当"底"用作结构助词时,"底"附在"DJ"之后构成名词性成分"DJ 底",做系词"是"的宾语,如果系词"是"不出现,则做"M"的判断性谓语,但不管是哪种情况,"DJ 底"都是表示主语所指客体的归类;而当"底"演变为句末助词时,就意味着"DJ"不再是"底"的修饰成分,变成"底"依附于整个句子"M+是+DJ"或"M+DJ"之后了,这时整个句子所陈述的内容成为说话人强调的重点。"底"用作结构助词和变成句末助词以后,句子的形式未变,区别两者的关键就要根据语境看"DJ 底"仅仅表示主语所指客体的归类,还是整个句子所陈述的内容成为说话人强调的重点,或者"DJ"成为整个句子的对比焦点:如果是前者,"底"字就仍是结构助词;如果是后者,"底"就是句末助词。概而言之,"DJ 底"结构经过了一个重新分析的过程,最初"底"用作结构助词时是后附的,经过重新分析之后被离析出来变为一个独立的虚词。这一演变过程可表示如下:

(33) ①:[M+是+DJ 底]>[M+是+DJ][底]

②:[M+DJ 底]>[M+DJ][底]

"M+是+DJ 底"是判断句的完整形式,"M+DJ 底"省略了系词"是"。就形成途径而言,类型①是演变的主流,类型②可看作类型①的一种特殊情形。

现在我们回过头来看例(15)"无一个有智慧底"和例(16)"泗州大圣在扬州出现底"两句,只就这两句来看,将句末助词"底"分析为附在动词短语(主谓短语)之后没有问题,但若联系例(28)—例(32)这样的"是"字判断句来看,也不妨认为这两句中间隐含或省略了系词"是"(即"无一个[是]有智慧底""泗州大圣[是]在扬州出现底"),这一演变途径属于例(33)中的类型②。基于后一种分析,我们不得不做出这样的推论:句末助词"底"附在主谓结构之后的用法[形式上是"M+DJ+底",如例(15)、例(16)]是由带系词"是"的"底"字判断句[形式上是"M+是+DJ+底",如例(17)、例(18)]省略"是"以后变来的。这一论断与本文第三节援引的朱德熙(1978/1980)对现代汉语"的"字结构和判断句的分析是相吻合的[如例(25)、例(27)]。

支持将"M+DJ 底"看作"M+是+DJ 底"的省略式还有一个证据。据我们对南宋中后期白话文献《朱子语类》的考察,当"底"用作句末助词时,像例(17)、例(18)这样的"M+是+DJ+底"句式在该书中已有一定数量,而像例(15)、例(16)这样的"M+DJ+底"句式在该书中还很罕见,这也间接说明"底"字是首先在"M+是+DJ+底"中发展为语气助词的,然后才扩展到了"M+DJ+底"中。

现在我们可以解释为什么结构助词"底"衍生出了句末助词的功能。在"M+是+DJ 底"这种判断句中,表示判断的语气最初是由系词"是"带来的,随着句末的"底"字逐渐由结构助词演变为句末助词及该句式的频繁使用,尤其是系词"是"脱落以后,句末的"底"逐渐获得了表示判断的语气,而判断的语气往往意味着肯定的语气。"底"表示判断或肯定的语气是一种典型的吸收句式义的过程,是说话人语用推理的结果。吕叔湘(1962/1984)曾经说过:"同时,存在着平行的'是……的'格式(笔者按,即本文所讨论的'M+是+DJ 底'格式),那里面的语气作用也是从零渐渐增加到非常突出。可是在'是……的'这个格式里,语气的负荷者与其说是'的'字,无宁说是'是'字。"类似的观点也见于上文第三节所引太田辰夫(2003)的表述:"说明的语气本来是'是'具有的,但'是'省略之后,就使人感到好像是'的'表达这种语气似的。"

(三)句末助词"底(的)"会不会是上古汉语句末助词"者"的蜕变?

本文第三节的最后提出这样一个问题:"者"字从上古汉语、中古汉语到近代汉语一直存在句末助词的用法,以往的研究表明,结构助词"底(的)"是从上古汉语的后置代词"者"虚化而来的(详细论述参见梁银峰 2016)[289],那么句末助词"底(的)"会不会是句末助词"者"的直接蜕变,而并未经历由后置代词"者"虚化为结构助词"底(的)",再虚化为句末助词"底(的)"这一链条式的演变? 在继续讨论这个问题之前,我们先来看一下汉语史上句末助词"者"的使用情况。

上古汉语中,表语气的句末助词"者"很常见,在传统的虚词研究中,古代学者已经注意到"者"与其他句末语气词的通用、互用例①。从古代文献中

---

① 裴学海《古书虚字集释》"犹'也'也",吴昌莹《经词衍释》"犹'也'也",王引之《经传释词》"犹'也'也"。黄侃批云:"'也'本'兮'之借。'者'、'兮'皆语词,故'者'、'也'义通。"孙经世《经传释词补》"犹'也'也"。裴学海《古书虚字集释》"犹'焉'也"。裴学海《古书虚字集释》"犹'矣'也",孙经世《经传释词补》"犹'矣'也"。裴学海《古书虚字集释》"犹'哉'也"。参见解惠全、崔永琳、郑天一(2008)。

的异文来看,这种通用、互用情况在出土文献和传世文献中均屡见不鲜。下面是"者""也"通用或互用的例子,可证两字的语法功能比较接近:

(34) a. [子]曰:"恶此之夺朱也,恶郑□之乳乐也,恶利口[之覆]……[家也]。"(《定州汉墓竹简·论语·阳货》)("乳","乱"之形误。)

b. 子曰:"恶紫之夺朱也,恶郑声之乱雅乐也,恶利口之覆邦家者。"(《论语·阳货》)

(35) a. ……[其力]于仁矣乎?我[未见力不足]也。盖有之矣,我未之见也。(《定州汉墓竹简·论语·里仁》)

b. 有能一日用其力于仁矣乎?我未见力不足者。盖有之矣,我未之见也。(《论语·里仁》)

(36) a. 营(荧)或(惑)所留久者,三年而发。(《马王堆帛书·五星占》)

b. 荧惑所留久也,三年而发。(《开元占经》卷三十)

上举三例中,例(34)、例(35)出土文献作"也"而传世文献作"者",例(36)出土文献作"者"而传世文献作"也"。在例(35)b中,"也""者"构成互文。

传世文献中,"者"作为句末助词使用时出现在陈述句末尾,表示判断或加强肯定语气,从先秦一直沿用至明清时期。兹略举数例如下:

(37) 公曰:"周其弊乎?"对曰:"殆于必弊者也。……"(《国语·郑语》)(殆,近也。)

(38) 使击筑而歌,客无不流涕而去者。(《史记·刺客列传》)

(39) 灵公心怍焉,欲杀之。于是使勇士某者往杀之。勇士入其大门,则无人门焉者;入其闺,则无人闺焉者;上其堂,则无人焉;俯而窥其户,方食鱼飧。(《公羊传·宣公六年》)

(40) 太子闻之,使人谢充曰:"非爱车马,诚不欲令上闻之,以教敕亡素者。唯江君宽之!"(《汉书·江充传》)(教敕亡素,言素不教敕左右。)

(41) 潦水不泄,瀇瀁极望,旬月不雨则涸而枯泽,受瀷而无源者。(《淮南子·览冥训》)(潦水,积水。瀇瀁,通"汪洋",水广阔无边貌。泽,通"释",散发。瀷,水潦积聚。这几句意为:暴雨形成的渍水不会流散,广阔无边,一眼望不到头,可是地十天半月不下雨就会干涸蒸发干净,是因为靠老天爷降雨积聚,却没有可靠的来源。)

(42) 武子丧时,名士无不至者。(《世说新语·伤逝》)

(43) 魏武常云:"我眠中不可妄近,近便斫人,亦不自觉。左右宜深慎此!"后阳眠,所幸一人,窃以被覆之,因便斫杀。自尔每眠,左右莫敢近者。(《世说新语·假谲》)

(44) 是夜宿于室中,二人同床。女真四人亦在室中,二人至晓无敢说一言者。(《大宋宣和遗事》)

(45) 自后八仙屡屡出见人间,但凡人肉眼多不识得者。(明·吴元泰《四游记·东游记》卷下,观音和好朝天)

(46) [外]尚赖诸公协力。待得奏凯还朝,吃过太平筵宴,老夫还要与诸公痛饮者!(清·杨潮观《吟风阁杂剧·下江南曹彬誓众》)

将上文所举例(15)"这一队汉,无一个有智慧底"与例(38)"客无不流涕而去者"、例(39)"则无人门焉者""则无人闺焉者"、例(42)"名士无不至者"、例(43)"左右莫敢近者"、例(44)"二人至晓无敢说一言者"等相比较,我们发现句末助词"底"与句末助词"者"位置上正好对应,这不由得使我们怀疑两者之间是否存在渊源关系。

以往的研究表明,后置代词"者"变为结构助词"底"的可靠用例见于敦煌变文,到了五代成书的《祖堂集》中,"底"字的使用频率大大增加(参见梁银峰 2016)[264-266]。值得一提的是,尽管如此,直到两宋时代,字形上写作"者"的结构助词用法仍然经常见到。例如:

(47) 师曰:"为肯者说,不为不肯底。只如不肯底人,教伊出头来,我要见。"居云:"无不肯底。"(《祖堂集》卷六,洞山和尚)

(48) 问:"如何是佛?"师曰:"殿里底。"曰:"殿里者岂不是泥龛塑像?"师曰:"是。"曰:"如何是佛?"师曰:"殿里底。"(《五灯会元》卷四,赵州从谂禅师)

(49) 譬如天地生物,有生得极细巧者,又自有突兀粗拙者。……方子。渊录云:《易》中取象,似天地生物。有生得极细巧底,有生得粗拙突兀底。……"(《朱子语类》卷六十七)

在例(47)中,"肯者"的"者"与"不肯底"的"底"应该性质相同,都是结构助词;例(48)也类似,"殿里底""殿里者"交替使用,可证"者"即用如"底"。例(49)很有意思,对于老师朱熹的话,方子和渊这两个学生在记录时一人用"者",一人用"底",可证"者"即"底",均为结构助词。

笔者认为,尽管存在上述材料,我们仍无法得出句末助词"底(的)"直接来源于上古汉语句末助词"者"的结论。假如句末助词"底(的)"真的直接来源于上古汉语的句末助词"者",句末助词"底(的)"应该首先在例(37)—例(46)这样的普通动词谓语句(主谓结构)中普遍使用,然后才扩展到了带有系词"是"的"底"字结构判断句中,但正如我们在上文所指出的那样,客观事实正好相反,早期的句末助词"底"的用例以出现在"M + 是 + DJ + 底"这样的判断句式中居多,而出现在像例(15)"无一个有智慧底"和例(16)"泗州大圣在扬州出现底"这样的动词谓语句(或主谓句)中的例子只是少数。也就是说,在句法分布上,句末助词"底"与句末助词"者"并不接近,因此很难认为前者是后者的直接继承。不过,不可否认的是,在句末助词"底"产生之前,由于事先就存在一个句末助词"者",而且结构助词"底"又是从后置代词"者"虚化而来的,我们相信在当时的口语中,人们完全有可能将句末助词"底"和句末助词"者"当作同类成分看待。换言之,结构助词"底"重新分析为句末助词"底"是演变的内因,句末助词"者"的类化是演变的外因,这两股力量共同促使了句末助词"底"的产生。

五、结　　语

关于句末助词"的"的来源,学界一致认为来自于结构助词"的";关于其形成机制,学界普遍认为与"的"字结构做谓语的判断句关系密切。但据笔者的调查,无论是句末助词"的"的来源还是其形成机制,前贤时哲都只是简略论及,惜未进行专题性的探讨,本文的目的就在于围绕这两个问题进行深入研究。与以往的研究相比,本文的观点主要包括以下几点:第一,关于句末助词"的"的出现年代,学界所举的可靠例证均出自元代文献,倘若不拘泥于字形的话,我们发现两宋白话文献中"底"已有用作句末助词的用例,而在更早的五代成书的《祖堂集》中已有萌芽。第二,句末助词"底"是在"M + 是 + DJ 底"式判断句中产生的("M + DJ 底"格式可视为"M + 是 + DJ 底"的变体),具体来说,最初"底"用作结构助词时是附在"DJ"之后(语义上表示主语所指的归类),经过重新分析之后被离析出来变成独立的虚词而附在整个句子之后(语义上表示某个命题确实如此或者表明"DJ"是整个句子的信息焦点)。与以往的研究相比,本文强调"M + 是 + DJ 底"而不是"M + DJ 底"是"底"由结构助词演变为句末助词的初始格式。第三,"底"首先在

"M+是+DJ底"句式中演变为句末助词[相当于本文第一节所举例(2)],后来扩散到了普通动词谓语句中[相当于本文第一节所举例(1)],这属于语法化过程中典型的功能扩展现象。第四,句末助词"底(的)"正式产生之前,汉语史上已经有句末助词"者",虽然语音上从"者"变为"底"解释得通,而且以往的研究也表明,结构助词"底"就是从后置代词"者"变来的,但句末助词"底"与"是"字判断句关系密切,而句末助词"者"却并非如此,这说明在句法分布上句末助词"底"与句末助词"者"并不接近,因而两者之间并无直接的渊源关系。尽管如此,由于句末助词"者"和句末助词"底"在语法功能上的相似性,后者在形成过程中受到了前者的类化。

在某些现代汉语方言中,结构助词和句末助词同形,也可以证明句末助词来自于结构助词。如在广州话中,"嘅[kɛ³³]"既可以黏附在各种实词或各类短语之后构成"嘅"字结构,"嘅"字结构的功能相当于名词,这时"嘅"是结构助词;也可以用在句子末尾,用来加强肯定语气,这时"嘅"是句末助词(参见李新魁等1995)。粤语学界一般认为,句末助词"嘅"是从结构助词"嘅"发展而来的(具体表述参见饭田真纪2017)。

参考文献

曹广顺(1995)《近代汉语助词》,北京:语文出版社。
——,梁银峰,龙国富(2011)《〈祖堂集〉语法研究》,开封:河南大学出版社:330-334。
冯春田(2000)《近代汉语语法研究》,济南:山东教育出版社:433。
黄锦君(2005)《二程语录语法研究》,成都:四川大学出版社:123。
李　讷,安珊笛,张伯江(1998)从话语角度论证语气词"的",《中国语文》第2期:93-102。
李新魁,黄家教,施其生等(1995)《广州方言研究》,广州:广东人民出版社:512,527。
梁银峰(2006)"V+了+O"格式来源的再探讨,载复旦大学语言文字学科《语言研究集刊》编委会编,《语言研究集刊》第三辑.上海:上海辞书出版社:215-237。
——(2014)汉语焦点标记"是"的产生时代及其来源再探,载钱宗武,姚振武主编,《古汉语研究的新探索》,北京:语文出版社:81-90。
——(2016)《汉语主从句和从属句的产生及其演变》,上海:上海人民出版社。
——(2017)从交互主观性的角度看"既"字句的主句化和句子化,《古汉语研究》第2期:21-32。
刘敏芝(2008)《汉语结构助词"的"的历史演变研究》,北京:语文出版社:118,119。

刘勋宁(1985)现代汉语句尾"了"的来源,《方言》第 2 期:128-133。

吕叔湘(1943)论底、地之辨及底字的由来,载金陵大学、齐鲁大学、华西大学编,《中国文化汇刊》第三卷;吕叔湘(1984)《汉语语法论文集》增订本,北京:商务印书馆。

——(1962)关于'语言单位的同一性'等等.《中国语文》第 11 期;载吕叔湘(1984)《汉语语法论文集》增订本,北京:商务印书馆。

——(1980)《现代汉语八百词》,北京:商务印书馆:138-139。

梅祖麟(1994)唐代、宋代共同语的语法和现代方言的语法,《中国境内语言暨语言学》第 2 期;载梅祖麟(2000)《梅祖麟语言学论文集》,北京:商务印书馆:247-285。

齐沪扬(2002)《语气词与语气系统》,合肥:安徽教育出版社:78。

苏政杰(2010)结构助词"的"的语法化历程,《汉语学报》第 1 期:23-35。

孙锡信(1999)《近代汉语语气词》,北京:语文出版社:145,146。

解惠全,崔永琳,郑天一编著(2008)《古书虚词通解》,北京:中华书局:1121-1122。

袁毓林(2003)从焦点理论看句尾"的"的句法语义功能,《中国语文》第 1 期:3-16。

张　斌(2001)《现代汉语虚词词典》,北京:商务印书馆:143。

张和友(2007)汉语分裂句的来源及其相关问题,载王建华,张涌泉主编,《汉语语言学探索:首届汉语语言理论建设与应用研究国际学术研讨会暨浙江省语言学会第 13 届年会文集》,杭州:浙江大学出版社:264-277。

赵元任(2002[1968])《赵元任全集第 1 卷:中国话的文法》,丁邦新译,北京:商务印书馆:395-396。

钟兆华(2015)《近代汉语虚词词典》,北京:商务印书馆:138。

朱德熙(1961)说"的",《中国语文》第 12 期;载朱德熙(1980)《现代汉语语法研究》,北京:商务印书馆:67-103。

——(1966)关于《说"的"》,《中国语文》第 1 期;载朱德熙(1980)《现代汉语语法研究》,北京:商务印书馆:104-124。

——(1978)"的"字结构和判断句,《中国语文》第 1—2 期;载朱德熙(1980)《现代汉语语法研究》,北京:商务印书馆:125-150。

饭田真纪(2017)粤语句末助词"嘅"ge2 的语义和语法化途径,《中国语文》第 4 期。

太田辰夫(2003[1958])《中国语历史文法》,蒋绍愚,徐昌华译,北京:北京大学出版社:325。

(200433　上海,复旦大学中国语言文学系　liang_yin_feng@126.com)

近代汉语"只顾"的词汇化和语法化*

宗守云　姚海斌

提要　文章运用语用学和认知语言学原理考察近代汉语"只顾"的词汇化和语法化过程。"只顾"从动词短语发展为祈使语气副词，是词汇化兼语法化，是回溯推理导致的。"只顾"从动词短语发展为情状方式副词，是词汇化和隐含义规约化导致的。"只顾"从情状方式副词发展为关联副词，是语法化，是意象图式转换导致的。

关键词　只顾；回溯推理；隐含义规约化；意象图式转换

一、引　言

在《汉语大词典》中，"只顾"有三个义项：1. 仅仅顾及；2. 表示专一不变；3. 副词，尽管。例如（《汉语大词典》用例）：

(1) 俗语说："只顾羊卵子，不顾羊性命。"（《儒林外史》）

(2) 主人家连声应道："提辖只顾自去，但吃不妨，只怕提辖不来赊。"（《水浒传》）

(3) 远远望见一个去处，只顾走。（《水浒传》）

《汉语大词典》对"只顾"的释义，反映了"只顾"在近代汉语使用的情形。例(1)"只顾"是动词短语，记作"只顾$_0$"，"只顾$_0$"带名词性宾语"羊卵子"，"只顾羊卵子"是述宾结构。例(2)"只顾"是祈使语气副词，记作"只顾$_1$"，"只顾$_1$"修饰中心语"自去"，"只顾自去"是状中结构。例(3)"只顾"是情状方式副词，记作"只顾$_2$"，"只顾$_2$"修饰中心语"走"，"只顾走"也是状

---

* 本文为上海市高校高峰学科建设"中国语言文学"阶段性成果。本文在第九届汉语语法化问题国际学术讨论会（安徽大学2017年10月20—22）报告，得到吴福祥、张谊生、彭睿等专家指正，谨致谢忱。

中结构。在近代汉语中,"只顾"还有一种关联副词的用法,《汉语大词典》没有收录。例如:

(4) 车夫留心估量,只顾疑惑起来道:"爷们俱像南方人,在那里来?"(《野叟曝言》)

例(4)"只顾"是关联副词,记作"只顾$_3$","只顾$_3$"相当于"于是、就",修饰中心语"疑惑起来","只顾疑惑起来"是状中结构。

从历时演变来看,"只顾$_0$"呈辐射状发展,一方面发展出"只顾$_1$",另一方面发展出"只顾$_2$";"只顾$_2$"经历了"只顾$_{21}$"和"只顾$_{22}$"两个阶段,又发展出了"只顾$_3$"。"只顾$_0$"和"只顾$_2$"兼有概念意义,可以分别概括为"专注义"和"持续义";"只顾$_1$"和"只顾$_3$"只有语法意义,分别具有语气和关联作用。本文拟详细讨论"只顾"的词汇化和语法化过程。

二、"只顾$_0$"

"只顾$_0$"是动词短语,《汉语大词典》概括为"仅仅顾及",我们可再概括为"专注"。专注义是"只顾"的基本义,出现最早,用法稳定,从产生一直沿用至今。"只顾$_0$"最早见于宋代,严格的用例只有两例:

(5) 有外甥懒学,怕他入书院,多方讨新文字;得之,只顾看文字,不暇入书院矣。(《朱子语类》)

(6) 师云:"钦山只顾其前,不顾其后,如今作么生与钦山出气?"(《古尊宿语录》)

还有些是宋话本的用例。宋话本的用例不是严格的宋代语言材料,章培恒(1996)认为,"今天所见话本,实没有一种是货真价实的宋话本,至少已经过元人的增润"。因此,宋话本的用例不能作为严格意义的宋代语言材料分析。

在句法上,"只顾$_0$"作为动词短语,既可带 VP 宾语,如例(5),又可以带 NP 宾语,如例(6)。在语义上,"只顾$_0$"有如下一些特征。首先,"只顾$_0$"只用于述人成分,不用于述物成分。"只顾$_0$"的主语都是述人名词性成分,例(5)主语在上下文中被省略了,根据上下文,主语是王安石,是"王安石只顾看文字,不暇入书院";例(6)主语是钦山。第二,"只顾$_0$"只用于具体行为,不用于心理状态。例(5)王安石只顾看文字,是具体行为,不是心理状态;例

(6)钦山只顾他的前面,根据上下文,"钦山拟议,德山便打",也是具体行为,非心理状态。第三,"只顾$_0$"只用于有意实施,不用于无意结果。例(5)王安石只顾看文字,例(6)钦山只顾他的前面,都是主语有意实施的行为。第四,"只顾$_0$"只用于述者叙说,不用于言者施为。关于叙说和施为参看奥斯汀(2013)。述者包括写作者和说话人,言者只是说话人。例(5)是写作者叙说,例(6)是说话人叙说,述者都只是在叙说客观存在的事实。第五,"只顾$_0$"只用于已然事件,不用于未然事件。例(5)是惯常事实,例(6)是刚刚发生过的事实,都是已然事件,即客观现实中曾经发生过的事件。第六,"只顾$_0$"只用于正反对照,不用于独立表意。"只顾$_0$"所在的句子,上下文一定会出现相对应的否定情形,整个句子具有正反对照特征。例(5)"只顾看文字"和"不暇入书院"形成正反对照,例(6)"只顾其前"和"不顾其后"形成正反对照。

三、从"只顾$_0$"到"只顾$_1$"——"只顾"的词汇化和语法化

到元代,"只顾$_0$"仍然沿用。例如:

(7)你只顾那功名富贵,全不想生死事急,无常迅速。(马致远《黄粱梦》)

(8)这些人只顾抢那钞,不来赶小人,这叫脱身之计。(徐仲由《杀狗记》)

例(7)和例(8)都是"只顾$_0$"的用法,在句法语义上和宋代无异。

另一方面,"只顾$_1$"出现,但只有一例。例如:

(9)我与你拽袖为号,你只顾嫌少,我等一力撺掇加添便了。(徐仲由《杀狗记》)

明代以后,"只顾$_1$"大量出现,例如:

(10)操大喝曰:"诸将只顾奋力向前,待贼至背后,方可回战!"(《三国演义》)

(11)老娘骂道:"你只顾把件衣服借与做兄弟的,等他自己干正务,管他今日明日!"(《今古奇观》)

(12)陆虞候道:"衙内必不认得嫂子。兄长休气,只顾饮酒。"(《水浒传》)

（13）那邻舍道："小娘子说得有理,你只顾自去,我便与刘官人说知就理。"（《醒世恒言》）

（14）大家附和起来,七张八嘴的道："你只顾把锁扭开,里头有什么东西,我们自然都是见证。"（《九尾龟》）

（15）那穿红的女子听了,拔下那把刀来用刀背把他的胳膊一拦,向那母女二人道："你娘儿两个只顾走。"（《儿女英雄传》）

在句法上,"只顾$_1$"作为祈使语气副词,修饰 VP,"只顾$_1$ VP"是状中结构。"只顾$_1$"前面的主语都是受话人,后面只能是 VP,不能是 NP。在语义上,"只顾$_1$"表示"提请专注",其语义特征有很大的改变。第一,"只顾$_2$"用于言者施为,不用于述者叙说。"只顾$_1$"一定是在说话人和受话人交际的场合使用,说话人的话语是一种言语行为,要求受话人专注于某行为。"只顾$_1$"用于言语行为,可分为命令和建议两种,例（9）—例（11）是命令,例（12）—例（15）是建议。第二,"只顾$_1$"用于未然事件,不用于已然事件。例（9）—例（15）VP 都是尚未发生的。需要说明的是,例（12）根据上下文,陆谦和林冲是先闲聊,后饮酒,陆谦的话是饮酒前说的。第三,"只顾$_1$"既可用于正反对照,如例（11）、例（12）,又可用于独立表意,如其他用例。也就是说,"只顾$_1$"用不用正反对照,都是无关紧要的,不会对"只顾$_1$"的性质产生影响。

从"只顾$_0$"到"只顾$_1$",是从动词短语凝固为祈使语气副词的过程。如果着眼于语法单位的变化,这是词汇化;如果着眼于祈使语气副词作为语法成分的性质,这又是语法化。

从演变途径看,从"只顾$_0$"到"只顾$_1$",先后经历了相邻句位和重新分析的过程。"只顾$_0$"只有在带 VP 宾语的情况下,才能向"只顾$_1$"发展,这是相邻句位。当"只顾 VP"由述宾结构重新分析为状中结构,"只顾$_1$"就形成了。从演变动因看,从"只顾$_0$"到"只顾$_1$",是回溯推理促动的结果。"只顾$_0$"具有动力情态性质,隐含着"能够"的意义,比如例（5）,"得之,只顾看文字,不暇入书院"实际上可以理解为"得之,(能够)只顾看文字,不暇入书院"。"只顾$_1$"具有道义情态性质,隐含着"必须、可以"意义,比如例（10）是曹操命令,可以理解为"诸将(必须)只顾奋力向前";再比如例（12）是陆谦建议,可以理解为"兄长休气,(可以)只顾饮酒"。从动力情态到道义情态,是回溯推理促动的:如果必须或可以做某事,就一定能够做某事;说话人说能够做某事,很可能说必须或可以做某事。这样,具有动力情态性质的"只顾$_0$"就发展为具有道义情态性质的"只顾$_1$"。

四、从"只顾$_0$"到"只顾$_2$"——"只顾"的词汇化

明代开始,"只顾$_2$"出现。"只顾$_2$"可分为准"只顾$_2$"(标记为"只顾$_{21}$")和真"只顾$_2$"(标记为"只顾$_{22}$")两种情形,前者是专注义抑制,后者是专注义脱落。

(一)"只顾$_{21}$"

"只顾$_0$"都用于正反对照语境,而"只顾$_{21}$"不用于正反对照语境,但其他语义特征都和"只顾$_0$"相同。例如:

(16)黄祖军只顾放箭,箭已放尽。(《三国演义》)

(17)杨志只顾走,只听得背后一个人赶来,叫道:"你那厮走那里去!"(《水浒传》)

(18)婆留望见了钟起,唬得心头乱跳,低着头,望外只顾跑。(《喻世明言》)

(19)检起时,少了六七文钱,情知是长儿藏下,拦着门只顾骂。(《醒世恒言》)

(20)非幻道人虽然传令收队,争奈众贼军不及收兵,只顾迎着火光赶杀过去。(《七剑十三侠》)

(21)秋谷见他满面怒容,醋意可掬,便不去分说,只笑了一笑,只顾看戏。(《九尾龟》)

"只顾$_0$"和"只顾$_{21}$"的差异,就在于是否用于正反对照语境。根据Levinson(1983)语用三原则的"方式原则",说话人不会使用冗长的、晦涩的或有标记的表达式,如果说话人用了冗长的或有标记的表达式,那么他表达的意思就和他使用无标记表达式不一样。"只顾$_0$"用肯定和否定相对照的方式表达,实际上,否定的表达是冗余的。例(5)"只顾看文字"就包含了"不暇入书院",例(6)"只顾其前"就包含了"不顾其后",因此否定的表达表面上看是冗余的,但说话人既然这么说,就有这么说的理由,其实就是强调专注。又根据Levinson(1983)的"数量原则",说话人所说出的信息,是他所知道的最强的信息。例(16)—例(21)说话人没有用正反对照的方式表达,只

提供了肯定信息,不用否定表达,那么,说话人既然没有这么说,就有不这么说的理由,那就是不再强调专注。说话人不再强调专注,专注义就被抑制,持续义凸显,"只顾"成为副词。

从句法看,"只顾$_{21}$"是情状方式副词(杨荣祥 2005),修饰 VP,"只顾$_{21}$"和 VP 是状中关系。"只顾$_{21}$"所修饰的 VP 可以带持续体标记"着",这和"只顾$_{21}$"所凸显的持续义语义相容。例如:

(22)西门庆道:"教我只顾等着你。咱吃了粥,好去了。"(《金瓶梅》)

(23)我若不起身,别人也只顾坐着,显的就没趣了。(《金瓶梅》)

(24)恁个大节,他肯只顾在人家住着?(《金瓶梅》)

(25)你不来帮助我也还罢了,只顾看着我笑些什么?(《九尾龟》)

从语义看,"只顾$_{21}$"除了不用于正反对照,其他语义特征都和"只顾$_0$"相同。

从演变途径看,从"只顾$_0$"到"只顾$_{21}$",也经历了相邻句位和重新分析的过程,这和从"只顾$_0$"到"只顾$_1$"的情形相同,不赘述。从演变动因看,从"只顾$_0$"到"只顾$_{21}$",是隐含义规约化所导致的。"只顾$_0$"凸显专注义,当所修饰的中心语为 VP 时,还同时隐含着持续义,如例(5),"只顾看文字"凸显专注看文字,但也隐含着持续看文字的意义,只不过这种意义被抑制了。当"只顾"不用于正反对照时,由于说话人不再强调专注,原来所隐含的持续意义被凸显出来,正是这种隐含义的规约化,"只顾$_{21}$"形成,作为情状方式副词,一直沿用至今。

当然,"只顾$_{21}$"只是专注义被抑制,并没有完全消失,因此其词汇化尚不够彻底。当"只顾"的专注义完全脱落时,"只顾"就彻底词汇化为情状方式副词了,这就是"只顾$_{22}$"。

(二)"只顾$_{22}$"

在一定语境中,"只顾"不能理解为专注,否则和上下文矛盾。例如:

(26)那皇上只顾看画,边看边讲,那些太府宦官也听皇上讲说此画。(《彭公案》)

(27)宝玉又只顾和婆子说话,一面吃饭,一面伸手去要汤。(《红楼梦》)

(28)料逃不脱,跪在地上,只顾拜,只顾哭,口里道:"将军饶命。"(《风流悟》)

例(26)"只顾"理解为专注,和边看边讲矛盾,"只顾"只能理解为持续,意为"一直";例(27)"只顾"理解为专注,和吃饭、要汤矛盾,因此也只能理解为持续。例(28)也不能理解为专注,专注只能针对一个行为,如果同时针对两个行为,就和专注矛盾,"只顾拜"和"只顾哭"针对两个行为,因此不能理解为专注,只能理解为持续。例(26)—例(28)"只顾"专注义完全脱落,是"只顾$_{22}$"。

"只顾$_{22}$"专注义脱落,其他句法语义特征也有改变。从句法上看,"只顾$_0$"及"只顾$_{21}$"后面的VP只能是肯定形式,"只顾$_{22}$"后面的VP还可以是否定形式。例如:

(29) 那春梅只顾不动身。(《金瓶梅》)

(30) 那春梅只顾不进房来,叫了半日,才慢条厮礼推开房门进来。(《金瓶梅》)

(31) 张二官儿好不有钱,骑着大白马,四五个小厮跟随,坐在俺们堂屋里只顾不去。(《金瓶梅》)

(32) 婉如道:"姐姐只顾不做国王,岂不把兰音姐姐宰相也耽搁么?"(《镜花缘》)

专注义只能用于肯定,不能用于否定。因为做某件事情,可以集中注意力,而不做某件事情,则不需要集中注意力,因此,集中注意力和否定是相排斥的。例(29)—例(32)VP为否定形式,只能理解为持续,意为"一直",不能理解为专注,因此是"只顾$_{22}$"。

从语义看,"只顾$_{22}$"有以下一些变化。

其一,"只顾$_0$"只用于具体行为,"只顾$_{22}$"还可以用于心理状态。例如:

(33) 这西门庆听了,只顾犹豫:"这咱晚,端的有甚缘故?须得到家瞧瞧。"(《金瓶梅》)

(34) 西门庆听了,只顾沉吟,说道:"如今来保一两日起身,东京没人去。"(《金瓶梅》)

(35) 你须自解自叹,休要只顾烦恼。(《金瓶梅》)

(36) 小宝吃过了饭,一个人坐在那里,捧着一支金水烟袋,呆呆的只顾出神。(《九尾龟》)

其二,"只顾$_0$"只用于述人成分,其主语都是述人名词性成分;"只顾$_{22}$"还可以用于述物成分,其主语是述物名词性成分。对述物名词性成分来说,

近代汉语"只顾"的词汇化和语法化

由于物体不具有能动意志,"只顾"就不可能表达专注义,只能是持续义,意为"一直"。述物名词性成分又分述动物和述非生命物两种。述动物名词性成分,例如:

(37) 康利之马见了水,饮水不走,任康利加鞭,那马只顾饮水,被唐兵围住。(《木兰奇女传》)

(38) 那只松鼠只顾躲在一团松针里面,扒开了锦囊,大嚼她的松子,再也不肯下树了。(《隋代宫闱史》)

例(37)、例(38)"只顾 VP"都是动物行为,尽管动物生命度比较高,但由于没有能动意志,"只顾"还是不能理解为专注,只能理解为持续义"一直"。

述非生命物名词性成分,例如:

(39) 其实这田也只是空好看,田运十年一转,到近年来,这田也只顾变丑了!(《野叟曝言》)

(40) 那粪色犹如清水般的,一阵一阵,只顾淌将出来。(《野叟曝言》)

(41) 每日忧煎,容颜只顾消瘦,饮食只顾减少,吓得古心、素臣及合家眷属,俱如热石上蚂蚁,走投无路。(《野叟曝言》)

(42) 那火那里一时救得灭,只见哔剥爆响,黑烟红焰,火片火鸦,翻翻滚滚的只顾往天上卷去。(《荡寇志》)

例(39)—例(42)主语都是非生命物,"只顾"只能表示持续意义,是情状方式副词,意为"一直"。

其三,"只顾$_0$"只用于有意实施,"只顾$_{22}$"还可以用于无意结果。如果"只顾 VP"不是主语有意实施的行为,而是自发的、无意的、非可控的行为,"只顾"不能理解为专注,只能理解为持续意义"一直"。例如:

(43) 各人仗着尖刀,又动起手来,吓得圆圆缩在床角里,只顾索索地发抖。(《明代宫闱史》)

(44) 那知医了几日,如水投石,倒觉得胃口里泛营的,只顾恶心。(《野叟曝言》)

(45) 大奶奶出来看了几遍,放心不下,唤醒公子问:"为何早膳不吃,只顾沉睡?"(《野叟曝言》)

(46) 谁知有两个酒鬼,吃得烂醉,随你打骂,只顾打鼾。(《野叟曝言》)

例(43)—例(46),发抖、恶心、沉睡、打鼾都不是主语有意实施的行为,是主语无法自控的无意结果,因此不可能是专注的行为,只能是持续的行为,"只顾"意为"一直"。

从演变途径看,从"只顾$_{21}$"到"只顾$_{22}$",是类推扩展。"只顾"的主语由述人成分类推扩展到述物成分,"只顾"后面的 VP 由肯定形式类推扩展到否定形式,由具体行为类推扩展到心理状态,由有意实施类推扩展到无意结果。从演变动因看,"只顾$_{22}$"是持续义的彻底规约化,由于专注义脱落,持续义成为唯一规约的意义。

五、从"只顾$_2$"到"只顾$_3$"——"只顾"的语法化

在明代,"只顾$_2$"还进一步发展出"只顾$_3$"的用法,这是其语法化的过程。例如:

(47) 那妇人听的是丈夫声音,只顾来开门。(《水浒传》)

(48) 鸾吹、素娥看到伤心之处,那里还顾得湘灵悲感,扑簌簌的只顾吊下泪来。(《野叟曝言》)

例(47)、例(48)"只顾"既不能理解为专注义,又不能理解为持续义,"只顾"起关联作用,相当于"于是、就",是"只顾$_3$"。

"只顾$_3$"是从"只顾$_2$"发展出来的,从"只顾$_2$"到"只顾$_3$",是从情状方式副词发展为关联副词的过程,这一过程是在一定的语篇环境中完成的。"只顾$_2$"既可独立使用,也可以用于前端句或后续句。例如:

(49) 夏侯惇只顾催军赶杀。(《三国演义》)

(50) 尹宗只顾赶将来,不知大字焦吉也把一条朴刀,却在后面把那尹宗坏了性命。(《警世通言》)

(51) 李万看见无人,只顾望前而行。(《喻世明言》)

(52) 莫稽满面羞惭,闭口无言,只顾磕头求恕。(《喻世明言》)

例(49)是"只顾$_2$"独立使用,例(50)"只顾$_2$"用于前端句,这两者情况"只顾$_2$"都不能发展出"只顾$_3$"。例(51)、例(52)"只顾$_2$"用于后续句,正是在这种语篇环境下,通过类推扩展,"只顾$_2$"发展出"只顾$_3$"。

"只顾$_2$"用于后续句,要发展出"只顾$_3$",还需要两个条件。1."只顾$_2$"作为后续句,和前端句有顺承、因果等关系;2. 前端句和后续句主语相同,后续句主语往往承前省略。当 VP 为表持续意义的动词性成分时,"只顾"还是情状方式副词。例如:

(53) 那汉却待挣扎,被王庆上前按住,照实落处只顾打。(《水浒传》)

(54) 徐宁心中急切要那副甲,只顾跟随着汤隆赶了去。(《水浒传》)

例(53)、例(54)"只顾"还是情状方式副词,意为"一直"。

当VP被类推扩展到非持续意义的动词性成分时,"只顾"只起关联作用,不表持续意义,"只顾"语法化为关联副词。"只顾$_3$"是关联副词,所修饰的VP可以表示起始、完结、趋向等意义,但都是前端句的结果。VP表起始,常和趋向动词"起、起来"共现。例如:

(55) 满屋女人都把湿透的汗巾塞口拥鼻,还只顾打起恶心,哕呃不止。(《野叟曝言》)

(56) 想着那年在山庄松阴之下,脱帽、跣足的光景,只顾奇怪起来。(《野叟曝言》)

(57) 复把剑细看,只顾不快活起来。(《野叟曝言》)

VP表完结,有时用趋向补语,"趋向补语有时不表示方向,而表示动作有结果或达到了目的"。(刘月华等2006)例如:

(58) 林冲不知是计,只顾伸下脚来,被薛霸只一按,按在滚汤里。(《水浒传》)

(59) 眼酸酸的,只顾淌出泪来。(《野叟曝言》)

(60) 素臣喜得佳妹,睡梦中只顾笑醒转来。(《野叟曝言》)

例(58)—例(60)VP都包含趋向补语,表示完结意义,例(60)"笑醒"是动结式,表示完结意义,"转"和"来"都是趋向动词,二者组合,表示抽象的回转意义。

VP还可以用包含补语"成"的结构表达完结意义。例如:

(61) 那潘金莲和孟玉楼两个嘻嘻哈哈,只顾笑成一块。(《金瓶梅》)

(62) 将肉身布施醍醐浇灌,只顾养成他金刚坚固无量法身。(《野叟曝言》)

VP也有单纯表趋向意义的,不具有持续特征。VP包含趋向动词,有的趋向动词在实义动词前,有的在实义动词后。例如:

(63) 宋江也不应,只顾来开门。(《水浒传》)

(64) 这贩枣子客人把那卖酒的汉子推开一边,只顾将这桶酒提与众军去吃。(《水浒传》)

(65) 两个公人那里忍得饥渴,只顾拿起来吃了。(《水浒传》)

(66) 两个一来一往，战了五六十合，王簿只顾败将下去。(《隋唐演义》)

"只顾$_3$"所修饰的 VP 无论是起始、完结还是趋向意义，都是前端句的结果，可以用"结果"统一概括。相比而言，"只顾$_2$"在后续句中所修饰的 VP，都是在前端句基础上的持续，仍然用"持续"表述。从演变途径看，从"只顾$_2$"到"只顾$_3$"，先是经历了广义的相邻句位，即"只顾$_2$"用于后续句；然后是类推扩展，所修饰的 VP 由持续义类推扩展到结果义。从演变动因看，持续和结果的联系是意象图式转换促动的。在认知上，持续可以识解为途径，结果可以识解为终点，根据认知语言学的研究，在人类语言中，比较普遍地存在着途径和终点的意象图式转换，即，用于途径的语言成分，也可用于终点，这就造成了语言成分的多义性。Brugman & Lakoff(2012)举出许多英语的例子说明这种转换的普遍性，包括 over, through, down, around, across, past, 等等。"只顾$_2$"和"只顾$_3$"之间的演变也是意象图式转换促动的结果。

综上所述，"只顾$_0$"呈辐射状发展出"只顾$_1$"和"只顾$_2$"，"只顾$_2$"可分为"只顾$_{21}$"和"只顾$_{22}$"两个阶段，而且还发展出"只顾$_3$"。兹将"只顾"演化途径图示如图 1：

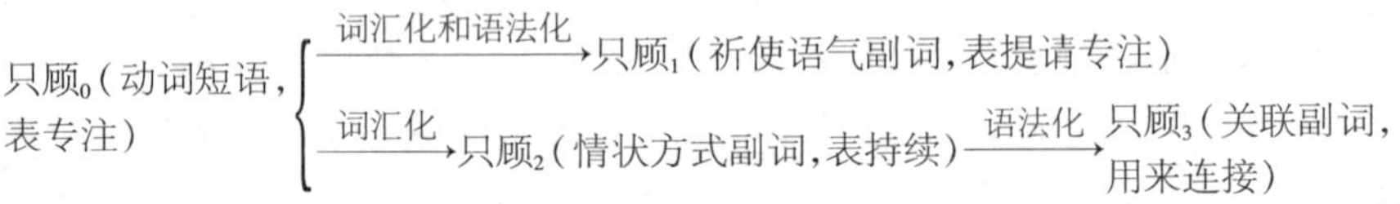

只顾$_0$(动词短语，表专注) ⎰ 词汇化和语法化 → 只顾$_1$(祈使语气副词，表提请专注)
                          ⎱ 词汇化 → 只顾$_2$(情状方式副词，表持续) 语法化→ 只顾$_3$(关联副词，用来连接)

图 1

六、结　　语

"只顾"在近代汉语中义项丰富，用法多样，发展到现代汉语，"只顾"在延续基本义的基础上，只保留了情状方式副词的用法，而且词汇化程度不够深，基本上都是专注义抑制的用法，极少有专注义脱落的用法。"只顾"作为祈使语气副词的用法也极其少见，而关联副词的用法已经彻底消失。这应该是相关或相近词语并存竞争的结果。在近代汉语中，"只顾""只管""尽管"义项和用法都比较多，一直处于并存竞争状态，到现代汉语，"只顾""只管""尽管"分工渐趋明确，"只顾"保留了情状方式副词的用法，"只管"多用作祈使语气副词,"尽管"则多用作让步连词。那么,这些相关相近词语是如何竞争发展的,还需要进一步研究。

参考文献

奥斯汀(2013)《如何以言行事》,杨玉成等译,北京:商务印书馆。
侯学超(1998)《现代汉语虚词词典》,北京:北京大学出版社。
刘月华等(2006)《现代汉语实用语法》,北京:商务印书馆。
杨荣祥(2005)《近代汉语副词研究》,北京:商务印书馆。
章培恒(1996)关于现存的所谓"宋话本",《上海大学学报》第 1 期。
Levinson S. (1983) *Pragmatics*. Cambridge:Cambridge University Press.
Brugman C, Lakoff G. (2012) Radial Network(辐射式网络). In Geeraerts D. (ed.) *Cognitive Linguistics: Basic Reading*(《认知语言学基础》). 邵军航,杨波译,上海:上海译文出版社。

(宗守云　200234　上海,上海师范大学人文与传播学院　zongshouyun@ sina. com;
姚海斌　200234　上海,上海师范大学人文与传播学院　1184363874@ qq. com)

从假设否定到选择再到建议[*]
——"再不"的成词与演变

刘红妮

提要 汉语中连词"再不"有几种不同的用法：表示假设否定的"再不$_1$",表示选择关系的"再不$_2$";表示建议的"再不$_3$"。其词汇化演变路径为：再不然→再不$_1$→再不$_2$→再不$_3$。从"再不然"到"再不$_1$",是指代词省缩的结果;从"再不$_1$"到"再不$_2$"再到"再不$_3$",从假设否定到选择再到建议这种功能的演化,则是从客观性到主观化再到交互主观化的过程,同时还伴随着前后小句语义内容和句法形式上的改变。

关键词 "再不";词汇化;假设否定;选择;建议

一、引　言

连词在汉语的组句谋篇方面具有重要作用,其中"否则、不然、要不然、要不"等的成词和演变前人已有比较充分的研究(史金生 2005;曹秀玲等 2009 等),而对"再不"及相关的"再不然"则还未见到具体的研究。

《现代汉语词典》第 7 版(以下简称《现汉》)对"再不"的解释是"〈口〉连词,要不然"。然而我们发现现实语料中,连词"再不"在汉语里有三种用法,一种是《现汉》的用法,"再不$_1$",表示假设性否定,"不然、否则"的意思,相当于"要不然",例如:

---

[*] 本研究得到国家社科基金项目(项目编号 17BYY161);上海市曙光计划项目(项目编号 15SG40);上海高校高峰学科建设计划资助项目"中国语言文学"(项目编号 A-0230-15-003004)资助。感谢《语言研究集刊》编辑部及匿名审稿专家的宝贵意见,错疏之处概由笔者负责。

（1）我打算让老吴去一趟，再不让小王也去，俩人好商量。(《现汉》)

一种是"再不₂"，表示选择关系，相当于"要么，或者"，例如：

（2）宪兵和白巡长都走了，院子里的人一窝蜂似的围上了李四爷。自从他当了里长，不知道挨了他们多少骂。那是贫困逼得他们平白无故地骂人。如今，为了他们，他躺下起不来了。大家都哭了。韵梅披了一件破棉袄，靠在门框上，再不就半醒半睡地坐在门前台阶上。她很想去看看李四爷，可又不敢走开。不管是不是真有空袭，她都得坚守岗位。不论怎么说，不能给家里人惹麻烦。(老舍《四世同堂》)

一种是"再不₃"，表示建议，例如：

（3）阿妈笑道："哟，您跟我这么客气！"他把一只手托着头，胳膊肘子撑着搁板，立定身看看霓喜，向阿妈道："我早就想烦你打一件绒线背心，又怕你忙不过来。"汤姆生道："我倒没留心。"她顿了一顿，又道："再不，请我们二妹给打一件罢？人家手巧，要不了两天工夫。"霓喜把一根毛竹针竖起来抵住嘴唇，扭了扭头道："我哪成哪？白糟蹋了好绒线！"(张爱玲《连环套》)

"再不"的这几种用法之间有什么关系，具体的演变路径如何，从中反映出了何种规律，另外，"再不"与"再不然"的源流关系又是什么。本文重点探讨上述问题。

本文语料如无特别说明，都出自北京大学中国语言学研究中心 CCL 语料库。

二、从"再不然"到"再不₁"的省缩成词

（一）从"再/不 VP"到"再不然"

《说文解字》："再，一举而二也。""再"一开始表示体词性的数词"两次；第二次"之义，后语法化为副词等。《说文解字》："不，鸟飞上翔不下来也。"虚词"不"是假借字，用作否定副词。和成词的"再不"有关的是用于假设句中的副词 "再" 和否定副词"不"的连用。因为副词"再"表示的是将要重复或继续的动作，属于非现实句，所以经常用于假设句中，又因为语境吸收，吸收了假设句的假设义，所以副词"再"用在假设句中就表示如果继续下去就

会怎样,带上了假设的意味,"再+不"就有"如果不"的意思。这样副词"再"和"不"形成"再+不 VP"结构,"再"和"不"不处于同一个层次上,不构成直接成分,属于跨层词汇化。(董秀芳 2011)最初连用约在元代出现。例如:

(4) 今奉大王圣旨,为你三个月不来进奉钱物,本待将你头去,且免今番;若再不见奉,决不肯休。(《全相平话五种·三国志平话卷中》)

"再+不 VP"中"不"后面成分代词化为谓词性指代词"然"是"再不然"词汇化的重要原因。当"不"后面的成分在上文已经出现时,这个旧信息可以用指示代词"然"来代替,例如(史金生 2005):

(5) 凡诸侯有命,告则书,不然则否。(《左传·隐公十一年》)

之后,还有"若不然""要不然",例如(史金生 2005):

(6) 若不然,叔父有地而隧焉,余安能知之!(《国语·周语中》)

(7) 伯爵道:"要不然也费手,亏我和你谢爹再三央劝你爹:'你不替他处处儿,教他那里寻头脑去?'"(《金瓶梅》52 回)

和"若不然、要不然"相类似,"不"后面成分 VP 代词化为"然"促动了连词"再不然"的词汇化。这种用于假设句的"再+不然"经常在一起连用,又经常用于并列的几项分句或句子之间,所以就发生了重新分析,句法层次由"再+不然"重新分析为"再不然",加上语境吸收,逐渐凝固成词,成为起连接作用、表示假设否定的连词"再不然"。明代就出现了表示"否则、不然"之义的假设否定的"再不然",例如:

(8) 你不闻古人云:'教妇初来。'虽然不致乎打他,也须早晚训诲;再不然,去告诉他那老虔婆知道。(《快嘴李翠莲记》)

(9) 老爷道:"这个长虑最是,我和你不如去请教天师,看是何如?再不然之时,又去请教国师,看是何如?"(明《三宝太监西洋记》86 回)

(二) 从"再不然"到"再不$_1$"

随着"再不然"的连词化,紧接着又发生了另一种重要的变化:谓词性指代词"然"又进一步发生省缩,使连词"再不然"演变为连词"再不$_1$":"再不然"→"再不$_1$"。

这主要是因为代词"然"所指示的内容往往在上文中已经出现,语义功能弱化。语义上的这种不利因素,再加上汉语双音化的强大影响,都使其表层的句法形式在语言使用和语流中的脱落成为可能。"若不、要不"皆是如

此,例如(史金生 2005):

(10) 屈完曰:"君以道则可;若不,则楚方城以为城,江、汉以为沟,君安能进乎!"(《史记·齐太公世家》)

(11) 宝玉笑着挨近袭人坐下,瞧他打结子,问道:"这么长天,你也该歇息歇息,或和他们顽笑,要不,瞧瞧林妹妹去也好。怪热的,打这个那里使!"(《红楼梦》64 回)

同样地,"再不然"省缩指代词"然"形成一个新的连词形式"再不$_1$",前小句提出一种事实或愿望,后小句用"再不$_1$"进行假设性否定前句所提到的事实或愿望"如果不是这样",后句则得出相关的推论。例如:

(12) 达达,你好生[攋]打着淫妇,休要住了。再不,你自家拿过灯来照着顽耍。[《金瓶梅》(崇祯本)50 回]

(13) 只要好女儿,或十五六、十七八的也罢,该多少财礼,我这里与他。再不,把李大姐房里绣春,倒好模样儿,与他去罢。[《金瓶梅》(崇祯本)36 回]

(14) 十分晚了,俺每不去,在爹这房子里睡。再不,叫爹差人送俺每,王妈妈支钱一百文,不在于你。[《金瓶梅》(崇祯本)42 回]

这里"再不$_1$"显然是表示假设否定义,语义上相当于假设否定义的"不然、否则"。"再不$_1$"前后小句的语义内容显然并不一致,带有某种程度的对立。

三、从"再不$_1$"到"再不$_2$"的主观化演变

(一) 从"再不$_1$"到"再不$_2$"

"再不然"省缩"然"演变为"再不$_1$"之后,又发生了进一步的演化,从"再不$_1$"演变为"再不$_2$",从表"假设否定"演变为表"选择"。

明代,出现了表示选择的连词"再不$_2$",语义上相当于"要么,或者",例如:

(15) 便是四五千贯也罢,再不,千贯数百贯也罢。(《初刻拍案惊奇》卷6)

从句法功能来看,"再不$_2$"用在句子中间起连接作用时,都表示选择关系,前后两项是语义内容一致的并列选项。例中"再不$_2$"前后连接的两个句子"便是四五千贯也罢"和"千贯数百贯也罢"是说话人所提供的两个平列的

选项,表示一种选择关系。还有一个旁证是"也罢……也罢"格式本身就是表示两项内容的并列关系。

这种表示选择的"再不$_2$"是从表示假设否定的"再不$_1$"进一步词汇化而来,即"再不$_1$"→"再不$_2$"。从上节可以看出"再不$_1$"前后小句不具有一致性,后小句是表示结果或结论的小句。如果在一定的语境中,"再不"前后小句具有某种一致性,是一种平行的并列关系时,"再不"句就不带有轻微转折的假设否定义,而吸收了句式义,带有选择关系。"再不$_1$"也就演变为"再不$_2$"。例如:

(16) 都不去罢,只咱和李大姐三个去罢。等他爹来家,随他骂去!再不,把春梅小肉儿和上房里玉箫,你房里兰香,李大姐房里迎春,都带了去。[《金瓶梅》(崇祯本)24回]

(17) 随你那里歇,再不你也跟了他一处去歇罢。[《金瓶梅》(崇祯本)14回]

可以看出,"再不$_2$"前后小句语义上具有一致性。

正是因为"再不$_2$"来源于"再不$_1$",所以"再不$_2$"表示选择时还带有原来语义的滞留。它的这种选择关系和一般的选择关系不尽相同,是在做出假设性否定后引出另一种选择。这也是语言演变中的保持原则的反映。同时,也正因如此,"再不$_2$"表示选择时是一种不相容的选择。例如:

(18) 也罢,这一出来,我教他把酒断了,随你去近到远使他,他敢不去?再不你若嫌不自便,替他寻上个老婆,他也罢了。[《金瓶梅》(崇祯本)26回]

(二) 主观化的促动

由"再不$_1$"演变为"再不$_2$",除了上面所说的前后小句句法和语义上的改变这一因素外,内在的动因还在于主观化的推动。"再不$_1$"表示假设否定时,前小句是说话人的主观观点,后小句是在假设否定的条件、前提下根据客观情况或客观实际得出的相对客观的推论、结果。例如:"你一定要努力学习,再不就赶不上了。""再不$_1$"后的小句"就赶不上了"是在"再不"("如果不努力学习")的前提下得出的推论,比较客观。而"再不$_2$"前后小句都是表达说话人的主观观点,都体现说话人的主观意志和主观看法,尤其是后小句的主观性更强,是说话人自己心理上先做出假设性否定前一小句所提出的一种选择,而后引出另一种选择。例如:

(19) 只要好女儿,或十五六、十七八的也罢,该多少财礼,我这里与他。再不,把李大姐房里绣春,倒好模样儿,与他去罢。[《金瓶梅》(崇祯本)36回]

例中后小句是说话人自己心理上先做出假设性否定前一小句所提出的一种选择,而后引出的另一种选择。

连词"再不$_2$"词汇化过程伴随着主观化过程。也就是说"再不$_2$"表示选择关系时,不同于一般客观地表示选择关系,而是一种比较特殊的具有一定主观性的选择关系。主观性(subjectivity)是指语言的这样一种特性,即在话语中多多少少总是带有说话人"自我"的表现成分,也就是说话人在说出一段话的同时还表明自己对这段话的立场、态度和感情,从而在话语中留下自我的印记。语言的主观性主要表现在相互联系的三个方面:说话人的视角,说话人的情感,说话人的认识。"视角"就是说话人对客观情状的观察角度,或是对客观情状加以叙说的出发点。这种"视角"主观性经常以隐晦的方式在语句中体现出来;"情感"一词应做宽泛的理解,包括感情、情绪、意向、态度等。不少语言学家都提到语言的功能可分为三种,前两种是指称功能和表述功能,第三种就是表情功能。感情表达也可以看作一种"社会指称",即人们从周围交往的人和社会环境中获取感情信息来帮助理解不确定的信息,并做出相应的反应;"认识"主要跟情态动词和情态副词有关。说话人的"情感"跟"视角"两者有密切的联系,很难分清楚。(沈家煊 2001)用"再不$_2$"句时,说话人先提出一种选择,而后从说话人的情感出发,移情(empathy)"将自己认同于他用句子所描写的事件或状态中的一个参与者"(沈家煊 2001),从说话人自己的视角和情感来看待自己提供的前一种选择,还没等听话人做出选择,对此自己即预先假设这个选项听话人不会选择的话会有另外一种什么样的选择,自己心理上先做出假设性否定,而后引出另一种选择。说话人这种过程是一种主观化。说话人用"再不$_2$"表示选择时,更多地是从说话人自身角度和认识出发考虑,是意义变得更强烈地聚焦于说话者的主观化过程。"再不$_2$"的这种假设性否定后引出另一种选择的特殊选择关系,正是主观化所体现出来的主观性,尤其是主观性中说话人的情感、视角和认识等在起作用。

同期,也出现了表示选择的"再不然"。例如:

(20) 你只把这块石头点做一块金子,送了我罢。再不然,就点做七八成

的淡金子也罢。(《三宝太监西洋记》52回)

(21) 便等丹成了,多留他住几时,再图成此事,岂不两美?再不然,不要在丹房里头弄这事,或者不妨也不见得。(《初刻拍案惊奇》卷18)

(22) 假如凤生与素梅索性无缘罢了;既然到底是夫妻,那日书房中时节,何不休要生出这番风波来?略迟一会,也到手了。再不然,不要外婆家去,次日也还好再续前约。(《二刻拍案惊奇》卷9)

还有表示选择的"再不然"和"再不"交替使用的例子。例如:

(23) 及至到他家里坐着,只是泡些好清茶来请他品些茶味,说些空头话;再不然,槞着脚儿把管箫吹一曲,只当是他的敬意。再不去破费半文钱钞,多少弄些东西来点饥。(《二刻拍案惊奇》卷22)

清代,连词"再不$_2$"的使用范围和频率有所增加。例如:

(24) 宝玉又道:"八珍益母丸?左归?右归?再不,就是麦味地黄丸。"(《红楼梦》28回)

(25) 果然如此,我们来生来世就变个驴变个马报姑娘的好处!再不我们就给你吃一辈子的长斋都使得。(《儿女英雄传》7回)

(三)"再不$_2$"在现代汉语的发展

现代汉语中表示选择的"再不$_2$"成为最为常见的用法。其用法日益成熟。从句法分布来看,"再不$_2$"用在句子中间,连接两个分句或句子。"再不$_2$"后可以不停顿,也可以用逗号隔开。例如:

(26) 中秋那晚,她就发现老头说笑间常常走神。此后,常常发愣,再不把门反插起来在屋里悄悄地摆弄什么。(邓友梅《烟壶》)

(27) 你觉着战士们抬上你过意不去,就让我跟班排干部们抬上你走。再不,我背上你。(杜鹏程《保卫延安》)

从共现搭配看,"再不$_2$"后面经常紧接着"就""就是",形成"再不就(是)"。另外,因为语音的关系,"再不"后也很少再紧接着用一个"再"或"不",相应地,"再不$_1$"后面所跟的内容一般倾向于用肯定形式,而几乎不用否定形式。例如:

(28) 我怎么看,你也是打过仗的。再不,你就是在部队里工作过,上过火线。(吴强《红日》)

"再不$_2$"的前面可以再加上另一个连词"要不",可以紧邻,也可以隔开,

形成"要不(……)再不"的形式,例如:

(29) 似乎也只有两条路可走,要不就是把百分之四十的农村中小学停办,再不就只能这样继续拖欠下去。(《中国农民调查》)

"再不$_2$"还经常和"或(或是、或者)"等词共现:

(30) 这也许是此刻与彼时表情和姿态的不同,或是人眼和相纸还原色彩的差异,以及单一焦点和不停扫描两种不同的处理材料方式造成的,再不就是我前后看到的不是一张照片。(王朔《动物凶猛》)

"再不$_2$"除了出现在两项并列的句子中如上面的诸例以外,还经常出现在类似排比的句子中,有三个或多个结构相似的分句,形成"不是……就是……再不$_2$"等格式,如:

(31) 一旦孙布袋问她,她就随口编"筐",不是说去三婶家了,就是说去二婶家了,再不就是去牵牛姐家了。(李佩甫《羊的门》)

四、从"再不$_2$"到"再不$_3$"的交互主观性化演变

(一)从"再不$_2$"到"再不$_3$"

"再不$_1$"演变为"再不$_2$"之后,紧接着又发生了进一步的演化,从"再不$_2$"演变为"再不$_3$",从表"选择"演变为表"建议"。

这种演变在明代初现端倪,出现过渡的用例。例如:

(32) 我今日不知怎的,一心只要和你睡。我如今拉个鸡儿央及你央及儿,再不你交丫头掇些水来洗洗,和我睡睡也罢。[《金瓶梅》(崇祯本)50回]

这例"再不"似乎既可以理解为表示选择,也可以理解为表示建议。

表示建议的"再不$_3$"是从表示选择的"再不$_2$"演变而来的。如果"再不$_2$"从句法表层形式上看,因省略等原因没有提供几个可供选择的选项,而是只有一个供参考的建议的话,因为选择前项的缺失,致使原本的选择后项成为唯一的选项,因而从"选择"到成为一种建议。即句法形式上:"VP$_1$,再不$_2$VP$_2$"→"再不$_3$VP",相应地,从"再不$_2$"演变为"再不$_3$",从"选择"演变为"建议"。

清代,正式在形式上出现了用于句首表示建议的"再不$_3$"。句法表现上"再不$_3$"前面一般不能有其他成分,它不像"再不$_2$"一样用在两个紧邻的分

句或句子中间,而是用在句首位置,后面紧跟一个分句或句子,形成"再不$_3$ VP"的格式,其后的 VP 语句基本都是比较简短的单句形式。另外,因为"再不$_3$"后只有一个 VP,所以也谈不上和其他词语的什么共现和搭配;"再不$_3$ VP"的格式后面的结句标点可以是句号,更多的时候是问号,后面常跟语气词"吧/罢"等这些表建议功能的标记。此外,"再不$_3$"不像"再不$_2$"那样可同时用于叙述和对话语体中,而是经常用于对话语体中,这和它表示建议的功能是相一致的。例如:

(33) 余二先生道:"我且再递一张呈子。若那里催的紧,再说出来也不迟。"赵麟书道:"再不,你去托托彭老五罢。"(《儒林外史》45 回)

另外,因"再不"来自于"再不然",平行地,清代"再不然"也出现了建议的用法。例如:

(34) 蛮子说:"不能,不能。到里边你一诓我,洞里道路你知道底细,吾不知道底细,吾怕上了你的当。"韩殿魁说:"再不然我与你取剑去?"(《三侠剑》5 回)

表示建议的"再不$_3$"这种用法一直沿用到现代汉语,例如:

(35) 寿明说:"我送您回去吧。"聂小轩说:"您忙您的。"寿明说:"再不雇个脚吧。"(邓友梅《烟壶》)

例中"再不$_3$"直接用在句首,形成"再不$_3$ VP"的形式:"再不雇个脚吧"。

从语法功能看,"再不$_3$"的语用功能与表示选择的"再不$_2$"不同,它主要是表示建议功能。说话人一般倾向于从对听话人有利的角度出发考虑而提出自己的观点,以供听话人参考、接受。说话人的主要目的不是想让听话人就所说的内容进行选择,而是用"再不$_3$"直接引出说话人从听话人角度考虑提出的可供接受的建议。就拿例(25)来看,"再不$_3$"的作用是:寿明在送聂小轩回家的想法遭拒后,提出另外的一个可行的办法建议"再不雇个脚吧"。

又如:

(36) 陈永贵没走几步,商场里就有人认出了这位副总理。人们便涌了上来,陈永贵一见情况不妙赶快撤退,大步流星地回了家。"怎么样?影响人家商场秩序啦?"工作人员问他。"再不你就化化装?"说着拿来了口罩和墨镜。[吴思《陈永贵沉浮中南海》]

例(36)中"再不你就化化装?"是工作人员从陈永贵怕被别人认出来的角度提出的建议。

可见,伴随着形式上与"再不₂"句式的联系日益脱离,"再不₃"句的建议功能越来越得到强化凸显,体现无疑。

(二)交互主观化的推动

"再不₂"演变为"再不₃",从"选择"到"建议"两种功能衍生的动因和机制,除了上面我们所说的句法形式上 VP₁ 缺省这一重要因素之外,最主要的深层动因则是语用动因,具体来说便是伴随着"再不₂"到"再不₃"演变的从主观化到交互主观性化的演变。

说话人在某交际语境中发出某个语句时,要指定三个方面:一是语句内容,二是说话人对语句内容的主观态度,三是说话人对交际参与者(说话人和听话人)的态度。它们分别属于语言客观性、主观性和交互主观性。(Traugott & Dasher 2002)如果说主观化是意义变得更强烈地聚焦于说话者,那么交互主观化则是意义变得更强烈地聚焦于受话者。当说话人用"再不"句时,不仅将自己的情感等参与其中,从自己的角度考虑问题,使句子带上了一定的主观性,而且有意从听话人角度考虑问题提出认为最有利于对方的建议,再加上句法形式上 VP₁ 的缺省这一重要因素,"再不₂"就变成了"再不₃",它主要的语义和功能也就是不再是让对方选择,而是向对方提出建议了。同时,也带上了交互主观性。

交互主观性(intersubjectivity)指的是说话人/作者用明确的语言形式表达对听话人/读者"自我"的关注,这种关注可以体现在认识意义上,即关注听话人/读者对命题内容的态度,但更多的是体现在社会意义上,即关注听话人/读者的"面子"或"形象需要"。(吴福祥 2004)就拿"再不₃"来说,相比直接摆出两个选项让对方选择来说,提供一个可行的建议再辅之以"吧"或"?"等语气成分,显然更加委婉,更加照顾到对方的"面子"需要,体现出说话人用"再不₃VP"表达对听话人"自我"的关注,关注听话人的"面子"或"形象需要"。

五、结　语

以往研究谈到"否则"类连词时只涉及了"否则、不然、要不然、要不"这几个,其实还应该包括"再不"及"再不然"。"再不"在现代汉语中应是一个多功能的连词,除了表示假设否定的"再不₁"之外,还有表示选择关系的"再不$_2$"和表示建议的"再不$_3$"。"再不"词汇化演变路径为:再不然→再不$_1$→再不$_2$→再不$_3$。从"再不然"到表示假设否定的连词"再不$_1$"词形的确立,是指代词省缩的结果,之所以发生省缩,主要是因为韵律和双音化的强大作用及谓词性指代词"然"的复指功能弱化直至脱落;从"再不$_1$"到"再不$_2$"再到"再不$_3$",从假设否定到选择再到建议这种功能的演化,则是从客观性到主观化再到交互主观化的过程,同时还伴随着前后小句语义内容和句法形式上的改变:从再不$_1$到"再不$_2$",一方面是所连接的前后小句的语义内容发生变化,前后小句由因果或推论关系演变为平行的并列关系,另一方面的深层动因是说话人通过"移情"将自己的情感等主观性参与其中,从而使客观的推论变为假设性否定引出的主观的选择,体现了说话人的主观观点,带有较强的主观性;从"再不$_2$"再到"再不$_3$",一方面是句法形式上前一小句的缺省,另一方面深层动因则是说话人更进一步不仅考虑说话人本身,而且还关注到听话人,有意从听话人角度考虑问题提出认为最有利于对方的建议,用明确的语言形式表达对听话人"自我"的关注及"面子"或"形象需要",也就从主观性演变为交互主观性。

参考文献

曹秀玲等(2009)"否则"类连词的语法化梯度及其表现,《汉语学习》第6期。

董秀芳(2011)《词汇化:汉语双音词的衍生和发展》,北京:商务印书馆:265。

史金生(2005)"要不"的语法化——语用机制及相关的形式变化,《解放军外国语学院学报》第6期。

沈家煊(2001)语言的"主观性"和"主观化",《外语教学与研究》第4期。

吴福祥(2004)近年来语法化研究的进展,《外语教学与研究》第1期。

Traugott E C, Dasher R. (2002) *Regularity in Semantic Change*. Cambridge: Cambridge University Press.

(200234 上海,上海师范大学人文学院 liu_hong_ni@163.com)

白话小说口语词辨释

李伟大

提要 明清白话小说中一些口语词虽字面普通,然词义颇难索解。文章讨论了"剥削""扯鸡儿""出矿""吹""脚地""跳"等口语词的释义问题,对前人的相关论述进行了补正。

关键词 白话小说;口语词;释义

一、剥 削

(1) 明陆人龙《型世言》第十五回:"沈刚也就变脸道:'老奴才,怎就当人面前剥削我!'"(655页)①

(2) 清夏敬渠《野叟曝言》第九回:"日月道:'我那堂弟真是鄙夫!说弟妇感兄活命之恩,况又不受钱帛,要为兄图个出身,但怕兄性气不

---

① 本文所引小说语料,除以下特别注明外,皆来自《古本小说集成》,为方便覆案,凡有页码者皆随文标明。其他引用语料版本如下:《新刻绣像批评金瓶梅》,北京大学出版社,1988年影印。明康海《沜东乐府》,《续修四库全书》第1738册。清佚名《龙图耳录》,上海古籍出版社,1981年。《法藏敦煌西域文献》(25),上海古籍出版社,2002年。清谢锡勋《闽轿行》,载清温廷敬辑《潮州诗萃》乙编卷三十三,汕头大学出版社,2001年。《青海志》,丁世良、赵放主编《中国地方志民俗资料汇编》第3册,国家图书馆出版社,2014年。陈去病《自浙入湘,得晤梦邈,君剑诸社友,献以是诗》,《南社》第八集,载郭长海、秋经武主编《秋瑾研究资料文献集》,宁夏人民出版社,2007年。赵宝明点校《经验单方汇编》,中医古籍出版社,1988年。《客窗闲话》,《续修四库全书》第1263册。史晓风整理《恽毓鼎澄斋日记》,浙江古籍出版社,2004年。《闲情偶寄》,《续修四库全书》第1186册。《古今图书集成》第464册,中华书局,1987年影印。李汉秋辑校《儒林外史》(会评会校本),上海古籍出版社,1999年。黎戈点校《后红楼梦》,北京大学出版社,1988年。韩锡铎、卜维义点校《后红楼梦》,春风文艺出版社,1985年。《珍塔宝卷》,载周燮藩主编《民间宝卷》第二十册,黄山书社,2005年。《笑林广记》,载《明清善本小说丛刊初编》第六辑,台北天一出版社,1985年。

好,托我相劝。若得削方为圆,便引去拜在安相名下,不日就可进身。被我剥削了几句,说这位文兄是一个不趋炎势的正人,你休得以俗眼视之,俗情待之。'"(246页)

例(1)、例(2)中"剥削"一词,白维国(2011)主编《白话小说语言词典》释为"鄙薄",白维国(2015)主编《近代汉语词典》释为"反驳;数落",皆随文释义。"剥削"乃"讥讽、挖苦以伤人脸面、使人面上难看;羞辱"义,清李渔《连城璧》卷七:"淳于氏听了这些话,不但不肯放心,反愈加害怕起来。这是甚么原故?只因起先怕鬼,如今又要怕人,怕人的心肠比怕鬼更加一倍。思想一个结发之妻,做了这许多歹事,把甚么颜面见他?见面尚且不可,何况跟了他们从新过起日子来?起先受他一刀,还是问的斩罪,如今同过日子,料想不得安生,少不得要早笑一句,晚说一句,剥削我的面皮,只当问了个凌迟碎剐。这样的重罪如何受得起?就是他不罪我,我自家心上也饶不过自家,相他一眼,定要没趣一遭;叫他一声,定要羞惭一次。"(539页)"剥削面皮"喻指伤人脸面、羞辱人,例中"早笑一句,晚说一句"即讥讽挖苦之谓。又明毛晋《六十种曲》本《鸾鎞记》第三出:"[旦]妹子,我二人如此诗才,若去应举,那女状元怕轮不到锦江拾翠的黄姑。[小旦]正是。若使天下词坛,姐姐主盟,小妹佐之,那些做歪诗的措大,怕不剥了面皮?"明天然痴叟《石点头》第三卷:"原来法林老和尚因王珣初来时,众僧计论钱财,剥了面皮。"(223页)或云"削面皮",早稻田大学图书馆藏光绪丙子年刊《绣像义妖传·惊堂》:"许仙动子气哉,当场削我面皮,便骂道……"旧抄本《珍塔宝卷》:"众客庆贺多到此,削尽面皮坏门风。"(5页)"剥削"又有"面子难看"义,清佚名《生绡剪》第九回:"那玉峰又吃这番狼藉,体面十分剥削。"(517页)"体面十分剥削"即面子非常难看,非常没面子。或言"削刮",《生绡剪》第九回:"玉峰就妄自尊大,身分做作,就拣人布施起来,见父亲与驮箱的林子华如兄若弟,只管在老林面上寻事削刮。"(496页)此"削刮"亦为"讥讽、挖苦以伤人脸面"义。又《新刻绣像批评金瓶梅》第六十八回:"爱月儿道:'那张懋德儿,好肏的货,麻着个脸蛋子,密缝两个眼,可不硌磴杀我罢了!只好蒋家百家奴儿接他。'"眉批:"细眼麻子人受削刮。"此言细眼麻子人(张懋德)易受讥讽羞辱。或言"刮削",《笑林广记·形体部·鸽舌》:"鸽者怒曰:'你不要当、当、当面来腾、腾、腾倒刮、刮、刮削我。'""刮削"为"讽刺羞辱"之义。或言"批削",早稻田大学图书馆藏光绪十九年《卖花宝卷》:"乃众人,被张氏,当面披削;红了脸,满面羞,即刻回程。"或言"羞削",白维国(2015)"羞削"条:"羞辱。清沈起凤《报恩缘》二四出:'刚才教我羞削得渠也勾哉。'袁枚《子不语》卷四:'男窜逸去,女被叔父羞削,惭愧自尽。'《后水浒传》一八回:'不期被这奶妈夹七夹八、带骂带笑、羞羞削削,羞得黑儿顿口无言。'""羞削"亦通过讽刺、挖苦而伤人脸面、羞辱人。

另,明康海《南吕·骂玉郎过感皇恩采茶歌·丁卯即事》其一:"玉阶昨夜妖星见,排正直,宠奸权,人人剥削夸刘晏。奏文宣,阿武偃,题封禅。"此例中"剥削"注者往往取其"扫刮民财"义,如孟广来(1990):"人人剥削夸刘晏:那些贪赃枉法剥削成性的人,反被称誉为刘晏式的清官。刘晏,唐朝著名的大臣,善理财,以养民为先,后因杨炎挟嫌报复被诛。"此说不通。"人人"为"每个人、所有人"之义,"剥削"如用"搜刮民财"义,"人人剥削"于义不通,据此释义则不知所云。"人人"并非剥削的对象,而是剥削这一动作的发出者,"剥削"当取"讥讽、挖苦"义,"人人剥削"即"人人都嘲讽",此句意指所有人都在讥讽的奸臣(指刘瑾)却被称誉为刘晏。

二、扯 鸡 儿

(3) 明潘镜若《三教开迷归正演义》第二十一回:"只见穆嘴脸说:'小弟就赠兄一个千层皮代儿。'穆远见说:'小弟赠兄一个扯鸡儿。'穆搭撒:'小弟赠兄一个苦哀求。'穆廉耻说:'小弟赠兄一个挨打骂。'穆信行说:'小弟赠兄一个百计哄。'"(309 页)

(4) 明潘镜若《三教开迷归正演义》第三十六回:"且说这食求饱隐士见了盛上舍肴席丰美,却也率真,那筯儿与舟子撑篙的一般,比摇橹的还快,不顾杯盘,少焉狼藉。齐之裔却是个善谑的趣人,便向食隐士问道:'请教隐士,贵乡月蚀怎生救护?'隐士手中执箸,眼内寻肴,耳边听说,口头答话道:'敝乡护月,鸣锣击鼓,文武官员各衙门跪护。'食隐士问道:'贵乡却如何救护?'齐之裔说道:'敝处月蚀的紧,只是跪着扯个鸡儿说道:爷爷略留些好看!'众人听了大笑起来,食求饱便怒形于色,起身叫只小船上岸去了。"(544 页)

例(3)、例(4)中"扯鸡儿"费解。今谓"扯鸡儿"即"扯筋"之儿化,据许宝华、宫田一郎(1999)《汉语方言大词典》,西南官话和湘语中"扯筋"有"吵架;争论;闹纠纷"之义,"扯横筋"有"狡辩;不讲道理地争吵"义,"扯筋客"指"爱闹纠纷的人"。例(3)中"扯鸡儿"正当释作"不讲道理地争吵;狡辩;闹纠纷",此回叙蔺豸"负欠多债",向脱空大王及穆氏兄弟讨教"脱空不肯偿还"之法,穆氏兄弟方有以上一段话。或作"扯筋",清省三子《跻春台》卷二《川北栈》:"店主曰:'此时说垫,后来又要扯筋。'么师曰:'我心甘意愿垫的,有啥筋扯!'"(497页)白维国(2011)"扯筋"条释为"赖账;说话不算",乃随文释义。据例(3),"扯鸡儿"乃赖账(脱空不肯偿还)之方法,不宜再释为"赖账",《跻春台》例中"扯筋"亦"闹纠纷"之义。凡争吵则音声必大,故"扯鸡儿"又有"大声嚷"之义,如"吵"即有"吵架""吵闹"二义。因此,例(4)中"扯个鸡儿"即"大声嚷",据许宝华、宫田一郎(1999),西南官话中"扯板筋"有"大声嚷"之义,另蒋宗福(2014)亦指四川方言中"扯筋"含有"吵闹,打架"等义,皆可作参证。

三、出　矿

(5) 清石玉昆《忠烈侠义传》第三十四回:"说话间,只见金生进来道:'我与颜兄真是三生有幸,竟会到了那里,那里就遇得着。'颜生道:'实实小弟与兄台缘分不浅。'金生道:'这么样罢,咱们两个结盟拜把子罢。'雨墨暗道:'不好,他要出矿音拱。'连忙向前道:'金相公要与我们相公结拜,这个小店备办不出祭礼来,只好改日再拜罢。'"(1128页)

白维国(2011)"出矿"条:"chūkuàng　耍手段骗人。"所举书证即例(5)。此乃随文释义。"出矿"当读为 chūgǒng,抄本《忠烈侠义传》(又名《三侠五义》)于"矿"旁注"音拱",即为证明。gǒng 为"矿"字旧读,用"矿"字当是记音。北京话有"出拱"一词,许宝华、宫田一郎(1999)"出拱"条:"作出越轨行动。北京官话。别人都挺守规矩,就他总爱出拱。""出拱"即"出矿",然释义似不允。《忠烈侠义传》改自《龙图耳录》,《龙图耳录》第三十四回:"雨墨暗道:'不好,他别另有什么主意吧。'"(365页)可知,"出矿"当与"另有什么主意"义近。我们认为,"出矿"为"搞出其他事情"之义,此例讲金生(白玉堂)故意要试颜生,之前已诓了颜生两顿饭,第三次见面又要结拜,书童雨墨觉得金生就像个篾片骗吃骗喝,故听到金生要与颜生结拜马上想:不好,他又要搞其他事情(来骗颜生)。清小和山樵《红楼复梦》卷二十三:"书带坐下,说道:'姐姐你想,将来一定要出矿,这不是咱们白带在里面。羊肉吃不成,倒闹的一身骚!'紫箫道:'你且不用着急,其事尚缓。让我满饮三杯,洗洗耳朵。'说着,一连气儿喝了三大杯酒,笑道:'你不用着急,我自有主意总叫你万安。将来设或闹出别的,也与你不相干儿就完了。'"(808页)此言书带撞破桑进良与绣春(书带一起当差的姐妹)奸情后,向其姐妹紫箫诉说,这里"出矿"显然不是"耍手段骗人"义,而是怕绣春他们将来再搞出什么其他事情(后文二人私奔),从而连累自己,下文紫箫说"将来设或闹出别的"亦是证明。又《红楼复梦》卷五十九:"赵旺说:'相公去催厨子,总不见回来,不知又出了什么矿?'"(2085页)此例中,钟晴(相公)对婉贞欲行不轨,遭反抗后将婉贞杀害,对仆人赵旺假说去催厨子而逃跑,后来人们发现婉贞被害,忙乱了一天,夜间才发现钟晴不见,赵旺方有此语。这里"不知又出了什么矿"是言于婉贞这件事情之外"不知又弄出了什么其他事情没有"。许宝华、宫田一郎(1999)所举"就他总爱出拱"亦"就他总爱搞出点别的事情"之义。从实际用例来看,"出矿"不宜解释为"作出越轨行动",如前例中桑进良与绣春已经越轨,而赵旺作为仆人亦不会有主人"又作出什么越轨行动"之语,尤其例(5)中言白玉堂要"做出越轨行动"更于文意不合。

四、吹

(6) 明方汝浩《东度记》第五回:"恰遇着岭外有弟兄二人,一个叫做千里见,一叫做百里闻。他二人因何叫这名字?只因地方邻里家,有甚酒食事情,他便知道,来吹来吃,来揽来管,以此起了他二人这个名色。他二人不耕不种,没处吹吃。骗惯钱钞,何曾长有;吹惯酒食,哪讨常来?"(77页)

(7)《警世通言》卷二十五:"只为他年已九十有余,兀自精神健旺,饮吹兼人,步履如飞。"①

(8) 清眠鹤道人《花月痕》第八回:"晓风扑面,陡然四支发抖,牙关战得磕磕的响,叫秃头将两床棉被压在身上,全然没用。直到韩阳镇打

---

① 此例录于黑维强(2005),未知所据版本。查《古本小说集成》影兼善堂本、东京大学东洋文化研究所双红堂文库藏三桂堂本《警世通言》,例中"饮吹"皆作"饮啖"。

尖,服下建䊚,吹下痧药,略觉安静。"(152页)

对例(6)—例(8)中出现的五例"吹",黑维强先生(2005)指出:"'吹'在上引例中是吃的意思,含有贬义色彩。其中第一例吹、吃二字同义对举;第二例吃、吹同义连文。第三例是说吃喝惯酒食。第四例'吹'与'饮'同类相关词并举,意思是一吃一喝。最后一例,'吹下痧药'就是吃下药。"此说未确。"吹"乃"饮;喝"之义,法藏敦煌文献P.3569《光启三年四月官酒户龙粉堆牒并判词》:"蕃使繁多,日供酒两瓮半已上,今准本数,欠三五瓮,中间缘在四五月艰难之济,本省全绝,家贫,无可吹饮,朝忧败阙。"(346页)此"吹饮"连言,指饮酒。清谢锡勋《闽轿行》:"半行半卧半吹饮,百里平分三日程。"(1193页)此亦当指一边饮酒一边前行。笔者所见残抄本唱本有"吹把(罢)茶来用把饭,勇(舅)父有话说风(分)明"之句,"吹茶"即"喝茶"。民国陈去病诗《自浙入湘,得晤梦邃,君剑诸社友,献以是诗》:"脱帽一为礼,浮踪江海来。吟朋却到眼,吹饮复倾杯。"(298页)1945年《青海志·生活民俗·食》:"豆麻茶,藏语也,为炒面粉及乳渣、酥油加茶而成之饮料。食时,围坐灶前,捧碗吹饮。"(287页)该词今人仍言,如东北方言中直接用瓶喝酒言"对瓶吹",一口气将酒喝干言"一口吹"。今人林芹澜《蒲家庄杂感》:"传说从前井是满的,可以俯身吹饮清泉。"黄磊《我的肩膀,她们的翅膀》:"我爱喝酒,各种酒,我喜欢好友相聚时的吹饮,也爱暗夜独处时的小酌。"

上揭白话小说诸例中"吹"亦皆为"喝"义。例(6)中"来吹来吃"即"来喝来吃",正与上"酒食事情"相应;"没处吹吃"即"没处吃喝","吹惯酒食"中单言"吹"乃对仗要求使然。例(8)中"吹下痧药"一例,"痧药"有丸状,有末状。清钱峻《经验丹方汇编·单方》:"诸葛武侯行军散(乳名痧药。临济超真大和尚传)牛黄、麝香、冰片各三分,朱砂、雄黄、硼砂、火硝各一钱,飞金三十张。研为细末,入磁瓶听用。"(23页)本例当为药末。服痧药或需以鼻吸入,如清俞万春《结水浒传》第九十六回:"阴婆出来道:'贤婿路上受了日头气还好么?'戴春立起道:'还好。'阴婆道:'疑可闻闻痧药,免得发痧。'便取出一瓶卧龙丹。戴春闻了,打了几个喷嚏。"(1112页)清陈森《品花宝鉴》第八回:"仲雨又将烟壶递与元茂,元茂不知好歹,当着闻痧药的,一闻即连打了七八个嚏喷,眼泪鼻涕一齐出来,惹得仲雨、聘才都笑。"(312页)又或需用水调剂饮之,清吴炽昌《客窗闲话》卷二《时医》:"当是时,有都督某大将军驻是邑,得眩疾,发即晕绝,惟以痧药灌之,周时斯醒。忽疾作将毙,其夫人命卒求药,卒因吴医新设铺药,必认真,故买之而归。夫人莫辨,急以水调药末灌之,大将军腹中如雷鸣,须臾起坐,大呼:'妙药,妙药!'"(334页)清恽毓鼎《澄斋日记·北上日记·五月二十八日》:"晓起眼眩腹闷,大有发痧之势,急以痧药治之,鼻口兼施,始得清爽。"(6页)"鼻口兼施"当指又闻又饮。例(8)中,"吹下痧药"当指调剂饮下。周志锋先生(2014)亦指"吹"有喝义,可参看。

五、脚　地

(9)清瘦秋山人《金台全传》第十二回:"店家道:'这位姑娘可是十八岁么?'圣姑姑道:'正是十八岁了。'店家又问道:'可曾连姻了么?'圣姑姑道:'还未。'店家道:'为何勿对亲呢?'圣姑姑听说,笑道:'店家,你莫道吾差。只为吾家不是低微门户,因此对亲须要拣好人家的,高低不就,蹉跎下来的。'店家道:'勿知要怎么样的人家?可以说说看。'圣姑姑道:'店家,只要子弟正道,不走邪路,不油花。人家清苦是不肯的,蓝青脚地也不对的,为人。'"(109页)

例(9)中"蓝青脚地"费解。"脚地"有"基础;根基"之义,清李渔《闲情偶寄》卷六《声容部·选姿·肌肤》:"父精母血交聚成胎,或血多而精少者,其人之生也必在黑白之间。若其血色浅红,结而为胎,虽在黑白之间,及其生也,豢以美食,处以曲房,犹可日趋于淡,以脚地未尽缁也。有幼时不白,长而始白者,此类是也。至其血色深紫,结而成胎,则其根本已缁,全无脚地可漂。及其生也,即服以水晶云母,居以玉殿琼楼,亦难望其变深为浅,但能守旧不迁,不致愈老愈黑,亦云幸矣。"此例"脚地""根本"对言,二者义近。《古今图书集成·博物汇编·艺术典》第五百二十卷《医部汇考(五百)·痘疹门(四十二)·医案(四)》:"凌长康一孙二岁,身不见热,蓦然左颧一报痘,脚地扁阔,色赤而干,中心黑陷,按之板实。"(31页)又:"不越二日,神即昏迷,从头至足,于空地及疤内重出一身,似痘非痘,不成颗粒,脚地模糊,色如尘垢,无一隙地。"(30页)此二例中"脚地"皆指痘之根基部位。清苏庵主人《绣屏缘》第十五回:"员外闻得些语,就如疟疾忽到,身上发寒发热,不觉怒气冲天,思量:'我儿子死不多时,族内便埋这样分家私的脚地,倘若再过几年,老夫妇身无立锥矣。'"(277页)此回叙众族人皆以为员外儿子已死,领一小儿欲为员外继子,员外认为这是为将来分其家财打下基础。其例再如金圣叹《第五才子书水浒传》卷三《读第五才子书法》:"《西游》又太无脚地了,只是逐段捏捏撮撮,譬如大年夜放烟火,一阵一阵过,中间全没贯串,便使人读之,处处可住。"(4页)由"基础;根基"又引申指家世、出身等,"蓝青"喻不纯(如蓝青官话),例(9)中"蓝青脚地"指出身不纯正,即家世不好,正与前文"吾家不是低微门户"相应。"根脚"一词亦有相同引申过程,可为参证。(参看《汉语大词典》"根脚"条)

六、跳

(10) 明罗懋登《三宝太监西洋记演义》第七十四回:"尊者道:'他说是我若真心化缘,这个银钱,一生受用他不尽;我若假意化缘,这个银钱,半刻儿不肯轻放于我。跳起来只是一个银钱,怎说得不肯轻放于我的话?'"(1998页)

(11) 罗贯中《三遂平妖传》第一回:"莫不这先生作耍笑?跳起来这画儿值得多少?"(11页)

例(11)中的"跳起来",石汝杰、宫田一郎《明清吴语词典》(2005)释为"比喻算足了(价值)"。

(12)《儒林外史》第五十四回:"丁言志道:'陈思阮,你自己做两句诗罢了,何必定要冒认做陈和甫先生的儿子?'陈和尚大怒道:'丁诗,你几年桃子几年人!跳起来通共念熟了几首赵雪斋的诗,凿凿的就呻着嘴来讲名士。'"(1781页)

此例《汉语大词典》"跳起来"条释为"充其量;至多不过"。

(13)《儒林外史》第三十二回:"王胡子走上来道:'鲍师父,你这银子要用的多哩,连叫班子、买行头,怕不要五六百两。少爷这里没有,这好将就弄几十两银子给你,过江舞起几个猴子来,你再跳。'杜少卿道:'几十两银子不济事,我竟给你一百两银子,你拿过去教班子,用完了你再来和我说话。'"(1093页)

例(13)中的"跳"《汉语大词典》释为"方言。搞;干",白维国(2015)同此。

(14)《儒林外史》第五十二回:"陈正公道:'呆子!你为甚不和我商量?我家里还有几两银子,借给你跳起来就是了。还怕你骗了我的?'"(1717页)

此例《汉语大词典》"跳起来"条释为"搞起来;干起来"。

"跳"有"算;算计,谋划"之义。例(10)—例(12)中,"跳起来"即"算起来"之义,例(12)清黄小田评《儒林外史》:"'跳起来'是土语,犹言算起来。"(656页)《汉语大词典》乃随文释义。《明清吴语词典》将例(11)中的"跳起来"看成"跳跃"义的比喻用法,故曰"算足",亦未得其要。《汉语大词典》释例(13)中的"跳"为"搞;干",于文意不通,已经"舞起几个猴子来"(指教起戏班),再言"你再干"则不知所云。从文意来看,鲍师父需要的银子较多,但目下只能先借他几十两,让其先教起戏班子来,然后"再跳",即再算计、再谋划,下文杜少卿言"再来和我说话"亦再算计、再谋划之义。例(14)中,"借给你跳起来"亦即"借给你算计(谋划)起来"之义。清逍遥子《后红楼梦》有一例亦可证"跳"确有"算计;谋划"义,《后红楼梦》第四回:"王夫人听着惊呆了,原有些体己,怕充了公,便慢慢地道:'怎么好? 可好叫两个媳妇寻寻去?'贾政叹气道:'孩子们东西没奈何且典当着,过了年再跳,还他却也便当。'"(99页)此"再跳"即"再谋划、再算计"之义,"便当"为"方便;容易"义,全句义为"过了年再谋划、再想办法,还他却也容易"。此例北京大学出版社点校本、春风文艺出版社点校本《后红楼梦》皆断作"孩子们东西没奈何且典当着,过了年再跳还他却也便当",①并误。

参考文献

白维国(2011)《白话小说语言词典》,北京:商务印书馆。
——(2015)《近代汉语词典》,上海:上海教育出版社。
黑维强(2005)明清白话词语选释,载四川大学汉语史研究所编,《汉语史研究集刊》第七
    辑,成都:巴蜀书社。
蒋宗福(2014)《四川方言词源》,成都:巴蜀书社:47。
孟广来(1990)《元明散曲详注》,济南:山东文艺出版社:318。
石汝杰,宫田一郎(2005)《明清吴语词典》,上海:上海辞书出版社。
许宝华,宫田一郎(1999)《汉语方言大词典》,北京:中华书局。
周志锋(2014)《训诂探索与应用》,杭州:浙江大学出版社:159。

(510275　广州,中山大学中文系　liweida@mail.sysu.edu.cn)

---

① 二点校本所据皆为乾嘉间刻本,该刻本标有句读,于"过了年再跳还他却也便当"中间并未点断,今人点校时不明"跳"之语义,乃误。

19世纪传教士方言课本《温州话入门》中虚词的官话成分*

袁 丹 胡婷婷

提要 《温州话入门》是19世纪一本教授外国人温州方言的对外汉语方言教学的课本。我们经过整理发现,该书教授的并非纯正的温州方言,而是杂糅着官话成分的温州方言,其中虚词的官话借用尤为复杂。文章描写了《温州话入门》中三种虚词的官话借用情况:1. 温州方言"逮"的官话借用成分"把";2. 温州方言"走"字结构的官话借用;3. 温州方言疑问语气词的官话借用成分。文章也对这三种虚词官话借用的方式和原因做了详细的探讨。

关键词 《温州话入门》;虚词官话成分;《语言自迩集》;语言接触

一、引 言

《温州话入门》(*Introduction to the Wenchow Dialect*,1893)(以下简称《入门》),作者为 P. H. S. Montgomery(中文译名蒙哥马利或孟国美),该书是为居住在温州的外国人学习温州方言而编撰的方言课本,成书于1893年。全书包括序言、目录、声调说明、音节表、一字多音、单双元音发音、声调符号、40篇课文、生字索引、量词表、短语、亲属称谓表、词汇总表及勘误表,共十四个部分。书的主体部分是40篇课文,改编自《语言自迩集》(以下简称《自迩集》)①,由作者的老师陈梅生将官话译成温州话。另外,传教士苏惠廉(W. E. Soothill)也

---

* 本研究得到2018国家社科基重大项目"基于大型语料库的汉语非组构性历时演变与语言演变规律研究"(项目编号18ZDA292)资助。

① 1886年出版的英国人威妥玛著《语言自迩集》,在当时是一部权威性的北京话课本。它系统地记录了19世纪中期的北京官话音系。

曾参与了编纂工作,同时对单字的声调做了说明,并校正样稿①。

《入门》作为一本反映19世纪温州方言面貌的文献资料,历来受到学界的关注。潘悟云(1989)在研究温州方言的指代词时,采用了蒙哥马利的记音作为历史比较的语料来分析温州方言的连调系统和异读。郑张尚芳(1993/2008)指出它是第一本系统介绍温州方言的书,音系分析较科学,并有简单的同音字汇,课文中丰富的词汇和例句对研究百年前的温州话语音词汇极有价值。游汝杰(2002)对它做过更为详细的介绍,他整理分析了书中的声韵调系统和"一字多音",并将书中的声调调值和赵元任、郑张尚芳及游汝杰先生自己的记录做比较。刘镇发(2006)采用了蒙哥马利对19世纪温州方言的记音,对《入门》的韵母系统做了较为系统的分析,并将之与1989年的记音做比较,发现温州方言在过去一百年间韵母变化形成一个有系统的元音推移。可见,前贤的研究主要集中在利用《入门》所提供的记音材料来分析19世纪的温州音系,从而为研究历时音变服务。本文的研究则关注于《入门》提供的温州方言语料,我们通过对其语法系统的整理,发现其教授的并非纯正的温州方言,而是杂糅着官话成分的温州方言。由于《入门》主体部分的40篇课文均为《自迩集》的对译,而《自迩集》记录的是19世纪中期的北京话,因此《入门》中也借用了一些官话成分,特别是虚词的借用尤为复杂。本文选取了三种较有特点的虚词借用进行细致的描写和分析,并对相关问题进行了讨论②。

二、温州方言"迭"的官话替代成分"把"

现代温州方言中"迭"具有处置介词(迭$_1$)和受益介词(迭$_2$)两种用法。

(一)迭$_1$:处置介词。在句中用于宾语前,起到将宾语提到动词前的作用,大致相当于普通话中的"把",如:

(1)快俫迭药吃爻。快点把药吃了。

(2)你迭房间整理一下。你把房间整理一下。

---

① 著名英国在华传教士,在中国温州传教26年,牛津大学中文教授,英国知名汉学家。

② 文中现代温州方言的例句,多数选自《温州方言词典》(1998),少数为本文第二作者(母语为温州话)自造的例句。

(3) 渠逮我个两个手机担[tso³⁵]去爻。他把我的两个手机拿去了。

(4) 渠逮我个五粒糖儿吞落爻。他把我的五粒糖吞下了。

例(1)、例(2)中"逮"的处置对象分别为"药"和"房间",而例(3)、例(4)中"逮"的处置对象为领属结构"我个两个手机(我的两个手机)"和"我个五粒糖儿(我的五粒糖)"。当"逮"的处置对象为领属结构(NP1 个 NP2)时,在温州方言中有两种句式:一种为"主语＋逮＋ NP1 个 NP2＋动词",如例(3)、例(4),这种句式和官话的相同;另一种为"主语＋逮＋ NP1＋动词＋NP2",这种分裂句式是温州方言所特有的,如例(3)、例(4)可改为:

(5) 渠逮我担去两个手机爻。/渠逮我担两个手机去爻。

(6) 渠逮我吞落五粒糖儿爻。/渠逮我吞五粒糖儿落爻。

需要说明的是,在温州方言中,这种分裂处置句式中的 NP2 前一定要加数量词,如例(5)、例(6)中的"两个""五粒"。并且,这种分裂句式的谓语部分应为动补结构,如例(5)、例(6)中的"担去""吞落"。另外,这里的动补结构可以拆分,如例(5)、例(6)可以为"担去两个手机""吞落五粒糖儿",也可以为"担两个手机去""吞五粒糖儿落"。如果 NP2 前没有数量词,或谓语部分不是动补结构,则只能选用与官话一致的"主语＋逮＋ NP1 个 NP2＋动词"句式。

(二)逮₂:受益介词。在句中用于宾语前,构成介宾结构,用于引进所为者,大致相当于普通话中的"替",如:

(7) 姆[mai³³],你好好读书,阿逮阿伯争口气。孩子,你好好读书,也替爸爸争口气。

(8) 我身体不舒服,你逮我走。我身体不舒服,你替我去。

(9) 我朵不动爻罢,你逮我朵一朵。我已经拿不动了,你替我拿一拿。

(10) 你覅逮渠写作业。你不要替他写作业。

例(7)—例(10)中"逮"后都是受益对象,而非处置对象。因此,"逮"后一般为人称代词或有生命度的名词,如"我""你""渠""阿伯"等。

有意思的是,《温州话入门》中的处置介词和受益介词由"把[po⁵³]"来充当,如:

1. 把₁:处置介词。如①:

(11) 把□[he⁵³]个人带出□[kau²¹⁴]来,门阿带转。把那个人带出这里,门也

---

① 《温州话入门》中的用例后均用(页 XX:XX)格式标注页码和例句编号。凡无字可写的均用"□"后加国际音标表示。

19世纪传教士方言课本《温州话入门》中虚词的官话成分

带上。(页 96：31)

(12) 我把□[he⁵³]个玻璃瓶□[tso⁵³]来要擦一擦。我把那个玻璃瓶拿来要擦一擦。(页 141：22)

(13) □[he⁵³]个阿弟屡次把别人□[ge³³¹]铜钱吞落□[gɔ³³¹]。那个弟弟屡次把别人的钱吞了。(页 131：22)

(14) 其把我大家坟□[de³³¹]□[ge³³¹]树偷去。他把我们坟里的树偷去。(页 181：29)

(15) □□[he⁵³-le³³¹]衙门人不把我禀帖送底去。那些衙门人不替我送禀帖进去。(页 181：29)

《入门》中"把"做处置介词时,一般采用官话的句式,即处置对象为领属结构时,也都采用"主语 + 把 + NP1 个 NP2 + 动词"结构,如例(13)、例(14)处置对象都是领属结构"别人□[ge³³¹]铜钱(别人的铜钱)""我大家坟□[de³³¹]□[ge³³¹]树(我们坟里的树)",例(15)"我"和"禀帖"之间省略了结构助词"□[ge³³¹](个)"。仅有一例采用了温州方言的句式：

(16) 可惜其□[ge³³¹]阿弟顶会骗人,旧年把我骗□[le³³¹]铜钱去。可惜他的弟弟很会骗人,去年把我的钱骗了些去。(页 172：20)

例(16)这个处置句的处置对象为领属结构"我□[ge³³¹]铜钱(我的铜钱)",在温州方言中可用两种句式表达：一种为"旧年逮我个铜钱骗去",与官话的句式一致；另一种为"旧年逮我骗去俫铜钱/旧年逮我骗俫铜钱去",是温州方言特有的分裂句式。《入门》中的这一用例采用了温州方言的特殊句式。例句中的"□[le³³¹]"(现代方言学者写为"俫")是数量词"一些"的意思,且例句的谓语部分为"骗去",是动补结构,符合"主语 + 逮 + NP1 + 动词 + NP2"的句法限定。

统计结果显示,《入门》中的处置介词用法共有 49 例,都由官话成分"把"来替代,并没有出现温州方言的"逮",即在处置介词用法中,"把"完全取代了"逮"。

2. 把₂：受益介词。如：

(17) 你去把我买一只小鸡、三四个鸡卵。你去替我买一只小鸡、三四个鸡蛋。(页 84：25)

(18) 你把我□□[t'aŋ⁴⁴-le³³¹]去。你替我腾一些去。(页 243：621)

(19) 我把你□□[t'aŋ⁴⁴-le³³¹]来。我替你腾一些来。(页 244：622)

例(17)—例(19)中官话成分"把"取代了温州方言"逮"作为受益介词,受益对象都是"我"。

《入门》中的受益介词用法共有 11 处,只有以上 3 例用"把",其余 8 例都用"代[de^{331}]",即"逮",如:

(20) 你代我买十支笔、两锭墨。你替我买十支笔、两锭墨。(页 51:16)

(21) 请你代我挑□[lie^{342}]儿好□[ge^{331}]。请你替我挑点儿好的。(页 128:27)

(22) □[maŋ^{331}]年就代其办喜事。明年就替他办喜事。(页 172:21)

(23) 请你代我排一个阵。请你替我出一个主意。(页 243:619)

可见,《入门》中大部分受益介词用法保留了温州方言的"逮",如例(20)—例(23),仅有 3 例受到官话的影响,用官话成分"把"来代替。

温州方言中"把"只能用作量词,比如"一把刀""一把米",《入门》中"把"的处置介词和受益介词用法并非来源于温州方言,而是对官话的借用。这种借用文读词的现象,就是所谓的"转文"现象。转文现象在方言借用中较为常见,如:上海话中不说"我们"一词,但电视节目中用上海话回答记者提问时,常用转文"我们"[ŋu$^{13-22}$məŋ$^{13-14}$]。(详见游汝杰 2004:4)温州方言中的"逮"和官话中的"把"都有处置介词的用法(逮$_1$,把$_1$)。由"把$_1$"替代"逮$_1$"是两种语言或方言的对应复制。那么《入门》中"把"的受益介词的用法(把$_2$)是怎么产生的呢?

我们认为,蒙哥马利在对译《自迩集》的过程中,官话的"把"受到温州方言"逮"的影响被赋予了受益介词的用法(把$_2$),出现了例(16)—例(19)的用法。这种借用的现象被 Weinreich(1963)称为"义借(semantic loan)"。"义借"指的是:两种语言中如果有两个语义单位存在部分相同,那么相互作用便会使这两者等同化并进行义素调整直到完全一致。温州方言中的"逮"和官话中的"把"这两个语义单位存在相同部分,即都能用作处置介词。因此,对译的过程即是两者同化的过程,官话中的"把"逐渐被赋予了温州方言"逮"的受益介词用法(逮$_2$)。但是,《入门》中"把"只是替代了部分"逮"的受益介词用法,"把"和"逮"的受益介词用法同时存在。可见,两者仍处于义素调整的过程中,并未达到完全一致。

与"义借"概念相似的还有"移植"和"相因生义"。朱冠明(2008)提出的"移植"这一概念最初被用在佛经翻译中,"指译师在把佛经原典语梵文

（源头语）翻译成汉语（目标语）的过程中存在的这样一种现象：假定某个梵文词 S 有两个义项 S_a、S_b，汉语词 C 有义项 C_a，且 $S_a = C_a$，那么译师在翻译中由于类推心理机制的作用，可能会把 S_b 强加给汉语词 C，导致 C 产生一个新的义项 C_b（= S_b），C_b 与 C_a 之间不一定有引申关系，且 C_b 在译经中有较多的用例，这个过程我们便认为发生了语义（包括用法）移植"。"移植"强调的是从源头语到目标语的翻译过程中，目标语的词汇产生新义，而《入门》中"把"的借用是对译的过程中，源头语（官话）的词汇受目标语（温州方言）的影响产生新义。这说明语义移植是双向的，可以是源头语对目标语的影响，也可以是目标语对源头语的影响。

蒋绍愚（1989）将"相因生义"解释为这样一种现象：A 词原来只和 B 词的一个义位 B_1 相通。由于类推作用，A 词又取得了 B 词的另一个意义 B_2，甚至取得了 B 这个字的假借义 B'_2。我们可以看到，"移植"和"义借"发生在不同语言的接触过程中，而"相因生义"只发生在同一种语言之内。但是"义借""移植"和"相因生义"具有共同的心理机制，即类推，且如蒋绍愚先生所言，是一种"错误的类推"。两个语言单位在某一方面相同，便被误以为在所有方面相同，使语言单位凭空被强加上新的义项或用法。

根据上文的分析，《入门》中官话成分"把"的用法具体可归纳为以下几个方面：1.《入门》中官话成分"把"完全替代了温州方言"逮"的处置介词用法。2. 出现了官话处置介词"把"和温州方言特殊句式杂糅的现象，如例（15）即把官话处置介词"把"和温州方言特有的分裂处置句式杂糅在一起。3.《入门》中的"把"在温州方言的影响下发展出了受益介词用法，部分替代了温州方言中"逮"的受益介词用法。

（三）温州方言"走"字结构的官话替代成分"到""去""来"

现代温州方言中，"走"除了可以做实词，表示"双腿行走"外，还有大量的"走"字结构，表达的意义较虚，不具备实在的词汇意义。

1. 相当于普通话中的"到"（"往"义，而非"到达、达到"义），后接处所宾语，如：

（24）我踏踏脚车走菜场。我骑自行车到菜场。

（25）甚早走乐清去只好坐船。很早以前到乐清去只能坐船。

（26）渠讲渠想开车走上海。他说他想开车到上海。

（27）你病恁重还捱牢不走医院里去啊？你病得那么重还熬着不到医院去吗？

从例句中可以发现,例(24)—例(26)的交通工具分别是"踏踏脚车""坐船"和"开车",例(27)虽没明确指出交通工具,但这里的"走"都是"到"("往"义)的意思,而非"双腿行走"的意思。

2. 相当于普通话中"去",后加动词,如:

(28) 你走试探试探。你去试探一下。

(29) 你走通知大家人明朝天光开会。你去通知大家明天早上开会。

(30) 我阿妈走买配爻罢。我妈妈去买菜了。

(31) 渠阿妹前个礼拜走读书爻罢。他妹妹上个礼拜去上学了。

"走"和"去"还可以连用,后加动词,同样表示"去"的意思,如:

(32) 你舅舅有病,你着走去张张渠。你舅舅有病,你得去看看他。

(33) 大家人齐起不走去上班。大家联合一致不去上班。

(34) 渠冇在间底,走去吃饭爻罢。他不在房间里,去吃饭了。

(35) 我想走去逮空调调低俫。我想去把空调调低点。

"走去+动词"和"走+动词"在语义上并没有不同。例(28)—例(35)中的"走去"和"走"都是"去"的意思,并非"双腿行走"的意思,且"走去+动词"中的"走"不能删除。

3. "走"和"来"连用,后接动词,相当于普通话中的"来",如:

(36) 昨夜我阿哥讲有个人走来寻我,我只当是你。昨天我哥说有个人来找我,我以为是你。

(37) 明朝再走来嬉添。明天再来玩。

(38) 姐妹队正月头沃会走来拜年个。姐妹伙儿正月里都会来拜年的。

(39) 渠阿是冇办法走来求你个。他也是没办法,才来求你的。

"走来"表示普通话中的"来""过来",后也可不接动词成分,如:

(40) 该两日人客接牢走来。这两天客人接连来。

(41) 你阿忒老定,船就会开罢,新走来。你也太淡定了,船就要开了才来。

(42) 渠讲渠不走来。他说他不来。

(43) 人沃走来罢。人都来了。

与"走去"相同,温州方言中"走来"结构中的"走"也不是"双腿行走"的意思,"走"虽然在语义上是羡余的,但是在句法结构上是一个不能删除的必要成分。

"去"表示"人或事物随动作离开说话人所在地",而"来"表示"从别的地方到说话人所在的地方"。"到"("往"义)和温州方言中的"走"与"去/来"的共同点在于,它们都表示"位移的发生";区别在于"到"和"走"没有"去/来"所具备的方向性。温州方言中表示"来/去"时,都要加"走",构成"走去/走来"结构,这里的"走"意义较虚,没有"用脚行走"的意思。虽然"走"在语义上是羡余的,但在句法结构上是一个必要成分,不能删除。

据我们的观察,《入门》中有些应用温州方言"走"表达的句子,却用了官话的表达,如:

1. 用"到"代替"走",后接处所宾语,出现了 6 例,如:

(44) 其大家两个人是旧年到□□[ki^{214}-li^{331}]来□[ge^{331}]。他们两个人是去年到这里来的。(页 66:37)

(45) 迟早总会到□[kau^{214}]来。迟早都会到这里来。(页 237:515)

(46) 到□[$nyau^{213}$]宅去?到哪里去?(页 228:377)

(47) 请你到我□[da^{331}]。请你到我家。(页 232:439)

官话中"到"有两个义项:一是"到达、达到"义,可带表示处所或数量的宾语;二是"往"义,必带表示处所的宾语。而温州方言中的"到"只具备"到达、达到"义。温州方言中的"到"的"往"义用法则用"走"表示,但《入门》中出现了用"到"代替"走",后接处所宾语的用法,如例(44)—例(47)。这是《入门》中温州方言受到官话影响而产生的借用现象。

《入门》中其余 13 处用的是温州话的正确表达"走+处所宾语"或"走+处所宾语+来/去"。

2. 用"去"代替"走"或"走去",后接动词,共出现 11 例,如:

(48) □[ki^{214}]日我阿爷归来,我去迎接。今天我爷爷回来,我去迎接。(页 127:24)

(49) 后日其□[ge^{331}]阿伯葬丧,我着去帮忙。后天他的爸爸葬丧,我得去帮忙。(页 127:25)

(50) 你去把我买一只小鸡、三四个鸡卵。你去替我买一只小鸡、三四个鸡蛋。(页 84:25)

(51) 就是其大家自□[ge^{331}]阿伯去打官司,阿是一色要其铜钱□[ge^{331}]。就是他们自己的爸爸去打官司,也是一样要他钱的。(页 181:29)

《入门》中其余 6 处用的是温州话的正确表达"走去+动词",但是没有出现"走+动词"的用法。

3. 用"来"代替"走来",后不接动词成分,出现了11例,如:

(52) 有□□[ga^{331}-nyie^{331}]人来?有什么人来?□□[n^{331}-nau^{342}]人来。_{没有人来。}(页33:28)

(53) 有几□[le^{331}]人来?有多少人来?有多□[çie^{53}]人来。_{有很多人来。}(页33:30)

(54) 我请其教我大家讲土话,其讲学生多□[çie^{53}]不肯来。_{我请他教我们讲土话,他说学生太多不肯来。}(页47:28)

(55) 其是旧年来□[ge^{331}],我是前个月日到□[ge^{331}]。_{他是去年来的,我是上个月到的。}(页66:37)

《入门》中其余有10处用了温州话的正确表达"走来"。

分析《入门》中"走"出现官话替代成分的原因,我们认为《入门》中"走来""走去"被"来/去"替代则是因为译者忽视了语义羡余和句法结构羡余的不一致性。虽然"走""来""去"都表示位移的发生,温州方言中的"走来""走去"结构中的"走"在语义上是羡余的,但是在句法结构上是一个必要的成分,不能够删除。而《入门》中"走"被"到"替代则是因为温州方言受官话影响而产生的官话借用现象。

四、温州方言疑问词"䏲"和"啊"的官话替代成分"么[mɔ^{331}]"、"□[ma^{331}]"

在现代温州方言中,疑问语气助词是"䏲[uɔ^{0}]"和"啊",不用官话中的"吗"或"么"。"䏲"紧接在陈述句末尾,使之变成疑问句,带猜测、建议、征询的语气,如:

(56) 你该日黄昏走去嬉䏲?_{你今天晚上去玩吗?}

(57) 逮该杯茶倒爻䏲?_{把这杯茶倒了吗?}

(58) 你想搬去住䏲?_{你想搬去住吗?}

(59) 你伉我相伴走䏲?_{你跟我一起去吗?}

普通的陈述句后还常常用"是䏲""对䏲""用着䏲"来追问(游汝杰2003),如:

(60) 你想望北京走,是䏲?_{你想到北京去,是吗?}

19世纪传教士方言课本《温州话入门》中虚词的官话成分

(61) 渠拉住在上海,对啘? 他家住在上海,对吗?

(62) 问你借一万番钱,用着啘? 向你借一万块钱,好吗?

(63) 我逮你买糯米饭当天光,可以啘? 我替你买糯米饭当早饭,可以吗?

疑问语气助词"啊"用于句末,可后置于完成体动词,构成"动 + 罢 + 啊",后面往往可以再跟一个否定词"未",如:

(64) 浴洗爻罢啊? 澡洗了吗?

(65) 衣裳晒起罢啊? 衣服晒起来了吗?

(66) 手表修好罢啊未? 手表修好了吗?

(67) 门关爻罢啊未? 门关了吗?

需要注意的是,温州方言的疑问语气助词"啘[uɔ⁰]"和"啊"不同于官话中的"吗"或"么",温州方言一般疑问句最常用的反复问句句式,带有"啘[uɔ⁰]"和"啊"的疑问句事实上也是反复问句,"啊"应是"啊未"的省略说法,而"啘[uɔ⁰]"是"否喔"的合音。(游汝杰 2003)而这一点在《入门》的对译中也有所体现,《自迩集》中多例是非问句,被译为正反问句,如:

(68) 原文:你会浮水么? 你会游泳吗? (《自迩集》页 145:30.11)
     译文:你会泅不会? 你会游不会? (《入门》页 147:17)

(69) 原文:还有不记得的字么? 还有不记得的字吗? (《自迩集》页 74:5.5)
     译文:还有记不的□[ge³³¹]字□□[n³³¹-nau³⁴²]? 还有记不得的字没有? (《入门》页 48:34)

《入门》中使用疑问语气助词较少,共出现 6 处,其中 3 例是"么[mɔ³³¹]",2 例是"□[ma³³¹]",1 例是"□[o⁴⁴]",如下:

(70) □[he⁵³]个时辰钟准□[ge³³¹]么? 那个时钟准的吗? (页 189:14)

(71) 你还不晓得□□[he⁵³-le³³¹]衙门人□[ge³³¹]脾气么? 你还不知道那些衙门人的脾气吗? (页 181:29)

(72) 你□□□[ki²¹⁴-naŋ³³¹⁽²¹³⁾-ge³³¹]本事好,□[nɛ⁵¹]的讲□□[n³³¹-nau³⁴²]出头么? 你本事这么好,难道没出头之日吗? (页 152:37)

(73) 做良民百姓不比犯着王法好□[le³³¹]□[ge³³¹]□[ma³³¹]? 做良民百姓不比犯王法好一些吗? (页 157:28)

(74) □[he⁵³]个不是冤枉我□[ma³³¹]? 那不是冤枉我吗? (页 169:23)

(75) 你□[ko²¹⁴]新来□[o⁴⁴]? 你刚刚来吗? (页 228:383)

除例(70)没有对应的例句以外,例(71)—例(74)在《自迩集》的原句中使用的都是疑问词"么[mɔ⁴⁴]"。《自迩集》指出"么[mɔ³³¹]"是个消极的疑问词缀(a negative interrogative particle),而"吗[ma331]"是个地道的口语疑问词(a colloquial interrogative)。但据本文的观察,《自迩集》的用例中并没有明显区分这两个疑问词,"么[mɔ³³¹]"所在的疑问句并没有明显的"消极"色彩。在《自迩集》的40篇课文中,出现了41处带有疑问词的是非疑问句,其中3例用"吗[ma³³¹]",38例用"么[mɔ³³¹]"①。因此,在对译的过程中,受官话影响,《入门》借用了官话成分"么[mɔ³³¹]"和"□[ma³³¹]"。《入门》中例(75)用的是疑问词"□[o⁴⁴]",这里的"□[o⁴⁴]"应该就是现代温州方言中的疑问词"𠲎",这个用例出现在《入门》的易习句部分,不属于文本对译的部分,所以使用了温州方言的疑问词。

五、余　　论

本文分析了《入门》中三种虚词的官话借用成分,得出了以下结论:

1.《入门》中的官话成分"把"完全替代了温州方言"逮"的处置介词用法,且部分替代了"逮"的受益介词用法,这种借用现象属于"义借(semantic loan)"。另外,在语言接触的过程中,出现了官话处置介词"把"和温州方言特殊句式杂糅的现象。

2. 温州方言中的"走"意义较虚,并非都表示"用脚行走"。《入门》中出现了"到"替代"走",后接处所宾语的用法,我们认为这是温州方言受到官话影响所产生的借用现象。另外,《入门》中"来/去"替代了"走来""走去"的用法,主要是因为语义羡余和句法结构羡余的不一致性在对译过程中被忽略。

3. 在温州方言中,用于是非问句的疑问语气助词是"𠲎"和"啊",不用官话中的"吗"或"么"。而《入门》中的是非问句末尾出现了"么[mɔ³³¹]"和"□[ma³³¹]",这是在和《自迩集》对译过程中官话成分的借用。

表1是这三种虚词在《入门》中温州话用法和官话用法的统计数据,从

---

① 《自迩集》中带有疑问助词的是非问句共有41处,但《入门》中仅选择了部分例句进行对译,所以《入门》中的一般疑问句要大大少于《自迩集》的。

表1中数据可以看出,除了处置介词"逮"完全借用了官话成分"把"以外,其他都是温州话用法和官话用法并存。

表1

	逮		"走"字结构			疑问语气词"啘""啊"
	处置介词	受益介词	表示"往"	表示"去"	表示"来"	
温州话用法	0(0%)	8(72.7%)	13(68.4%)	6(35.3%)	10(47.7%)	7(58.3%)
官话用法	49(100%)	3(27.3%)	6(31.6%)	11(64.7%)	11(52.3%)	5(41.7%)
总计	49	11	19	17	21	12

从本文的分析来看,《入门》作为一本19世纪对外汉语方言教学的课本,其教授的并非纯正的温州方言,而是一本杂糅着官话成分的方言教材。不可否认传教士文献具有相当高的历史语料价值,对于研究汉语方言的历史演变意义重大。但是必须注意的是,由于传教士本人的语言背景及语言能力的局限,传教士文献中的语料分析应谨慎,这样才能更好地为汉语历史演变研究服务。

参考文献

蒋绍愚(1989/2001)论词的"相应生义",《汉语词汇语法史论文集》,北京:商务印书馆:93-109。

刘镇发(2006)温州方言在过去一世纪的元音推移,《语言研究》第2期:32-35。

吕叔湘(2010)《现代汉语八百词》增订本,北京:商务印书馆。

潘悟云(1989)温州方言的指代词,《温州师范学报》第2期:13-22。

——(1997)温州方言的动词谓语句,载李如龙、张双庆编,《动词谓语句》,广州:暨南大学出版社:58-75。

威妥玛(2002)《语言自迩集》第二版,北京:北京大学出版社。

颜逸明(2000)《浙南瓯语》,上海:华东师范大学出版社。

游汝杰(2002)《西洋传教士汉语方言学著作书目考述》,哈尔滨:黑龙江教育出版社。

——(2003)温州方言语法纲要,载游汝杰,《著名中年语言学家自选集(游汝杰卷)》,合肥:安徽教育出版社。

——(2004)《汉语方言学教程》,上海:上海教育出版社。

——(2015)吴语的音系归纳问题,载《余霭芹先生七十寿辰庆祝论文集》,香港:香港中文大学出版社。

——,杨乾明编(1998)《温州方言词典》,南京:江苏教育出版社。

郑张尚芳(1993/2008)《温州方言志》,北京:中华书局。

朱冠明(2008)移植:佛经翻译影响汉语词汇的一种方式,载北京大学汉语语言学研究中心《语言学论丛》编委会编,《语言学论丛》第37辑,北京:商务印书馆:169-182。

Montgomery P H S. (1893) *Introduction to the Wenchow Dialect*. Shanghai: Kelly and Walsh Ltd., Weinreich U. (1968) *Languages in Contact: Findings and Problems*. The Hague: Mouton & Co.: 48.

(袁　丹　200062　上海,华东师范大学国际汉语文化学院/应用语言研究所;

胡婷婷　201203　上海,华东师范大学第二附属中学

saranghae2002@163.com)

基于变量组配的敬称选择系统研究[*]

邵长超

提要 目前关于现代汉语称呼语的研究集中在对称呼语的心理和语用动因等因素的探讨。但称呼语系统过于复杂,很难全面厘清。文章在分析敬称使用特点和规律的基础上,提取了制约敬称选择的四个变量参数:尊敬度、亲近度、区分度、正式度。探讨了敬称在常规和非常规情况下使用规则,指出因语用需要产生的敬称选择变异的情况,并结合问卷调查对四个变量参数展开定量定性分析,揭示制约敬称选择的内在机制,有效指导和规范人们对敬称的使用。

关键词 称呼语;敬称;区分度;正式度;尊敬度;亲近度

一、引　言

古代学者早在《尔雅》的《释亲》中,就开始探讨称呼语的意义和使用。称呼语既是一种语言现象,又是一种社会、文化现象。在生活交往中称呼语担当着重要作用,正确使用称呼语能够促进双方的交流,使用不当则会造成交际的障碍。因此能否正确运用称呼语体现了一个人的文化素质和交际水平。

称呼语一般分为谦称、敬称和一般称呼。三种称呼的使用情况因地因人而异,大多数情况下人们会根据语言环境和交际对象自行选择合适的称呼语,有时也会根据表达需要对称呼语做出临时调整。如为了拉近关系,上

---

[*] 本研究得到国家社科基金项目(项目编号11BYY090)经费资助。本文在复旦语言学论坛上宣读,复旦大学刘大为教授、赵国军博士、陈振宇教授,暨南大学张金桥教授、邵明明老师都对本文提出宝贵修改意见,在此表示感谢。文中观点概由本人负责。

级可能会对下级使用敬称。平级之间由于凸显尊敬的需要也可以使用敬称。随着交流范围扩大化与人际关系复杂化，现代社会出现了一些称呼语表达的空位和模糊地带。

称呼语研究从20世纪60年代以来受到更多关注。如祝畹瑾(1990)，顾曰国(1992)，李明洁(1996)，卫志强(1997)，曲卫国(1999)，曹炜(2005)，孟建安、平非(2005)等，研究内容和方法主要集中在对称呼语的心理和语用动因等因素进行探讨。黄健秦(2006)对称呼语进行了表敬和示近的二维度分析，张积家、陈俊(2007)对称呼语的概念结构进行了调查分析。整体来看研究方法上主要采用归纳的方法，较难梳理出称呼语使用的系统性。

另外，当前称呼语的研究主要是考察礼貌性原则作用下的称呼语的使用情况，但是言语交际过程复杂，交际者个体角色的多重性及称呼的多样性使得称呼语具有灵活多变的特点。称呼语可以根据现场的语境及双方关系如职业、身份、地位等进行选择或调整。即使在某一个场合，也可能由于交际者心理因素、环境因素的变化带来称呼语的变化。因此称呼语是一个由多种变量关系组配而形成的动态系统，我们将以动态研究的视角对称呼语的使用规律从一个侧面进行探讨。

二、制约敬称选择的变量及其内在关系

称呼语选择的研究仅依靠主观经验和心理因素的分析很难准确把握，因此有必要选择一种科学量化的方法才能更加准确和清晰地揭示规律。我们以敬称(不含带敬词的敬称，如"令尊、贤弟"之类)为研究对象，在结合敬称使用特点和规律的基础上，提取制约敬称选择的四个变量参数，结合变量参数展开对敬称在常规模式及因语用变异情况下的研究，指导和规范人们对敬称的使用。

(一)制约敬称选择变量参数的提取原则

首先，敬称的主要目的是用来表示尊敬，人们在表达尊敬时会根据语境选择相应尊敬程度的敬称。

其次，敬称在表示尊敬的同时，还能体现出称呼者与被称呼者之间亲疏远近的心理关系。

再次，敬称作为一种指称符号，基本功用是用来指称、区分。尊敬或亲

近作用能否实现与敬称的指称区分作用密切相关。即如何通过敬称来显示自己与他人或者他人与他人之间的身份地位关系的差异。

最后,敬称的选择受到语境正式程度、心理远近程度等影响而体现出自身语言形式正式程度的差异。

上述四点可以概括为尊敬度、亲近度、区分度、正式度四个变量,这四个变量在追求称呼语的语用目的或表达效果层面上,属于同一范畴。因此我们主要以这四个变量为基础,展开对敬称的研究。

1. 尊敬度

表示对对方尊敬的程度。敬称产生的根源就是传统思想中的长幼尊卑观念,因此尊敬度在称呼语中占据着重要地位。在称呼中如何显示对对方的尊重,如何通过敬称尊重他人是社会的基本道德礼仪。敬称自然要尽量保持尊敬的情感色彩,但敬称所表现的尊敬度也受到现实语境的制约。"姓名+敬称"的尊敬度要比"姓+敬称"的尊敬度低,如"张三老伯"和"张老伯"。特别是对德高望重者的敬称,尊敬度较高才能显示对方的地位和自身的尊敬之情。

2. 亲近度

表示敬称所体现出情感的亲疏远近。由于亲疏不同、内外有别观念的影响,人们会根据交往对象的不同选择不同的敬称,以此拉近或拉开自己与对方的感情距离。如上级对下级一般无需敬称,但有时为了拉近关系的语用需要而采用敬称。敬称所蕴含的情感的强弱远近是一个无法回避的因素。

3. 区分度

表示能够有效区分和显示对方具体身份地位的程度。称呼语原本就是用来区分人与人之间的关系的。由于社会地位、人际关系和阶层观念的影响,人们在使用敬称时,会根据场合、对象的不同选择不同的敬称,主要目的是区分自己和对方的身份地位,或是区分对方与他人的关系,进而强调对方的身份和地位。如称呼陈望道"陈老",可能会和其他"陈老"无法有效区分,取"道老"又因有"老道"等因素的忌讳,所以"望老"既能表示尊敬亲近,又能有效区分。

4. 正式度

表示敬称本身所体现出的话语正式程度。由于社会结构和人际关系的多样性和复杂性,敬称的选用在很大程度上受到语言环境和场合的影响。在不同的场合,人们对同一对象可能会选择不同的敬称来指称。如正式公开的场合,教师之间互相称呼 XX 老师,但在私下轻松场合可能以兄弟相称,如果在大型会议上可能就互相敬称 XX 教授、XX 院长,人们会根据场合的变化来调整敬称的正式程度。

(二)四变量使用原则与逻辑关联

通过上述对四个变量的提取和分析,我们知道:尊敬度和亲近度是针对敬称的情感倾向做出选择,区分度是通过敬称有效区分对方的身份,正式度是敬称本身对场合正式与否的反映,四个变量在同一表达范畴中体现出相关性联系。对此我们展开具体分析:

(1) 尊敬度表示尊敬的程度。一般来讲,尊敬度和正式度呈正相关关系。即正式度越高,尊敬度也越高。但尊敬度比较复杂,除了受到双方身份地位的制约外,语用需要也是重要制约方面,二者的相关关系不显著。

(2) 亲近度表示双方亲疏远近的程度。认知心理学认为,语言形式和概念距离具有象似关系。就人际关系来说,语言形式越简单,人际关系越亲密。如:爸、妈。因此在语言结构形式上,亲近度和正式度、区分度呈负相关关系。

(3) 区分度表示对对方身份的具体描述与区分。要想有效区分对方的身份地位,就要采取尽可能复杂的语言形式,区分度越强,对方身份定位越准确,也就越正式。因此区分度和正式度呈正相关关系。

(4) 正式度表示敬称体现出的正式程度,它最易受到交际场合和环境的影响。从认知心理学的角度来讲,语言形式越复杂,信息含量越大,正式程度就越高。

根据上述原则的界定,我们可以展开具体分析,如"李大国是某单位的副局长",我们在称呼官职表示敬称时,主要有以下几种敬称形式:

A:李大国副局长　B:李大国局长　C:李副局长　D:李局长　E:李局　F:局长

A 是最复杂的敬称形式,因而正式程度最高。正式度和区分度呈正比例关系,因此 A 的区分度也最高,能够准确定位对方的身份地位。亲近度和正式度呈负相关关系,因此 F 的亲近度最高。黄健秦(2006)的研究结果也表明 F 类的亲近度高于 D、E 类。尊敬度和正式度呈不显著正相关,和亲近度呈不显著负相关。直呼其名的敬称方式尊敬度最低,同时为了提高对方的地位,副职一般省略"副",因此 D、E、F 的尊敬度较高。E 类多用于非正式场合的关系较为亲近的口语环境中,正式度最低。F 类语言形式最简单,表示人际关系亲近,因此区分度较 D、E 低,亲近度较 D 高。

由此我们可建立基于单一变量的连续统,见表 1 所示(六级量化,仅考虑面称,数值越大表示程度越高):

表1 单一变量的程度连续统

变量/数值	1	2	3	4	5	6
尊敬度	A	B	C	E		D/F
亲近度	A	B	C	D		E/F
区分度	F	E	D	C		B
正式度	F	E	D	C		B

三、四变量之间的竞争与互动关系

在语言交际过程中,人们选择敬称时往往会进行参照,这个参照物就是我们上述划分出的单一的连续统。我们可以根据现实语境中的辈分、官职等标准划分出多种类型的单一变量的连续统,而且这个连续统参照物已经因我们日复一日的高频使用而内化在潜意识中,成为语言系统的一部分,进而影响我们对敬称的选择。单一变量连续统的划分利于我们掌握敬称的内部的细微差别。同时四个变量之间也并非是完全孤立的个体,而是相互联系相互制约的整体:尊重度和亲近度对情感表达的侧重有所不同,正式度为其他变量的选择提供参照环境,区分度为其他变量准确定位。

(一)四维度间互动关系的推导

在现实语境中,我们不可能完全按照上述单一连续统的划分,按部就班地对号入座,敬称的使用受到语用需要、社交场合和身份地位等多种因素的影响,这就需要对上述参照进行调整,四个变量之间体现出一种竞争和互动关系。

根据上述四个变量之间的逻辑关系分析,我们可以演绎出:

Ⅰ 正式场合:正式度提高,尊敬度会相应提高,区分度上升,亲近度会降低。一般来说正式场合会采用尊敬度优先原则,其他变量会以尊敬度为中心进行相应调整。

(1) 我这时很兴奋,但不知道怎么说才好,只是说:"啊!闰土哥,你来了……"他站住了,脸上现出欢喜和凄凉的神情,动着嘴唇,却没有做声。他的态度终于恭敬起来了,分明叫道:"老爷!"……(鲁迅《少年闰土》)

一般来说,社会关系越密切,称呼语越亲近,社会关系越疏远,称呼语越正式。因此,在进行称呼时,讲话者必须测定双方的社会距离,根据语用距离的远近来选择称呼语。"闰土"已非少年时代玩伴的"闰土",经历艰辛沧桑的他,一开始见到鲁迅,倒也出现欢喜的神情。但在正式场合,尊卑有别的观念占据了主导,语用距离拉开,这才让"闰土"不敢直呼其名,必须提高尊敬度,以"老爷"相称。但毕竟心中亲切,因此没有称呼正式度和区别度更高的"周老爷"。

II 非正式场合:正式度降低,尊敬度相应降低,区别度就会降低,亲近度会相应提高,容易拉近双方的感情距离。一般来说非正式场合会采用亲近度优先的原则,其他变量以亲近度为中心进行相应调整。

(2) 单位领导生病,下属问候领导:
　　张处长,您一定要多保重身体。(正式场合)
　　头儿,您一定要多保重身体。(非正式场合)

因此在选择使用敬称时,往往是以一个变量为中心优先选择,其他变量围绕这个中心变量进行调整。如在正式场合,尊敬度优先。非正式场合,亲近度优先。社会关系较为熟悉亲密时,亲近度优先,在非熟悉关系情况下,尊敬度优先。

(二) 现实语境下四维度关系的复杂性

敬称的选择要受到社会因素(诸如角色、关系、时间、地点、话题)、主观情感因素(诸如目的、态度、看法)和语言使用环境等诸多方面制约,特别是社会称呼语与亲属称呼语有着很大不同,社会敬称由于人际关系的复杂性而复杂得多,亲属敬称则相对简单,本文主要是探讨四个维度对于复杂的社会敬称的导航作用。称呼语系统中除了敬称外,还有谦称、昵称、一般称呼等,但各称呼语之间褒贬的界限并不分明,交际双方可以根据语境的需要随时调整或改变其感情色彩,敬称可能是反语或讽刺,贬称也可以表示喜爱。

因此四维度之间可以是正比例关系,也可能由于语用因素的影响转变为反比例关系。因此要充分考察各个维度之间此消彼长的关系,需要对各个维度的内在特征和维度之间的关联做更深入分析。

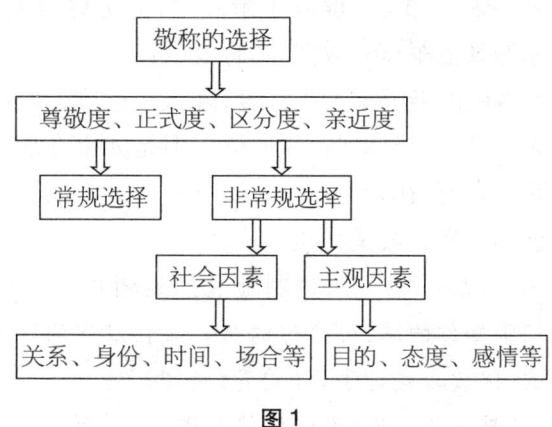

图1

1. 区分度优先原则

称呼语是一个称呼区分的手段,因此不管语用目的如何,敬称的区分功能是基础功能,是整个维度系统的基础部分。将对方在人际关系中进行有效区分是敬称的基本要求。但是区分度受到交际环境的影响,当不能有效区分时,就必须提高正式度。如晚辈称呼长辈"叔叔",但是当多位"叔叔"在场时,必须增加区分度,提高正式度,敬称"张叔叔""李家二叔叔"等,直到能够有效区分为止。因此区别度在敬称中起到明确关系的作用。但是交际场合正式程度的不同也会导致区分度做出调整,如校长和副校长能够有效区分具体级别身份,但非正式场合下,对副校长的敬称多采取省略"副"的做法,以提高尊敬度。

2. 尊敬度优先原则

敬称的目的在于表示尊敬,因此尊敬度是敬称表达的目标。为了提高尊敬度,相对会提高正式度,尊敬度和正式度在敬称的选择中一般呈现正比例关系,和亲近度呈反比例关系,但是有时提高亲近度却并不影响尊敬度。造成这种现象的根源在于交际双方往往具备双重的社会关系。

(3) 从此,人称"蒋校长",这是他第一个带官衔的称谓。即便他后来成为总裁、总统,他的老部下依然称他"校长"表明当年曾是他的学生,显得更为亲昵。(叶永烈《毛泽东与蒋介石早期交往秘闻》)

例(3)"总统、总裁、委员长"这类高级别敬称的尊敬度要比"校长"高,但是由于蒋介石是黄埔军校的第一任校长,黄埔军校出身的军官在正式场合也称蒋介石为"校长",正是这个身份的特殊性,才能拉近亲近度,以显亲切与尊敬。虽然以"校长"相称,提高了亲近度,但是尊敬度却没有受到影响。无此双重关系的其他军官一般则称"蒋委员长"。

正式场合提高尊敬度能够增加正式度,降低亲近度,表现出场合的正式性和人际关系的客观性,更能体现礼貌原则。但是如果在现实交际中,交际双方的人际关系并不友好,在无需提高尊敬度的情况下而提高尊敬度,便会对现实情况造成讽刺与嘲弄或是其他言外之意。

(4) 老宫用他那洪亮的声音,讽刺地说:"谢谢你,我的好心的沈老太爷。我们很知你的恩,很感你的德。而且对你的这份恩德,我们是定要报的,你放心就是了。"(峻青《海啸》)

(5) 黛玉道,二哥哥不知道,我问你就知道了,一面说,一面拍着袭人的肩膀,笑道,好嫂子,你告诉我,必定是你们两个人拌嘴了?告诉妹妹,替你们和息和息,袭人推他道:姑娘,你闹什么?我们一个丫头,姑娘只是混说,黛玉笑道,你说你是丫头,我只拿你当嫂子待。(《红楼梦》第三十一回)

例(4)老宫与沈家仇深似海,但是老宫并没有直呼其名或是使用蔑称,而是故意提高尊敬度,看似尊敬,实则讽刺与嘲弄,并通过沉重缓慢的语调表明对沈家恨之入骨之情。例(5)封建社会等级森严,袭人本为丫鬟,直呼其名即可,林黛玉故意错用敬称,敬称袭人为"嫂子",以提高尊敬度的方式表达袭人与贾宝玉之间不同寻常的关系。

3. 亲近度优先原则

亲近度表示情感的强弱,语用距离的远近。一般来说亲近度和尊敬度在敬称选择中相关关系不显著。但有时受到情感、态度或语用目的等因素影响,为突出和强调现有关系会提高尊敬度,以此提高亲近度。这种现象多用在上级对下级的敬称中。但平级之间在非正式场合无需使用敬称的情况下,提高尊敬度,会提高正式度和区分度,容易拉开双方的感情距离。

(6) "收到了,方先生,"鸿渐听她恢复最初的称呼,气都不敢透。"方先生听说礼拜二也来过,为什么不进来,我那天倒在家。"(钱锺书《围城》)

例(6)中唐小姐与方鸿渐的关系已经比较密切,正常情况下的称呼语应该比较随和,亲近度较高。但由于听信表姐的话产生误会,因而对方鸿渐态度冷淡,敬称其为"先生",尊敬度和正式度提高,表面上看似客气礼貌,实为有意疏远,拉开亲近度,表现了其复杂的内心世界。

这里还涉及在交际双方不同心理背景下,变量交叉选择误用的问题。即一方在没有充分了解对方心理情感或是双方熟悉程度较低时,单方面降低或提高某一变量,而对方没有改变变量的心理预期就会造成交际障碍。

如:小王作为经理较为年轻,大家开始称呼其为正式度较高的"经理",随着熟悉度的加强,下属称其为亲近度较高的"小王",就可能会让小王产生心理落差。

4. 正式度优先原则

关系、身份、心理特别是场合的变化等都会影响到敬称的选择与转换。如开会时称呼"张大国同志",私下场合则更多称呼"老张"或"大国",这也体现了敬称根据语境转换的灵活性。又如正式场合称呼"姓+老",一般表示尊敬之外,还表示亲近。

(7) 他们是局长,自己也是局长,何必见他们不自在?于是再碰面,别的局长跟他打招呼:"吃了老张?"过去他总是脸上堆着笑说:"您吃了局长?"现在也随随便便地说:"吃了老徐?"……由于出了这事,老张也知趣,比以前谦虚谨慎许多。局长楼里出来进去,上来下去,碰上别的人,人家跟他打招呼:"吃了老张?"老张不再像以前那样跟别人不在乎,而是弯下身说:"您吃了孔老?"(刘震云《单位》)

例(7)老张做局长前后敬称的变化与因作风问题被停职后的对其他局长敬称的变化,很好地说明了现实语境对敬称选择的影响。老张在做副局长之前,对领导们态度极为恭敬,不论见了局长和副局长都敬称"局长",老张被提拔为副局长之后,别人称呼他"老张"时,他也直接称呼别人"老徐"等。后来由于作风问题被停职检查,态度又突然恭敬起来,见到副局长之后不再称呼"老徐""老孔",而是故意抬高对方身份,敬称为"孔老",以此讨好他人,拉近关系。另外,在日常交际中故意贬低自己也可以抬高对方地位,但此类表达方式属于谦称范畴,不在敬称研究范围内。

根据上述分析,我们虽然无法构建出四维度之间复杂关系,但是我们能够构建出以某一维度为表达核心的敬称模式。我们以提高亲近度为例,见表2。

表2

双方关系	区分度	尊敬度	正式度	亲近度
上对下	−	+	−	+
	+	−	+	−
下对上		+	+/−	
	+		+/−	−
同级间	−	+	−	+
	+		+	

同时我们也可以得出一个基本结论：

敬称选择的过程应该是：1 角色定位——→2 参照称呼——→3 调整称呼。

称呼语的选择使用受到心理、社会关系、语用距离、交际场合等多方因素的制约，但是只要确立了一个优先的维度，在其他维度进行微调的情况下就能得出较为合适的敬称。

四、针对敬称选择的调查实验研究

基于上述分析，我们可以得出结论，单一连续统的确立，为敬称的选择提供一个参照。但单一连续统的划分，并不能完全反映出敬称使用的真实情况。敬称的选择受到语境和语用等多种因素的共同制约，四个变量之间存在此消彼长的竞争关系。人们会在参照称呼的基础上，结合现实语境，在确立哪一个变量优先的前提下，对敬称加以选择和调整，进而实现敬称的语用目的。

为了对上述四个变量竞争关系的论析的可信性和有效性进行客观测量与评价，本文以一个虚拟个案为研究对象，展开针对称呼语选择的语感测试。

（一）称呼语语感测试

1. 测试内容

我们虚拟了一个人物："张大国"。张大国的身份界定为：副校长、副教授、老师、叔叔。为保证问卷完成的有效性及避免过多复杂因素的掺入，我们主要考察面称时的下对上的敬称选择情况。因此将对"张大国"的所有当

面敬称列出,主要包括以下 29 种类型:

职务敬称:A1 张大国副校长　A2 张大国校长　A3 张副校长　A4 张校长　A5 副校长　A6 校长　A7 张校　A8 大国校长

职称敬称:B1 张大国副教授　B2 张大国教授　B3 张副教授　B4 张教授　B5 副教授　B6 教授　B7 大国教授

辈分称谓:C1 张大国叔叔　C2 张叔叔　C3 叔叔　C4 张叔　C5 大国叔叔

职业敬称:D1 张大国老师　D2 张老师　D3 老师　D4 大国老师

泛化敬称:E1 张大国先生　E2 张先生　E3 先生　E4 大国先生　E5 老张

问卷内容设计如下:

a. 假如你是张大国的小辈亲属,当你在正式场合遇见他,你会怎么称呼?(可多选,下同)

当你在私下场合遇见他,你会怎么称呼?

b. 假如你是张大国的学生,当你在正式场合遇见他,你会怎么称呼?

当你在私下场合遇见他,你会怎么称呼?

c. 假如你是张大国的下属,当你在正式场合遇见他,你会怎么称呼?

当你在私下场合遇见他,你会怎么称呼?

说明:正式场合如典礼、会议、欢迎仪式等正式度较高的场合;

私下场合如个人办公室、家里、无外人在场等非正式场合。

2. 测试对象与测试要求

本项研究在上海市杨浦区五角场商业区以派赠礼品的方式随机选取了 116 名调查者,其中男性 51 人,女性 65 人。发放问卷 116 份,有效回收问卷 116 份。要求被测对象根据提示场景选择自认为合适的敬称。

(二) 称呼语语感测试结果统计与分析

为了数据统计的方便,我们设定:

场合:私下场合 = 1,正式场合 = 2

身份:小辈亲属 = 1,张的学生 = 2,张的下属 = 3

本项测试主要是结合语感测试对四个变量的关系进行验证,加上统计的敬称变量较多,因此只是在此仅统计数量为前五的敬称。统计结果如表 3 所示:

表3　敬称选择频次表

场合+身份	称呼/频次/百分比	称呼/频次/百分比	称呼/频次/百分比	称呼/频次/百分比	称呼/频次/百分比
1+1	C3/65/0.451 4	C4/29/0.201 4	C2/27/0.187 5	C5/19/0.131 9	A4/1/0.006 9
1+2	D2/85/0.485 7	D3/49/0.28	A4/10/0.057 1	A6/10/0.057 1	B4/7/0.04
1+3	A4/62/0.397 4	A7/32/0.205 1	A6/17/0.109 0	D2/10/0.064 1	B4/9/0.057 7
2+1	A4/44/0.266 7	C2/26/0.157 6	B4/18/0.109 1	A3/12/0.072 7	A1/9/0.054 5
2+2	D2/49/0.267 8	B4/29/0.158 5	A4/27/0.147 5	D3/14/0.076 5	D1/11/0.060 1
2+3	A4/72/0.45	A3/21/0.131 3	A1/18/0.112 5	A2/11/0.068 8	B4/11/0.068 8

分析调查数据,我们发现:

1. 敬称的选择具有参照性。在非正式场合下,敬称的选择主要参照单一连续统的划分,按照双方身份的对应关系,选择合适的敬称。在正式场合下,敬称在参照单一连续统的基础上,参照维度优先的原则做出适当调整。

在私下场合,小辈亲属大多使用辈分称呼C类,如C3叔叔(0.451 4)、C4张叔(0.201 4)、C2张叔叔(0.187 5);张的学生主要使用职业敬称D类和少数官职敬称,如D2张老师(0.485 7)、D3老师(0.28)。官职敬称A类使用较少,如A4张校长(0.057);张的下属主要使用官职敬称A类,如A4张校长(0.397 4)、A7张校(0.205 1)、A6校长(0.109 0),较少使用职业敬称D类,如D2张老师(0.064 1)。小辈亲属、学生和下属主要参照与双方身份相对应的基本的称呼。以亲近度为主,但包含"名"或是带"副"的官职职称类在私下场合中很少出现。

2. 社会关系、交际场合等仅仅作为敬称选择的参数,起参照作用。具体选择使用何种敬称,往往取决于交际主体所认定的双方关系及交际目的、交际场合。

正式场合,小辈亲属综合使用官职敬称、辈分敬称或职称敬称。一般采用"姓+官职/辈分/职称"。如A4张校长(0.266 7)、C2张叔叔(0.157 6)、B4张教授(0.109 1);张的学生也是主要采用"姓+职业/官职/职称"的方式。如D2张老师(0.267 8)、B4张教授(0.158 5)、A4张校长(0.147 5);张的下属仍然主要使用官职敬称,如A4张校长(0.45)、A3张副校长(0.131 3)、A1张大国副校长(0.112 5)、A2张大国校长(0.068 8)。"姓名

+官职/职称"的敬称形式最为常见。

3. 交际双方心理距离的远近决定了敬称调整幅度的大小,双方心理距离较近时,敬称的选择更容易受到语用或语境的影响而做出调整;双方心理距离较为疏远时,敬称的选择则较为稳定。亲属敬称在正式场合顺应社会敬称。

使用频次统计中,A4("张校长")称呼频次最高,为214次。张的下属在私下场合与正式场合多采用A4敬称。小辈亲属和学生在私下场合较少使用,但是在正式场合比例分别占到44%和27%。具体数据见表4。

表4 称呼A4分析

称呼A4	假设身份			Total
	小辈亲属	张的下属	张的学生	
私下场合 Count	1	62	10	73
% within 场合	1.4%	84.9%	13.7%	100.0%
正式场合 Count	44	72	27	143
% within 场合	30.8%	50.3%	18.9%	100.0%
Total Count	45	134	37	216
% within 场合	20.8%	62.0%	17.1%	100.0%

五、结 论

我们在结合理论和现实制约因素的基础上提取了敬称内部制约变量参数:尊敬度、亲近度、区分度、正式度四个变量,结合问卷调查对四个变量参数展开定量、定性分析。探讨了敬称在常规和复杂情况下的使用规则。我们大致可以得出以下结论:

1. 将敬称按照尊敬度、亲近度、区分度、正式度,能够划分出利于敬称选择参照的单一变量的连续统。同时四变量之间存在相互制约的内在关联:亲近度和正式度、区分度呈负相关关系;尊敬度和正式度呈正相关关系;区分度和正式度呈正相关关系。

2. 敬称选择的过程应该是:1 角色定位——→2 参照称呼——→3 调整称呼。即首先确定双方的地位关系,并在参考称呼的基础上,根据语用需要有所调整。调整的原则即先确立某一优先变量,其他变量围绕这一变量进行调整。

3. 敬称的选择具有参照性,敬称调整幅度的大小取决于语境现场社会关系、语用距离的认定。

以提高亲近度为语用目的调整原则可以概括为:在上对下时,尊敬度越高,亲近度越高。尊敬度不变,提高正式度、区分度,可以降低亲近度;在下对上时,提高尊敬度、降低区分度,可以提高亲近度。提高正式度,提高区分度,可以降低亲近度;在平级之间,正式度越高,亲近度越低。降低正式度,适当提高尊敬度,可以提高亲近度。

我们通过四个变量结合的方法,指出了因语用需要产生的敬称选择变异的情况,将原本经验化、主观化的敬称系统纳入到科学研究的范式中来,能够有效指导和规范人们对敬称的使用。当然敬称是一个相当复杂的系统,本文涉及的制约因素可能还有遗漏之处,我们希望能够得到进一步指正,并在以后的研究中不断修正完善。

参考文献

曹　炜(2005)现代汉语中的称谓语和称呼语,《江苏大学学报》第2期。

顾曰国(1992)礼貌、语用与文化,《外语教学与研究》第4期。

黄碧蓉(2009)称呼语变异使用驱动机制解析,《外语学刊》第2期。

黄健秦(2006)二维语用框架下的称呼语序列——"表敬准则"与"示近准则"的竞争和互动,《解放军外国语学院学报》第4期。

李明洁(1996)称呼语的运用规则和协调理论,《汉语学习》第4期。

孟建安,平　非(2005)称呼语选择的制约因素——以《围城》为例,《平顶山学院学报》第3期。

曲卫国,陈流芳(1999)礼貌称呼的语用学解释,《华东师范大学学报》第6期。

王建华(2001)话语礼貌与语用距离,《外国语》第5期。

卫志强(1997)称呼的类型及其语用特点,载胡文仲编,《文化与交际》,外语教学与研究出版社。

熊永红(2010)称呼语超常规使用的顺应性分析,《外语学刊》第6期。

张积家,陈　俊(2007)汉语称呼语概念结构的研究,《语言文字应用》第2期。

祝畹瑾(1990)汉语称呼研究——一张社会语言学的称呼系统图,《北京大学学报》第3期。

(510632　广州,暨南大学文学院　　shchch@126.com)

21 世纪以来汉语语篇研究的现状与趋势*

黄 兵 张晓雨

提要 21世纪以来,世界前沿语言学理念的引介和语篇研究中国化的进程推动了汉语语篇研究的快速发展。《当代修辞学》作为国内发表修辞学研究成果的重要平台,对语篇研究给予了充分的关注,发表了为数众多的汉语语篇研究论文,大大拓展了汉语语篇研究的领域,提升了汉语语篇研究的学术质量与水准。文章尝试以《当代修辞学》21世纪以来刊载的汉语语篇研究论文为考察对象,描述新世纪汉语语篇研究的现状,探索汉语语篇研究的发展趋势。

关键词 汉语语篇研究;《当代修辞学》;现状;发展趋势

20世纪中期以来,语篇语言学历经结构主义、功能主义、认知语言学、后现代主义等阶段,现在已经发展成为流派纷呈、理论庞杂、具有世界影响的语言学重要分支。20世纪80年代以来,语篇研究在中国逐渐受到人们的重视,创刊于1982年的《修辞学习》(2010年更名为《当代修辞学》),在语言学界竖起了修辞学研究的一面大旗,明确提出对汉语语篇的研究。进入21世纪以来,《当代修辞学》主动与国际接轨,积极引介世界前沿语言学理念,其对汉语语篇研究的关注和推进尤为值得注意。本文以《当代修辞学》21世纪以来刊载的汉语语篇研究论文为考察对象,以期以点带面,展示21世纪汉语语篇研究的现状,探索汉语语篇研究的发展趋势。

---

* 本文考察的汉语语篇研究论文,均采自2000年1月1日至2017年12月31日的《修辞学习》(2010年后更名为《当代修辞学》),限于篇幅,不在参考文献中列出。

一、研究领域的全覆盖

21世纪以来,《当代修辞学》刊载的语篇研究论文,研究领域相当广泛,既有从宏观上对"语篇"的理论探讨,也有对具体领域语篇、具体语篇成品的研究,研究问题涉及语篇语法、语篇修辞、语篇语体、语篇翻译、语篇教学与写作等方面。

(一)语篇性质、结构、特征的研究

研究者们逐渐超越对传统"文章""篇章"的看法,开始从全新的、宏观的视野来看待"语篇"。《当代修辞学》刊载了一批从宏观上对语篇性质、结构、特征进行探讨的文章。例如,祝克懿(2010)《互文:语篇研究的新论域》认为:"不同于传统文本结构观中语篇是由词、短语、句子、语段等结构单位逐级线性生成的观念,互文视角展现的语篇生成是一个立体动态过程。"这就明确将语篇生成视为一个动态过程,而不是像传统语言学一样将语篇看作由语言成分逐级组合而成的静态成品。姜望琪(2012)《篇章结构刍议》探讨语篇结构问题,文章认为篇章是有结构的,虽然其结构与句子结构有差异,篇章的形式结构取决于篇章的内容。丁金国(2014)《语篇特征探析》兼及古今中外,从功能的对话性、语脉的连贯性、结构的层次性及语体的调控性等方面,探讨了汉语语篇的特征。

以上学者的研究从各个角度、方向展开,但都对语篇研究的一些共性问题展开讨论,比如语篇的本质、语篇的构成、语篇与其他语言单位的关系等。这些研究大大深化了我们对"语篇"的认识。

(二)领域语篇研究

《当代修辞学》刊载的语篇研究论文,不仅常见语篇类型基本上都有所涉及,比如新闻语篇、法律语篇、学术语篇、广告语篇、教学语篇、网络语篇、文学语篇(散文、诗歌、小说、戏曲)等,而且还涉及一些特别的或新兴的语篇类型,比如佛典、政务微博、微信朋友圈、QQ聊天内容、中小学作文评语、课后练习题、"感动中国年度人物"颁奖词等。有的领域语篇得到了全方位的关注,新闻语篇是新世纪《当代修辞学》关注最多的领域语篇。2000—2017年,《当代修辞学》共刊载语篇研究论文178篇,仅标题中有"新闻"的就有14篇,占7.9%。

《当代修辞学》还刊载系列文章对同一语篇进行多角度研究。例如,谭学纯(2011)《"废墟"的语义和〈废墟〉语篇叙述及相关问题再探讨》、高群(2011)《〈废墟〉隐喻模式分析》都研究了余秋雨的散文《废墟》,一从语篇叙述角度,考察《废墟》语篇叙述的动力系统;一从隐喻模式角度,分析《废墟》的语义映射过程。

(三)语篇语法研究

2000年以前,《当代修辞学》刊载的汉语语篇研究论文,以结构主义研究为主,以研究句法的方式来研究语篇,这种研究模式可以称为"语法语篇研究"。进入21世纪以来,以功能观、认知观等全新的视角来审视语篇,认识到语篇语法与句子语法的不同,有了自觉的"语篇"意识,开始从语篇的高度来看待词语、句子、结构问题,这种研究模式可以称为"语篇语法研究"。例如,王晓凌(2012)《"V起来"的话题标记功能和语篇衔接功能》将"V起来"结构放在语篇的视野中来考察,发现很多在句法层面看不到的现象。

(四)语篇修辞研究

《当代修辞学》刊载的汉语语篇研究论文对"修辞"的涉及,既有从语篇视角对修辞格的深入研究,又有对人类语篇修辞行为的认识,还有西方新修辞学理论在汉语语篇研究中的应用。

谭学纯(2010)《辞格生成与理解:语义·语篇·结构》认为语义是辞格生成与理解的认知基础,语篇是辞格生成与理解的可开发空间,结构是辞格生成与理解的可识别标志。胡习之(2002)《语篇修辞学与人际修辞学》从研究对象、研究目的、研究偏重及追求的修辞效果等方面对语篇修辞学与人际修辞学的差异做了简要的比较。薛婷婷(2013)《对外报道类软新闻编译稿的修辞情境理论研究》讨论了西方新修辞学的"修辞情境理论",并将之运用到我国对外报道软新闻编译稿的研究中去,提出适合我国对外报道类软新闻编译稿的修辞情境三大要素:受众、新闻价值、修辞权威,认为三者平衡才能使编译稿达到最佳的传播效果。

这个时期的"修辞"研究,均超越了传统修辞格描述举例的框架,开始从言语交际、语篇生成与理解的高度看待人类的"修辞"行为。

(五)语篇语体研究

20世纪80年代以来,语体研究逐渐成为语篇语言学的一个热点。21世纪以来,研究者们从更深广的视野来看待语体问题,对语体做了更加深入的探索;其中,既有对一些特别类型的语体的关注,也有对语体本质的深入思考。例如,潘世松(2010)《评审语体中的中小学作文评语》讨论了评审语体的功能要求及在传媒和方式上的特点。谭晓云(2011)《交互性:中学教案的语体学研究》研究中学教案的语体特征,认为教案作为一种微观语体,其交互性深刻影响着它的语言方式。刘大为(2013)《论语体与语体变量》以言语活动作为研究的初始概念,论证了语体的性质和本体构成并对语体进行了界定。文章提出了语体研究的四种范式:解释范式、推绎范式、本体范式和语篇范式,并认为潘世松对作文评语、谭晓云对教案的研究属于本体范式的研究。

21世纪以来的语篇语体研究,不再是对某种类型的语体的简单描述,而是从更宽广的视野、更高的理论维度来认识语体。这些研究从不同侧面深化了我们对语体的本质及语体与语篇关系的认识。

(六)语篇翻译研究

这个时期《当代修辞学》刊载的语篇翻译研究的文章,考察的都是英汉翻译。池昌海、姜淑珍(2016)《从英汉翻译看汉语位移事件语篇叙述风格》;张春燕、郑庆君(2016)《网络翻译语篇互文性的功能语言学研究——以乔布斯情书翻译为例》考察英译汉;鞠玉梅《〈论语〉英译文语篇评价系统之判断资源的修辞功能》(2016)、《〈论语〉英译文语篇介入资源的修辞劝说功能》(2017),郦青(2005)《〈一剪梅〉英译的互文性对比解读》考察汉译英。池昌海、姜淑珍从理论上考察英语位移事件表达的汉译情况,鞠玉梅、郦青、张春燕、郑庆君分别以《论语》、《一剪梅》、乔布斯情书为个案,考察不同文化背景对译者翻译行为的影响。

(七)语篇教学与写作研究

一些文章立足于实际应用,研究教学与写作中的语篇问题。张永昱(2002)《留学生篇章表达能力常见错误分析及对策》分析中级汉语水平的留学生篇章表达方面的常见错误,并提出改正这些错误提高篇章表达能力的对策。潘世松(2010)《评审语体中的中小学作文评语》、谭晓云(2011)《交互性:中学教案的语体学研究》分别将目光投向中小学教学中的两种实用语篇——作文评语和教案,为中小学教学实践提供了较高层次的理论支持。

(八)国外语篇理论引介

《当代修辞学》一直注重对世界前沿语言学理念的引介,除了一些语篇研究论文涉及的国外前沿语言学理论与方法之外,还会专门刊载介绍国外语篇理论的文章。例如,朱永生(2015)《系统功能语言学对语篇发生学的研究》从语言的系统性、功能性、话语意义的语境依赖性、隐喻性、语类结构的完整性、学科性与建构性七个方面深入分析了系统功能语言学对语篇发生学所开展的研究。

从21世纪以来《当代修辞学》刊载的汉语语篇研究论文来看,学者们对汉语语篇研究的几乎所有领域都有所涉及,无论是汉语语篇本体研究,还是语篇理论研究,或者国外语篇理论的引介,其深度和广度都是空前的。

二、多角度、全方位的研究视角

进入21世纪以来,《当代修辞学》更加注重对世界前沿语言学理念的引介,各种新思想、新理论、新方法竞相运用于汉语语篇研究,刊载的语篇研究论文涉及的语言学理论与方法,新颖前卫,流派纷呈。

(一) 功能视角的研究

功能视角的研究从社会角度出发研究语言,打破了传统的纯语法和句本位的研究,指出语法研究不能与语篇或话语分析截然地分割开来,强调语言应与社会需要、社会结构、社会文化背景结合起来考察。半个多世纪以来,很多语言学家在功能思想的指引下发展自己的理论,使得功能研究枝繁叶茂,支派众多。《当代修辞学》刊载的汉语语篇研究论文,涉及的衔接连贯、回指、话题、语篇功能、评价理论、宏观结构、修辞结构理论、批评性话语分析等理念,均不同程度地体现了功能研究的思想。

1976年 Halliday & Hasan 发表《英语的衔接》(*Cohesion in English*),从语篇的视角研究英语的衔接,这种从语篇的视角来研究词汇、语法与语篇衔接的思路,为很多学者所继承。《当代修辞学》也刊载了很多这方面的文章,例如,马伟林(2011)《语篇衔接手段的评价意义》、邢欣(2007)《视角转换与语篇衔接语》等。还有特定语篇的衔接手段的研究,例如,王继红、朱庆之(2012)《佛典譬喻经语篇衔接方式的文体学考察》、翁颖萍(2013)《从歌词看语篇的外在衔接手段》等。《当代修辞学》2012年第2期、第5期接连发表王晓凌《"V起来"的话题标记功能和语篇衔接功能》、邱崇《"V起来"有语篇衔接功能吗?》、卢英顺《"这样吧"的话语标记功能》三篇话语标记语与语篇衔接的文章，对"话语标记语是局部还是整体的衔接手段"进行争鸣，并以"编者按"的形式对此进行评述，将语篇衔接的研究推向一个高潮。

跟语篇衔接密切相关的论题是"篇章回指"与"语篇话题"，《当代修辞学》也刊载了相关文章对此进行讨论。例如，许余龙(2013)《溯因推理与篇章回指理解》认为选用合适的回指形式是作者遣词造句、谋篇布局的一种重要修辞手段，对篇章中回指语的解读是一个溯因推理的过程。刘东虹(2014)《从语篇构建与回指解决看语篇话题》对语篇话题的多种表现形式进行分析和评论，并指出命题式语篇话题优于其他形式，因为这种表征形式符合人的认知心理，有利于语篇构建和事件回指解决。

另外一些文章研究了某些词语、句式在语篇中的功能。例如，李胜梅(2012)《论句首"正是"的篇章功能》归纳了"正是"篇章功能的产生机制：句首这一特殊句法位置引发的功能变化及"正是"自身的承载可能；表达者特殊语气(口气)的表达需要及特殊篇章结构的建构需要。马国彦(2017)《句首时间词语的加"每"量化与允准：从句子到语篇》认为"每"修饰时间词语做叙述性语句的句首状语时，必须得到表示相对恒常状态的复数性事件的允准。

James Martin 在 20 世纪 90 年代发展了系统功能语言学，创立了评价系统的理论框架。鞠玉梅《〈论语〉英译文语篇评价系统之判断资源的修辞功能》(2016)、《〈论语〉英译文语篇介入资源的修辞劝说功能》(2017)对《论语》的两种英译本中评价系统之判断资源、介入资源分别进行分析和比较，探索判断资源、介入资源作为一种语言和超语言资源如何帮助译者再现《论语》语篇的修辞性及实现文本的修辞劝说功能的。

1977 年荷兰语言学家 van Dijk 在前人研究基础上提出"宏观结构"(macro-structure)理论，用于语篇和话语结构的分析。金春岚(2013)《"起承转合"与西方语篇模式理论》将中国传统文章学的"起承转合"与英语语篇模式(宏观结构)相类比，探索"起承转合"对篇章结构研究的意义。

修辞结构理论(Rhetorical Structure Theory)是一个在语言学和认知科学大背景下形成的关于语篇组织功能的理论。冯德正等(2016)《修辞结构理论在多模态语篇分析中的应用》将修辞结构理论应用于静态与动态多模态语篇分析，考察图像、文字等模态如何相互关联，建构衔接、连贯的多模态语篇。

批评性话语分析(Critical Discourse Analysis)试图通过分析语篇的语言特点和它们生成的社会历史背景来考察语言结构背后的意识形态意义,并进而解释语言、权力和意识形态之间复杂的关系。杨敏(2007)《立法语篇文化语境权力意志剖析》采用批评性话语分析的理论与方法,分析立法语篇文化语境的时空场合、纲要式结构和体现样式,认为立法语篇的文化语境充分体现了统治阶级对被统治阶级的权力控制,同时也说明权力有意识地选择语言,语言也能体现权力,二者存在互动的关系。

功能视角的语篇研究,从人与社会的角度来看待语言,把语言放在人类社会的大环境中来考察,视语言为人类的生存方式,回归语言的社会本质,使语言研究从微观转向宏观,从语句转向语篇,开拓了语言研究的视域,提升了语言研究的境界。

(二) 认知视角的研究

Halliday(1978)认为,语言学主要从两个角度来研究语言:一是从生物体内部的角度,研究语言的心理和生理活动,一是从生物体之间的角度来研究语言的社会属性,"系统功能语言学是从生物体之间的角度来研究语言的,即研究语言的社会属性和交际功能"。那么,认知语言学就是从生物体内部的角度来研究语言的心理和生理活动的。《当代修辞学》刊载的汉语语篇研究论文涉及的认知语言学理念有隐喻、前景/背景、框架、构式、关联理论等。

例如,高群(2011)《〈废墟〉隐喻模式分析》依据温格瑞尔关于隐喻是从源模式到对象模式的映射结构的观点,考察余秋雨散文《废墟》的语义映射过程,归纳其隐喻模式。李挺(2010)《叙事篇章中存现句的前后景转化》提出"绝对前/后景"和"相对前/后景""后景性"等概念对叙事篇章中存现句的前后景转化进行研究。廖美珍(2012)《法庭审判话语框架分析》利用框架理论,从静态和动态两个角度分析法庭审判话语,认为法庭审判本质上是框架互动。袁野(2012)《从语篇构式压制看网络新文体——以"凡客体"为例》提出"语篇构式压制"的概念,并借鉴系统功能语法中的语类及语域概念建立起了可以对包括网络新文体在内的语篇构式压制现象进行系统分析的理论框架。杨海明、周静(2014)《使因悬疑标题的语义与语篇功能研究》从语义与关联理论角度讨论使因悬疑标题的特点,认为使因悬疑标题追求语篇作者与读者的互动。

《当代修辞学》刊载的这些认知视角的语篇研究,深入到人类认知领域来认识语篇,为我们展现了语篇现象背后隐藏的奇妙规律,为人类探索语言与思维的深刻关系开辟了一条道路。

(三) 后现代视角的研究

后现代主义是20世纪六七十年代在欧美兴盛起来的一场以消解性和批判性为特点的文化运动和社会运动。后现代主义对语篇研究的意义在于它对传统的作者观、文本观和读者观的批判。《当代修辞学》积极关注后现代主义思潮,刊载的一批汉语语篇研究论文体现了后现代主义的研究理念,例如"互文""主体""跨文性""精神分析"等。

2010年,祝克懿发表《互文:语篇研究的新论域》,明确将互文性理论运用于汉语语篇研究,探讨了互文性理论与汉语语篇分析对话的可行性与发展前景。2012年互文性理论的创始人朱莉娅·克里斯蒂娃访问复旦大学,并发表演讲,《当代修辞学》给予连续报道。这次学术盛事,在学界引起极大反响,运用互文性理论研究语篇,如火如荼地开展了起来。

一些学者从宏观上开展互文与语篇的理论研究。例如,祝克懿(2013)《互文性理论的多声构成:〈武士〉、张东荪、巴赫金与本维尼斯特、弗洛伊德》阐述了"互文语篇理论"的核心思想,建构了"宏观、动态、多元"的互文语篇理论体系。另外一些学者将互文的理念运用于语篇研究实践中去,并在语篇研究的过程中发展理论。例如,邓隽(2011)《解读性新闻中的互文关系——兼论互文概念的语言学化》区分了内入式互文与外接式互文,认为解读性新闻是一种外接式的互文。还有一些学者探索"互文"与中国传统文化的"对接"。例如,丁金国(2015)《互文性的语文学阐释》将王国维的"境界论"与克里斯蒂娃的"互文性"进行比较,试图展开中西文化的对话。

法国学者热奈特《隐迹稿本》将文本间的关系称为"跨文本性",并将之分为"元文性""副文性""承文性""广文性""互文性"五种具体类型。《当代修辞学》刊载了一批将这种理念运用于语篇研究的文章。例如,祝克懿(2011)《元语篇与文学评论语篇的互动关系研究》用"元文性"考察文学评论语篇与文学作品元语篇之间的互文结构关系。宋姝锦(2014)《关键词写作范式的多元化语篇功能》关注语篇的副文本"关键词"在新闻语篇写作中的独特功能。姚远(2017)《教学语篇的承文性研究》将"承文性"引入语篇研究领域,提出了"承文性三要素":前文本、派生关系和承文本。

殷祯岑(2015)《语篇·主体·精神分析——话语分析的精神分析方法浅论》将精神分析的理论方法引入话语分析,认为语篇可视为主体欲动与话语规约相互作用的产物。

"互文""主体""跨文性""精神分析"等后现代理念在汉语语篇研究中的运用,是21世纪中国学界积极引进世界前沿语言学思想的体现。

以上为了论述方便,我们分别从不同角度展示了各种理论视角在《当代修辞学》刊载的汉语语篇研究论文中的运用。在实际研究工作中,对同一研究对象经常综合运用多种理论视角。例如,张春燕、郑庆君(2016)《网络翻译语篇互文性的功能语言学研究——以乔布斯情书翻译为例》以乔布斯情书为研究对象,研究角度有"网络语言""英汉翻译"等,所用理论有功能语言学、互文性理论等。文章将这些视角综合起来,探讨"乔布斯情书翻译语篇如何与其源语篇、原译语篇及网络翻译语篇之间发生互文关联,这些互文指涉如何体现语言的社会功能和意义"。

近年来,系统功能语言学与认知语言学逐渐走向融合,系统功能语言学也开始从认知的角度来研究语言。"隐喻"是认知语言学研究人类认知方式的一个传统课题,系统功能语言学结合语境、发话者、受话者、语言功能等来研究人类的"隐喻"认知。例如,朱炜(2012)《从评价基调理论看隐喻的话语功能》将功能语言学的评价基调理论与认知语言学的"隐喻"研究结合起来,研究话语中隐喻的功能。

三、现代科学技术手段的普遍运用

进入21世纪以来,科技发展日新月异,科技的触角延伸到社会的每个角落,现代科学技术与语言研究的结合更加紧密。《当代修辞学》刊载的汉语语篇研究论文也积极采用现代科学技术手段,语言处理软件、语料库、数理分析等研究手段被普遍运用,使定性研究与定量研究在更高的水平上结合起来。

(一)语言处理软件

由于科学技术的发展,出现了一些专门用于语言研究的软件。比如Praat语音分析软件,现在已经成为汉语语篇语音分析的一个有力工具。徐静、陈海庆(2012)《庭审会话语篇语调特征及其信息输出研究》采用Praat语音分析软件对庭审会话语篇的语调进行分析，使转瞬即逝的语调现象的细微之处得到精确刻画。陶红印（2013）《多学科视野下修辞学研究的理论与实践——以语音学和话语分析为例》利用Praat语音分析软件对自然会话中的引语的语音特征进行分析，发现了其中隐藏的话语规律。

（二）语料库

由于语言研究基础工作的逐步完善，现阶段研究者们可以很方便地利用国内外的一些大型语料库及相关技术。例如，于梅欣、王振华（2017）《我国法律语言中"其他"一词的语篇语义分析》借助国家语言文字工作委员会现代汉语语料库检索中的汉语分词和词性自动标注，对现行刑法语篇进行分词和词性标注，并通过AntConc3.2.0语料库分析软件，从词频、词簇和搭配等方面对"其他"一词在我国现行刑法语篇中进行检索。

由于一些语篇研究语料的专业性，很多研究者自己动手建立语料库。例如，柳淑芬（2011）《中英文论文摘要中作者的自称语与身份构建》为了获得中英文论文摘要中作者的自称语的使用数据，自建了两个学术论文摘要的数据库，即汉语论文摘要语料库（CHN）和国外论文摘要语料库（CENG），并通过语料库软件包Kconcordance进行检索和统计。自建的语料库更有针对性，也更有利于数据采集和分析，使研究工作建立在准确可靠的数据基础之上。

（三）数理分析

本阶段数理分析的手段被大量运用于语篇研究之中。例如祝克懿（2010）《互文：语篇研究的新论域》借用数学中的函数关系式 $y=f(x)$，来描述语篇生成与理解的动态过程。殷祯岑（2016）《语篇意义的自组织生成——耗散结构理论观照下的互文语篇分析》将物理学中的"耗散结构理论"运用于诗歌语篇的分析之中，揭示了诗歌语篇的组织机制和成义规律。

语言处理软件、语料库、数理分析等现代科学技术手段在汉语语篇研究中的普遍运用，使研究工作走上精密化、程序化、可操作的道路。

四、汉语语篇研究的发展趋势

21世纪以来，不同学派、不同观点的学者以《当代修辞学》为平台，对汉语语篇进行了多方面的探索，取得了丰硕的成果；回溯前辈时贤的研究成果,可以给我们展望汉语语篇研究的发展趋势以启迪。

(一)从句子到语篇:语言研究正在经历"质"的飞越

20世纪以来,语言研究经历了从句子到语篇、从形式主义到功能主义(姜望琪 2011)、从静态研究到动态研究的飞越,语篇研究逐渐从句法研究中破茧而出,成为现代语言学研究的主流。20世纪八九十年代,《当代修辞学》刊载的语篇研究论文主要是结构主义的研究思路;进入21世纪以来,《当代修辞学》刊载的语篇研究论文开始采用功能主义、认知语言学的理念;最近10年,后现代主义进入《当代修辞学》刊载的语篇研究论文的视野,终于赶上世界语言学发展的主流。当代中国的语篇研究,从落地生根到茁壮成长,现在终于长成参天大树,成为语言学园地里的骨干力量。

(二)语篇研究中国化的探索

从《当代修辞学》刊载的汉语语篇研究论文来看,汉语语篇研究走过了一条从引介国外理论到将国外理论与汉语语篇研究的相结合的路子。近年来,在积极引进世界前沿语言学理念的同时,一些学者开始探索语篇研究中国化的路径。

史有为(2004)《汉语语篇连贯性问题概析》认为:"现在通行的语篇理论在连贯上几乎都接受了西方的理论,主张分成表层cohesion(接应/衔接)和'深层'coherence(连贯)这两个互相关联的方面。本文则把表层和一般所认为的'深层'的部分内容放在一个容易理解的统一体中,重新加以设定和分析,并以汉语为出发点和基础,从通俗的角度提出我们的认识和理论。"丁金国多年来致力于中国传统文化与世界前沿语言学理念结合的研究。丁金国(2016)《语篇学的构建及其分析原则》认为汉语语篇学应有自己的逻辑体系,这个体系的骨架就是陈望道《作文法讲义》所提出的:结构、体制、美质。他认为,以汉语现实语用形态为根据,参检近百年来语文大家的教学实践和理论精粹,吸取外来理论有用部分,构建起切合汉语实际的语篇理论体系,是值得思考的路向。陈满铭也是一位从中国传统文化出发研究汉语语篇的实践者。陈满铭(2013)《篇、章的逻辑结构系统》以中国传统文化的"阴阳变化"解释篇章的逻辑结构,认为章法含篇法,由阴阳二元变化所形成。

尽管已经有这些语篇研究中国化的探索,但还没有形成真正的汉语语篇学,还需要学人们在语篇研究中国化的道路上继续前行。

(三) 跨学科研究的兴起

多学科交叉融合是现代科学的特征。国外学者把社会学、逻辑学、心理学和人工智能方面的研究方法运用到语篇研究中,常常使语篇研究出现新的局面,从而推动语篇研究的发展。(聂仁发 2009)从《当代修辞学》刊载的汉语语篇研究论文来看,跨学科语篇研究还很不够。从当今科学发展的趋势来看,认知科学、神经科学、计算机科学、大数据技术等在语篇研究中的应用,应该是今后汉语语篇研究的发展方向。

(四) 应用研究的广阔前景

语言研究总给人"实用价值不大"的刻板印象,而语篇与社会实践联系紧密,研究语篇就要研究与之相关的社会实践。语篇研究"与生俱来"的实践本性,注定应用研究将是语篇研究的优势。《当代修辞学》一直注重语篇研究在语言实践中的应用,今后还需在更高的层次上关注语篇应用研究。语篇教学与写作、语言自动处理、人机对话等仍然是未来语篇应用研究的重要课题。飞速发展的社会实践对语篇研究的需求,将是今后汉语语篇研究的巨大推动力。

参考文献

姜望琪(2011)《语篇语言学研究》,北京:北京大学出版社。
聂仁发(2009)《现代汉语语篇研究》,杭州:浙江大学出版社。
热拉尔·热奈特(2000)《热奈特论文集》,史忠义译,天津:百花文艺出版社。
Halliday M A K. (1978) *Language as Social Semiotic: The Social Interpretation of Language and Meaning*. London: Edward Arnold.
——, Hasan R. (1976) *Cohesion in English*. London: Longman.

(黄　兵　200433　上海,复旦大学中国语言文学系　16110110014@fudan.edu.cn;
　　　　张晓雨　221116　徐州,江苏师范大学文学院　2661204967@qq.com)

使用蚁群仿生算法的元音演化模拟

焦 磊

提要 音变的路向问题一直是语言演化研究的焦点之一。传统研究主要着重对世界语言中曾经发生的音变进行描述和解释,而对音变的内在机制则解释不足。本研究使用一种全局启发式算法模型——蚁群模型(ACO)对元音链移音变的可能路径进行了模拟,结果显示,元音音变的扩散路向与蚁群寻路的原理具有强相似性:元音音变在社群中所有语言使用者的互相影响和参与下共同完成,并受到社群内部选择的影响。通过调整模型参数,蚁群模型生成的元音演化路径与历史上实际存在的各类元音演化路径可以相吻合。因此,蚁群模型可以作为研究语音演化的一种有效手段。

关键词 元音演化;蚁群模型;词汇扩散理论

一、导 言

音变的可观察性一直是困扰语言学家的重要问题。在语言群体中所发生的音变不但在语音学上与人类发音器官的生理条件、语音产生和传播的物理机制,以及人类对语音的感知模式相关,也关涉语言群体成员对于音变前后新旧语音形式的换用。

历史语言学的经典理论认为,音变是一种逐渐积累的渐变,这种渐变的前后状态是可以被观察的,但是渐变过程由于差异太微小而不能被观察到。例如美国结构主义语言学的代表人物布龙菲尔德和霍凯特均持有这样的观点。前者认为"语音演变的过程是从来不能直接观察的……纵使我们现在有了许多便利条件,这种观察还是难以想象的(布龙菲尔德 1980:432)"后者则将音变分为"语音演变"和"语音顿变"两种模式,其中语音演变被认为"是经常在发生的,但进行得很慢……这种渐变性非常重要。迄今还没有一个人看到过语音的演变,人们只能通过演变的结果来观察它的变化"(霍凯特2002:470)。

音变时刻在进行,然而却无法观察中间态,这种观点显然是与常识相违背的。新的研究结果则对"音变不可观察"这一神话提出了质疑。美国语言学家Labov(1994)和Wang W S-Y.(王士元)(1968)的研究,分别从两个方面推动了音变的研究。Labov的研究,从社会语言学的方面说明音变的过程可以表述为语音的社群变体的转换。而王士元则进一步认为这种社群转换可以通过其在词汇中的侵染和扩散来进行观察,并提出了著名的词汇扩散理论。

但无论是对社群的观察还是对词汇的观察,都仅仅是在语言演化的时间轴上对断面或是散点的观察,仍然是一种根据初始态和末态来拟测"黑盒"系统的做法,对音变沿流的内部驱动力并不能做出相应的解释,也无法对音变方向的选择做出有效的预测。例如,在元音演变的研究中,元音链移(chain shift of vowels)一直是研究的焦点问题。中古英语所发生的元音大转移(Great Vowel Shift)是印欧比较语言学研究中最著名的个案之一。其模式也曾被用于解释汉语历史音韵学研究中上古到中古的元音系统演变。(朱晓农2006)然而,尽管其中存在着一定的规律性,元音演变的模式与方向仍然各不相同。Labov(1994)曾经对元音的演化路径进行过总结,并提出三条通则:1.长元音高化;2.短元音低化,上滑双元音(upgliding diphthong)的元音核低化;3.后元音前移。但即使根据这三条通则,在实际语言中仍然可以有数十种乃至更多的元音链移类型。其相同之处可以依靠通则来解释,但是相异之处则无法在现有的理论中被合理容纳。

因此,相比传统的"静态"型研究,对音变的考察则更需要有"动态"的观察,亦即模拟音变的环境,设置各种不同条件,对音变的发生进行可控性实验。可控性实验不仅包括在实验语音学研究中对各种发音的生理和物理参数所进行的测量,正如语音学家Ohala所谓"凡是历史上发生过的音变,都要叫它在实验室里重现"(朱晓农2006),也包括设置各类参数所进行的仿真模拟计算,例如De Boer(2001)对元音系统演化的仿真,Au(2008)在词汇扩散理论下对元音系统习得和演化的仿真,以及Gong(2009)在语言习得模式下对语序演化的仿真等。国内的相关研究则有云健等(2010)在模因理论下结合语言的传承和传播的元音演化研究。

相比传统研究,这些仿真模拟研究的优势在于能够将语言的社会因素较好地在音变的过程中体现出来。传统理论如上述 Labov 的三条音变原则在解释链式音变时,认为其与"长元音""短元音"等节律特性与"元音核"等音节结构特性相关,而忽略了元音本身的感知特性与社会传播中选择的趋向性,显然是不够客观全面的。而在仿真模拟研究中,感知偏误和群体选择行为都被作为概率事件引入。语言使用者在交流中由于生理和物理的机制偶尔产生暂时音变,这种作为语言偏误的暂时音变如果频繁发生,就会在语言接收者的感知中固定下来而产生新的音位,这样一个共时性变异就转化为历时性音变。Ohala(1993)提出音变的两种模式,过度纠正(hyper-correction)和纠正不足(hypo-correction),认为历时性音变是语言交流中发音和感知互动的结果。因此音变是动态性的,只有通过仿真模拟的手段才可能观察到音变的进程及其中的机制,本研究采用一种经修正的蚁群算法对元音的链式音变进行仿真,希望能够观察到音变中感知和选择作用与发音之间的互动。

二、蚁群算法简介

蚁群算法(Ant Colony Optimization,简称 ACO)首先由美国学者 M. Dorigo 提出(关于该算法的发展历程,可参见 De Castro and Von Zuben 2005)。蚁群算法是受到了蚂蚁在蚁巢与食物源之间的觅食过程的启发而产生的。蚂蚁在觅食时,会在从蚁巢到食物源的路上散布信息素,这种信息素可以诱使其余蚂蚁追随其路线。信息素随时间会不断蒸发减弱,因此需要更多的蚂蚁重复该路线,才可以保证该路线上的信息素浓度始终保持在能够吸引其余蚂蚁的水平。一开始,蚂蚁的路线是随机选取的,但是随着时间的推移,最短路径由于耗时最少,在同样的时间内,走过的蚂蚁最多,因此其信息素浓度也最高,对其余蚂蚁的吸引力最大。最终这样一条最短路径就成为了绝大多数蚂蚁的选择。其过程如图 1 所示:

蚁群算法一般用于解决行商问题(Travelling Salesman Problems,简称 TSP)。行商问题的目标是在一个拥有各点坐标值的点集中找出一条遍历各点的最短路线。在蚁群算法中,这样的点集是一张图: $G = <V, E>$,一定数量的人工蚂蚁被随机分布在图中的结点上。然后人工蚂蚁开始遍历该图并在自己的路径上留下信息素。在蚂蚁的遍历过程中,某只蚂蚁从结点 i 移动到结点 j 的概率 $P_{i,j}$ 可以从下式得到:

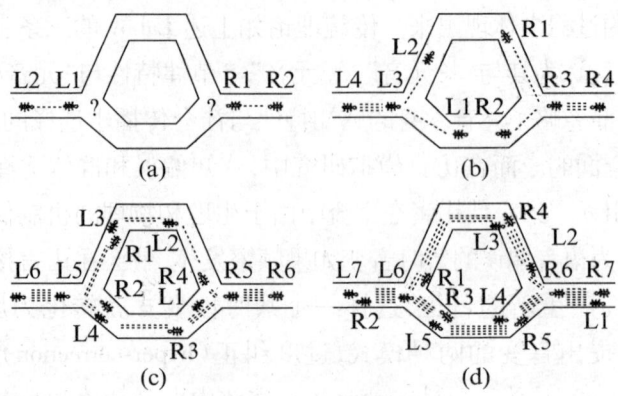

图 1 蚂蚁寻路的过程

(a) 蚂蚁到达食物源 t；(b) 蚂蚁随机选择了上下两条不同路线；(c) 由于蚂蚁的速度大致稳定，选择下面较短路线的蚂蚁要比选择上面较长路线的蚂蚁更快回去；(d) 信息素在下面的路径上以更高的速度积累，图中虚线的密集度与信息素浓度成正比；(Dorigo & Gambardella 1997)

(1) $P_{i,j} = (\tau_{i,j})^\alpha (\eta_{i,j})^\beta$

这里 $\tau_{i,j}$ 是边 (i,j) 上的信息素总量，α 是用来控制 $\tau_{i,j}$ 影响度的参数，$\eta_{i,j}$ 是边 (i,j) 对蚂蚁的吸引度，β 是用来控制 $\eta_{i,j}$ 影响度的参数。

蚂蚁每走一轮，信息素都会蒸发一部分，而蚂蚁也会散布新的信息素在自己选择的路径上。此时边 (i,j) 上的信息素总量可以从下式得到：

(2) $\tau_{i,j} = (1-\rho)\tau_{i,j} + \Delta\tau_{i,j}$

$\tau_{i,j}$ 的意义同上，ρ 是信息素蒸发率，$\Delta\tau_{i,j}$ 是该轮在边 (i,j) 上放下的信息素量，一般由下式得到：

(3) $\Delta\tau_{i,j}^k = \begin{cases} \dfrac{Q}{L_k}, & \text{if ant k travels on edge } (i,j) \\ 0, & \text{otherwise} \end{cases}$

L_k 是第 k 只蚂蚁的旅途成本（通常与边的长度相关），Q 用于控制信息素总量的常数。

在本研究中使用一种经过改进的带有感知能力的蚁群算法，该算法由段海滨提出，简称 SCA。SCA 引入了两个心理学上常用的参量，一个是最小感应阈值 AST（Absolute Sensor Threshold），一个是最小差异阈值 DST（Differential Sensor Threshold）。AST 代表了一个刺激能够被感受到的最低强度，而 DST 则是受者所能够区分的两个刺激间的最小差异。这两个参量首先为心理学家 E. H. Weber 在其举重实验中所提出。（段海滨 2005）

当边 (i,j) 上的信息素浓度没有超过 AST 时,蚂蚁不会感知到信息素的存在,因此在选路时,信息素过低的路径对蚂蚁没有任何影响。而当边 (i,j) 上信息素的浓度差 $\Delta\tau_{i,j}$ 小于 DST 时,蚂蚁不会感受到信息素浓度有所改变,因此也不会使得蚂蚁选路的倾向相比原来有所改变。一般来说 DST 由下式给出:

(4) $\dfrac{\Delta I}{I} = K$

K 是 Weber 常数。ΔI 是刺激的增量,I 是刺激的背景强度。只有当 ΔI 和 I 之比大于 K 的时候刺激的改变才能被感受到。在本研究中,$\Delta I = \Delta\tau_{i,j}$、$I = \tau_{i,j}$。

在 SCA 中,蚂蚁从结点 i 爬行到结点 j 的概率 $P_{i,j}$ 由下式给出:

(5) $P_{i,j}^{k} = \begin{cases} \dfrac{\theta_{i,j}^{k}}{\sum_{h \in allowed_k} \theta_{i,h}^{k}}, & if \quad j \in allowed_k \\ 0, & else \end{cases}$

这里的 $\theta_{i,j}^{k}$ 由下式给出:

(6) $\theta_{i,j}^{k} = \begin{cases} \dfrac{\lambda_{i,j}^{k}}{\mu_{i,j}^{k}}, & if \quad \tau_{i,j} \le CST \\ \tau_{i,j}^{\alpha} \eta_{ij}^{\beta}, & else \end{cases}$

而

(7) $\lambda_{i,j}^{k} = \dfrac{\tau_{i,j}^{k}}{\sum_{h \in allowed_k} \tau_{i,h}^{k}}$

(8) $\mu_{i,j}^{k} = \dfrac{\tau_{i,j} - \tau_{i,j}^{k}}{\sum_{h \in allowed_k} (\tau_{i,h} - \tau_{i,j}^{k})}$

$\lambda_{i,j}^{k}$ 是边 (i,j) 对第 k 只蚂蚁在潜意识中的吸引力,$\mu_{i,j}^{k}$ 则是边 (i,j) 对除了 k 之外的其他所有蚂蚁的吸引力之和。这里假设蚂蚁有个体相异性,也就是说,每只蚂蚁在潜意识中都希望保持个体的独立性,从而不愿意选择其余蚂蚁最喜欢的路径。

三、基于蚁群算法的元音链移模型

从生理和物理上讲,导致元音发生移动的机制可以归结为两个主要方面,一是元音的声学值和感知值的变化,这属于元音的内在属性;二是由于前后音段的影响所造成的相对感知值的偏差(参见 Ladefoged & Broadbent 1957; Ainsworth 1975; Assman, Nearey & Hogan 1982 等),这属于元音的外在属性。与此同时也有学者提出,某些被认为是外在属性的特征实际上还是内在属性的变化所导致的(Wang & Fillmore 1961),因此,为了简化模型,在此仅讨论元音的内在属性。

元音发生音变之初,说话人会不经意地从某个元音"滑到"另一个元音,但说话人并非有意识想区别两者的音值(更不是音位)。因此对于说话人而言,这样的两个元音之间的差别是不显著的。但是对于听者来说,这样两个元音的区别度已经足以让他认为该元音音位所辖的音值发生了改变。这种音值改变可以不造成音系中音位的变化,例如 Labov(1994)观察到的北美英语中出现的前元音高化。但之后可能会带来两种结果,一种是音系为了保持音位的对立性而造成的系统性音值迁移,元音链移就是最好的例子;另一种结果则是造成音系中音位的合并。

音值的改变是渐进的,这种偏移可以在日常的对话中不断积累,直到发生显著的跃迁。但由于元音"打滑"的偏误行为是无意识的,那么音变就有可能在元音平面上向所有可能的方向发生。然而根据 Labov 所总结的元音演化律来看,元音的演化具有方向性。本研究试图通过采用蚁群算法模拟音变在人群中的扩散,从而找出在元音空间中控制元音方向性演变的影响因素。

在本研究模型中,使用蚁群模拟说话人,音变的扩散路径随着信息素的增加而逐渐明确。在元音空间中,每个语音学上独立的元音都作为无向图上的一个结点。每一只蚂蚁都承担音变的任务。如蚂蚁从结点 i 移动到结点 j,则说明元音 i 对该蚂蚁来说,变为元音 j。

这种音变可以在蚁群中扩散。这种扩散依照渐进的模式进行,正如王士元(1979)所提出的词汇扩散理论,音变由词汇传递,并随着词汇的量增加而逐渐稳固,这一点和信息素的积累非常相像。一条路径上积累的信息素越多,就越能驱使其余蚂蚁接受这条路径,同理,一个音变所涉及的载体词汇越多,这个音变就能够侵染越多的说话人。当这个过程在元音无向图上不断重复,就可以得到元音的音变圈。

元音之间的距离则是模拟中需要考虑的重要问题。Lindblom(1986)[20]

说过:"元音系统的演化,趋向于提高语言的理解效率,并提高语言在一系列干扰下的可懂度。"提高理解效率要求清晰,降低歧义性;同时提高可懂度,则要求音位之间的对立明显。因此,如果要让音变表现得尽量明显,则音变的起点和终点在元音平面上的距离要尽量拉大,但是如果距离过大,则成了明显的发音错误而非无意识的偏误。所以音变的发生,既要求其起点与终点之间有足够的距离,又要求起点和终点之间的距离足够大,让音变能够自然产生。一个音变能得以发生,这两股互相对抗的力量应当力图保持平衡。

在本研究模型中,元音空间中元音点之间的距离由两方面综合决定。一方面,元音之间的距离主要取决于其声学距离,也就是由元音的前三个共振峰值为坐标,所确定的三维元音空间中的距离,元音 i 和元音 j 之间的距离 $D_{i,j}^a$ 的计算方法如下所示:

(9) $D_{i,j}^a = \sqrt{(F_1^i - F_1^j)^2 + (F_2^i - F_2^j)^2 + (F_3^i - F_3^j)^2}$

$F_k^i(F_k^j)$ 是元音 i (元音 j) 的第 k 个共振峰值。在计算中共振峰值取 Hz 值,无需经过任何非线性变换,这个值就足以表现声道的形状和大小。前两个共振峰值 F1 和 F2 能够反映出将口腔视作双管模型时候的共振特性(Mol 1970),而第三个共振峰 F3 则被认为和声道的长度有关(Nordström & Lindblom 1975)。因此,这个参数反映了在感知中所体现出的口腔生理状态。声学距离越大,则两个元音之间在发音上的区别越明显。在无意识的元音"打滑"中也就越不可能发生。

与此同时,如果要求元音的变化足够显著,以至于音变的出现能被轻易观察到,则需要两个元音在感知上存在明显的界域。因此,一个音系中元音的分布一般呈现出边缘化(peripheralization)的趋势。Lindblom (Liljencrants & Lindblom 1972; Lindblom 1986)利用物理学上的势能类比对元音在声学空间的分布进行了模拟,并将模拟结果与 UPSID(Maddieson 1984)所收录的实际语言的元音空间做了对比,两者具有很高的相似性。基于该模拟,Lindblom 提出了所谓最大对立原则(the principle of maximum distinction),认为音系中元音的分布,需要满足的主要条件就是在感知上能够达到最大对立。如果从音变的发生上来讲,音变的起点和终点的对立至少要达到不会被听话人自动纠正(auto-correction)的地步,才能算是真正成熟。

在仿真中,音变的感知量用元音感知距离来衡量。考虑到元音感知中所谓的"重心效应(center of gravity effect)"(Chistovich 1985),这里采用

Schwartz et al. (1997)所采用的 F1 和等价 F2'(以 Bark 值为单位)作为感知距离的衡量标准。如果元音 i 变成元音 j,感知距离上的改变如下:

(10) $D_{i,j}^{p} = \sqrt{(F_1^i - F_1^j)^2 + \nu(F'^{i}_{2} - F'^{j}_{2})^2}$

ν 是用于控制 F'$_2$ 影响度的参数,

因此从元音 i 变为元音 j 时所需要付出的总代价为:

(11) $D_{i,j} = \dfrac{D_{i,j}^{a}}{\sigma D_{i,j}^{p}}$

σ 用于控制 $D_{i,j}^{p}$'影响度的参数。

在本研究中对元音空间的描述采用 Schwartz(1997)所使用的 33 个不带次级调音(secondary articulation)的基本元音。33 个基本元音的声学数据也全部来自 Schwartz(1997),不做改动。元音的声学数据如表 1 所示:

表 1 本研究使用的 33 个元音及其声学数据 (Schwartz 1997)

vowel	F1 in Hz	F2 in Hz	F3 in Hz	F1 in Bark	F2' in Bark
i	277	2 208	3 079	2.9	16.15
y	277	1 937	2 232	2.9	13
ɨ	277	1 520	2 310	2.9	11.85
ɯ	277	1 218	2 500	2.9	9.7
ʋ	277	845	2 460	2.9	7.55
u	277	553	2 420	2.9	5.4
I	344	2 170	2 660	3.55	13.9
Y	344	1 770	2 230	3.55	12.6
ɨ	344	1 507	2 390	3.55	11.6
ɯ	344	1 228	2 500	3.55	9.75
ʊ	344	635	2 413	3.55	6.05
e	414	2 065	2 570	4.2	13.6
ø	414	1 608	2 250	4.2	12.2
ə	414	1 516	2 500	4.2	11.35
ɤ	414	1 238	2 500	4.2	9.8
o	414	721	2 406	4.2	6.7

（续表）

vowel	F1 in Hz	F2 in Hz	F3 in Hz	F1 in Bark	F2' in Bark
'e'	487	1 928	2 406	4.85	13.3
'ə'	487	1 492	2 580	4.85	11.1
'ɤ'	487	1 248	2 505	4.85	9.85
V2	487	1 015	2 500	4.85	8.6
'o'	487	815	2 450	4.85	8.4*
ɛ	565	1 819	2 393	5.5	13
œ	565	1 520	2 528	5.5	11.4
ɜ	565	1 462	2 500	5.5	10.85
ʌ	565	1 258	2 500	5.5	9.9
ɔ	565	915	2 500	5.5	8
æ	648	1 712	2 373	6.15	12.7
ɐ	648	1 405	2 490	6.15	10.6
ɒ̈	648	1 023	2 500	6.15	8.65
a̟	735	1 498	2 537	6.8	11
ɑ	735	1 278	2 500	6.8	10
ɒ	735	1 141	2 280	6.8	9.3
a	800	1 228	2 500	7.25	9.75

四、结果与分析

在模拟中首先要获得一个可供使用的 AST 数据，该过程称为初始化（initialization），在初始化中，蚁群随机寻路并获得最短路径 L_m，而 AST 则定义为 C/L_m，其中 C 为常数。这里所使用的声学和感知数据也做了相应的归一化处理。原来的赫兹值被映射到 (0,1] 区间以便在模拟中使用。而计算出的 $D_{i,j}^a$ 和 $D_{i,j}^p$ 距离也将被映射到 (0,1] 区间以便于计算。

在蚁群算法中，一般常用的参数是 $\alpha = 0.1, \beta = 2$ and $\rho = 0.1$（Dorigo and Gambardella 1997），而在 AST 的常数 C 一般设为 $C = 5$（段海滨 2005）。Q 一般设为 $Q = 1$（Dorigo 2004）而 ν 则根据 Schwartz（1997）的实验结果设

为 $\nu=0.25$。这样唯一一个尚未设定的数据就是 σ，也就是元音的声学距离和感知距离对元音感知的影响度之比。本研究用不同的 σ 值进行了仿真实验，其中的 σ 取值范围为 $(0, 100]$，从而得到的结果也各不相同。仿真结果图如图2所示：

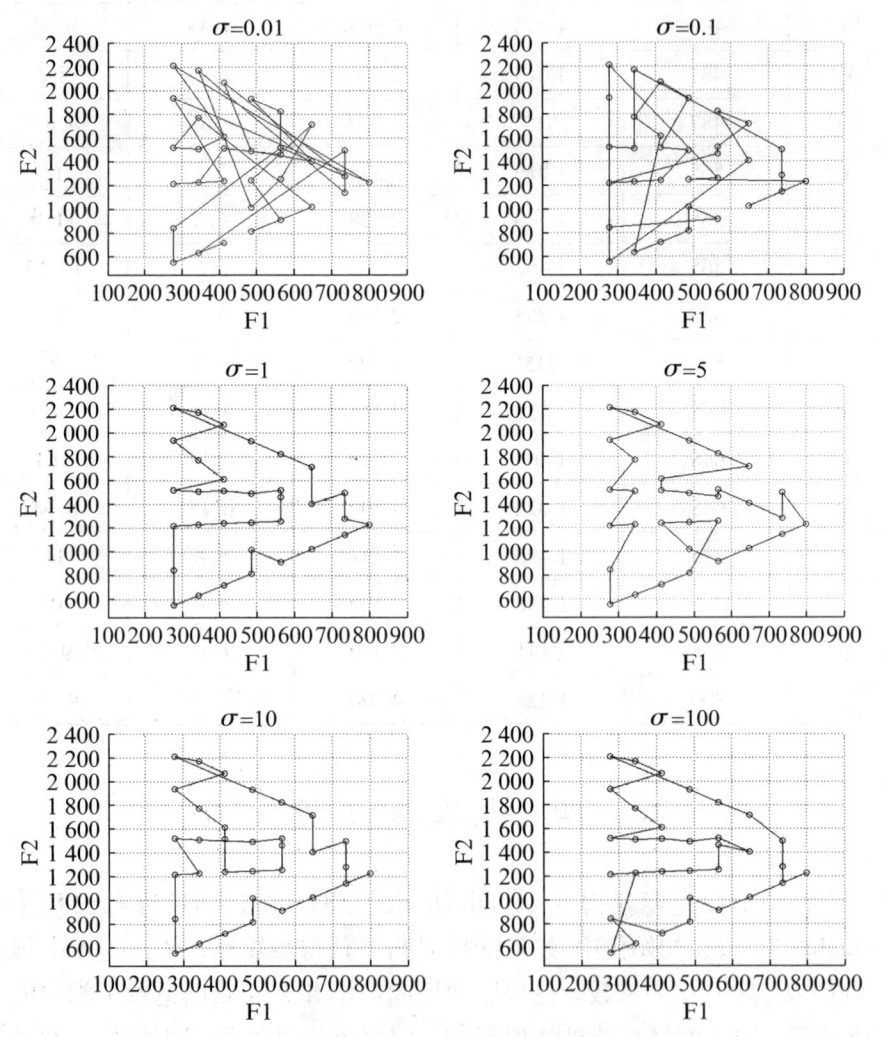

图2　根据不同的 σ 值，模型所生成的不同路径

从图2中可以看出，不同的 σ 值对于蚁群选路存在不同的影响。当 $\sigma<1$ 的时候，蚁群的选路是混乱的，并无任何明显的趋势可言。从 $\sigma=1$ 开始，路线逐渐呈现出显著的边缘状态，与现实中的链式音变路径相接近。而当 σ 继续增长时，

音变链中的大体路径并没有发生改变,但某些环节上的方向顺序出现了调整。其中的语言学意义留待后文进行讨论。音变的路径图可以显示为三维图,但是为了便于观察。这里只讨论二维的情况。$\sigma=1$时的三维图例如图3所示:

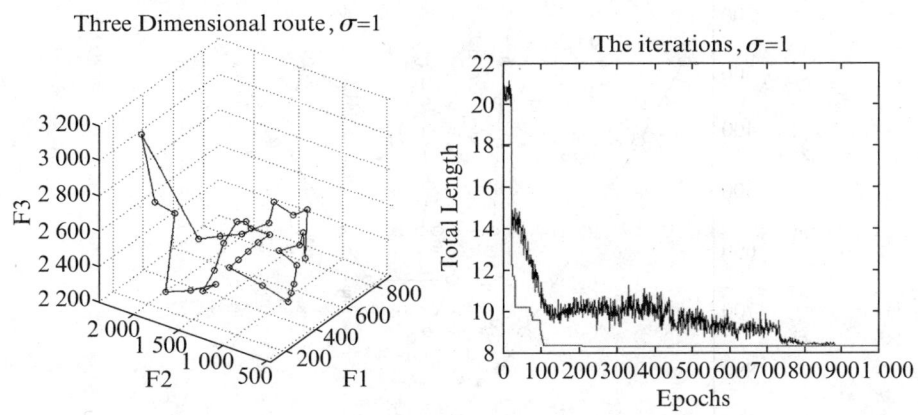

图3　三维音变链图及其收敛进程($\sigma=1$)

从设定的条件来看,$D_{i,j}$越是小,则音变越易于发生。由于对于确定的元音空间来说,$D_{i,j}^a$和$D_{i,j}^p$距离之间的比值是个定值,那么σ的变化实际上起到的作用是个放大与缩小的作用。当σ小于1的时候,信息素的作用被加强了,在初始态时,一点点信息素的差异就足以改变之后整个蚁群的行进路向。因此$\sigma<1$的时候蚁群的行进是不稳定的,是由初态随机决定的,不具有任何语言学意义。直到$\sigma=1$时这个状态才趋于稳定,蚁群开始表现出沿边缘元音行走的倾向。而当σ继续增大的时候,实际上是在减小信息素的影响。σ越是大,音变的敏感度就越低。音变的可能方向也就随之增加。

需要提醒的一点是,模拟中使用的元音图是无向图,而实际的元音音变是有向的。所以本研究的模型并不能解释音变的方向性。但由于蚁群选路与方向性无关,所以即使是有方向的音变,其选择的路径依然是与本研究的模型相吻合的。

五、和实际音变数据的比较

前面所使用的元音音变图中各点所对应的音标被略去了,图中各点所对应的元音如图4所示:

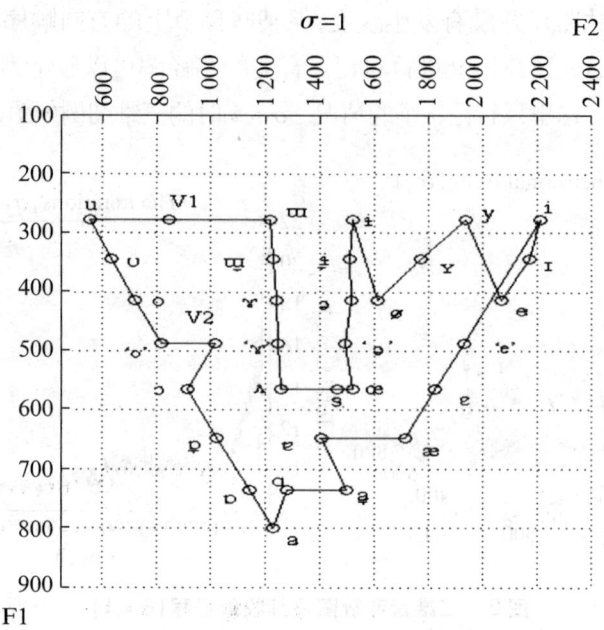

图 4　音变图中各点及其对应音标

当 $\sigma=1$ 时,所得到的图形与英语中的元音大转移(Wang 1968)相吻合,前元音向前上升,后元音向后上升,最终同时达到顶点,然后开始趋央化。和图 5 这张元音演变的示意图相比较,可以发现两者之间的相似性:

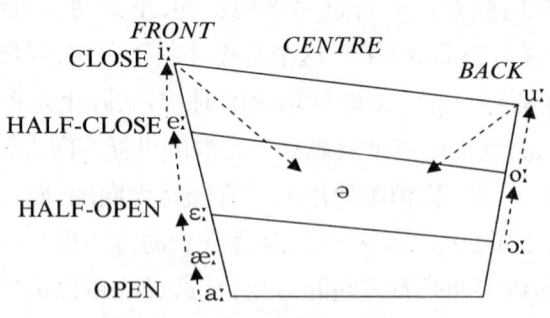

图 5　英语元音大转移示意图

音变的模式并非一成不变,英语和汉语所发生的元音转移类似于图 5 所示的音变链,但这种音变链不能解释在中古韩语中所发生的元音转移(Labov 1994,见图 6)。不过这种音变链可以和前述的模拟结果中 $\sigma=5$ 的情形相吻合。如图 6 所示:

从上述的两个例子已经可以看到,语言中所发生的元音转移是非常灵

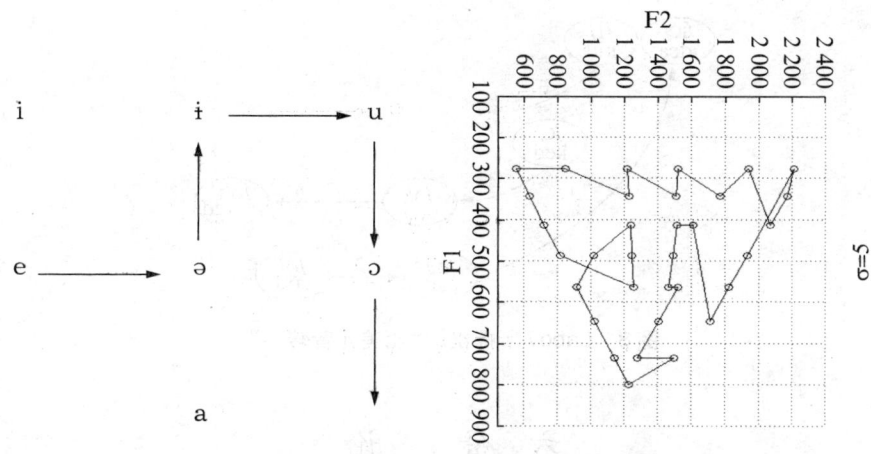

图6　中古韩语的元音转移及其模拟

活的。音变受到某些内部因素的控制，并在外部以词汇扩散的方式逐渐发展。通过对所设定的参数的调整，也能得到其他的一些模型。例如将蚂蚁数调为20的时候，能够得到另一种元音链式音变的模式，如图7所示：

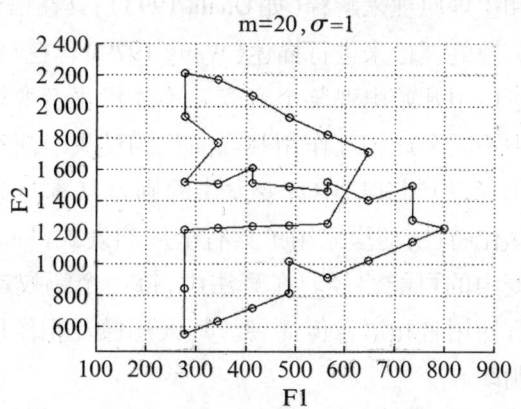

图7　蚂蚁数=20的时候得到的音变模型

这个前后交叉模型在 Labov（1994）所提出的"北美元音转移"（American Northern Vowel Shift）中就表现了出来。元音[æ]变成元音[i]，然后元音[ɒ]再变成[æ]。这使得元音[ɔ]被拉到[ɒ]的位置上。同时后元音[ʌ]变成了同位置的圆唇元音[ɔ]，使得前元音[e]变成了[ʌ]。这一串的链式反应如图8所示：

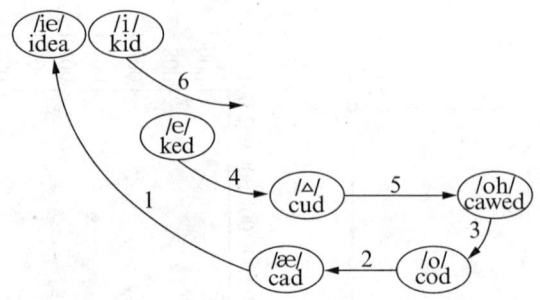

图 8　Labov 所提出的"北美元音转移"

六、余　论

传统认为音变是难以预测的,因为其中包含社会文化等不确定因素,且无法予以具体量化。但另一方面,从历史上已经发生的音变及现实中正在发生的音变来看,音变有很好的规律性和趋势性,其发生的驱动力可以用发声与感知的物理和生理原理来解释(如 Ohala 1993);其在语言社群中的扩散则可以应用词汇扩散的理论来进行描述(Wang 1979)。在词汇扩散理论中,某一个语言使用者口中开始出现某个音变并不能代表音变的完成。音变的进行是语言社群中不同个体相互作用共同演化的结果。而对每一个参与到音变中的语言使用者,控制其口中音变发生的则是其本身的物理与生理限制。基于音变的演化特性,这里采用了具有全局启发式(heuristic)特征的蚁群算法来寻找音变中的可能路径。在算法中,每一个蚂蚁都可以看作是具有感知能力的语言使用者和语言传播者。其大规模互相作用的结果则使得音变的路径趋于明朗。

本研究只是对于蚁群音变模型的初步尝试,对其中所使用的参数,并未进行太多复杂的考察。例如在本研究的模拟实验中,主要调节的参数是反映发音和感知两者影响比率的 σ,而并未涉及反映其传播速度与传播范围的 α,β,ρ 等不同参数。而在真实的音变中,音变并不仅仅由个体的感知所决定,其扩散的速率和范围也是影响音变过程的因素[例如王士元,沈钟伟(1991)所使用的传染病模型]。这一点只能留待在今后的研究中进一步深入挖掘。此外,语言在社群中的传播也绝非单一模式,Gong、Minett & Wang (2010)就提出在语言的传播中存在世代间传播(inter-generational transmission)和世代内传播(intra-generational transmission)等模式,如果引入这些模式,显然能够更好地对音变的社会机制进行解释。

在目前的模型中,对于已有的各种音变现实,模型能够做到仿拟和再现,但是由于所使用的元音图是无向图,所以并不能给出元音在演化中的方向。然而在模拟中不可能使用有向图,因为这样无异于事先约定了音变所可能的发生方向。因此,对于音变的方向性问题,该模型不能给出一个合理的解释。

此外,本研究使用的元音空间拓扑结构(Schwartz 1997),也决定了该模型所可能得出的结果的正确性。在已有的模拟实验中也有使用这一拓扑结构的(Ke, Ogura & Wang 2003),并取得了不错的结果。因此在本研究中也使用了这一拓扑结构。但是,该拓扑结构仍然存在一些不合适的地方,例如在考虑元音之间距离的时候,忽略了前高元音高化之后会变成声学特征与央元音近似的舌尖元音等特点。这就会给解释某些音变带来困难。此外,对于音变中可能出现的潜在的元音类来说,本研究所用的划分可能并不是一个最合适的划分。在不同语言使用者的感知中,元音空间存在不同的划分,这些划分是否可以统一到一个原初的(primitive)元音框架之下,也还是有待于研究与解决的问题。

参考文献

布龙菲尔德(1980)《语言论》,袁家骅等译,北京:商务印书馆:432。
段海滨(2005)《蚁群算法原理及应用》,北京:科学出版社:157-161。
霍凯特(2002)《现代语言学教程》,索振羽等译,北京:北京大学出版社:470。
王士元,沈钟伟(1991)词汇扩散的动态描写,《语言研究》第 20 期:15-33。
云　健,江　荻,潘悟云(2010)模因机制下人类元音系统演化的计算模型,《山东大学学报》,第 40 期第 4 卷:12-18。
朱晓农(2006)《音韵研究》,北京:商务印书馆:21。
Ainsworth W A. (1975) Intrinsic and Extrinsic Factors in Vowel Judgments. In Fant G, Tatham M. (eds.) *Auditory Analysis and Perception of Speech*. London: Academic Press, 103-113.
Assman P F, Nearey T M, Hogan J T. (1982) Vowel Identification: Orthographic, Perceptual, and Acoustic Aspects. *Journal of the Acoustical Society of America* 71: 975-989.

Au C P. (2008) Acquisition and Evolution of Phonological Systems. In Wang W S-Y. (ed.) *Language and Linguistics Monograph Series B, Frontiers in Linguistics V.* Institute of Linguistics Academia Sinica, Taipei.

De Boer B. (2001) *The Origin of Vowel Systems.* Oxford: Oxford University Press.

De Castro L N, Von Zuben F J. (2005). *Recent Developments in Biology Inspired Computation.* Idea Group Publishing: 148-181.

Chistovich L A. (1985) Central Auditory Processing of Peripheral Vowel Spectra. *Journal of the Acoustical Society of America* 77: 789-805.

Dorigo M. (2004) *Ant Colony Optimization.* Cambridge, MA: The MIT Press.

Dorigo M, Gambardella L M. (1997) Ant Colony System: A Cooperative Learning Approach to the Traveling Salesman Problem. IEEE Transactions on Evolutionary Computation 1(1): 53-66.

Gong T. (2009) Computational Simulation in Evolutionary Linguistics: A Study on Language Emergence. In Wang W S-Y. (eds.) *Language and Linguistics Monograph Series B, Frontiers in Linguistics IV.* Institute of Linguistics Academia Sinica, Taipei.

Gong T, Minett J W, Wang W S-Y. (2010) A Simulation Study Exploring the Role of Cultural Transmission in Language Evolution. *Connection Science* 22: 69-85.

Ke J, Ogura M, Wang W S-Y. (2003) Optimization Models of Sound Systems Using Genetic Algorithms. *Computational Linguistics* 29(1): 1-18.

Labov W. (1994) *Principles of Linguistic Change Volume I: Internal Factors.* Oxford: Blackwell Publishing: 139.

Ladefoged P, Broadbent D E. (1957) Information Conveyed by Vowels. *Journal of the Acoustical Society of America* 29: 98-104.

Liljencrants J, Lindblom B. (1972) Numerical Simulation of Vowel Quality Systems: The Role of Perceptual Contrast. *Language* 48: 839-862.

Lindblom B. (1986) Phonetic Universals in Vowel Systems. In Ohala J J, Jaeger J J, (eds.) *Experimental Phonology.* New York: Academic Press: 13-44.

Maddison I. (1984) *Patterns of Sounds.* Cambridge: Cambridge University Press.

Mol H. (1970) *Fundamentals of Phonetics* II: *Acoustical Models Generating the Formants of the Vowel Phonemes.* The Hague: Mouton & Co. N. V Publishers.

Nordström P-E, Lindblom B. (1975) *A Normalization Procedure for Vowel Formant Data.* Paper Presented at the 8th International Congress of Phonetic Sciences, Leeds, August, 1975.

Ohala J J. (1993) The Phonetics of Sound Change. In Charles Jones (ed.) *Historical*

Linguistics: Problems and Perspectives. London: Longman: 237-278.

Schwartz J-L, Boë L-J, Vallée N, *et al*. (1997) The Dispersion-Focalization Theory of Vowel Systems. *Journal of Phonetics* 25: 255-286.

Wang W S-Y. (1968) Vowel Features, Paired Variables, and the English Vowel Shift. *Language* 44(4): 695-708.

——(1979). Language Change: A Lexical Perspective. *Annual Review of Anthropology* 8: 130-136.

——, Fillmore C J. (1961) Intrinsic Cues and Consonant Perception. *Journal of Speech and Hearing Research* 4: 130-136.

(510632　广州,暨南大学汉语方言研究中心　jiaofrank@126.com)

语言经验对声调感知的影响
——以普通话母语者和大田话母语者对阴平和上声的感知为例*

吴生毅

提要 文章通过考察普通话母语者和大田话母语者对普通话双音节词中阴平和上声的范畴化感知,探讨母语经验对声调感知的影响。基于声调辨认和区分实验,我们发现:1. 声调的感知有可能是范畴性的,也有可能是非范畴性的。我们的实验结果显示了这两种可能性。2. 语言经验对声调感知的影响主要表现在两个方面。首先,母语的声调系统会对声调感知产生影响,比如大田话复杂的声调系统使得大田话母语者对音高变化更敏感。其次,母语或二语的音系知识也会对声调感知产生影响。比如,对于同样的刺激材料,两组被试将前字更多地听成"上声",而将后字更多地听成"阴平"。我们认为,这可能是因为受普通话"半上变调规则($213->21/\_\{55,35,51\}$)"的影响,听者在前字位置听到低平调时,更容易判断成"上声"。总的来看,声调的感知既受到心理物理因素的制约,也受到语言经验的影响。

关键词 语言经验;声调感知;范畴感知;辨认与区分

一、引 言

声调是汉语不同于西方语言的一个重要特点,也是非声调母语者学习汉语的一个难点,因此声调的习得和感知问题是学界长期关注的一个重要

---

* 本文受到国家社科青年基金"闽东方言的语音特征及其历史演变(项目编号15CYY102)"的资助。感谢匿名审稿人对本文提出的宝贵修改意见。

理论问题。学界对声调的跨语言感知讨论最多的还是声调母语者和非声调母语者对汉语声调的感知。王士元先生(Wang 1976)最早基于声调范畴感知实验讨论了汉语母语者和美国英语母语者对声调感知的不同：前者对汉语声调的感知表现为范畴感知,而后者为非范畴化感知,只表现出心理物理特性。另外,一些学者随后也探讨了不同语言背景的母语者对汉语声调的感知情况。Hallé、Chang & Best(2004),Xu、Gandour & Francis(2006)也发现了与 Wang(1976)类似的现象：声调语言母语者对的感知为范畴化或者接近范畴化,而非声调语言的母语者则不具有范畴化的特点。此外,Xu、Gandour & Francis(2006)还发现英语母语者虽然对声调表现为连续感知,但是对纯音音高表现出一定程度的范畴感知。可见,声调语言母语者和非声调语言母语者在声调感知的范畴化程度上存在较为明显的差异。

　　有的学者从二语习得的角度探讨不同母语人对汉语声调的感知情况。Lee、Vakoch & Wurm(1996)考察了具有不同母语背景(粤语、普通话、英语)的三组受试对普通话及粤语声调的区分情况。结果表明,声调母语背景在有些情况下能够帮助习得者感知二语声调(比如粤语母语者对普通话声调的感知显著好于英语母语者),而在有的情况下,声调母语背景对二语声调的感知并不一定是有利的(比如普通话母语者对粤语声调的区分正确率接近英语母语者),作者认为粤语的声调系统比普通话更复杂,使得普通话母语者在区分粤语声调上没有优势。其他研究也发现了同样的情况,受试者的声调背景并不能帮助他们更好地感知二语的声调。(Wang 2006; So & Best 2010) Wang(2006)考察了母语为苗语、日语和英语的三组初级习得者对普通话四个声调的辨认。结果显示,苗语母语者的声调辨认正确率是三组受试里最低的。作者认为这可能是受到苗语声调系统的干扰造成的。So & Best(2010)也发现了声调母语者对二语声调的感知比非声调母语者更差(粤语 vs. 日语、英语)。习得者出现的声调偏误类型与 L1 和 L2 声调系统的"知觉同化(perceptual assimilation)"有关,比如在粤语中,高平调 55 和高降调 53 是同一个声调的两个变体,经常混用,因此粤语受试者在感知二语的高平和高降调时也容易发生混淆。同样基于粤语母语者和英语母语者的比较,Hao(2012)发现两组被试都容易混淆普通话的 T2 和 T3,但粤语母语者更容易混淆 T1 和 T4。作者认为,T2 和 T3 的混淆是因为二者具有相似声学特点及复杂的音系关系(T3->T2/_T3),而 T1 和 T4 的混淆则是受到习得者母语声调系统的干扰。

汉语方言都有声调,但不同方言之间的声调系统差异甚大,因此容易造成不同方言背景的母语人在学习普通话声调时呈现出与非声调母语人不同的特点。不过与声调的跨语言感知相比,声调的跨方言感知研究则相对比较不充分。Huang(2004)同时考察了多个语言/方言背景(英语、普通话、烟台话、如皋话)的母语者对各方言声调的区分情况。结果表明,不仅英语母语者和汉语母语者的声调感知存在差异,而且不同方言背景的母语对声调的感知也有所不同。作者认为,受试者对声调的感知受到其母语的声调系统及音系规则影响:比如与普通话母语者相比,如皋话受试者更容易混淆普通话的 55 和 51,因为普通话的高降调(51)在如皋话中读为高平调(44),因此容易造成高平调和高降调的混淆;烟台话老派受试者容易混淆普通话的 55 和 214,因为烟台话的 214 调在连读变调情况下读为 55 调,因此容易造成 214 和 55 调的混淆。该文主要考察受试者的反应时,我们认为反应时受到的影响因素很多,无法全面反映听者的声调感知差异。

有的学者考察不同语言或方言背景的母语者对普通话声调的范畴化感知。Peng 等(2010)考察不同母语背景(德语、普通话、粤语)对普通话声调及纯音音高的范畴感知。他们发现,三组受试对声调感知的差异表现为对声调的敏感程度不同,德语母语者的辨认曲线呈连续型分布(峰值在末端),而普通话和粤语母语者则呈拱形分布(峰值在中间)。另外,粤语母语者对连续统中的微升调和微降调的敏感度高于普通话母语者,作者认为这是由于粤语的声调系统中存在微升和微降调,使得他们对声调的细微变化更敏感。覃夕航(2012)基于对普通话和粤语母语者的考察认为,母语经验影响声调感知主要包括三个方面:1)母语中存在与普通话调型相同,但音高升降幅度不同的声调;2)母语与普通话声调系统内部调阶划分的差异;3)母语中存在与普通话不同的调型。总的来看,方言母语者对普通话声调的感知容易受到母语声调系统的影响,包括对基频变化的敏感度及对不同声调之间的混淆程度。

然而,汉语声调的跨方言感知大多数只讨论对普通话孤立声调的感知,因此只能看到母语的单字调系统对声调感知的影响。汉语声调的另一个重要特点是,当孤立的声调连在一起时会发生连读变调,比如普通话的上声在另一个上声前变为阳平。汉语方言与普通不仅在声调格局上有差异,在连读变调上更是差异巨大，比如闽南语里有复杂的循环变调现象，而普通话的变调则相对简单。我们想知道，这种变调规则的巨大差异是否会影响方言母语者对普通话声调的感知？

因此本文选取了母语背景差异很大的两组被试（普通话 vs. 闽语大田话），分析他们对普通话阴平和上声的范畴感知差异。我们选取大田话母语人作为受试是因为，大田话作为闽南语的一支（陈章太 1991；郭必之 2016），不仅与普通话的声调格局差异甚大，而且还有复杂的循环变调现象。这种声调格局和声调音系的巨大差异可能会对普通话声调的感知产生较大影响。前人对声调范畴感知的考察大多采用阴平和阳平、阴平和去声构成的基频连续统，较少分析阴平和上声的范畴化感知，我们将弥补这一缺失。更重要的是，我们不是考察受试者对孤立声调的感知，而是将目标声调的基频连续统与其他声调组合，考察受试者对双字调的感知，因为双字调是连读变调最常出现的语音环境，在该环境下更能凸显受试者母语音系对声调感知的影响。

二、过程与方法

（一）实验语料

实验语料为普通话双音节词，双音节词其中的一个字为目标字，另一个字为参照字。目标字的声调为阴平或上声，既可出现在词首，也可出现在词尾。我们选取阴平字作为参照字的声调，因为阴平调往往比较稳定，不容易产生变体，因此也不会对实验结果产生干扰。参照字若为上声，当目标字也为上声时则会产生上上变调现象，若为阳平或去声，则容易对目标字产生协同发音的影响。实验语料共有 4 个词，构成两组声调最小对比对，详见表 1。

表 1 实验语料（粗体字为目标字）

	目标字为前字	目标字为后字
目标字为阴平	**施**加 /ʂ̩^{55} tɕia^{55}/	加**湿**/tɕia^{55} ʂ̩^{55}/
目标字为上声	**史**家 /ʂ̩^{21} tɕia^{55}/	家**史**/tɕia^{55} ʂ̩^{214}/

实验语料由一位普通话母语者（北京人，女，23 岁）朗读，普通话标准，不

会说其他汉语方言。录音在语音实验室进行,录音设备为 Thinkpad 笔记本电脑,Mbox 外接声卡和 AKG 头戴式话筒。录音软件为 Cooledit Pro,采样率为 44 100 Hz,采样精度 16 bit。词表中的每个词置于负载句"我说____这个词"中,由发音人以自然的语速念 3 遍,一共得到 12 个句子,我们将每个句子中的目标字切分出来进行声调的合成。

声调的合成采用 PSOLA 方法(Moulines & Laroche 1995;Peng et al. 2010)。我们测得发音人的基频范围约为 150—265 Hz,前后字的平均时长约为 300 毫秒(包括声母段的时长)。我们利用 Praat 脚本不断改变目标字的基频曲线,从而合成出从低平到高平的基频连续统(150—265 Hz,步长为 11.5 Hz),代表从上声到阴平的变化。为了尽量保持发音人原本的语音特征,我们将前后字的时长控制在 300 毫秒(接近发音人的平均值),音强控制在 70 dB 左右,见图 1(左图为元音段的基频曲线及时长,右图为整个音节的时长及音强曲线)。

值得注意的是,此处我们参照荣蓉和石锋(2013)的做法将上声的基频曲线处理为低平而非低降或者低凹。一方面,有学者认为上声的本质就是低平调(石锋,冉启斌 2011),另一方面也是为了合成的方便,若将上声处理为低降或低凹则很难合成连续统。从听感上讲,将上声处理为低平虽然对语音自然度有些许影响,但也在可以接受的范围内。

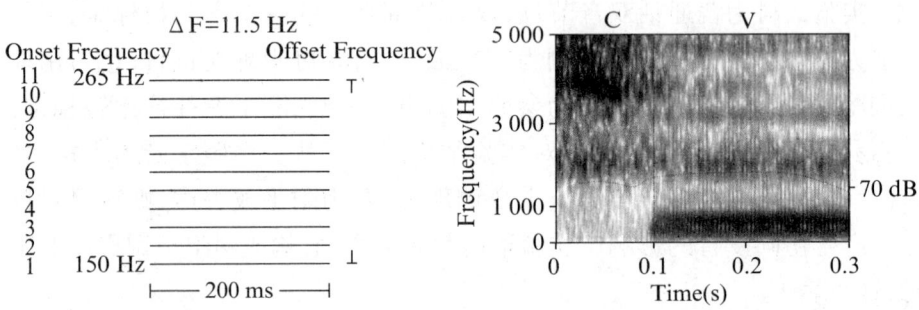

图 1　阴平-上声基频连续统示例

(二) 被试

一共有 40 名被试参加本次实验,均为在校大学生。根据其母语背景分为普通话组和大田话组。普通话组被试 20 名,10 名男生,10 名女生,平均年龄 21.5 岁。出身并成长在北京,母语为普通话,不懂其他汉语方言。大田话组 20 名,9 名男生,11 名女生,平均年龄 23.4 岁,出身并成长在福建省大田县,以大田话为母语,普通话为第二语言,不懂其他汉语方言。两组被试均身心健康,无言语障碍。

(三) 实验过程

实验过程包括辨认实验和区分实验,用 E-Prime 软件呈现和播放刺激材料。刺激材料包括两个声调连续统(T1T1-T3T1, T1T1-T1T3),每个连续统里有 11 个刺激音。每个刺激音重复播放了 8 次,因此每个受试者会听到随机播放的 176 个双音节词(2 个连续统 * 11 个刺激音 * 重复 8 次)。

在辨认实验中,受试在听到刺激音后对目标字的声调进行判断,并进行按键反应。比如听到声调为 XT1 的刺激音时(X 为连续统中的某个刺激音),判断该词是"施加"还是"史家",若听到前者按 1,听到后者则按 0。实验流程为"指导语-注视点-提示音-刺激播放与选择界面同时呈现-被试反应"。注视点和提示音呈现的时间分为 500 毫秒和 1 秒,选择界面呈现 4 秒,被试需在 4 秒内进行按键反应,若超过 4 秒则自动播放下一个刺激音。

在区分实验中,刺激音成对出现(两个刺激音间隔 500 毫秒),被试的任务是判断两个刺激音是否是相同的词,相同按 1,不同则按 0。每个声调连续统有 11 个刺激音,这些刺激音两两组合可以构成"相同的刺激"和"不同的刺激"。前者指一模一样的两个刺激(刺激编号相同),比如 1 - 1,2 - 2,3 - 3……11 - 11,共 11 对;后者指基频存在差异的两个刺激(刺激编号不同,且间隔 1 个步长),比如 1 - 3,2 - 4,3 - 5……9 - 11,11 - 9,10 - 8,9 - 7……3 - 1,这样的刺激共有 18 对。"相同的刺激"和"不同的刺激"加起来一共 29 对。每个被试最后一共听到 174 对(2 个连续统 * 29 对刺激音 * 重复 3 次)随机播放的刺激音。

(四) 数据分析

语音的范畴感知体现在听者对属于不同范畴的两类音有陡峭的辨认曲线及辨认曲线出现了峰值。根据被试的反应数据,我们可以计算出对于每个刺激编号被试听成阴平或上声的概率,即辨认曲线,以及对于每组刺激音,被试判断为相同或不同的正确率,即区分曲线。根据辨认和区分曲线,我们可以进一步分析两组被试的范畴感知特征,主要体现在三个参数上:
1. 范畴边界位置,即在辨认曲线上当辨认率为 50% 时所对应的刺激编号;
2. 范畴边界宽度,即在辨认曲线上 25% 和 75% 辨认率所对应的刺激号之间的距离,是衡量范畴化程度的一个重要参数(具体计算过程可以参见 Xu, Gandour & Francis 2006;Peng et al. 2010);3. 区分曲线的最大值。

三、实验结果

(一)辨认曲线和区分曲线

图2为普通话和大田话受试者的辨认曲线和区分曲线。辨认曲线显示了受试者对阴平和上声的辨认,横坐标为连续统中刺激音的编号,左侧的纵坐标为将每个刺激编号听成阴平/上声的概率。区分曲线显示了受试者对阴平和上声的区分,横坐标为不同刺激编号构成的刺激对(e.g. 1-3,2-4……9-11),纵坐标为每组刺激对的区分正确率。

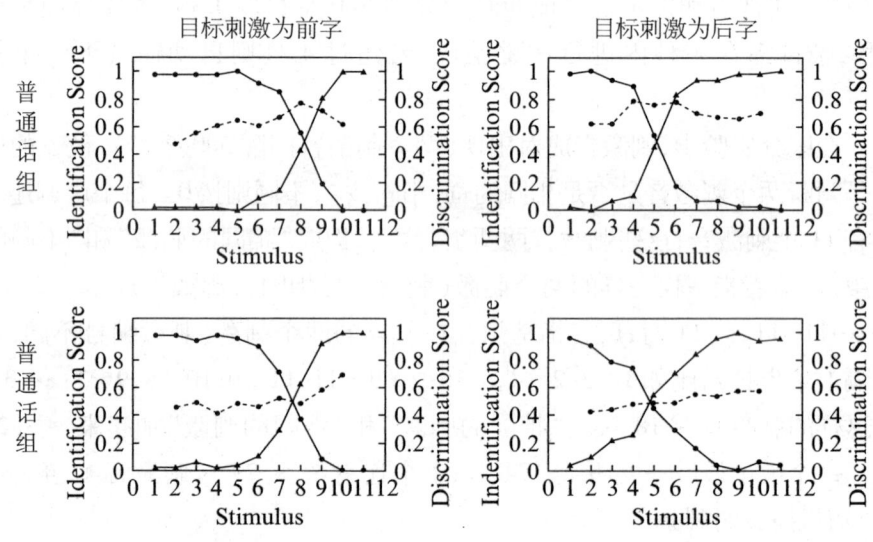

图2 两组被试对目标前字和目标后字的辨认与区分

(二)边界位置与边界宽度

根据两组受试的辨认结果,我们进一步提取了边界位置和边界宽度两个参数来观察他们的感知特征。表2为目标前字和目标后字的平均边界位置和边界宽度。边界位置能够反映受试对刺激信号的归类。在本实验中,边界位置越大(在 X 轴上越靠向右侧)表示受试将更多的刺激信号听成"上声",反之则听到更多的"阴平"。边界宽度反映了辨认曲线的陡峭程度,值越小表示辨认曲线越陡,说明受试对基频变化越敏感。

表2　两组受试的平均边界位置和边界宽度

	目标前字		目标后字	
	边界位置	边界宽度	边界位置	边界宽度
普通话组	7.97	1.08	5.16	1.14
大田话组	7.4	1.34	4.86	2.27
均值	7.69	1.21	5.01	1.71

从表2可以看出,对于相同位置的目标字,两组被试的差异不是很大:对于目标前字,两组被试的边界位置都在7—8之间,对于目标后字,两组被试的边界位置都接近5。但是音节位置对边界位置的影响较大,两组被试目标前字和目标后字的边界位置差异都比较大(普通话组:7.97 vs.5.16,大田话组:7.4 vs.4.86),说明目标刺激位于前字时,受试听到更多的"上声",而目标刺激位于后字时,受试听到更多的"阴平"。双因素方差分析(自变量为方言背景和音节位置,因变量为边界位置)表明,方言背景对边界位置的影响不显著[$F(1,62)=3.624, p=0.062$],而音节位置对边界位置的影响显著[$F(1,62)=135.56, p<0.001$],二者的交互效应也不显著[$F(1,62)=0.348, p=0.558$]。

边界宽度的结果与边界位置有所不同。普通话和大田话受试对于相同目标字的边界宽度差异较大,表现在前者的边界宽度更小,特别是后字的边界宽度(1.14 vs.2.27),说明普通话母语者对后字的基频变化反而高于大田话母语者。普通话组目标前字和后字的边界宽度差异不大(1.08 vs.1.14),但大田话组的差异较大(1.34 vs.2.27),说明普通母语者对于前字和后字的基频变化敏感程度差不多,而大田话母语者对前字的基频变化比后字更敏感。方差分析表明,方言背景对边界宽度的影响显著[$F(1,62)=4.608, p<0.05$],而音节位置对边界宽度的影响不显著[$F(1,62)=2.413, p=0.125$],二者的交互效应也不显著[$F(1,62)=1.804, p=0.184$]。

(三)区分正确率

从图2可以看出,不同方言背景的受试对声调的区分存在较大差异。普通话母语者的区分曲线呈拱形分布,且峰值落在范畴边界附近,说明普通话受试对于跨范畴的刺激信号更容易区分,而对于同一范畴内的刺激信号较难区分。而大田话母语者的区分曲线呈连续型分布,区分的最大值不是出现在范畴边界附近,而是出现在最后一组刺激对(9—11)上,说明大田话受试对于阴平和上声的范畴化程度没有普通话母语者那么高,但是对于刺激信号微小的基频变化更敏感。同一组被试的目标前字和目标后字相比,区分曲线的差异不大。普通话母语者前字和后字的区分峰值都落在范畴边界附近,而大田话母语者前字和后字的区分峰值都落在最后一组刺激上。

双因素方差分析表明,不同方言背景的受试区分声调的平均正确率存在显著性差异[$F(1,662)=116.78;p<0.001$],而音节位置对区分正确率不具有显著性影响[$F(1,662)=0.328;p=0.567$]。事后比较(Tukey's HSD)分析表明,不管是目标前字还是目标后字,普通话母语者的区分正确率都显著大于大田话母语者[前字:$p<0.001$;后字:$p<0.001$]。

四、讨　　论

(一) 声调是否是范畴化感知

声调是否是范畴化感知这个话题长久以来受到研究者的关注,但却没有达成一致的结论。许多研究都表明,声调的感知同辅音一样,是一种范畴化感知。王士元先生(Wang 1976)最早对阴平和阳平的范畴化感知开展研究,结果发现普通话母语者对阴平和阳平的感知是一种典型的范畴化感知(辨认曲线在范畴边界处出现陡降,区分曲线出现峰值)。随后的研究者对不同母语背景受试者的测试也支持了"声调是范畴化感知"看法(比如 Hallé et al. 2004;Xu et al. 2006;Peng et al. 2010;高云峰 2004;王韫佳,李美京 2010)。另外,有的学者认为不仅普通话母语者的声调感知是范畴感知,而且二语习得者在声调习得过程中也会逐渐接近范畴感知。(张林军 2010a,2010b)

然而,另外一些研究却表明声调的感知并非是范畴化的,至少是不典型的(Abramson 1979;Francis et al. 2003;王韫佳,覃夕航 2015)。比如,Abramson(1979)考察了母语者对泰语高平、中平和低平三个声调的感知,结果显示母语者的辨认曲线有范畴化的特点(范畴边界处曲线陡降),但区分曲线没有范畴化特点(连续型分布)。Francis et al. (2003)基于对粤语三个平调的考察,王韫佳 & 覃夕航(2015)基于对普通话阳平和上声的考察,同样也发现了相同的结果,即辨认是范畴性的,而区分则是弱范畴性或非范畴性的。

我们的实验得到了混合的结果。从图2可以看出,普通话母语者对阴平和上声的感知为范畴感知,该结果符合荣蓉和石锋(2013)的调查结果。他们同样考察了普通话母语者对双音节词阴平和上声的感知,结果也表现为范畴性感知,并且前字组的范畴化程度高于后字组。与普通话母语者不同的是,大田话母语者为"接近范畴感知"或"非范畴感知"(辨认曲线为范畴性,区分曲线为非范畴性)。我们认为,该结果可能与大田话母语者利用心理物理机制来区分声调有关,因为合成的平调在听感上比较接近纯音音质。这一点可以从 Abramson(1979) 和 Francis et al. (2003) 的结果得到验证,他们同样基于母语者对平调的考察,也得到了和我们类似的结果。

(二) 母语声调系统对声调感知的影响

以往的研究表明,具有方言背景的受试者在感知普通话声调时容易受到母语声调系统的影响。比如 Peng et al. (2010) 和 Zheng et al. (2012) 的研究表明,当受试者的母语是一个具有复杂声调系统的方言时,他们对声调之间的差异就会比普通话母语者更为敏感。比如粤语的声调复杂,使得粤语母语者更容易区分基频差异小的两个刺激音,而普通话母语者则做不到这一点。覃夕航(2012)的研究结果表明,方言母语者对普通话声调的感知不仅受母语声调系统复杂性的影响,也受到方言和普通话声调对应关系的影响。比如,普通话的升调为35,而粤语的升调为23,前者的起点和终点相差2度,而后者只相差1度。因此这种微升的调型使得粤语母语者对升调的感知更加敏感。

我们的实验结果也能看出方言声调系统对普通话声调感知的影响。从区分曲线看,普通话母语者的区分顶点落在范畴边界处,而大田话母语者的区分顶点落在最后一组刺激上(9—11),说明前者对阴平和上声的范畴变化更敏感,而后者对于音高的变化(9号刺激和11号刺激相差23 Hz)更敏感。大田话母语者对基频变化更敏感应该是受到母语声调系统的影响。大田话有两组调型相近但音高不同的声调(55 vs. 33,53 vs. 31),因此这一方言经验使得他们对于普通话的音高变化更加敏感。

除了区分曲线的不同外,普通话母语者和大田话母语者之间的差异还体现在辨认曲线上。根据表2,普通话母语者比大田话母语者的边界位置更大,而边界宽度更小。若将二者的辨认曲线重叠起来看,则可以看出普通话母语者听到"上声"的概率更高,而大田话母语者听到"阴平"的概率更高,特别是在范畴边界附近(前字的 7—9 号刺激,后字的 3—5 号刺激)。也就是说,与普通话母语者相比,大田话母语者听到"中平调"或"低平调"时,更容易判断为"阴平"。这一结果可能与大田话与普通话的声调对应有关。普通话的阴平字在大田话中读为中平调,比如"包"[pɔ³³]、"刀"[tɤ³³]、"糕"[kɤ³³],基于这一方言经验,大田话受试者容易将中平调与普通话的阴平字联系起来,因此他们听到更多的"阴平"。

(三)母语连读变调规则对声调感知的影响

受试者在感知母语或者非母语的声调时,不仅会受到自身母语声调系统的影响,也有可能受到母语其他音系知识(比如连续变调规则)的影响。一些研究者认为,连读变调使得发生变调的两个声调之间的对立变得模糊,因此听者更容易产生混淆(Gandour 1984;Huang 2004;Chen 2015)。比如,Gandour(1984)考察了三种方言背景(粤语、闽南话、普通话)的受试者对合成普通话声调的感知。该研究发现,粤语母语者比其他受试者更难区分 44 和 53,因为在粤语里 53 可以变成 44,因此容易产生混淆。同理,普通话母语者更难区分 44 和 35,因为普通话的 35 可以变成 55(三字组),因此也容易产生混淆。作者的解释是,因为粤语的 53 可以变调为 44,普通话的 35 在三字组中可以变成 55,因此受试者在感知两个声调的差异时,如果母语中存在类似的两个声调,并且一个是本调,另一个是变调,那么受试者就更容易混淆这两个声调。Huang(2004)和 Chen(2015)同样也表明受试者母语的变调规则使得他们容易混淆母语或者方言的声调。

从我们的实验结果中同样可以看出连读变调对声调范畴感知的影响,主要体现在同一组被试对前字声调和后字声调感知的不同。根据图 2,普通话母语者和大田话母语者对前字和后字的声调感知有较大的不同:在前字位置上,受试听到更多的"上声"(边界位置偏向 X 轴右侧),而在后字位置听到更多的"阴平"(边界位置偏向 X 轴左侧)。我们认为,受试对前字和后字的感知差异可能与普通话的连读变调有关。由于普通话中存在"半上变调规则(213->21/_{55,35,51})",上声调在双音节的前字位置通常实现为低平或低降,而在后字位置通常实现为低凹。因此,当受试者在前字位置听到低平调时,更容易判断为"上声",而在后字位置听到低平调时,则更容易判断为"阴平"。而且我们还看到,两组受试者对前字声调感知的范畴化程度更高(更陡峭的辨认曲线),说明受试者对调型相同,但音高不同的刺激音更容易归类,这一点也印证了阴平和上声在前字位置是基频高低的差异,而非调型的差异。

五、结 论

本文考察了母语背景差异较大(普通话 vs. 大田话)的两组受试对普通话双音节词中阴平和上声的感知,得到的主要结论有:

1. 声调是否是范畴化感知不一定有固定的模式,有可能是范畴性的,也有可能是非范畴性的。我们的实验结果表明,普通话母语者对阴平和上声的感知是范畴性的,而大田话母语者是非范畴性的(表现在辨认曲线是范畴性的,而区分曲线是连续性的)。我们认为,该结果可能与大田话母语者运用心理物理机制来感知声调有关。

2. 母语经验容易对声调的感知产生影响。一方面,母语的声调系统会影响受试对声调的感知,比如与普通话母语者相比,大田话母语者对音高的变化更为敏感,因为大田话复杂的声调系统(如两个平调,两个降调)塑造了母语者对音高变化的敏感度;另一方面,声调的感知还受到母语或二语中音系知识的影响。比如,不管是普通话母语者还是大田话母语者,在双音节的前字位置总是听到更多的"上声",在后字位置听到更多的"阴平"。因为他们都正确习得了普通话的"半上变调规则(213->21/_{55,35,51})",所以知道上声在前字位置实现为低平或低降,因此更容易将前字位置的低平调听为"上声"。

因此,声调的感知既有来自生理物理因素的制约,也有来自母语音系知识的影响。

参考文献

陈章太(1991)大田县内的方言,载陈章太、李如龙,《闽语研究》,北京:语文出版社:267-303。

高云峰(2004)声调感知研究,上海师范大学博士学位论文。

郭必之(2016)大田前路话在闽语中的位置及其与周边方言的关系.载郑伟主编,《边界方言语音与音系演变论集》,上海:中西书局:111-136。

覃夕航(2012)母语经验对汉语普通话声调范畴化感知的影响——基于北京话母语者和粤方言母语者的研究,北京大学硕士学位论文。

荣蓉,石锋(2013)音高和时长对普通话阴平和上声的听感影响.《语言科学》第1期:17-26。

石锋,冉启斌(2011)普通话上声的本质是低平调——对《汉语平调的声调感知研究》的再分析,《中国语文》第6期:550-555。

王韫佳,李美京(2010)调型和调阶对阳平和上声知觉的作用,《心理学报》第42卷第9期:899-908。

——,覃夕航(2015)普通话单字调阳平和上声的辨认及区分,《语言科学》第4期:337-352。

张林军(2010a)日本留学生汉语声调的范畴化知觉,《语言教学与研究》第3期:9-15。

——(2010b)母语经验对留学生汉语声调范畴化知觉的影响,《华文教学与研究》第2期:15-20。

Abramson A S. (1979) Noncategorical Perception of Tone Categories in Thai. In Lindblom B, Öhman S, Fant G. (eds) *Frontiers of Speech Communication Research*. London: Academic Press:127-134.

Chen A, Liu L, Kager R. (2015) Cross-linguistic Perception of Mandarin Tone Sandhi. *Language Sciences* 48:62-69.

Francis A L, Ciocca V, Ng B K C. (2003) On the (Non) Categorical Perception of Lexical Tones. *Perception & Psychophysics* 65(7):1029-1044.

Gandour J. (1984) Tone Dissimilarity Judgments by Chinese Listeners. *Journal of Chinese Linguistics* 12:235-261.

Hao Y C. (2012) Second Language Acquisition of Mandarin Chinese Tones by Tonal and Non-tonal Language Speakers. *Journal of Phonetics* 40(2):269-279.

Hallé P A, Chang Y-C, Best C T. (2004) Identification and Discrimination of Mandarin Chinese Tones by Mandarin Chinese vs. French Listeners. *Journal of Phonetics* 32(3):395-421.

Huang T. (2004) Language-specificity in Auditory Perception of Chinese Tones. The Ohio State University.

Lee Y S, Vakoch D A, Wurm L H. (1996) Tone Perception in Cantonese and Mandarin: A Cross-linguistic Comparison. *Journal of Psycholinguistic Research* 25(5):527-542.

Moulines E, Laroche J. (1995) Non-parametric Techniques for Pitch-scale and Time-scale Modification of Speech. *Speech Communication* 16(2):175-205.

Peng G, Zheng H Y, Gong T. et al. (2010) The Influence of Language Experience on

Categorical Perception of Pitch Contours. *Journal of Phonetics* 38(4): 616-624.

So C K, Best C T. (2010) Cross-language Perception of Non-native Tonal Contrasts: Effects of Native Phonological and Phonetic Influences. *Language and Speech* 53(2): 273-293.

Wang W S-Y. (1976) Language Change *. *Annals of the New York Academy of Sciences* 280 (1): 61-72.

Wang X. (2006) Perception of L2 Tones: L1 Lexical Tone Experience May Not Help. *Proceedings of the Third International Conference on Speech Prosody*: 85-88.

Xu Y, Gandour J T, Francis A L. (2006) Effects of Language Experience and Stimulus Complexity on the Categorical Perception of Pitch Direction. *The Journal of the Acoustical Society of America* 120(2): 1063-1074.

Zheng H Y, Minett J W, Peng G, *et al*. The Impact of Tone Systems on the Categorical Perception of Lexical Tones: An Event-related Potentials Study. *Language and Cognitive Processes* 27(2): 184-209.

(200433 上海,复旦大学中国语言文学系　sywu14@fudan.edu.cn)

纳西语与鼻音相关的语音演变*

李子鹤　潘晶晶　戴虎腾

提要　文章考察纳西语方言中与鼻音相关的音变。鼻冠塞音、塞擦音存在于原始纳西语时期,后来在部分方言中鼻冠音逐渐丢失变为同部位浊塞音、塞擦音,玛丽玛萨方言又出现了后起的音变,使鼻冠塞音变为同部位鼻音,与鼻冠音变为塞音的变化相互竞争。两项音变都是以词汇扩散的方式进行的。鼻化韵母与非鼻化韵母的对立无法追溯到原始纳西语时期,但原始纳西语应该存在语音层面的鼻化韵母,鼻化韵母出现的原因是"鼻喉亲缘性"规律。永宁、玛丽玛萨等方言鼻化韵母与非鼻化韵母的对立,是晚期语音、词汇变化的结果。

关键词　纳西语;鼻冠音;鼻化韵母;鼻喉亲缘性;词汇扩散

近年来,纳西语的语音史研究开始受到学界的关注。在对各个方言进行描写的基础上,Jacques 和 Michaud(2011)、李子鹤(2013a)构拟了原始纳西语,Michaud(2010)总结了纳西语方言之间数词与数量结构的声调对应,Li (2014)整理了卷舌韵母的演变规律。与鼻音相关的音变是研究相对较多的领域,Michaud(2006)描写了永宁方言鼻化韵母与非鼻化韵母的对立,并对这一对立的来源进行了推测。Michaud、Jacques & Rankin(2012)通过将纳西语方言与嘉戎语对应,进一步分析了纳西语方言鼻化韵母的来源,并结合多种语言总结了鼻化特征的演变规律。随着纳西语方言材料的进一步积累,

---

* 本研究得到国家社科基金重大项目"中国境内语言语法化词库建设"(项目编号15ZD100)、国家社科基金重点项目"基于严格语音对应的汉语与民族语言关系字专题研究"(项目编号13AZD051)、教育部、国家语委中国语言资源保护工程项目"民族语言调查·云南维西纳西语玛丽玛萨话"(项目编号 YB1624A110)的支持。

我们逐渐认识到，纳西语方言中与鼻音相关的音变非常丰富，有必要进行更深入的专题研究。

学者们已经描写过的纳西语方言包括丽江(和即仁,姜竹仪 1985;黄布凡 1992)、维西(傅懋勣 1940)、文化(Michailovsky & Michaud 2006)、波湾(和继全 2012)、次恩丁(米可,徐继荣 2012)、宝山(李子鹤 2012)、片丁(Michaud & He 2015)、永宁(Michaud 2008)、玛丽玛萨(李子鹤 2013b)、宁蒗(李子鹤 2013a)等。其中鼻音的演变比较典型,材料也比较详细的有丽江、波湾、宝山、永宁、玛丽玛萨、宁蒗等。我们下面主要就基于这几个方言的材料展开论述,有时也会利用其他方言的材料作为辅助说明。

纳西语的音系中,鼻音成分分布在三个位置:第一,鼻音声母,每个方言都有;第二,鼻冠塞音、塞擦音声母,部分方言有;第三,鼻化韵母,部分方言有。所有已知的纳西语方言均没有鼻音韵尾。

鼻音声母的演变比较简单。李子鹤(2013a)已经基本理清了纳西语方言中鼻音声母的演变。所有已知的纳西语方言都有 m、n、ŋ 这三个鼻音声母,宝山、宁蒗、永宁还有卷舌鼻音声母 ɳ。通过方言之间的语音对应可知,原始纳西语里只有 *m、*n、*ŋ 三个鼻音声母类。晚期的演变主要有:

（1）宁蒗和永宁方言中, *m 在韵母 ie 前变成 n, *n 在韵母 ɯ 前变成 ɳ。

（2）除永宁外,其他方言中 *ŋ 在韵母 i 前变为 n。

（3）丽江和玛丽玛萨方言中, *ŋ 在韵母 ua 前变成零声母。

鼻冠音和鼻化韵母的演变相对更为复杂,下面我们就分别进行探讨。

一、鼻冠塞音、塞擦音声母及其演变

（一）现代纳西语方言中的鼻冠音

已知的纳西语方言中,有波湾、次恩丁、片丁、文化、维西、宝山、玛丽玛萨等方言有音位性的鼻冠塞音、塞擦音,宁蒗方言个别多音节词中位置会出现鼻冠塞音。其中前五个方言的情况类似,我们以波湾方言作为代表[其中维西方言(傅懋勣 1940)鼻冠音后面的塞音、塞擦音都是清音,不出现浊的塞音、塞擦音。这是维西方言的一个特点。但维西方言鼻冠声母所辖的词与其他方言大体一致]。下面分别列出波湾、宝山、玛丽玛萨、宁蒗方言中的鼻冠塞音、塞擦音,并列出最小对立以便比较。

波湾：

无鼻冠	有鼻冠
bu^{24} 猪	mbu^{24} 扛
do^{21} 看见	ndo^{21} 蠢
ɖɚ^{33} 发芽	nɖɚ^{33} 射中
gu^{21} 背（一背柴）	ŋgu^{21} 病
dzv^{21} 冰	ndzv^{21} 坐
dʐʅ^{55} 街	ndʐʅ^{55} 豹子
ɟy^{55} 硬	nɟy^{55} 凝固

宝山：

无鼻冠	有鼻冠
bɑ^{33} 种子冒芽	mbɑ^{33} 扶
do^{11} 看见	ndo^{11} 毒
ɖɚ^{11} 骡子	nɖɚ^{11} 渡（河）
gu^{11} 背（一背柴）	ŋgu^{11} 病
dzu^{11} 对（一对）	ndzu^{11} 坐
dʐo^{33} 增加	ndʐo^{33} 凿
dʑi^{33} 试	ndʑi^{33} 流（水流）

玛丽玛萨：

无鼻冠	有鼻冠
by^{33} 粗	mby^{33} 献
dɑ^{33}go^{33} 野外的路	ndɑ^{33}kv^{33} 鼓
ɖɯ^{33} 一	nɖɯ^{33} 挽（袖子）
gu^{33} 焖	ŋgu^{33}ly^{33} 光头
dzɯ^{33} 骑	ndzɯ^{33} 唱
dʐu^{33} 病	ma^{33}ndʐu^{33} 马鞭
dʑiɤ^{33} 好	ndʑiɤ^{21} 难

玛丽玛萨话中的鼻冠塞音、塞擦音，数量比波湾、宝山少很多，很多难以找到严格的最小对立，或者不是单音节，或者声调不同。

宁蒗：

宁蒗方言的单音节词没有鼻冠塞音、塞擦音。但是，有少量多音节词词

中位置会出现鼻冠塞音。目前我们收集到的有:

sɿ³³la³³ŋgu³³ 血液　　　la³³mbiɛ³³ 男生殖器

la³³ŋgu³³gu³³ 半路　　　bie³³nda³³ 摇晃

dʑi¹¹lua³³ndʐu³³ 水肿病

所有这些方言中的鼻冠塞音、塞擦音,位于多音节词中时,会使前一音节的韵母带上鼻化成分。以宝山方言为例,a³³ndo³³ "羽毛"实际读音为ã³³ndo³³;tʰo³³ndʑie¹¹ "松香"实际读音为tʰõ³³ndʑie¹¹。

(二)鼻冠音存在于原始纳西语时期

对于现代方言中鼻冠音的来源,有两个可能的假设:一是原始语中就存在,部分方言后来丢失;二是原始语中不存在,后来部分方言中产生。为讨论方便,文中用 NC 代表鼻冠塞音、塞擦音,N 代表鼻冠成分,C 代表塞音、塞擦音。在 C 为浊音的条件下(纳西语方言大部分就是这种情况),C > NC 是自然音变。因为塞音、塞擦音前面如果增加同部位的鼻音,收紧点后气压可以减少,有利于保持浊音。但这是不是就说明纳西语部分方言中的鼻冠塞音、塞擦音是后起的呢?我们通过建立方言间的语音对应来考察鼻冠音的演变(多音节词的可比较部分,如不加标记则为第一音节,如不是第一音节,则加括号提示):

表1 纳西语方言中与 mb 相关的对应

意义	丽江	宝山	波湾	玛丽玛萨	宁蒗	永宁
蝗虫(蚂蚱)	ə⁵⁵da³³	mie³³mbəɻ¹¹	ŋiə⁵⁵me²¹	niɣ²¹mbo³³	nie¹¹bv³³	/
利息	bʏ²¹	mbʏ¹¹	mbø⁵⁵	mbø²¹	/	ʁu³³do³³
肯	bɯ³³	pʰiɣ¹¹	tæ⁵⁵ɲi³³	mbe²¹ba²⁴	pʰi¹¹le³³bi³³ŋ³³	pv¹¹kʰɯ³³bi¹¹
苍蝇	bəɻ³³læ⁵⁵	mbəɻ¹¹læ³³	mba³³rua⁵⁵	mbo²¹lo³³	bə¹³	bv³³ɻ³³

表2 纳西语方言中与 nd 相关的对应

意义	丽江	宝山	波湾	玛丽玛萨	宁蒗	永宁
平坝	dʏ²¹lo²¹	go¹¹lo¹¹	dø²¹	ndʏ³³go²⁴	dʏ³³mie³³	di³³mi³³
沉	dɯ²¹	ndɯ¹¹	ndɯ²¹	tʰa²¹(ndɯ²⁴)	dʐo¹³	dzi¹³
蕨	/	ndɯ³³	a³³ndɯ²¹	ndɯ³³	die¹¹	/

表3 纳西语方言中与 ŋg 相关的对应

意义	丽江	宝山	波湾	玛丽玛萨	宁蒗	永宁
难	dzə^{21}	ndʑiɣ^{11}	nɕi^{24}	ndʑiɣ^{33}	lu^{33}χa^{33}	lo^{33}ha^{33}
夹(夹菜)	ga^{21}	ŋga^{11}	ŋgæ^{24}	ŋga^{21}	ɲiu^{13}	/

表4 纳西语方言中与 ndz 相关的对应

意义	丽江	宝山	波湾	玛丽玛萨	宁蒗	永宁
犏牛	dzɿ^{21}	/	ndzɿ^{24}	ndzɿ^{21}	dzi^{11}ɣɯ^{33}	/
字	dzʅ^{21}	tʰe^{33}ndzʅ^{11}	ciə^{33}	tʰa^{33}lo^{33} (ndzu^{33})	tʰa^{33}ɚ^{33}dzi^{33}	/
唱	dzɚ^{21}	ndzi^{33}	ndzɚ^{33}	ndzɯ^{21}	guo^{11}	guɣ^{13}
凿	dɣ^{33}	ndzo^{33}	ndzɣ^{55}	ndzɣ^{33}	dzɣ^{53}	dzɣ^{33}

我们曾用多种方法进行过纳西语方言的亲缘分群(李子鹤2013a),结果一致支持将纳西语分为西支(丽江、宝山、波湾)和东支(玛丽玛萨、宁蒗、永宁)。这一分类也跟纳西/摩梭两大族群的区分是一致的,因此比较可靠。上述语素在西支方言和东支方言之间都存在对应,因此更可能的解释是西支与东支分化之前,鼻冠塞音、塞擦音就存在于纳西语中,也就是说存在于原始纳西语阶段。

不过,东支方言中,玛丽玛萨话有鼻冠塞音、塞擦音的词数量远少于宝山和波湾方言。一些学者认为玛丽玛萨族群是从木里一带迁到现居住地的。宁蒗方言更是只有个别词在词中位置出现鼻冠塞音。那么,有没有这样一种可能,就是鼻冠音并不存在于原始纳西语中,而是西支方言的创新?

如果持这种观点,就需要假设玛丽玛萨族群迁到现居住地之后受到西支方言影响,部分词产生了鼻冠音,宁蒗方言的鼻冠音是偶然产生或借用的。我们认为这种可能性不大。下面我们逐一分析这两个方言:

如果玛丽玛萨的鼻冠音是新产生的,那么其发展趋势应该是逐渐增多。但实际上,上述列出的玛丽玛萨话中一些带鼻冠音的词存在变异,而且变异方向是由鼻冠音变为同部位的鼻音(以下用 NC > N 代表此项音变)。例如:

表 5　玛丽玛萨话中鼻冠塞音的变异

	老年人	青年人
蝗虫	niɣ²¹ mbo³³	niɣ²¹ mo³³
苍蝇	mbo²¹ lo³³	mo²¹ lo³³
鼓	ndɑ³³ kɣ³³	nɑ³³ kɣ³³
蕨	ndɯ³³	nɯ³³
夹	ŋga²¹	ŋa²¹

再比较其他方言，可以看出这项变异并非最近才出现，有一些词已经完成了变异，所有人都读成了鼻音。例如：

表 6　玛丽玛萨话中鼻冠塞音变异已经完成的例子

意义	丽江	宝山	波湾	玛丽玛萨	宁蒗	永宁
嚼	gɯ³³	ŋgɯ³³	ŋgɯ⁵⁵ ŋgɯ³³	ŋɯ³³ ŋɯ³³	/	ɣ³³ɣ³³
相信	gɯ³³	ŋgɯ³³	nʑi³³	ŋɯ³³	gɯ³³	gɯ¹³

因此，更合理的解释应该是玛丽玛萨的鼻冠音正在消失过程中，并不是新产生的。

宁蒗方言零星存在于多音节词中位置的鼻冠音，也更可能是存古而非创新。上文列出的五个词，有两个词带鼻冠音的音节能找到语音对应的证据：

"半路"带鼻冠音的第二音节 ŋgu³³ 对应于其他方言的"一半"：丽江 gɯ³³、宝山 ŋgɯ³³、永宁 gi⁵⁵。因此这个音节早期应该是带鼻冠音的。

"水肿病"一词结构比较明显，dʑi¹¹ 是"水"的意思，lua³³ 是"肿"的意思，带鼻冠音的第三音节 ndʐu³³ 应该是"病"的意思。宁蒗方言"病"一词单说是 dʐu³³，但比较其他方言：丽江 gu²¹、宝山 ŋgu¹¹、波湾 ŋgu³¹、玛丽玛萨 dʐu³³、永宁 gu³⁵。根据李子鹤(2013a)，这个语素在原始纳西语里有 *ŋgr 声母，在丽江、宝山、波湾、永宁 *-r-介音丢失，在玛丽玛萨和宁蒗 *g 受 *-r-影响，共同变成了 dʐ。因此，宁蒗的"病"这个语素在"水肿病"里保留了早期的鼻冠音。

综上所述，现代纳西语部分方言中存在的鼻冠音应该是来自原始纳西语的遗留。其他方言发生了 NC > C 的演变，因此现在没有鼻冠音。

（三）鼻冠音的消失

原始纳西语的鼻冠音，在现代方言中有不同程度的失落，变为无鼻冠的浊塞音、塞擦音。纳西语鼻冠音的消失是以词汇扩散的方式（Wang 1969）进行的：波湾方言是已知的方言中保存鼻冠音最完整的，宝山方言已经丢失了一些，玛丽玛萨话则丢失了大部分，宁蒗方言只在个别词中、特定位置上保留。

上一节中举出的例词，宝山、波湾、玛丽玛萨三个方言中基本都保留了鼻冠音。而有一些词，只在波湾方言保存了鼻冠音，宝山方言、玛丽玛萨话则已经丢失了鼻冠音。

表7 只在波湾方言中保存鼻冠音的词

意义	丽江	宝山	波湾	玛丽玛萨	宁蒗	永宁
客人	bə^{33}	çi^{33}（bə^{11}）	mbʏ r^{33}	xĩ^{33}（wo^{33}）	xi^{33}（ʁua^{33}）	hĩ^{33}（ba^{33}）
扫帚	ba^{33} kʏ^{21}	ba^{33} kʏ^{11}	mbæ^{33} kʏ^{33}	xuɑ^{21} tʂu^{33}（ba^{24}）	χuo^{11} tʂu^{33}	ba^{11} tʂu^{33}
屁股	do^{21} pa^{55}	do^{11} pa^{55}	ndo^{21}	mu^{33} pɛ^{33} le^{55}	do^{33} bʏ^{33}	do^{33} bʏ^{33}
蚕豆	da^{33} dʏ^{33}	da^{55} du^{33}	nda^{33} dʏ^{33}	da^{33} dʏ^{33}	tsʰe^{11} tʰu^{11}	/
雷	mɯ^{33}（gʏ^{33}）	mu^{33}（gʏ^{33}）	mø^{55}（ŋgu^{33}）	mʏ^{33}（gʏ^{33}）	mʏ^{33}（gʏ^{33}）gʏ^{33}	mʏ^{33}（gʏ^{33}）

波湾保留鼻冠音、宝山丢失鼻冠音的词，只有少数几个。宝山方言鼻冠音的丢失没有语音条件，只是鼻冠塞擦音基本上没有丢失鼻冠音的现象。因此这一音变应该是词汇扩散式的。

大部分的词是在波湾、宝山方言都保留了鼻冠音，在玛丽玛萨话中已经丢失鼻冠音。

表8 在波湾、宝山方言中都保留鼻冠音的词

意义	丽江	宝山	波湾	玛丽玛萨	宁蒗	永宁
亮(亮的)	bu^{33}	mbu^{33}	mbu^{33}	bu^{33} wa^{55}	mie^{11}	bu^{33}
扛	bu^{21}	mbu^{11}	mbu^{24}	bu^{24}	qʰo^{13} lo^{11}	gʏ^{35}
柴刀	da^{33} pʰiə^{21}	nda^{33} pʰi^{11}	nda^{33} pʰiə^{21}	y^{21} dʏ^{33}	qua^{33}（da^{33}）mie^{33}	/
跌倒	do^{55}	ndo^{53}	ndo^{33}	tʰe^{33}（do^{24}）	do^{11}	twa^{35}
缸	dʑi^{21}（gʏ^{13}）	dʑi^{11}（ŋgʏ^{13}）	ŋgʏ^{55}	a^{21} tɕʰi^{33} wa^{33}（gʏ^{21}）	i^{11} tɕʰi^{33} tɕʰi^{33}	dʑi^{11}（gʏ^{13}）
撬	gə^{21}	ŋgʏ^{53}	ŋgə^{24}	gʏ^{33}	gɯ^{33}	/

玛丽玛萨话中保留鼻冠音的词,基本上限于上文已经举出的例子。从结构上来看,哪些词保留鼻冠音也没有明显的语音条件,只是鼻冠塞擦音保留的略多一些。从数量上来看,大约只有波湾方言保留鼻冠音的词的数量的 1/10。而且,如上一节中所述,玛丽玛萨话中这些保留鼻冠音的词,还正在发生 NC > N 的变异(见表 5)。结合上一节中鼻冠音存在于原始纳西语中的论证,我们可以推断玛丽玛萨话发生了如下的音变:玛丽玛萨话本属于东支方言,但还未完成 NC > C 的音变,就迁到了西部方言区,由于西支方言系统保留了鼻冠音,玛丽玛萨 NC > C 的音变也就不再进展,残余了一些带鼻冠音的词,这些词成了音变中的落伍者。后来玛丽玛萨话中又发生了 NC > N 的音变,这项音变正在进行,就形成了今天玛丽玛萨话部分词老年人读鼻冠音,青年人读同部位鼻音的情况。鼻冠浊塞音、塞擦音中的鼻音成分如果增强,塞音就会逐渐消失,因此 NC > N 也是自然的音变①。

同时我们也可以看出,原始纳西语到现代方言的 NC > C 的音变,以及玛丽玛萨话中 NC > N 的音变,都是以词汇扩散的方式进行的,音变在词汇中的推进有一个较长的过程,从而使得前后发生的两项音变在时间上有了重叠,相互竞争而产生剩余。陈保亚(1999)认为,词汇扩散并非完全没有语音条件,而往往是语音条件的区分很细致。从上文的例子可以看出,鼻冠音的丢失总的来说是一个词汇扩散的过程,但各个鼻冠音丢失的速度也不同,与发音方法、发音部位都有关:

首先,鼻冠塞擦音丢失速度相对于鼻冠塞音来说较慢。从表 1—表 4 可以看出,宝山、波湾、玛丽玛萨三个方言都保留 ndz 声母的词有 4 个,而都保留 mb、nd、ŋg 声母的词总共才有 9 个。从表 5 可以看出,玛丽玛萨话新近发生的 NC > N 的音变也还没有影响到鼻冠塞擦音。因此,鼻冠塞擦音相对于鼻冠塞音更稳定。

其次,鼻冠塞音中,双唇部位的相对最稳定,软腭部位的变化最快。表 1—表 4 显示在宝山、波湾、玛丽玛萨三个方言都保留 mb、nd、ŋg 声母的共有 9 个词,其中都保留 mb 的就有 4 个词,都保留 ŋg 的只有 2 个词,表 5 中玛丽玛萨话中已经完成 NC > N 的音变的两个例子,也都是软腭部位声母。

---

① 这一点感谢审稿人的意见。

二、鼻化韵母及其演变

(一) 现代纳西语方言中的鼻化韵母

很多纳西语方言都有鼻化韵母,有的与相应的非鼻化韵母形成音位对立,有的没有形成对立。下面我们先列出纳西语方言中的鼻化韵母(明显的借词除外):

永宁:

根据 Michaud(2008),永宁方言和奉科方言在声门清擦音 h 后,有鼻化韵母与相应的非鼻化韵母的对立。我们以永宁方言为例(引自 Michaud 2008,为全文统一,所用符号有调整):

口元音韵母	鼻化元音韵母
hi^{35} 牙齿	hĩ^{35} 人/站
hɣ^{33} 高兴、喜欢	hɣ̃^{13} 红;hɣ̃^{35} 毛;nɣ̃^{33}hɣ̃^{11} 四季豆;dʑi^{33}hɣ̃^{55} 衣服;hɣ̃^{33}hɣ̃^{33} 炒
hɑ^{33} 饭	hɑ̃^{35} 夜
hæ^{33} 汉族;hæ^{35} 石灰;	hæ̃^{33} 风;hæ̃^{13} 金子
hæ^{33}pɤ^{33} 辫子	
ɑ^{33}hwɤ^{33} 昨晚	hw̃ɤ^{13} 迟
hu^{33} 等;hu^{33}mi^{55} 胃	hũ^{35} 八;hũ^{33} 去-祈使式
hɯ^{33} 去	/

注:dʑi^{33}hɣ̃^{55} 意义应为"穿衣服",其中 hɣ̃ 应为"穿、套"之意。
零声母音节鼻化与否均可,是自由变体。例如"鸡"[æ^{13}]~[æ̃^{13}]

玛丽玛萨:

软腭清擦音声母 x、零声母后有鼻化与非鼻化的对立,软腭浊擦音、软腭鼻音后的半低、半高元音韵母也有鼻化,但没有与之对立的非鼻化韵母。

x 声母后的鼻化/非鼻化对立:

口元音韵母	鼻化元音韵母
xo^{33} 干	xõ^{33} 肚子
xu^{21}xu^{21} 和气	xũ^{21} 套(衣服)
xy^{33} 矮	xỹ^{21} 站

xɑ³³pɑ³³ 汉族　　　　　　　　xɑ̃³³ 响

xuɑ³³ 宽　　　　　　　　　　xũɑ̃³³ 迟

x 与 a、v、i 组合,韵母都是鼻化韵,与 ɯ 组合,韵母都不发生鼻化:

xɑ̃³³ 金子　　　　　　　　　／

xṽ³³ 毛　　　　　　　　　　／

xĩ³³ 人　　　　　　　　　　／

／　　　　　　　　　　　　xɯ²¹ 湖

零声母后的鼻化/非鼻化对立:

口元音韵母　　　　　　　　鼻化元音韵母

i³³ 来　　　　　　　　　　　ĩ²¹ 睡

xe³³v³³ 月初　　　　　　　　ṽ³³ 银子

wɑ²¹ku⁵⁵ 水槽　　　　　　　w̃ɑ̃³³ 五

wa³³ 开花　　　　　　　　　w̃ɑ̃²⁴ 水牛

零声母与 ɛ 组合,韵母都是鼻化韵:

ɛ̃³³ 铜

软腭浊擦音引起元音鼻化(无与之对立的口元音韵母):

ɣõ³³ 蛋

la³³ɣɛ̃⁵⁵ 乌鸦

宝山:

鼻化韵母作为条件变体出现,韵母 y、a 在软腭清擦音声母 x 后带鼻化,韵母 uɑ 在软腭鼻音声母 ŋ 后带鼻化。例如:

xỹ³³ 野兽　　　xɑ̃³³ 佩带　　　ŋũɑ̃³³ 五

宁蒗:

鼻化韵母也作为条件变体出现,a、ɑ、i、u、iu、ua 在与软腭清擦音 x 组合时带鼻化。

xɑ̃³³ 金子

xɑ̃⁵³ 听

xĩ³³ 人

xũ⁵³ 穿(衣服)

xĩũ¹¹ 站

xũɑ̃¹¹ 蓝绿色

xɑ³³po³³"汉族"与"听"能够形成近似最小对立,但 xɑ 这个音节本身与"汉"读音接近,很可能是借词。因此我们不把"汉族"和"听"算作最小对立。

次恩丁:

卷舌元音有带鼻化的自由变体。/ɚ/单独当音节时一般发作[ɚ̃],但也可以发作[ɚ]。同样,/ɛ/一般可以发作[ɛ̃],如:/ɛ³³/'铜'可以发作[ɛ̃³³]。不带鼻化的发音不很标准但也可以听得懂,不区别意义。(米可,徐继荣 2015;所用符号有调整)

(二)鼻化韵母与非鼻化韵母的对立是晚期演变形成的

Michaud(2006)认为,纳西语早期应有鼻化与非鼻化的对立。但多个纳西语方言比较的结果说明,鼻化与非鼻化的对立,很多是晚期的音变造成的。

永宁方言鼻化与非鼻化的对立,很多是从元音音质的差异转化而来:

表9 语音变化造成永宁方言鼻化韵母与非鼻化韵母对立的例子

意义	丽江	宝山	波湾	玛丽玛萨	宁蒗	永宁
牙齿	xɯ³³	xɯ³³	hɯ⁵⁵	xɯ³³	χɯ³³	hi³³
人	çi³³	çi³³	hɚ⁵⁵	xĩ³³	xĩ³³	hĩ³³
等待	xu³³	xu³³	hu³³	xiõ³³	xi³³	hu³³
八	xo⁵⁵	xo⁵³	ho⁵⁵	çi²¹	çi²¹	hũ³⁵
昨晚	ɚ³³xu²¹	a³³xu³³	a²¹hu³³	a³³xɯ²¹	a³³xɯ³³	a³³hwɤ³³
慢	xo²¹	xo¹¹	ho²¹	xuã²¹	xo⁵³	hw̃ɤ¹³
饭	xɑ³³	xɑ³³	hɑ⁵⁵	dze³³	dze³³	hɑ̃
夜(一夜)	xu²¹	xo⁵³	hɑ³³	xiɤ̃²¹	xe³⁵	hɑ̃³⁵

表9中这些词可两两分为一组。第一组,原本韵母就是 i 的有鼻化,对应于其他方言 ɯ 的 i 韵母不鼻化;第二、三组,对应于西部方言 u 韵母的词不鼻化,对应于西部方言 o 韵母的词鼻化;第四组,对应于西部方言 ɑ 的词不鼻化,对应于 u、o 的词鼻化。

还有的是词汇的差异:

上一小节开头永宁方言例词中"高兴"一词,永宁与其他方言均不能形成对应,而且其声母实际音值是 f,但与 h 没有对立,因此均归纳为/h/音位;而"毛"和"穿衣"是有其他方言与之对应的。"辫子"一词的第一音节也不

表 10　词汇变化造成永宁方言鼻化韵母与非鼻化韵母对立的例子

意义	丽江	宝山	波湾	玛丽玛萨	宁蒗	永宁
高兴	kɑ³³	tsa¹¹	ba²¹	ba³³	ie³⁵	fv³³
毛	fɣ³³	xɣ³³	fɣ⁵⁵	xɣ³³	xɣ³³	hɣ³³
穿(穿衣)	mu²¹	mu¹¹	mv³³	xũ³³	xu⁵³	hṽ³⁵
辫子	kɣ³³ tɕy²¹ (pa⁵⁵)	a¹¹(pa⁵⁵) phi¹¹	gu⁵⁵ cʰy²¹ pa³³	ku³³ tɕiu²¹ (pa²⁴)	pɣ¹¹ tsʅ¹¹ mie³³	hæ³³(pɣ³³)
石灰	/	çɚ¹¹	/	/	/	hæ³⁵

能与其他方言形成对应。只有"汉族"一词与"风""金子"形成的对立无法用语音或词汇的演变来解释,但前面说过"汉族"的名称可能是从汉语借入的。因此,永宁方言鼻化韵母与非鼻化韵母的对立不能追溯到原始纳西语时期。

玛丽玛萨话鼻化与非鼻化的对立,也是晚期语音变化的结果。

表 11　语音变化造成玛丽玛萨话鼻化韵母与非鼻化韵母对立的例子

意义	丽江	宝山	波湾	玛丽玛萨	宁蒗	永宁
月初	xe³³(kɣ³³)	xe³³(kɣ³³)	he³³ gɣ³³	xe³³(ɣ³³)	ɬe³³(u³³)	/
银子	ŋɣ²¹	ŋɣ¹¹	ŋɣ²¹	ɣ³³	ŋɣ³³	ŋɣ³³
水槽	bʐ̩³³	dʐi³³ kho⁵³	dʐi²¹ ŋgv³³	wa²¹ gu²¹	uo³³ gɣ³³	dʐi¹¹ gɣ¹³
五	ua³³	ŋũã³³	ua³³	w̃ã³³	ŋuo³³	ŋwɣ³³
干	pɣ²¹	pɣ¹¹	pø³³	xo³³	χo³³	pv³³
肚子(腹部)	dɣ²¹	dɣ³³	dɣ²¹	xõ³³	xa¹¹	bi³³
猫	xua⁵⁵	xua⁵³	hua³³ le²¹	xua⁵⁵	χuo³⁵	hwɣ³³
慢	xo²¹	xo¹¹	ho²¹	xũã³³	xo⁵³	hw̃ɣ¹³

前两组词,"银子"和"五"在其他方言里都是软腭鼻音声母,而玛丽玛萨是零声母,同时韵母鼻化。这是声母的鼻音特征转移到韵母的结果。"月初"和"水槽"都不是软腭鼻音声母,玛丽玛萨话的这两个词虽也变成了零声母,但不会使韵母变为鼻化,这样就形成了鼻化韵母与非鼻化韵母的对立。

后两组词,玛丽玛萨话的读音与宁蒗的读音都是有对应的。玛丽玛萨话表现为韵母鼻化与非鼻化的对立,而宁蒗都表现为软腭擦音与小舌擦音的对立。从演变的角度来看,软腭音声母导致后面元音鼻化是常见的,鼻化元音导致声母变为软腭音却不常见,这也就是下面要讨论的"鼻喉亲缘性"规律(rhinoglottophilia, Matisoff 1975; Sprigg 1987; Blevins & Garrett 1992),因此对上述现象更可能的解释是宁蒗保存了早期的音类区别,即原始语中存在软腭擦音和小舌擦音的对立,后来玛丽玛萨话中这一对立消失,但本来就是软腭擦音的声母会引起韵母鼻化,由小舌擦音变来的软腭擦音并不引起韵母鼻化。这也是原始语声母的差异转移到了韵母。玛丽玛萨话中鼻化韵母与非鼻化韵母的对立,也不能追溯到原始纳西语时期。

(三)"鼻喉亲缘性"规律在纳西语中的表现

虽然原始纳西语时期没有鼻化韵母与非鼻化韵母的对立,但从语音层面来看,原始纳西语时期应该已经有鼻化韵母。Michaud、Jacques and Rankin(2012)认为,纳西语中的鼻化元音是受早期 *sN-辅音丛的影响产生的,现代纳西语方言中有鼻化韵母的词,在存古的亲属语言嘉戎语中,词首都有 *rN-辅音丛,后来发生了 *rN- > *sN- > N 的变化。实际上,其他来源的词也有在很多纳西语方言中都带鼻化的,例如(嘉戎语材料来自 Jacques 2015):

表12 纳西语鼻化元音除 *sN-辅音丛以外的来源

意义	丽江	宝山	波湾	玛丽玛萨	宁蒗	永宁	嘉戎(茶堡)
金子	xa^{21}	$x\tilde{a}^{11}$	ha^{21}	$x\tilde{a}^{33}$	$x\tilde{a}^{53}$	$h\tilde{æ}^{33}$	$\chi s\gamma r$
切	$xə^{55}$	$x\tilde{a}^{53}$	ha^{33}	$x\tilde{a}^{33}$	$x\tilde{a}^{11}$	$h\tilde{æ}^{35}$	$\gamma\mathrm{u\!\!}.\ \mathrm{co\eta}.\ \mathrm{tca}$
风	$xə^{33}$	$x\tilde{a}^{33}$	ha^{33}	$ma^{33}x\tilde{a}^{55}$	$ma^{21}x\tilde{a}^{33}$	$h\tilde{æ}^{33}$	qa. le
慢	xo^{21}	xo^{11}	ho^{21}	$x\tilde{u}\tilde{a}^{21}$	$x\tilde{o}^{53}$	$h\tilde{w}\gamma^{13}$	βlo

"金子"在嘉戎语中声母是 χs-,"切"在嘉戎语中第二音节的声母是 ç,二者均为清擦音;"风"和"慢"的主要声母都是 l-。因此,我们认为,不管是什么来源,只有在原始纳西语时期声母变为了软腭擦音,韵母才会带鼻化,也就是说,直接使韵母变为鼻化的还是"鼻喉亲缘性"规律,即发音涉及喉部的辅音会使后面的元音带上鼻化。"鼻喉亲缘性"的声学原因是喉擦音和鼻音都有声学耦合(coupling)特征,喉擦音是声门上下耦合,鼻音是鼻咽腔耦合,本来与软腭音没有关系,但宝山、玛丽玛萨、宁蒗等方言的软腭擦音是对应于永宁方言的声门擦音的(李子鹤 2013),因此可能本来也是声门擦音,后来在这些方言才变成软腭擦音,而发生这一变化之前,"鼻喉亲缘性"规律就

已经起作用了①。做出这样的推测还有另一方面的原因,就是现代方言里,不是所有带软腭擦音的词都有鼻化韵母,有些明显是晚期音变而出现的软腭擦音声母,不会使韵母变成鼻化(如上文提到的玛丽玛萨话)。

不过,有的方言中"鼻喉亲缘性"规律又有了新的表现形式。比如玛丽玛萨话中,软腭擦音不再引起鼻化,但软腭鼻音、软腭浊擦音会使后面的韵母变为鼻化。软腭鼻音声母引起韵母鼻化的例子如表 11 中的"银子"和"五",其他方言的对应词都有软腭鼻音声母,玛丽玛萨话丢失了声母,而声母引起的韵母鼻化保留了下来。这显然是晚期的变化。软腭浊擦音引起韵母鼻化是有条件的,只有半低和半高元音在软腭浊擦音后才会鼻化。例子有"乌鸦"和"蛋":

表13　玛丽玛萨话软腭浊擦音引起韵母鼻化的条件

意义	丽江	宝山	波湾	玛丽玛萨	宁蒗	永宁
乌鸦	le³³(ka²¹)	la³³(ka¹¹)	le³³ka³³	la³³(ɣɛ̃⁵⁵)	la³³(ʁa³³)	læ³³(ʁæ⁵⁵)
蛋(鸡蛋)	kv³³	kv¹¹	gv⁵⁵	ɣõ⁵⁵	ʁo⁵³	ʁv¹³
白天	gv³³	gv³³	gv³³	gv⁵⁵	gv³³	gv³³
力气	ka³³	ka³³	ka³³	ɣa⁵⁵	ʁa³³	ʁa³³

"乌鸦"和"蛋"的声母我们分别构拟为 *Cg 和 *SG(具体论证见李子鹤2013a),都有前置辅音,这导致了声母在玛丽玛萨话中变为软腭浊擦音。相比之下,"白天"在原始语里只是一个简单的 *g 声母,在玛丽玛萨话中声母保持 g,没有变为软腭浊擦音,因此韵母没有鼻化。这说明"乌鸦"和"蛋"的鼻化是晚期产生的,不是原始语特征的遗留。"力气"的声母在原始语里也是 *Cg,但韵母是 a,因此也没有变为鼻化。

三、纳西语鼻音演变规律对语音对应的解释

我们总结的这些与鼻音有关的演变规律,有助于解释一些看上去不规则的对应。这里我们以玛丽玛萨话的"松香"一词为例:

---

① 感谢审稿人提示这一点。

表 14　纳西语方言的"松香"

意义	丽江	宝山	波湾	玛丽玛萨	宁蒗	永宁
松香	tʰo³³(dʑiɚ²¹)	tʰo³³(ndʑiɚ¹¹)	tʰo³³(nʝɚ¹¹)	tʰõ²¹(ɛ̃⁵⁵)	mi³³qʰer³³	tʰo¹¹ʁæ¹³

玛丽玛萨话第一音节韵母的鼻化,难以从自身音系结构得到解释。已知纳西语方言都没有鼻音韵尾,鼻化韵母也不是鼻音韵尾转化而来的,而是如前文所说,由于"鼻喉亲缘性"规律的作用,在软腭声母后面出现的。而这个词第一音节声母为龈前音,本不该有鼻化韵。

结合其他方言就不难发现,这个词第二音节本来应该有鼻冠音。不过,玛丽玛萨话很多词中的鼻冠音都脱落了,却并没有引起前一音节韵母鼻化。我们再观察"松香"这个词,其第二音节主要声母本来应该是 g,那么其鼻冠音就应该是 ŋ。如前文所说,玛丽玛萨话正在进行 NC > N 的音变,有些词特别是 *ŋg 声母的词已经完成了音变。这个词很可能也已经完成了音变。这样,这个词的鼻冠音实际上没有丢失,而是 *ŋg 整体变成了 ŋ。

如前所述,鼻冠音出现在词中位置时,鼻音成分使前一音节韵母变为鼻化。这样,"松香"一词中的这个 ŋ 可能既发挥鼻冠音的作用,使前一音节韵母鼻化,又充当第二音节的声母[按照非线性音系学的观点,本来的 *ŋg 声母占据两个时间格(timing slot),其整体变为 *ŋ 后,这一个音段 *ŋ 可能仍然占据两个时间格,第一个时间格的 *ŋ 进一步使前一音节的韵母变为鼻化,第二个时间格属于后一音节的声母]。那么在玛丽玛萨话中应该曾经存在过 *tʰõ²¹.ŋɛ⁵⁵ 这样的形式。玛丽玛萨话的软腭鼻音又会造成后面半低元音鼻化,因此这个词的实际读音应该是 *[tʰõ²¹ŋɛ̃⁵⁵]。

玛丽玛萨话还发生了 ŋ 声母脱落的音变,这个词应该也经历了这一音变,因此就变成了 tʰõ²¹ɛ̃⁵⁵。鼻音音段不存在了,本来第一音节应该失去鼻化,但这个词第二音节变成了零声母,韵母又是鼻化,因此鼻化成分相连,就一同保留了下来。

四、结　语

以上我们总结了纳西语方言中与鼻音相关的各种音变。鼻冠塞音、塞擦音与纯浊塞音、塞擦音的对立,是能够追溯到原始纳西语时期的,后来各个方言发生了不同的变化,鼻冠塞音、塞擦音逐渐消失。鼻化韵母与非鼻化韵母的对立无法追溯到原始纳西语时期,但后来永宁、玛丽玛萨等方言由于语音、词汇的变化,出现了鼻化韵母与非鼻化韵母的对立。与鼻音相关的这两项音变,是此消彼长的关系。

  本文归纳出了一些音变的规律,但深入思考这些规律,又会发现一系列问题:第一,原始纳西语中鼻冠塞音、塞擦音与纯浊塞音、塞擦音的对立,无法追溯到更高层面的原始语中,那么这些对立是如何产生的? 第二,"鼻喉亲缘性"规律的表现,在原始纳西语阶段和方言分化后是不同的,为什么会有这样的差异? 其原因是语音层面的,还是其他方面的? 这些问题基本都需要进行深入的语音学研究,也是我们接下来需要努力的方向。

参考文献

陈保亚(1999)《20 世纪中国语言学方法论》,济南:山东教育出版社。
傅懋勣(1940)维西麼些语研究,载燕京大学国学研究所主编,《中国文化研究汇刊》第 1 卷,齐鲁大学国学研究所。
和即仁,姜竹仪(1985)《纳西语简志》,北京:民族出版社。
和继全(2012)《白地波湾村纳西东巴文调查研究》,西南大学博士学位论文。
黄布凡主编(1992)《藏缅语族语言词汇》,北京:中央民族学院出版社。
李子鹤(2012)宝山纳西语音系研究,载云南大学茶马古道文化研究所,《茶马古道研究集刊》第 2 辑:166-181。
——(2013a)《原始纳西语及其历史地位研究》,北京大学博士学位论文。
——(2013b)玛丽玛萨话概况,《汉藏语学报》第 7 辑:91-117。
米 可,徐继荣(2012)香格里拉县次恩丁村纳西语音系研究,载云南大学茶马古道文化研究所,《茶马古道研究集刊》第 2 辑:139-165。
Blevins J, Garrett A. (1992) Ponapean Nasal Substitution: New Evidence for Rhinoglottophilia, *Annual Meeting of the Berkeley Linguistics Society* 18(1): 2-21.
Jacques G. (2015) *DictionnaireJaphug-Chinois-Français* (version 1.0)(嘉绒-汉-法词典),Paris: Projet HimalCo.
——, Michaud A. (2011) Approaching the Historical Phonology of Three Highly Eroded Sino-Tibetan Languages: Naxi, Na and Laze. *Diachronica* 28(4): 468-498.
Li Zihe (2014) The Origin and Evolution of Retroflex Finals in Naish Languages. *Journal of Chinese Linguistics* 42(2): 309-329.
Matisoff J A. (1975) Rhinoglottophilia: The Mysterious Connection between Nasality and

Glottality. In Ferguson C A, Hyman L M. *et al.* (eds.) *Nasálfest: Papers from a Symposium on Nasals and Nasalization*. Stanford: Stanford University: 265-287.

Michailovsky B, Michaud A. (2006) Syllabic Inventory of a Western Naxi Dialect, and Correspondence with Joseph F. Rock's Transcriptions. *Cahiers de Linguistique-Asie Orientale* 35(1): 3-21.

Michaud A. (2006) Three Extreme Cases of Neutralisation: Nasality, Retroflexion and Lip-rounding in Naxi. *Cahiers de linguistique-Asie Orientale* 35(1): 23-55.

——(2008) Phonemic and Tonal Analysis of Yongning Na. *Cahiers de Linguistique-Asie Orientale* 37(2): 159-196.

——(2010) The Tones of Numerals and Numeral-plus-classifier Determiners: On Structural Similarities between Naxi, Na and Laze. *Linguistics of the Tibeto-Burman Area* 34(1): 1-26.

——, He L. (2015) Phonemic and Tonal Analysis of the Pianding Dialect of Naxi (Dadong County, Lijiang Municipality). *Cahiers de Linguistique-Asie Orientale* 44: 1.

——, Jacques G, Rankin R L. (2012) Historical Transfer of Nasality between Consonantal Onset and Vowel: From C to V or from V to C? *Diachronica* 29(2): 201-230, plus online Appendices.

Sprigg R K. (1987) "rhinoglottophilia" Revisited: Observations on the Mysterious Connection between Nasality and Glottality. *Linguistics of the Fibeto-Burman Area* 10(1).

Wang W S-Y. (1969) Competing Changes as a Cause of Residue. *Language* 45(1): 9-25.

(李子鹤　100871　北京,北京大学中文系　lizh5635@163.com;

潘晶晶　100081　北京,中央民族大学少数民族语言文学系　18811752401@163.com;

戴虎腾　New Brunswick, Department of Linguistics, Rutgers University　hudengdai@gmail.com)

山东莒县方言尖团音的社会地理语言学研究*

亓海峰

提要 文章采用社会地理语言学的调查方法对山东莒县多个村庄、不同年龄阶段发音人尖团音的读法进行密集调查,并对代表性村庄进行深入调查,通过地理差异和年龄差异反映莒县方言尖团音变异的过程并分析了变异的原因。

关键词 社会地理语言学;尖团音;地理差异;年龄差异;变异

一、调 查 缘 起

莒县位于山东东南部,隶属日照市,东接五莲,西连沂水,北邻诸城,南部与莒南相接,面积约 1 950 平方公里,人口约 98 万。莒县方言属于胶辽官话青莱片,具有青莱片方言的典型特征,其中,古精、见两组三四等字读音不同,古精组三四等字是尖音字,古见组三四等字是团音字,也就是方言中能够区分尖音和团音。

《莒县方言志》(1997)的调查结果显示莒县方言保持着尖团音的区分,尖音字读 ts、ts^h、s,团音字读 tɕ、$tɕ^h$、ɕ,但二十世纪九十年代以来莒县方言尖团音正处于迅速变化中,即使是老派发音人尖音字读法也在发生变异,出现尖团不分的现象。

为调查莒县尖团音的时空变异,我们分别于 2017 年 8 月和 2018 年 2 月两次赴莒县调查。8 月采用社会地理语言学(sociogeolinguistics)中

---

* 本文系上海市哲社项目"东北地区胶辽官话的时空变异研究"(项目编号 2017BYY011)的阶段性成果。远藤光晓教授在莒县方言调查和论文的撰写过程中提出了宝贵的意见,论文撰写过程中承曾晓渝师指教,李晓雨同学参与了方言调查和资料整理,在此深表感谢!

"glottogram"的调查方法进行了密集调查,2月对莒县穆家村进行集中调查,两次的调查结果初步反映出莒县方言尖团音变异的轨迹,本文对此进行考察和探析。

二、调 查 结 果

远藤光晓(2011)指出语言变异的观察角度分别有一维、二维和三维的,一维的主要涉及一个方言点的年龄差异,二维的涉及空间轴和时间轴,三维的观察一个地区在不同时期之中产生的变化,可以形成时间序列语言地图,并称这种方言调查方法为"glottogram",这一调查方法有助于观察语言变化与地域和年龄差异之间的关系,对语言地理学的研究很有意义。李仲民(2011)使用"glottogram"调查方法绘制了[年龄 x 地点]的分析表,黄河(2018)采用"glottogram"调查方法考察了宜兴话亲属称谓的变异,这种调查方法对考察不同年龄层和同一地区不同地点间的方言变异很有意义。

我们于2017年8月采用"glottogram"调查方法,以莒县政府所在地(城阳街道办事处)为中心,沿贯穿莒县的一条公路(G220)从南到北对莒县方言尖团音读法进行了密集调查。共调查了包括南马坡、尹湖、西蒋村、杨家官庄、王家官庄、徐家村、躲水店子、李家念头、刘家菜园、城阳、姚家村、墩头涯子村、庄家围子、小罗庄、汀沟村、庄科在内的16个村,每个点的调查人为3—5位,年龄在20—70岁之间,共调查了55位发音人15个常用尖音字(进、钱、雪、西、漆、津、七、雀、墙、笑、酒、椒、聚、贱、剪)的读法。

调查中发现团音字读法一致,都已腭化为 tɕ、tɕʰ、ɕ,尖音字读法差别较大,尖音字在所调查的乡村中不同程度地出现了与团音的混同现象,以下我们以"进-近"为例看不同调查点读法的差异。

表1 "进-近"的"glottogram"调查结果(○进≠近;●进=近)

地点	70-	60-	50-	40-	30-	20-
1. 夏庄镇南马坡	○	○		●	●	
2. 夏庄镇尹湖		○		●	●	
3. 夏庄镇西蒋村				●	●	
4. 夏庄镇杨家官庄		○	○		●	

山东莒县方言尖团音的社会地理语言学研究

（续表）

地点	70-	60-	50-	40-	30-	20-
5. 刘家官庄镇王家官庄	○		○	●		
6. 刘家官庄镇徐家村			●	●	●	
7. 刘家官庄镇躲水店子		○		●		●
8. 刘家官庄镇李家念头	○	○			●	
9. 城阳镇刘家菜园		○	○	●		●
10. 城阳街道办事处					○	
11. 城阳镇姚家	○		○	○		●
12. 城阳镇墩头涯子村	○	○		○	●	
13. 城阳镇庄家围子村		○		○		●
14. 招贤镇小罗庄	○	○				○
15. 招贤镇汀沟村		○		○	●	
16. 库山镇庄科		○		○		○

表1"进—近"的调查结果显示尖音字"进"与团音字"近"的分混既受到年龄的影响，也受到地理分布的影响。

从地理分布看，以这条调查路线的中间点城阳镇为分水岭，即点1南马坡到点8刘家官庄镇李家念头，在40岁以下的发音人口中"进"基本都腭化为tɕ，从点9城阳镇刘家菜园到点16库山镇庄科的各点"进"在40岁以下的发音人口中与团音"近"还保持着区别。可以说"进—近"的合并是从南到北逐步扩散的，城阳镇以南的乡村比北部乡村尖音的腭化早了近十年。

从年龄分布看，不同的调查点60岁以上的老年人尖音读法比较稳定，"进—近"的区别很明显，"进"读tθ，"近"读tɕ，50岁以下的发音人"进"读音不够稳定，不少调查点的发音人尖音"进"与团音"近"虽有区别，但是尖音稍带有腭化色彩，"进"读ts^j，30岁以下的发音人"进—近"读法基本相同，都读舌面音tɕ。

在"进—近"两字读法的变异中，年龄所起的作用更为明显，年纪越轻出现尖音腭化、尖团相混这种读法的频率就越高。

莒县方言尖团音正在进行的变化主要是尖团音由分而合，尖音字腭化为团音字。我们对每个村不同发音人尖音字的读法逐个进行对比，并将16

个点每位发音人 15 个尖音字腭化为团音的比例进行统计,以便更直观地看出这些字的变异情况,其中,15 个尖音字均未腭化的记为 0%,尖音字全部腭化为舌面音的腭化率记为 100%,具体结果见表 2:

表 2　尖音字腭化率统计表

地点	70-	60-	50-	40-	30-	20-	均值
1. 夏庄镇南马坡	0%	13%		47%	80%		35%
2. 夏庄镇尹湖		13%		53%	67%		44%
3. 夏庄镇西蒋村		13%		53%	80%		49%
4. 夏庄镇杨家官庄		13%	27%		60%		33%
5. 刘家官庄镇王家官庄	6%		27%	53%			31%
6. 刘家官庄镇徐家村			33%	40%	60%		40%
7. 刘家官庄镇躲水店子		13%		47%		73%	44%
8. 刘家官庄镇李家念头	6%	13%			60%		27%
9. 城阳镇刘家菜园		6%	6%	40%		73%	31%
10. 城阳街道办事处		6%	13%		40%	67%	32%
11. 城阳镇姚家	0%		13%	33%		67%	28%
12. 城阳镇墩头涯子村	0%	6%		40%	67%		28%
13. 城阳镇庄家围子村		6%		27%		73%	35%
14. 招贤镇小罗庄	6%	13%				47%	22%
15. 招贤镇汀沟村		13%		27%	40%		53%
16. 库山镇庄科		0%		20%		40%	20%

从 16 个点腭化率的对比可以更清楚地看出尖音的变异受到年龄和地理分布两种因素的共同制约。从年龄对比看,随着年龄的递减,腭化率呈递增趋势,这 16 个乡村 70 岁以上的发音人尖音字平均腭化率是 3%,40—50 岁中年人的尖音字平均腭化率是 40%,30—40 岁年轻人尖音字的平均腭化率是 61%,其中南马坡、西蒋村等村庄青年人的腭化率高达 80%,20—70 岁之间发音人的腭化率形成了递减的链条。

从地理分布看,尖音腭化现象由南向北逐步扩散,在我们调查路线南端的夏庄西蒋庄村平均腭化率达到 49%,而最北端的庄科村平均腭化率是

20%，不同乡村之间存在较明显的地理差异。

三、进一步的调查

16个点glottogram的调查显示莒县方言尖团音的区别正趋于消失,其中团音腭化已经完成,尖音正在腭化过程中,50岁以下的中年人开始出现较明显的腭化变异。为更清楚地分析腭化音变发生的方式和过程,我们在多点密集调查的基础上,对莒县中心地区城阳的穆家村进行了进一步的调查。

调查包括3个不同年龄段的3位女性发音人,年龄分别为:62岁、44岁、28岁。他们分别代表老年、中年和青年人。这3位发音人都是城阳穆家村本地人,未长期离开过本地,文化程度是中专或初中。调查字表包括60个包含"精"组细音字的词语(见附录)。

词表中的60个词语分别为口语色彩比较强的词语和书面语色彩比较强的词语,比如:花心-心脏,前日-前进,线衣-线条,赶集-集体,60个词语中包含了30个"精"组细音字,它们的声母分别为送气塞擦音、不送气塞擦音和擦音。我们对3位发音人的读音进行对比分析,详见表3:

表3　穆家村"精"组细音字调查结果

发音人	已腭化的尖音词语
62岁	心脏、心里、嫁娶、神仙、信任、性格、浅显、俊俏
44岁	感谢、心脏、心里、前进、前日、嫁娶、娶媳子、漆皮、雪花、雪粒子、线条、信任、性格、俊俏、很俏、浅显、净化器、七月七、女婿、乘龙快婿、领袖、西装、主席、凉席子、相互
28岁	姐妹、感谢、心里、心脏、前进、前日、嫁娶、娶媳子、油漆、漆皮、雪花、雪粒子、徐州、姓徐、线条、线衣、八仙桌子、神仙、信任、信不信、性格、任性、拥挤、挤人、俊俏、很俏、剪刀、剪子、进步、进去、浅显、深浅、净化器、七个、七月七、贵贱、手贱、女婿、乘龙快婿、领袖、袖子、西装、西北风、主席、相互、相亲

由调查的结果可知,这60个尖音词语的读法在几位发音人中主要存在两方面的差异:一是这些尖音词语腭化的数量和范围,二是腭化的程度。

从这些调查的词语看,62岁的老年发音人有8个词语中的尖音字腭化,这些词语多为书面色彩较强或不常用的词语,分别为:心脏、嫁娶、神仙、信任、性格、浅显、俊俏,从语音特点看,这些腭化的尖音字声母多为擦音和送气塞擦音。44岁的中年发音人与老年人相比,腭化的词语增加为25个,这25个词语中有部分口语常用词,在"任性、性格""浅显、深浅""净化器、干净""信任、信不信"等对比词语中,口语色彩较强的"任性、深浅、信不信"还保留着尖音的读法,从语音特点看,声母为擦音的尖音字有15个,比例最高。28岁青年人腭化词语明显增多,腭化的范围也明显增大,像"雪粒子、信不信、剪子、相亲、女婿、袖子、很俏、手贱、西北风"等方言中常用的口语词也有很多发生了腭化。

从几位发音人词语调查的对比中可以看出老、中、青年人尖音腭化的渐进过程,其中,声母为擦音的尖音字腭化最早,声母为不送气塞擦音的尖音字腭化较晚,同时,中青年人的尖音不像老年人带有明显的尖音色彩,即使未与团音字混同,也带有轻微的腭化色彩,是带有腭化色彩的舌尖前音[ts^j , ts^{jh} , s^j],发音部位比老年人靠后,用当地人的话说老年人口中的这些尖音字"咬舌子",也就是齿间音[$t\theta, t\theta^h, \theta$]。此外,从词语的差异还可以看出从书面词语到口语词的扩散过程。

四、分析与讨论

(一)莒县方言尖音腭化的特点

通过在16个乡村多位发音人中进行的"glottogram"调查和穆家村单点方言的调查,显示莒县尖团音已逐步混同,尖音腭化体现出以下几个特点:

(1)不同乡村尖音腭化率不同

南北不同乡村的腭化率有差异,南部夏庄镇的西蒋庄、尹湖、南马坡等乡村腭化率在40%左右,而北部的庄科、汀沟等村庄腭化率则偏低,即使是20岁左右的青年人也仍能分辨出尖团音字。从不同村庄腭化率的差异可看到同一语音现象地理分布的不平衡性,莒县方言尖音的腭化从南向北逐渐扩散。

(2)不同尖音词语腭化的速度不同

腭化的速度不同体现在两个方面:一是语音特征不同的尖团音词语腭化速度不同,带有 θ 的尖音词语最早腭化,带有 $t\theta$ 的尖音词语腭化最慢,学界对于在早期北京官话及其他官话方言中是精组还是见组先腭化、是擦音还是塞擦音先腭化有所争论,莒县方言不同尖音词语腭化的调查结果显示出擦音比塞擦音更早腭化;二是常用词语和非常用词语腭化不完全同步,非常用词语腭化更早。

(3) 不同年龄段尖音腭化程度不同

从单点方言腭化率看,老、中、青年人腭化率逐渐提高,从尖音词语语音特点看,老年人的尖音词语发音部位比中、青年人靠前,是齿间音 tθ、tθ^h、θ,中、青年人部分尖音词语虽然还保持着与团音的区别,但是已有轻微的腭化色彩,是 ts^j、ts^{jh}、s^j。

(二) 腭化音变的过程

据《莒县方言志》(石明远 1999)"古精组声母(精清从心邪五母)莒县读 ts、ts^h、s,古见组声母(见溪群晓匣五母)洪音读 k、k^h、x,细音读 tɕ、tɕ^h、ɕ",从资料记载可知在 90 年代莒县方言团音(也就是见组字)已经腭化,尖音未腭化,保持着与团音的区别。

我们的调查显示,现在莒县方言中尖音正处于腭化过程中,从各乡村尖音的调查和莒县穆家村不同年龄词汇的调查可以推测莒县方言尖音的腭化处于 tθ、tθ^h、θ→ts^j、ts^{jh}、s^j→tɕ、tɕ^h、ɕ 的音变过程中,在腭化过程中,擦音腭化最快。这一音变过程具有渐变性,体现出腭化的两个阶段:第一个是齿间音变成带有腭化色彩的舌尖前音,第二个是带腭化色彩的舌尖前音变成舌面音。

(三) 腭化的动因

莒县方言中不同年龄阶段尖音腭化的表现也反映出尖音腭化的不同阶段,它们主要有两种语音表现形式:

(1) [tθ、tθ^h、θ]→[ts^j、ts^{jh}、s^j]/[i、y]

(2) [ts^j、ts^{jh}、s^j]→[tɕ、tɕ^h、ɕ]/[i、y]

从历时层面看,这是尖音腭化的不同阶段,从共时层面看,体现出腭化的不同程度,它们都是元音的同化所致。Blumstein(1986)从声学分析的角度提出腭化就是同化(Assimilation),是后面元音的特征同化了音节前的辅音。Halle(2003)认为所有的元音都具有[舌体]特征,而前元音还具有[舌冠]特征,前元音的[舌体]或[舌冠]特征会扩展到与前元音相邻的辅音上,发生同化音变,使辅音同时具有[舌体,舌冠]的特征,并把这种同化现象归为腭化。

莒县方言尖音不同程度、不同阶段的腭化可以在这一音变规则中得到统一的解释,尖音 tθ,tθʰ,θ 带有[舌冠]特征,与元音 i、y 组合时,元音[舌体、舌冠]的特征前移,使 tθ、tθʰ、θ 在原有的[舌冠]基础上增加了[舌体]色彩,发音时舌尖稍后成了具有腭化色彩的[tsʲ、tsʲʰ、sʲ],舌尖进一步后移就容易变成[tɕ、tɕʰ、ɕ]。

在腭化的过程中,擦音比塞擦音腭化更快,体现出具有不同发音方法的辅音之间的音韵强度。(Goyvaerts 1980;朱晓农 1989)。

尖音的腭化音变在莒县老、中、青年人不同年龄阶段读法的差异和不同乡村读法的差异构成了腭化音变的时空差异,体现出语音的微观演变过程,它虽然是受到语言系统内部同化作用推动下产生的音变,但音变过程仍充满了变异性,展示出微观音变在不同的语言使用者中渐进的过程。

五、余　　论

莒县方言尖团音的读法在山东方言中具有代表性,据罗福腾(2016)的调查在山东半岛属于胶辽官话的青岛、即墨、崂山、胶州、沂南、沂水、青州、临朐、安丘、昌乐、昌邑等地及山东西南部属于冀鲁官话的曹县、菏泽、单县等方言中都分尖团,尖团音的读法与莒县方言相同。

莒县新派方言正在发生的腭化音变反映出胶辽官话这一区域方言尖团音变化的趋势。莒县方言尖团音合并的过程中体现出见组字腭化在先,精组字腭化在后,擦音腭化在先,塞擦音腭化在后的特点,这一音变过程对于我们了解方言中精见组字细音前腭化的历史过程有一定的启示,显示在尖团音腭化的进程中精组字、见组字及不同的声韵组合有不同的发展顺序。

附录　尖团音词语调查表

姐姐、姐妹、利津、天津、谢谢、感谢、心里、心脏、赶集、集体、前进、前日、嫁娶、娶媳子、油漆、漆皮、雪花、雪粒子、徐州、姓徐、线条、线衣、八仙桌子、神仙、信任、信不信、性格、任性、拥挤、挤人、俊俏、很俏、剪刀、剪子、进步、进去、浅显、深浅、净化器、干净、七个、七月七、贵贱、手贱、辣椒、椒子、酒量、喝酒、女婿、乘龙快婿、领袖、袖子、西装、西北风、主席、凉席子、相互、相亲、钱币、花钱

参考文献

黄　河(2018)多维接触与语言扩散模型——基于宜兴话祖父、外祖父面称的词汇表分析,《中国语文》第 3 期：313-324。

李　蓝(2006)尖团定义语尖团的分混类型,载何大安等编,《山高水长：丁邦新先生七秩寿庆论文集》,台北："中央研究院"语言研究所。

李仲民(2011)Glottgram 在语言学研究中的一个实例,《语言教学与研究》第 5 期：40-47。

罗福腾(2016)胶辽官话尖团音的现状与演变轨迹,《中国语言学报》第 17 期。

石明远(1987)山东莒县方言音系,《方言》第 3 期。

——(1997)《莒县方言志》,北京：语文出版社：14。

张慧丽(2018)腭音与腭化音,《语言研究》第 1 期。

郑　伟(2013)历史音变规律与方言地理分布类型,载复旦大学汉语言文字学科《语言研究集刊》编委会编,《语言研究集刊》第十一辑。

朱晓农(1989)腭化与 i 失落的对抗,《徐州师范学院学报》第 1 期：88。

远藤光晓(2011)时间序列语言地图,载严翼相主编,《中国方言中的语言学与文化意蕴》,首尔：韩国文化社：39。

Blumstein S. （1986）On Acoustic Invariance in Speech. In Perkell J S, Klatt D H.（eds.）*Invariance and Variability in Speech Processes*. London：Lawrence Erlbaum Associates：179-197.

Halle M. （2003）Phonological Features. In Frawley W J.（ed.）*International encyclopedia of Linguistics*（2nd ed.）Oxford：Oxford University Press：314-320.

Goyvaerts D.（1980）Review：Foundation of Theoretical Phonology by James Foley. *Language* 56(1)：171-179.

（200083　上海,上海外国语大学国际文化交流学院　zoeqihaifeng@126.com）

上海话阴声韵元音的声学动态特征研究*

凌 锋

提要 本研究利用改进的 Lobanov 元音规整法处理了上海话阴声韵元音的共振峰数据,然后通过计算各元音首尾之间的音质距离,发现单元音首尾距离一般小于 1 Bark,复元音首尾距离一般大于 2 Bark,而单复元音的界限大约在 1.5 Bark。根据这一标准,当代年轻人的上海话中[ɛ、i、y、ʌ、o、ø、ɔ、ɿ、u、yø]为单元音,[iɤ、uʌ、iʌ、iɔ、uɛ、uei]为复元音,[ei、ɤ、iɛ]同时存在单复元音的变体。

关键词 上海话;单元音;双元音;元音距离

一、研究背景

上海话的语音系统已经有很多学者做过研究(如赵元任 1928、许宝华等 1988 等)。从阴声韵的描写而言,学者们的描写可以说大同小异。而其中最大的区别在于中古流摄开口字其韵母到底是单元音还是复元音。多数学者把它描写为单元音[ɤ](如赵元任 1928;许宝华等 1988;游汝杰 1994),但钱乃荣(1992)用[ɤɯ]来描写,朱晓农(2005)也认为这个韵母是个"从央半低到半高不圆唇滑动的复元音"。

事实上由于人耳严格区分单元音和复元音并不容易,同一个元音韵母在不同学者的描写中处理成单元音或者复元音。比如普通话用拼音方案标为 e 的韵母,一般教科书都描写成单元音[ɤ],而 Howie(1976)却认为它其实是个双元音[ɤʌ];扬州话中描写为[ɪ]的韵母(王世华,黄继林 1996),在《汉语方音字汇》(北京大学中文系语言学教研室 2008)中被描写为双元音[əi];苏州话中

---

* 本研究得到教育部哲社青年项目(项目编号 14YJC740048)"吴语元音动态特征研究"项目资助。

的［iɪ］［iʏ］和［ʏ］（叶祥苓 1988）则分别被描写为［ɪ］、［ʏ］和［øʏ］（汪平 1987）。因此，这是传统方言研究中比较常见的现象。如果只是针对单个方言系统而言，这样的描写差异并不能算是严重的问题。但如果要展开汉语各方言系统的比较研究，单复元音的判定却会成为非常重要的问题，因为不同的描写有时会造成方言韵母类型的巨大差异，如果没有统一的标准来处理，我们无法知道这种韵母系统差异是真实存在的，还是人为因素扭曲的结果。

因此我们有必要找到一种客观可量化的标准统一处理方言中的单复元音，这样材料才有可比性。实验方法能直接观察元音的共振峰位置及轨迹变化。理想情况应该是单元音共振峰轨迹比较稳定而复元音的轨迹有明显的变化。但问题在于单元音也并非是完全没有音质变化的，事实上它自身的动态变化本身就是一个非常重要的特征（如 Nearey & Assmann 1986；Hillenbrand 等 1995；Morrison 2013 等）。因此单复元音的区别不在于是静态还是动态，而是动态变化的程度不同。但是目前学界对单复元音还没有一个很好的客观标准来区分。

凌锋（2015a）尝试了把元音共振峰数据转化到 Miller（1989）的 APS 元音感知空间，然后计算元音首尾在这个空间里的欧几里得距离，从而确定元音总体的变化程度。这个尝试很好地解决了苏州话元音的单双问题。但是其中还存在一些需要改进的地方。本研究打算就以上海话阴声韵元音作为研究对象，尝试用新的办法来探讨一下单复元音的声学判定办法。

二、实 验 介 绍

（一）实验设计

参加实验录音的一共为 10 名上海大学学生。所有发音人都是上海市区居民，从小在上海市区长大，年龄为 20—30 岁，5 男 5 女。录音在一个安静的房间中进行。录音设备采用 AKG C520 头戴式电容话筒和 SoundDevices 的 Usbpre2 专业录音声卡。录音软件采用了上海师范大学潘悟云教授开发的斐风田野调查软件，采样参数为 44 100 Hz，16 bit，单声道。录音过程是预先准备好一个顺序打乱的字表。然后让发音人用平时自然对话的语速语调将字表中的字依次放在"×，我读×拨你听"的负载句中朗读。每个人录音都重复三次。所以每个韵母一共有 3×10＝30 个样本。声学参数提取采用了Praat5.2.16语音分析软件。

上海话阴声韵系统的实验字表如表1。字表设计参考了许宝华等(1988)中的中派和新派音系描写。之所以同时参考了两种口音的音系描写,是因为所谓新老口音是研究的分类,具体到个人往往不会纯粹属于哪种口音,至多哪种口音的成分占主导地位。为了避免在研究中受先入为主的观念的影响,我们只用年龄作为控制变量。实验字表兼顾两种口音。如果发音人出现元音音类的分合,在声学数据上也能直接体现出来。

表1 上海话阴声韵实验字表

元音	实验字	元音	实验字	元音	实验字	元音	实验字
ɿ	丝 sɿ^{53}	i	衣 i^{53}	u	乌 u^{53}	y	迂 y^{53}
A	阿 A^{53}	iA	椰 iA^{53}	uA	洼 uA^{53}		
ɔ	凹 ɔ^{53}	iɔ	腰 iɔ^{53}				
o	ㄚ o^{53}						
ɤ	欧 ɤ^{53}	iɤ	优 iɤ^{53}				
E	哀 E^{53}	iE	廿 ȵiE^{223}	uE	弯 uE^{53}		
ø	安 ø^{53}			uø	碗 uø^{334}	yø	冤 yø^{53}
ei	雷 lei^{223}			uei	胃 uei^{223}		

在实验字表列出的元音中,[uø]和[yø]只出现在上海话的中老派口音中,到新派口音中,前者与[ø]合并,后者与[y]合并。[ei]和[uei]只出现在新派口音中,它们分别来自于老派口音的[E]和[uE]元音。表1列出的韵类音标,只是为了研究方便而使用的分类标签,并不表示单个发音人同时存在这么多韵类,也不表示这些元音的确切音值。

(二) 数据处理

声学数据处理首先面临的问题是如何对原始共振峰数据进行规整。凌锋(2015a)当时只是要解决单一方言内部的单复元音判定问题,所以临时采用了Milller(1989)的元音规整方案。但是研究(如Disner 1980;凌锋2013)表明Miller的数据规整方案乃至现有的多数共振峰数据规整办法都不能很好地用于跨系统比较。因此如果要对更多方言的单复元音问题进行研究,需要一个适于跨语言比较的元音共振峰数据规整方法作为基础,否则跨方言研究缺乏统一的数据标准。凌锋(2015b)在公认规整效果最好的Lobanov

(1971)Z-Score 法基础发展了一种新的适于语言比较的规整法。因此在本研究中,我们打算用这种新的算法试验一下。公式如下：

$$Z = \frac{x - \mu}{\sigma} \quad \text{公式 1}$$

$$R_i^{norm} = \sum_k |\overline{F_{ki}} - \overline{F_i}| / \sum_k |\overline{Z_{ki}} - \overline{Z_i}| \quad \text{公式 2}$$

$$F'_{ijk} = Z_{ijk} \times R_i^{norm} \quad \text{公式 3}$$

$$F_{ijk}^{norm} = F'_{ijk} - (\overline{F'_i} - \overline{F_i}) \quad \text{公式 4}$$

其次,衡量元音变化程度需要使用哪些共振峰参数。在凌锋(2015a)的处理中,前三个共振峰都纳入了计算。但是实践效果不是很理想。主要问题在于第三共振峰理论上主要与圆唇及卷舌都发音动作关系密切,但由于它频率比较高,容易受到各种其他因素干扰。所以第三共振峰的测量结果不但标准差比较大,而且可靠性也要差一些。尤其像[u]这样的元音甚至第三共振峰都很难测量到。比如图1是复元音[uø],韵头部分的第三共振峰几乎看不见,也无法准确测量。另外,考虑到圆唇因素是元音发音上最重要的一个具有语言学意义的参数,虽然说它对第三共振峰影响比较大,但其实它的影响在前两个共振峰上也有比较显著的体现。因此,第三共振峰本身的重要性相对而言就远不如前两个共振峰那么重要。而且在上海话中,乃至目前大家调查过的汉语方言中,还没有一个复元音发音过程舌位不变,而只有唇形发生变化。因此,最后权衡下来,我们没有把第三共振峰加入在计算单复元音及元音变化度的运算中。

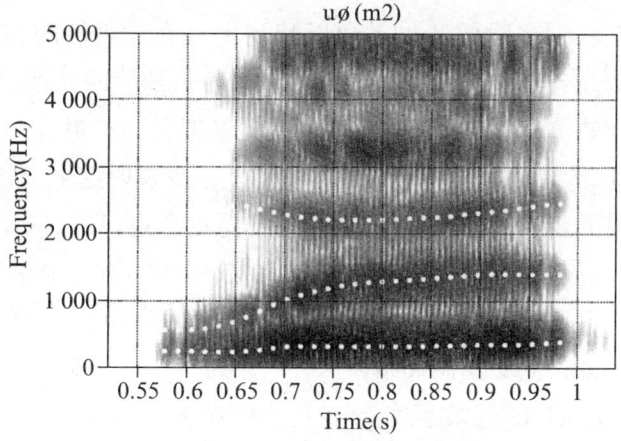

图1　音节[uø]的语图和共振峰轨迹

在规整完成之后,为了使两个共振峰的数据具有同样的尺度,我们需要把前两个共振峰放在一起计算,这样才能使代入距离公式得到的结果具有实在的意义,因此我们把所有规整后得到共振峰频率数据都要先转化成Bark值。

把规整后的两个共振峰数值作为元音平面上的两个坐标,就可以计算任意两点间的距离,距离单位为Bark。

$$BD = \sqrt{(B1_i - B1_j)^2 + (B2_i - B2_j)^2}$$ 公式5

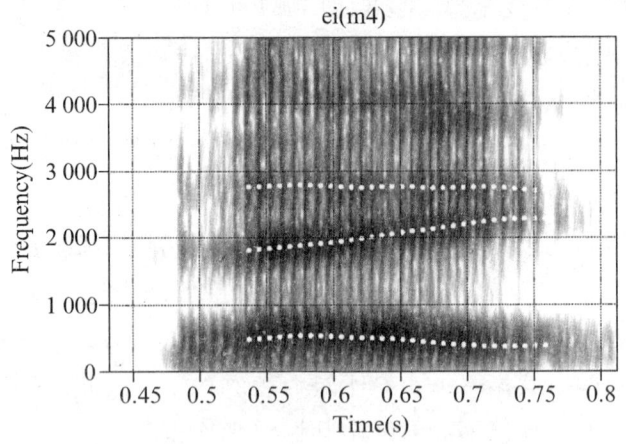

图2　[lei]的语图和韵母元音的共振峰轨迹

其三,数据点的选取和测量值的确定问题。在凌锋(2015a)的研究中,取点是通过自动读取首尾固定时间点数据的办法。但是在观察大量实验样本后,我们发现,很多时候我们是可以找到更具有代表性的首尾时间位置的。比如图2是音节[lei]的一张语图和元音[ei]部分的共振峰轨迹图。根据这个共振峰轨迹,我们可以发现这个复元音的前三个共振峰在前端差不多都在接近0.58毫秒的位置明显有个拐点。这就说明这个位置其实就是这个复元音起首元音成分的目标位置,如果测量这个点,其结果显然比其他位置都更能代表起首元音成分。当然,对于大数据库的研究来说,可能只能采取固定取点的办法。但是对于我们这种小规模的控制性实验来说,可能用人工取点办法能得到更精确的结果。

此外,除了元音的首末距离,至少还有两个参数与元音的音质变化紧密相连。比如我们可以计算元音中所有相邻两点的距离,然后取平均值;或者统计一个元音中所有相邻距离中的最大距离。从理想情况来说,似乎这三个量都是有效的,很显然一个动程大的元音无论首末距离还是平均相邻距离或者是最大相邻距离都应该大于一个动程小的元音。

由于不确定这几个不同的参数哪个是最有效的,我们就需要都计算出来比较一下。其中首末距离有两个:固定时间点元音开始5毫秒处与结尾倒数5毫秒处的距离、手工标注的起首位置和末尾位置的距离,分别称为首末距离1、首末距离2。另外两个分别为相邻点音质距离的均值(平均距离)和相邻点音质距离的最大值(最大距离)。这样我们一共有4个参数用来比较。

三、实 验 结 果

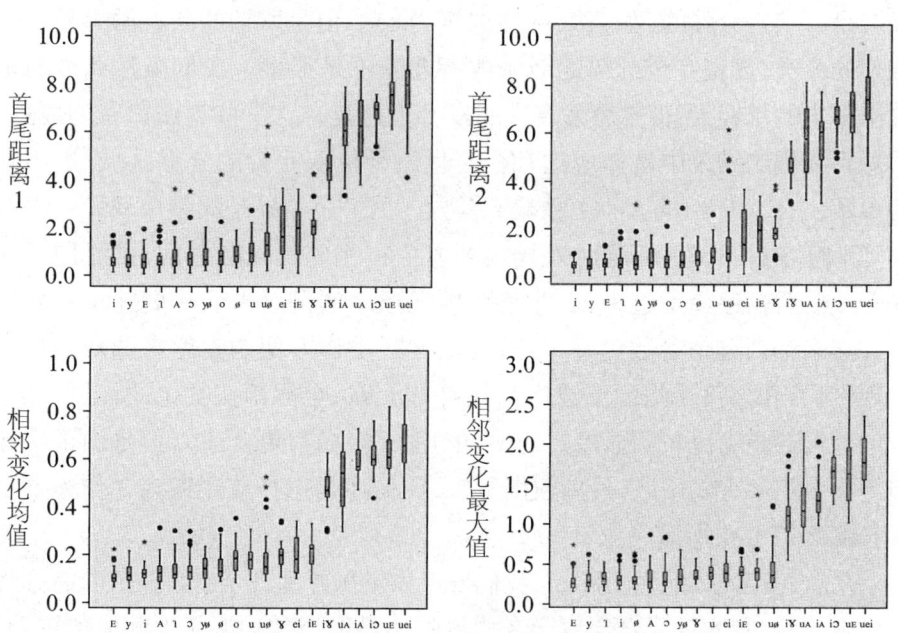

图3 上海话阴声韵元音首尾距离、平均距离和最大距离的盒形图

为了方便比较不同元音的变化程度,以上的盒形图都按照了各元音均值进行排列。需要指出的是,由于盒形图的中央横线是中值所在位置,而均值与中值不一定相等,所以有部分元音中值顺序似乎有点参差。从上面这些盒形图我们可以发现,最大距离这个参数可能不是很适合用来区分单复元音,因为按它来排列各个元音,[ɤ]的值是小于公认的单元音[u]和[o]

的。这可能与最大值本身比较容易受到一些偶然因素影响有关。另外，我们可以假设同一语言中两个不同的复元音，首末距离一个很大，另一个很小。但是如果前者是缓慢过渡，后者是快速过渡，那么两者的相邻点最大距离可能反而会相差不大。相反，不同语言相似的复元音如果过渡段长度不同，直接用首末距离来比较，可能比较接近，但是如果用相邻最大距离肯定就大不相同了。因此最大距离可能不适于用来区分单双元音，但可以用来比较不同语言中相似复元音的类型。

而其他几个参数的结果则相对要接近一些。在这些图里，基本上可以以[ɤ]作为分界线，公认的单元音都位于它的左侧，公认的双元音都位于它的右侧。它们之间的差异主要有两个。一个如我们前文提到的上海话老中青不同的社会口音分歧，有部分元音在新老派口音里是读成单元音还是双元音是有读音分歧的(如新派 ei 在老派为 E)。但是所谓的新老派只是一个理想的分类，真正完全纯粹的新派或者老派不是很多。我们虽然调查的是二十多岁的年轻人，但部分发音人的发音里还是存在一些老派口音的成分。汇总到我们的结果中就造成这几个音也位于单双元音的分界区域，用不同的参数，它们和[ɤ]的大小关系略有差异。另一个差异是典型单双元音内部排列顺序各有不同。但这种差异主要发生在相邻的元音之间，可能用不同的参数前后顺序会反过来，而非整个出现顺序颠倒。由于我们并没有公认的标准来评判哪个参数更好了，只能从实践操作方便的角度来选择。我们发现平均距离有其局限。比如[ɤ]这样的元音，全程都在变化，所以首尾之间的差异还是有比较明显差异的(可能用[ɤɯ]描写更合适)，但是由于相邻点之间变化不大。所以，最后权衡下来，我们还是选择首尾距离 2 作为单复元音的判定主要指标。

从首尾距离 2 的盒形图看，我们发现如果抛开那几个有争议或者有分歧的元音不管，其实单元音与复元音的界限还是很清楚的。从中间值位置看，所有单元音的首尾距离都小于 1 Bark，所有复元音的首尾距离都大于 4 Bark；而从整个盒形的位置看，基本上所有典型单元音都位于 2 Bark 以内，所有典型复元音的盒子都在 2 Bark 以上。因此对于这些音来说，即便是极端值也几乎没有交界。所以根据盒形图的分布情况，我们可以得到一个初步结论，典型单元音的首尾距离应该在 1 Bark 以内，单复元音的首尾距离界限大致在 1 Bark 到 2 Bark 之间。

四、讨　论

除了那些不存在争议的单元音和复元音外,还有几个元音值得进一步讨论。这几个元音包括位于单复元音首尾距离临界值附近的 ei、uø、iE、ɤ 和描写上是双元音,但实际排列位置却在单元音中间 yø。下面我们将对这几个元音的情况进一步分别展开分析。图 4 列举的这些散点图都展示了个体元音每个样本的首尾距离,横轴为发音人,纵轴为首尾距离值。

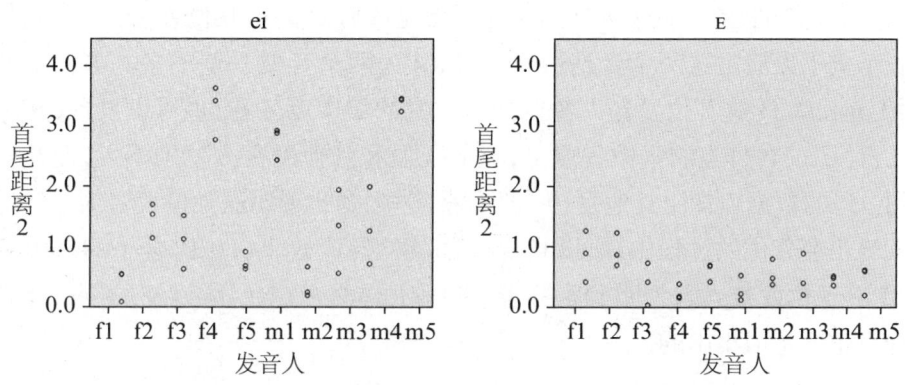

图 4　上海话各发音人元音[ei]和[E]的距离散点图

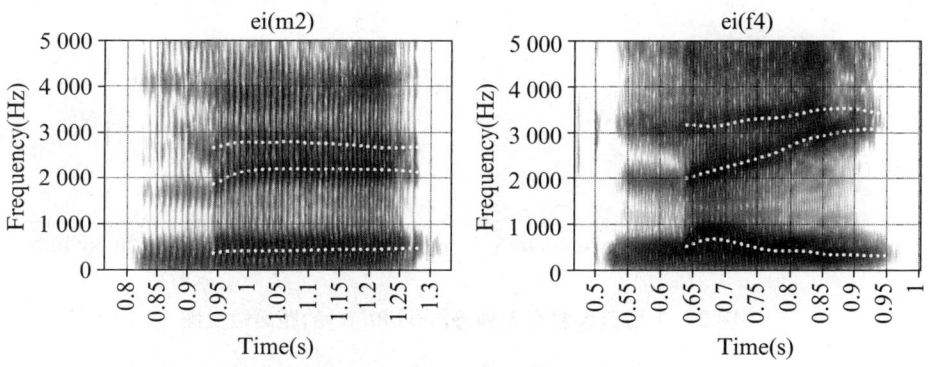

图 5　发音人 m2 和 f4 的元音[ei]样例的语图

前人(如许宝华等 1988)的研究已经指出,[ei]韵母在上海话的不同口音中是有所差异的。中派和老派上海话中只有元音[E],而没有[ei]。只是到了新派口音中才逐渐由于普通话的影响,在[E]韵母中新分化出了一个[ei]。但如我们前面讨论的,具体到每个发音人,不一定会是口音完全属于某派口音,很可能是几种口音的混合,只是哪种口音的成分多一点。所以我们这些发音人,虽然说大多属于新派口音,但是实际在发音时不见得每个实验字都按照所谓新派口音来念。具体到[ei]韵母,我们从上面的首尾距离图就可以发现,其实只有 f4、m1 和 m5 三位发音人才真正把这个韵母发成了复元音(如图 5 右图);而如 f1、f5 和 m2 都发的是典型的单元音(如图 5 左图),剩下几位发音人则是在两者之间。我们可以比较一下这些发音人说的[ei]与他们自己说的[ɛ]的首尾距离值。从两图的比较我们就可以发现,m3 和 m4 还是区分[ei]和[ɛ]的,只是区分的程度不如 f4 等三位发音人;而 f2、f3 的数据也是能够分别这两个元音的。但是实际询问这几位发音人,他们却表示搞不大清楚这两个音是否有差异,认为两个音似乎差不多。事实上从 m3、m4、f2、f3 这几位发音人各自样本数值的集中度来看,也可以发现,在单元音[ɛ]的各样点的集中程度上,他们几位和其他发音人差别不大,而他们的[ei]的数据点却比其他发音人要分散得多,这也说明这几位发音人的[ei]大概正在分化的过程中,所以自身内部就差异比较大。相比之下 f4、m1 和 m5 等三位发音人因为明确区分了[ei]和[ɛ]两个元音,所以新的[ei]元音样点也还是很集中的。

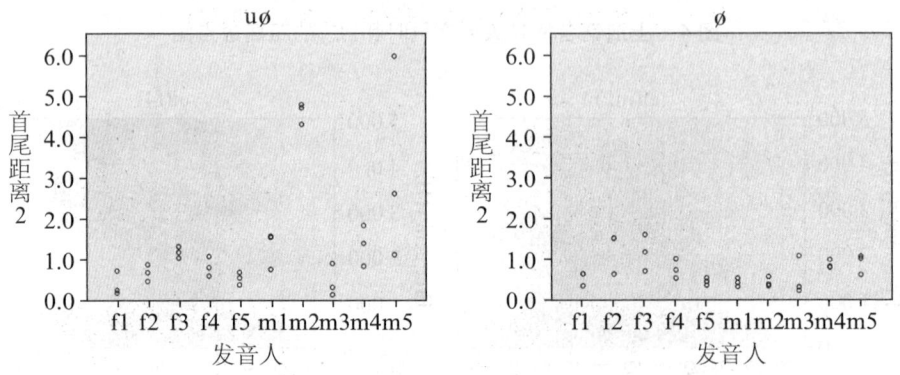

图 6　上海话各发音人韵母[uø]和[ø]的距离散点图

图 6 是[uø]和[ø]的首尾距离散点图。[uø]的情况与[ei]很相似。也存在新老派分歧,一般认为到中派上海话中[uø]已经与[ø]合并了。但是正如前面谈到的,每个个体不见得完全符合某派语音标准。就[uø]这个音来说,多数发音人两个元音已经合并了,但仍然有两位发音人 m2 和 m5 能够区分[uø]和[ø]。但是两人情况又不大一样,m2 是能够很清楚稳定的区分这

两个音(语图参见图1),而 m5 则不是很确定。直接问他,他认为两个音差不多,但是实际发音的时候一遍发的是典型的[ø],一遍是典型的[uø],还有一遍则是位于两者之间。所以样点非常分散。

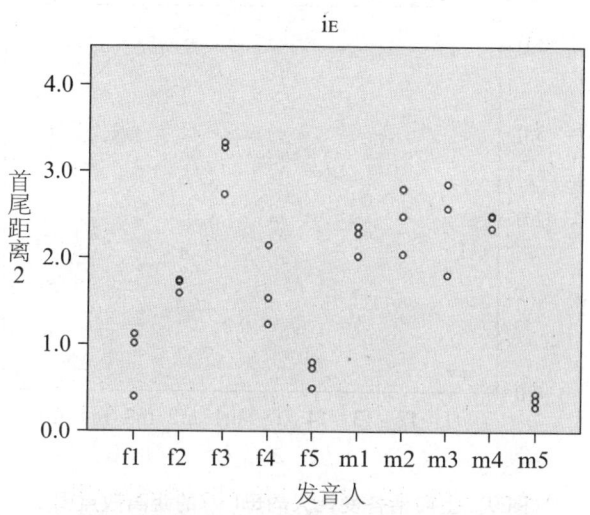

图7 上海话各发音人韵母[iE]的距离散点图

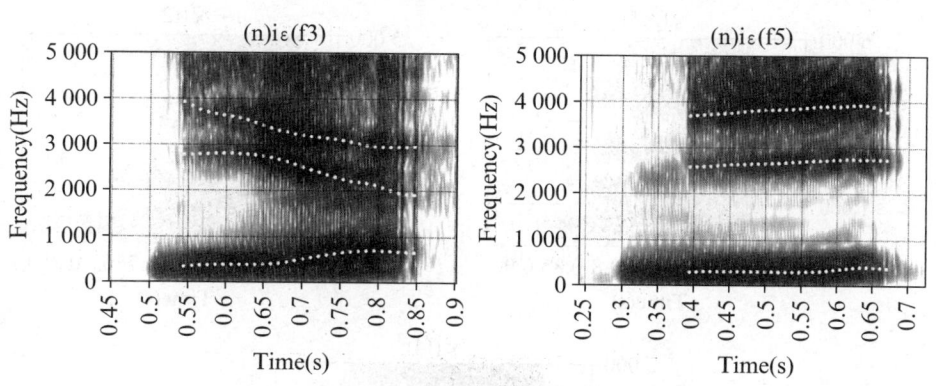

图8 发音人 f3 和 f5 的元音[iE]样例的语图

[iE]是所有元音中发音人之间分歧最大的一个。调查过程中,直接凭听感就可以发现大致有[i]、[iE]和[iæ]三种。[iE]会出现这么多变体,应该与这个元音只出现在"廿"这个音节中有关。这么低的出现频率,造成这个元音的音位负担非常小,即便产生变化对整个音系也不会有太大影响,也就容易变化。从图7散点的分布情况看,初步可以证实我们的听音结果。f1、f5 和 m5 三位发音人[iE]的散点都接近或者小于 1 Bark(如图8右),都应该算作单元

音;f3 有两个散点高于 3 Bark,应该是一个动程相对比较大的复元音(如图 8 左);其余发音人发的则都是动程介于单元音与复元音之间的音。

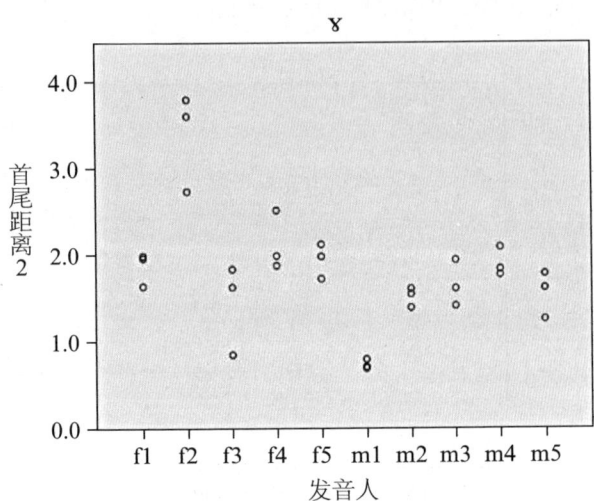

图 9　上海话各发音人韵母[ɤ]的距离散点图

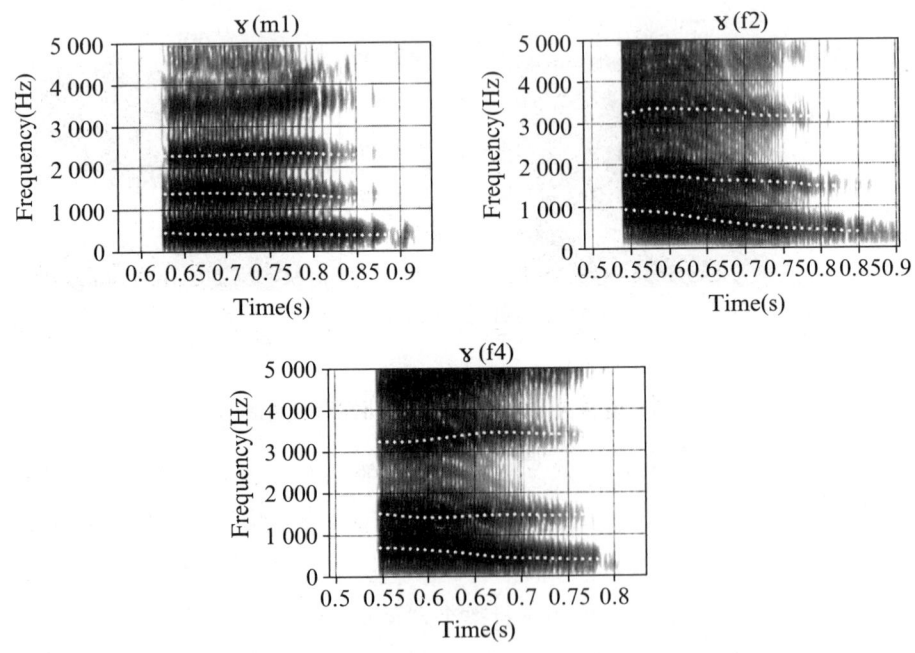

图 10　发音人 m1、f2 和 f4 的元音[ɤ]样例的语图

[ɤ]的情况与[iɛ]有点相似。大致也可以分成三类。一类 m1 发的[ɤ]（如图 10 左），所有样点都在 1 Bark 附近，是个比较典型的单元音；一类是 f2 发的[ɤ]（如图 10 中），均值已经超过 3 Bark，是个比较典型的复元音；其余发音人都属于第三类，样点基本都在 2 Bark 上下（如图 10 右），同样也是介于单复元音之间，但相对更接近复元音。前文曾经提到，[ɤ]的描写，学界是有分歧的，有的认为它是个单元音，有的认为它是复元音。而我们的数据则显示，其实这个元音存在人际变异，发成单复元音的都有。但是这种变异的条件我们还没找到，似乎与这些发音人的口音新老关系不是很密切，只是从倾向上看，似乎口音偏老的发音人相对更接近单元音，而口音偏新的相对接近复元音一些。如果这个倾向确实存在，那么很有可能是其他方言影响的结果，因为这个元音韵母的韵类在周边方言及普通话中大多是复元音。不过要真正揭示这个变异背后的控制机制则需要更大规模的社会语言学调查了。

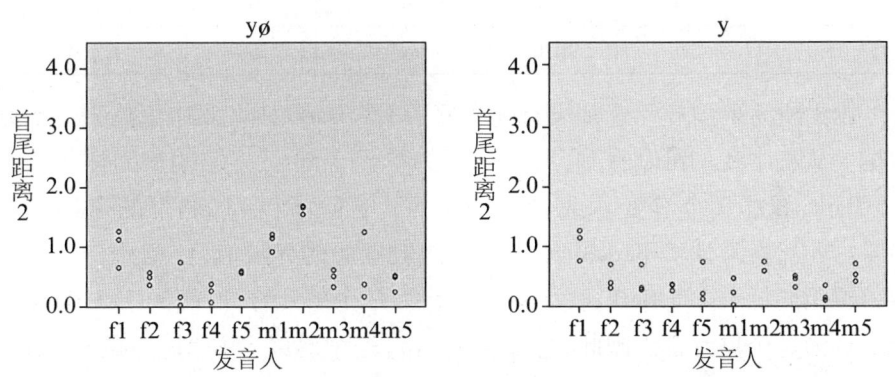

图 11　上海话各发音人韵母[yø]和[y]的距离散点图

[yø]在新派发音里也与老派不同，在新派发音中它已经和 y 合并，成了一个单元音。从上图我们可以看到这个元音的所有散点都位于 2 Bark 以内，差别只是在于部分发音人的散点全在 1 bark 以下，有些发音人的散点则高于 1 Bark，甚至接近 2 Bark。所以总体来说这个元音基本上已经变成单元音，而与[y]韵母合并了，只有部分样点介于单复元音之间。

讨论至此，我们现在其实面临的一个问题就是前面只是初步发现单复元音界限大概在 1 Bark 到 2 Bark 之间，但是没有给出确切的一个数值来。这是因为即便除去那些有争议或者有变体的元音，单复元音的首尾变化值分布范围还是有部分重叠。这本身也是非常正常的现象,因为即便在音系上确定为单元音或者复元音,在实际语流中也有可能发生单化或者复化。但是我们毕竟不能总是说介于单复元音之间,还是需要划出一个明确的数字界限。因此,我们又以 1 Bark 和 2 Bark 的中间值 1.5 Bark 作为界限,来统计一下所有元音低于该值的样本数量。统计结果如表2:

表2　上海话部分阴声韵元音首尾距离低于 1.5 Bark 的样本占比

元音韵母	样本数	百分比	元音韵母	样本数	百分比
ᴇ	30	100.0	ɿ	27	90.0
i	30	100.0	u	27	90.0
y	30	100.0	yø	27	90.0
ᴀ	28	93.3	uø	22	73.3
o	28	93.3	ei	16	53.3
ø	27	90.0	iᴇ	10	33.3
ɔ	27	90.0	ɤ	7	23.3

由于所有典型复元音都没有样本低于 1.5 Bark,因此表中就略去这部分数据。从表中我们可以看到,所有公认的单元音都至少有 90% 的样本低于 1.5 Bark,而那几个有变体或者有争议的元音除了[yø],剩下的全部少于 75%。如此看来,1.5 Bark 可能是一个比较理想的界限值,任意元音样本只要首尾距离低于 1.5 Bark,我们就可以认为是个单元音,而高于 1.5 Bark 就应该认为是个复元音。因此,总体来说[yø]是个已经合并到[y]的单元音,而 ɤ 则应该认为是个复元音。

五、结　　论

综上所述,我们现在可以给出判断单复元音的数值标准,即:小于 1 Bark 的就必然是单元音,大于 2 bark 的就必然是复元音,而 1—2 Bark 之间属于单复元音的交界区,归于哪一类可以根据研究或者音位归纳的需要。而如果一定要给出一个具体数字作为单复元音的界限,1.5 Bark 可能是一个比较合理的数值标准。

根据这个标准,我们调查的这几个发音人阴声韵元音情况如下:[ᴇ、i、

y/yø、ʌ、o、ø、ɔ、ɿ、u]均为单元音,其中[ʌ、o、ø、ɔ、ɿ、u、yø]都不同程度上存在复元音倾向的变体(占比不超过10%);[iɤ、uʌ、iʌ、iɔ、uE、uei]都是典型的复元音;剩余的[uø、ei、ɤ、iE]四个元音,同时存在单复元音的变体。不过这四个元音虽然都同时存在单复元音的变体,但原因并不相同。其中[uø、ei]主要与新老派口音差异有关,出现复元音[uø]的发音人,口音中总体偏老派的成分更多;出现[ei]的口音基本属于新派。[ɤ]的个体差异很大,但是暂时还没找到影响这种差异的因素,只能说单复形式都是它的自由变体。[iE]同样也有很大的个体差异,不过由于这个元音只出现在一个字中,可能与其出现频率偏低有关。

从以上的分析结果来看,我们提出的算法基本可以解决上海话的单复元音描写问题。由于我们试图要提出一个可供方言比较的算法,所以本研究只能算是一个开始。还需要更多方言的数据来验证。我们也欢迎学界广大同仁尝试使用我们的方法来处理各方言的数据。

参考文献

北京大学中文系语言学教研室(2008)《汉语方音字汇》,北京:文字改革出版社,1962;第2版重排本,北京:语文出版社,2003。

凌　锋(2013)跨方言元音系统比较的数据规整方法选择,载复旦大学汉语言文字学科《语言研究集刊》编委会编,《语言研究集刊》第十辑:123-132。

——(2015)汉语单元音和复元音变化度计算研究,《方言》第1期:44-54。

——(2015)元音系统比较的数据处理方法,2015汉语方言类型研讨会,湖南长沙。

钱乃荣(1992)《当代吴语研究》,上海:上海教育出版社。

汪　平(1987)苏州音系再分析,《语言研究》第1期:41-48。

王世华,黄继林(1996)《扬州方言词典》,南京:江苏教育出版社。

许宝华,汤珍珠(1988)《上海市区方言志》,上海:上海教育出版社。

叶祥苓(1988)《苏州方言志》,南京:江苏教育出版社。

赵元任(1928)《现代吴语的研究》,北京:科学出版社;1956年再版。

朱晓农(2005)《上海声调实验录》,上海:上海教育出版社。

Disner S.（1980）Evaluation of Vowel Normalization Procedures. *Journal of the Acoustical Society of America* 67（1）:253-261.

Hillenbrand J, Getty L A, Clark M J. *et al*.（1995）Acoustic Characteristics of American English Vowels. *Journal of the Acoustical Society of America* 97:3099-3111.

Howie J M. (1976) *Acoustical Studies of Mandarin Vowels and Tones* (*vol. 6*). Cambridge: Cambridge University Press.

Liljencrants J, Lindblom B. (1972) Numerical Simulation of Vowel Quality Systems: The Role of Perceptual Contrast. *Language* 48: 839-862.

Lindau M, Norlin K, Svantesson J. (1990) Some Cross-linguistic Differences in Diphthongs. *Journal of the International Phonetic Association* 20: 10-14.

Lobanov B M. (1971) Classification of Russian Vowels Spoken by Different Speakers. *Journal of the Acoustical Society of America* 49 (2): 606-608.

Miller J. (1989) Auditory-perceptual Interpretation of the Vowel. *Journal of the Acoustical Society of America* 85: 2114-2134.

Morrison G S. (2013) *Vowel Inherent Spectral Change*. Berlin/Heidelberg: Springer.

Nearey T M, Assmann P F. (1986) Modeling the Role of Vowel Inherents Pectral Change in Vowel Identification. *Journal of the Acoustical Society of America* 80: 1297-1308.

(200444 上海,上海大学文学院 LingFengSh@ shu. edu. cn)

《同音字类标韵》的音韵特点与音系性质*

王佳亮

提要 文章分析清末绍兴韵书《同音字类标韵》的音系,并将其与现代绍兴及附近地区方言比较。其音韵特点有中古知系声母字分齿龈、龈后两套塞擦音声母;部分韵摄的知系字大多有[y]介音;中古从邪崇船禅日澄母字大量为浊塞擦音声母[dz]或[dʒ];果摄合口一等字部分为[u]韵母;蟹摄开口一二等不分,同为[a]韵母。最后得出该音系的性质,为清中后期绍兴县西郊的读书音。同时发现绍兴西郊及萧山方言的语音演变可能曾受到绍兴城区方言的强烈影响。

关键词 《同音字类标韵》;绍兴方言;音韵特点;音系性质

一、简 介

《同音字类标韵》是清末民国时期的蒙学教材,属于方言韵书。其作者为山阴(今浙江绍兴)石韫玉秉楠,名不见经传,具体信息不详。

郑张尚芳(2010)曾提及此书:"清代已出现方言音韵专书。萧山陈昆仑撰《同声集》,为吴音韵书……清末曾被改编为《增补同音字类标韵》,石印于上海坊间出《幼学琼林》上层,编号因平上去声并列而有改变。"而周赛华(2015)[23]根据书中康雍乾三朝皆缺笔避讳,而从嘉庆朝起开始不避,推断该书成于清中后期。由此看来,《同音字类标韵》与《同声集》二书的关系还有待研究。

周赛华(2015)描写了《同音字类标韵》的音系,并对其音韵特点做了介

---

* 本文撰写过程中得到盛益民先生的不少宝贵意见,特此鸣谢。同时感谢匿名审稿专家提出的宝贵意见。

绍,认为其音系为当时绍兴文读音。周文有如下不足之处：1. 将其音系与今绍兴方言比较时,轻视今日地域差异;2. 讨论古今语音变化时,忽视文白层次之别;3. 拟音有不合理之处。本文就以上几点不足,重新构拟《同音字类标韵》的声韵体系,并对其几个重要的音韵特点做深入分析,最后探讨该音系的性质。

本文所研究的版本为《新辑增补同音字类标韵》(以下简称《标韵》),民国十六年(1927)丁卯冬绍兴育新书局印行。原书为绍兴钱清戚福介先生所有。

二、音　系

根据《标韵》音系的内部结构,同时参考今日附近地区方言,本文所构拟的《标韵》声韵调系统如下。

（一）声母

《标韵》原文未介绍声母的情况。整理各韵下小韵的对立情况,归纳出声母并拟音如下。

p pʰ b m f v t tʰ d n l ts tsʰ dz s z tʃ tʃʰ dʒ ʃ ʒ tɕ tɕʰ dʑ ȵ ɕ z k kʰ g ŋ h ɦ ø

其中,[ɦ]与[ø]两声母分别表示阳调零声母(主要来自中古匣云以母)与阴调零声母(主要来自中古影母),按传统记音习惯拟音。

[ts tsʰ dz s z](主要来自中古精组)与[tɕ tɕʰ dʑ ɕ](主要来自中古见晓组)两组声母在齐齿呼对立,即分尖团。中古知系字分两套声母,分别拟为齿龈音[ts tsʰ dz s z]与龈后音[tʃ tʃʰ dʒ ʃ ʒ],其分布规律详见后文。

（二）韵母

《标韵》分"东昂姜支夷书拿为轻成天寒谈桃求夫云该代者屋席麦爵发特"等二十六大号。按照方言学习惯,考虑上介音,归纳出韵母并拟音如下。

ɿ支 i夷 u夫 y书 a该/代 ia该 ua该 ɛ者 iɛ者 e为 ue为 o拿 uo拿 yo拿 ɒ桃 iɒ桃 ɤ求 iɤ求 æ̃谈 uæ̃谈 iẽ天 ə̃寒 uə̃寒 yẽ寒

aŋ姜 iaŋ姜 uaŋ姜 ɒŋ昂 uɒŋ昂 yɒŋ昂 eŋ成 iŋ轻 øŋ云 uøŋ云 yøŋ云 oŋ东 uoŋ东 yoŋ东

aʔ爵 iaʔ爵 æʔ发 iæʔ发 uæʔ发 əʔ特 yəʔ特 eʔ麦 ueʔ麦 iɪʔ席 oʔ屋 uoʔ屋 yoʔ屋

我们假定每个号有相同的韵腹韵尾,而不同号的韵腹或韵尾不同。"四支"可接[ts-]与[tʃ-]两组声母,舌尖元音的实际发音部位理应与声母一致而分为两类,但是本文根据《标韵》的归韵将其音位化处理为同一韵母[ʅ]。"十八该"与"十九代"的关系详见下文。

(三) 声调

根据字后注释,可知《标韵》音系分平、上、去、入四声。具体调值则不详。

三、音韵特点与古今比较

《标韵》各韵的中古来源及音韵特点,周赛华(2015)已做详细归纳。《标韵》音系基本符合北部吴语读书音的共性;还有部分字反映了白读音。此处仅针对一些重要的音韵特点进行深入分析。

本文分析其音韵特点时会将其与近现代绍兴一带方言材料比较,观察其纵向的历时演变与横向的地域差异。主要使用的现代方言点有绍兴城区(王福堂 2008a),绍兴柯桥(盛益民 2012),绍兴杨汛桥、稽东(金春华 2014),萧山城厢(大西博子 1999),萧山临浦(王佳亮 2018),上虞百官(谢斐 2009),余姚城区(肖萍 2011),富阳春江(盛益民、李旭平 2018),杭州(鲍士杰 1998)。近代材料有传教士资料 *The Ningpo Syllabary* 附录中的绍兴(城区)罗马字记音(丁锋 2005,王福堂 2008b)。

(一) 知系声母

知系声母包括中古知庄章组及日母文读(为叙述简便,后文将日母文读放入章组)。在《标韵》音系中,大多韵摄的知系声母分布较规律,一般知组二等与庄组为[ts-]组声母,知组三等与章组为[tʃ-]组声母。然而有几个韵摄知系声母的表现比较复杂,分成以下几类讨论。

1. 止蟹摄开口三等及鱼韵白读的精庄章知组

止摄开口三等精庄章知组、蟹摄开口三等章知组及鱼韵的庄章知组字(白读)基本在"四支",包括"73. 支[tsʅ]、74. 耻[tʃʰʅ]、75. 池[dʒʅ]、76. 诗[sʅ]、77. 世[ʃʅ]、78. 智[tʃʅ]、79. 寺[zʅ]、80. 次[tsʰʅ]、81. 而[ʒʅ]"九号。情况较复杂,该九号古今音情况如表 1 所示(剔除无关的字,改正部分误写,下同)。

表1

	[tʃʅ/tʃʰʅ/dʒʅ/ʃʅ/ʒʅ]	[tsʅ/tsʰʅ/sʅ/zʅ]
支韵精组	—	赀觜髭訾紫渍积柴 73.支[tsʅ]紫雌此玼次刺㭣莿 80.雌[tsʰʅ]厮斯澌赐 76.诗[sʅ]疵玭 79.寺[zʅ]
脂韵精组	—	资咨諮姿粢齐姊恣 73.支[tsʅ]次髭 80.雌[tsʰʰʅ]私死肆驷泗四 76.诗[sʅ]茨薋兕自 79.寺[zʅ]
之韵精组	—	兹孜滋镃耔趑仔梓芓子釨 73.支[tsʅ]思偲㥽罳缌鼒丝㯯司鶿伺笥 76.诗[sʅ]辞辤词磁慈鷀瓷祠姒似已汜祀秄寺饲飤食牸荠字嗣 79.寺[zʅ]
支韵庄组	—	差縒嵯 80.雌[tsʰʅ]酾蓰 76.诗[sʅ]
脂韵庄组	—	师筛狮螄 76.诗[sʅ]
之韵庄组	—	菑缁輜淄滓胏胾 73.支[tsʅ]厕 80.雌[tsʰʅ]史使驶 76.诗[sʅ]漦俟仕柹士涘事 79.寺[zʅ]
支韵章组	觯忮 78.智[tʃʅ]眵侈翅 74.耻[tʃʰʅ]施啻䴓 77.世[ʃʅ]儿鲵尔爾迩 81.而[ʒʅ]	支枝肢卮栀只纸呰坻砥 73.支[tsʅ]施弛豕 76.诗[sʅ]提匙是氏豉舐 79.寺[zʅ]
脂韵章组	至贽鸷挚鷙 78.智[tʃʅ]鸱 74.耻[tʃʰʅ]尸 77.世[ʃʅ]二贰㔚樲 81.而[ʒʅ]	祇脂鮨指旨 73.支[tsʅ]屍尸蓍鳲矢 76.诗[sʅ]视示嗜谥 79.寺[zʅ]
之韵章组	痣志识誌鋕织 78.智[tʃʅ]嗤蚩炽饎 74.耻[tʃʰʅ]始试弑 77.世[ʃʅ]而輀胹楠駬耳枲饵珥咡㖇 81.而[ʒʅ]	之芝趾芷沚址止砋 73.支[tsʅ]齿 80.雌[tsʰʅ]诗始 76.诗[sʅ]时坺鲥恃市侍闟 79.寺[zʅ]
支韵知组	知䖟蜘智 78.智[tʃʅ]螭瞝貔褫 74.耻[tʃʰʅ]池驰箎踟豸 75.池[dʒʅ]	—
脂韵知组	致懫輊踬緻 78.智[tʃʅ]締/坻迟墀坻稚穉樨 75.池[dʒʅ]	胝蒂 73.支[tsʅ]
之韵知组	置 78.智[tʃʅ]痴痴笞耻祉 74.耻[tʃʰʅ]持治箈痔峙時 75.池[dʒʅ]	徵 73.支[tsʅ]
祭韵章组	製制晣 78.智[tʃʅ]世贳势 77.世[ʃʅ]	逝誓噬筮 79.寺[zʅ]
祭韵知组	滞蠆 75.池[dʒʅ]	—
鱼韵章组		诸煮渚 73.支[tsʅ]
鱼韵知组	箸 78.智[tʃʅ]	—

止开三精组庄组一律[tsɿ],止蟹开三知组基本为[tʃɿ]。而止开三章组与蟹开三章组[tsɿ]、[tʃɿ]各有不少,其中日母文读一律为[ʒɿ]。

我们认为,止开三章组存在两个层次。止开三章组部分字有两读,如"屍施"出现于76号与77号。77号"世","屍:平死～本音诗""施:佈～○诗义仝"。可见"屍施"时音为[ʃɿ],而作者认为应当读[sɿ](《标韵》中"本音"表示作者所认为的正确读音,多根据韵书推断得出)。从止开三章组平翘两类字在口语中的常用度来看,[tsɿ]系当为白读层,[tʃɿ]系为文读层;止开三日母文读一律为[ʒɿ]也可佐证这一点。①

至于蟹开三章组主体为[tʃɿ]系,而禅母字"逝誓噬筮"为[zɿ],比较特殊。该情况也见于宁波、无锡等地,"逝誓"等字为[zɿ],不同于"製制"[tsʮ/tʂʮ]、"世势"[sʮ/ʂʮ]等字音的规律(宁波市地方志编纂委员会1995,无锡市地方志编纂委员会1995)。

少数鱼韵白读字也在"四支"。如73号"支","诸/煮/瀦:……本音朱"。鱼韵章组[tsɿ],知组[tʃɿ],而庄组未有字出现。

由于后期[ts-]组与[tʃ-]组声母对立消失,如此复杂的情况在近代传教士记音资料已不见踪影,而至今日绍兴各地均已彻底无法看出。

此外,蟹摄三四等精组在"五夷"的"90.妻[tsʰi]、93.西[si]、94.齐[dzi]、102.济[tsi]"四号;鱼韵精组字"絮:花～亦然"("亦然"指同前字"婿:俗读西本音须")、"徐:姓也正音序"分别在93号"西"与94号"齐"之下,反映了其白读音,即鱼韵精组白读层为[tsi]。

2. 虞鱼韵精知章组

虞韵及鱼韵文读的精知章组字基本在"六书",包括"103.书[ɕy]、104.须[sy]、106.居[tɕy]、107.疽[tsy]、108.巨[dʑy]、109.区[tɕʰy]、112.汝[ʑy]"。鱼虞韵知章母、彻昌、澄母、书母、日母字分别为[tɕy]、[tɕʰy]、[dʑy]、[ɕy]、[ʑy],而船禅母字中"蜍鱼禅殊陈铢茱殳虞禅杼鱼船"等字为[dʑy],"聚墅曙署鱼禅暨竖树襫尌虞禅"等字为[ʑy]。[tɕy tɕʰy dʑy ɕy]四个音节与鱼虞韵见系字已合流。鱼虞韵精母、心母、清母、从邪母字分别为[tsy]、[sy]、[tɕʰy]、[dʑy]。精母、心母仍与来自知章组及见系的[tɕy]、[ɕy]保持对立,而清母、从邪母已与知章组及见系合流。

---

① 止开三章组存在文白层次的想法来自与沈逸磊先生的私下交流。

以上情况在 *The Ningpo Syllabary* 的附录中的绍兴音中同样能见到。其精章组合流程度比《标韵》音系更深，除了部分精组字变 ky-组（即[tɕ-]组）声母外，还有部分知章组字变 ts-组（即[ts-]组）声母。丁锋（2005）认为，知章组声母先由舌面音变为舌尖音，与精组字合流，然后一起腭化。而王福堂（2008b）则根据《越谚》材料认为，以上字中两种声母应该统一为[tɕ-]组。我们认为，传教士记音时期，绍兴正好处于 tsü（即[tsy]）与 kyü（即[tɕy]）合流的阶段，两者各有少量字相互参杂。

今日绍兴各地撮口呼的[ts-]组与[tɕ-]组声母对立消失殆尽，即[tsy]已彻底并入[tɕy]。《标韵》及绍兴城区一带的虞鱼韵是如上的合流方式，即知章组声母与见系声母先合流为[tɕy]，然后精组再并入。而附近其他地区不然，萧山城厢、余姚城区等地是虞鱼韵的精组知章组合流在先且韵母舌尖化，不与见系合流。大体格局如表2所示。

表2

	虞鱼韵		
	精组	知章组	见系
《标韵》	[tsy]		[tɕy]
绍兴传教士	tsü		kyü
绍兴城区	[tɕy]		
萧山临浦	[tɕy]		
萧山城厢	[tsɿ]		[tɕy]
余姚城区	[tsʮ]		[tɕy]

根据大西博子（1999）与金春华（2014），在萧山和绍兴两县，虞韵精章知组字读[ɿ]韵母的大致分布于绍兴南郊的稽东、王坛，绍兴西郊的江桥至萧山中部一带这两块区域，其他地区基本读[y]韵母。

我们认为，在更早的时期，绍兴一带虞鱼韵知章组为[tʃy]，见系为[tɕy]，精组为[tsy]。绍兴等地及《标韵》音系发生了[tʃy]与[tɕy]的合流，而萧山城厢、余姚城区等地发生了[tsy]与[tʃy]的合流并进一步发生韵母舌尖化，故形成今日两种不同的格局。

3. 宕江通摄知系

通摄的知庄章组阳声韵字基本在"一东"，包括"13. 穷[dʑyoŋ]、15. 中

《同音字类标韵》的音韵特点与音系性质

[tʃoŋ]、16. 迥[tɕyoŋ]、19. 穹[tɕʰyoŋ]、20. 充[tʃʰoŋ]、21. 兄[ɕyoŋ]"六号（其中"中迥""穹充"的关系在后文讨论）；宕摄开口三等阳韵章庄组与江韵知庄组阳声韵字基本在《标韵》的"二昂"，包括"32. 双[ɕyɒŋ]、35. 常[dʑyɒŋ]、36. 昌[tɕʰyɒŋ]、50. 上[ʑyɒŋ]、53. 降[tɕyɒŋ]"五号；两类的入声韵字则基本同在"二十一屋"，包括"445. 竹[tɕyoʔ]、450. 曲[tɕʰyoʔ]、451. 叔[ɕyoʔ]、453. 若[ʑyoʔ]、458 局[dʑyoʔ]"五号。

以上字皆与相应的精组字对立，而与见系的关系更密切。以上共十六号的古今音情况列表如表3所示（入声字中来自中古通摄与宕江摄的字用双竖杠 ‖ 相隔，各小韵分别注明韵目与声母）。

表3

	知系	见系
15. 中[tʃoŋ]	终螽众汝冢_{东章}锺钟种煄踵肿锺_章中衷忠_{东知}塚冢_{锺知}	—
16. 迥[tɕyoŋ]	—	䌹扃駉䌹䎸坰冋恫楣_{青见}聚_{尚青}溪迥泂椈_{青匣}窘煢_{真羣}荧_{清溪}夐诇_{清晓}
19. 穹[tɕʰyoŋ]	—	穹芎弯穹焪崈滎䠋咻挎㐬_{东溪}困箘箐蛔菌螶䠋_{真溪}窘朐䏰_{真羣}䓖_{真见}瞏_{真疑}
20. 充[tʃʰoŋ]	冲充梳珫琉忡茺铳_{东昌}冲憧趩惾_{锺昌}春椿_{锺书}冲_{东彻}宠_{锺彻}	—
13. 窮[dʑyoŋ]	蟲虫仲蚛_{东澄}褈重神煓_{锺澄}	穷嵃_{东羣}蛩邛共櫲_{锺羣}琼惸孳茕睘婷蔓梵榠_{清羣}敻駫_{清晓}
21. 兄[ɕyoŋ]	—	嗅_{东晓}兄詗匈兕讻凶洶恟怷讻哅洶説詾觑鈉醵兽_{锺晓}
53. 降[tɕyɒŋ]	壮阳_庄桩_{江知}	江釭讲港精泽绛烽_{江见}
36. 昌[tɕʰyɒŋ]	牕_{江初}昌菖倡娼阊狷鲳帪涫唱_{阳昌}	—
35. 常[dʑyɒŋ]	床霖状_{阳崇}常尝甞裳偿鲿嫦徜_{阳禅}幢幢撞_{江澄}蘁_{江知}	—
32. 双[ɕyɒŋ]	孀霜鹴骦爽_{阳生}雙双_{江生}商賔殇伤筋谪鶶惕汤鶬菁赏肏鰵_{阳书}偿_{阳禅}	—

（续表）

	知系	见系
50. 上[ʑyɒŋ]	上尚阳禅 穰攘禳酇勷瀼壤让懹阳日	—
445. 竹[tɕyoʔ]	竹竺筑箸东知瘃锺知祝粥豖东章烛瞩嘱属锺章‖桌卓倬啄琢剟斱江知捉江庄泹江崇	躅脚阳见憢矍阳晓觉角珏桷较江见
450. 曲[tɕʰyoʔ]	矗畜东彻柷东昌触锺昌‖戳江彻	麴麯东溪曲蛐笛锺溪阒青溪
458. 局[dʑyoʔ]	柚妯轴逐东澄‖擢濯浊镯揭㓷躅江澄	局局侷跼锺羣
451. 叔[ɕyoʔ]	缩蹜东生倏儵菽叔东书俶东昌束锺书‖数朔搠江生	蓄畜槠东晓勖旭项锺晓洫血蒸晓
453. 若[ʑyoʔ]	孰熟塾淑东禅肉东日蜀属属锺禅赎锺船褥耨辱缛蓐锺日‖杓芍阳禅若楉䇏弱袅阳日	—

此外，东韵崇母"崇漴"、东韵日母"戎绒狨俄"、锺韵日母"茸冗氄"等字在6号"戎"[dzoŋ]，阳韵庄母"妆妝庄装壮"、江韵知母"礧桩淙"等字在30号"妆"[tsɒŋ]，阳韵生母"霜"在33号"桑"[sɒŋ]，诸如此类不列入表中。其中"壮桩霜"三字各有两读，其中三处注释中提到"本音"：33号"桑"[sɒŋ]，"霜：本音双今读与双音通"；53号"降"[tɕyɒŋ]，"桩：棚~本音壮"，"壮：肥~本音庄"。15号"中"含有四个精组字"廠偬从踪"，属例外情况。

宕摄开口三等阳韵知组阳声韵基本在"三姜"的"61. 长[dʑaŋ]、70. 张[tʃaŋ]、71. 畅[tʃʰaŋ]"三号；入声韵基本在"二十四爵"的"522. 绰[tʃʰaʔ]、529. 勺[tʃaʔ]"。而章组也有部分字在此处，如"章璋獐樟彰嫜偉幛鄣漳樟夼掌仉嶂瘴障瞕"等字在70号"张"[tʃaŋ]，"敞厂氅唱昌"等字在71号"畅"[tʃʰaŋ]，"勺酌妁灼杓"在529号"勺"[tʃaʔ]。70号"张"中，"章：文~又姓读庄"，"樟：大~树今读庄"，"瞕：目生瞖也今读庄"，可见"章樟瞕"口语中音"庄"[tsɒŋ]。阳韵知组为[tʃaŋ]，阳韵章组部分字文读为[tʃaŋ]，这与今日绍兴一带的[tsaŋ]系来源基本一致。

宕江通摄知系（除阳韵知组及章组部分字文读音）声母与见系声母大多已合流，只有15号"中"与16号"迥"分为两号，19号"穹"与20号"充"分为两号。这反映出《标韵》音系的通摄知系字声母尚未与相应的见系完全合

流。在共时层面上,考虑到其他韵的知章组字多表现为[tʃ-]组声母,而现存的汉语方言中[tʃ-][tɕ-]在[y]介音前形成对立的例子极罕见,我们将15号"中"于20号"充"分别拟为[tʃoŋ]与[tʃʰoŋ]。我们进一步推测,通摄庄章知组早期可能全为[tʃoŋ|tʃoʔ]。由于舌叶声母发音部位靠近舌面且自带的圆唇性,以及韵母同为圆唇元音,[tʃoŋ|tʃoʔ]音节容易增生[y]介音,与相应的见系字[tɕyoŋ|tɕyoʔ]合流。其合流过程中可能经历了[tʃyoŋ|tʃyoʔ]的阶段,但是应该不是稳定状态。①

而宕江通摄知系(除阳韵知组)部分字混入[ts-]组声母的现象,我们认为由语言接触导致,即受绍兴府城语音的影响。《标韵》音系及今日绍兴一带方言宕江通摄知系及相关声组的大体格局见表4(通三见系只列今读细音)。

表4

	通一三精组	通三知系	通三见系	宕开三知组	宕开一精组	宕开三庄章白	江开二知庄	江开二见系文
《标韵》	[tsoŋ] [tsoʔ]	[tɕyoŋ] [tɕyoʔ]	[tʃaŋ] [tʃaʔ]	[tsɒŋ] [tsoʔ]		[tɕyɒŋ] [tɕyoʔ]	
萧山临浦	[tsoŋ] [tsoʔ]	[tɕyoŋ] [tɕyoʔ]	[tsã] [tsaʔ]	[tsɔ̃] [tsoʔ]		[tɕyɔ̃] [tɕyoʔ]	
绍兴城区	[tsoŋ] [tsoʔ]	[tɕioŋ] [tɕioʔ]	[tsaŋ] [tsaʔ]	[tsɒŋ] [tsoʔ]		[tɕiɒŋ] [tɕioʔ]	
绍兴传教士	tsong tsoh	kyüong kyüoh	tsang tsah	tsông tsôh		kyüông kyüôh	

可见《标韵》音系在宕江通摄知系上的情况与萧山更加一致。根据大西博子(1999)与金春华(2014),该类型大致分布于萧山城厢、西兴及以南县境,以及绍兴的杨汛桥、夏履、稽东等地,各地辖字略不均衡;金春华(2014)发现"双"在表示"两个两个一起数"时,在绍兴不少地方都带[i/y]介音,如柯桥说[ɕyɒŋ]。我们认为,早期绍兴西郊与南郊一带的宕江通摄知系与《标韵》音系及萧山城厢情况一致,后来受绍兴府城的影响,原本[tʃ-]变成[tɕ-]撮口呼的音变进程被阻断,大多字音变为[ts-]组声母开口呼;该影响离绍兴

---

① 单从与切韵音系的比较来看,通摄知系字的[y]介音似乎直接源自中古[*-iu-]介音。但是在共时音系下[tʃyoŋ]与[tɕyoŋ]对立极罕见,且周边许多吴语方言表现为[tsoŋ],认为其共有的原始形式为[*tʃoŋ]较为合适。

城区越近则残留越少，而较远的萧山则绝大多数字为[tɕ-]组声母撮口呼。

4. 麻韵章组

假摄开口三等麻韵章组字基本在"二十者"，包括"432.者[tʃɛ]、434.奢[ʃɛ]、435.扯[tʃʰɛ]、436.射[ʒɛ]"四号。这与今日绍兴一带麻韵章组的文读层[tse]系一致。而麻韵章组的少数字有白读音出现在"七拿"中，如"赊"见于119号"鰕"[ɕyo]，"蔗柘赭"见于139号"左"[tso]。今日绍兴一带也有部分地区有类似情况，如表5所示。

表5

	遮蔗	车	赊舍赦	蛇射社
萧山城厢	[tso]	[tsʰo]	[so]	[zo]
萧山临浦	[tso]	[tsʰo]	[ɕyo]	[ʑyo]
绍兴杨汛桥	[tso]	[tɕʰio]	[ɕio]	[ɦio]
绍兴稽东	[tso]	[tɕʰio]	[ɕio]	[ʑio]
绍兴城区	[tso]	[tsʰo]	[so]	[zo]

根据金春华(2014)与大西博子(1999)，麻韵章组字有[i/y]介音的现象，主要分布于会稽山脉的西干山脉一带，大致在萧山与绍兴交界线南段。萧山临浦的麻韵章组字中，yo韵母仅出现在擦音声母[ɕ ʑ]之后（"乍~浦蛇赊畲舍~割~社信用社麝赦舍~草~"），而[o]韵母则出现在塞擦音声母[ts tsʰ dz]之后。而金春华(2014)调查到绍兴杨汛桥与稽东的"车"字声母为[tɕʰio]。此外，没有字同时有[yo]与[o]韵母两读的情况。[yo]、[o]两韵母的关系及形成原因尚不能确定。

《标韵》音系中，假开二麻韵见系文读音为[yo]韵母，与麻韵章组白读的[yo]韵母相同。而以上所列地区并非全部如此。各点的大体格局如表6所示（麻韵章组若有洪细两类，只列细音的一类）。

表6

	假开二三麻韵		
	章组_文	章组_白	见系_文
《标韵》	[tʃɛ]	[tɕyo]	
萧山城厢	[tse]	[tso]	[tɕio]

（续表）

	假开二三麻韵		
	章组_文	章组_白	见系_文
萧山临浦	[tsE]	[tɕyo]	[tɕyɔ]
绍兴杨汛桥	[tsE]	[tɕio]	
绍兴稽东	[tsE]	[tɕio]	
绍兴城区	[tsE]	[tso]	[tɕio]

根据笔者调查，萧山南部的临浦、所前、进化等地麻韵二等见系老文读为[yɔ]韵母，主元音不同于麻韵二等见系白读及其余声组的韵母[o]，而与效摄的主元音[ɔ]相同。

《标韵》音系中麻韵章组部分字为细音的现象，与上一节所介绍的宕江通摄知系的情况有一定程度上的类似。我们认为，《标韵》音系的基础方言，与萧山临浦、进化及绍兴杨汛桥、夏履、稽东一带的麻韵章组早期都一致，即存在[tʃ-]变[tɕ-]撮口呼的音变；后来受绍兴府城的影响，大多字音变为[tso]系；该影响一直波及萧山城区，只有萧山南片及绍兴西郊的一部分丘陵地区有部分字保留细音。至于为何擦音声母更倾向于保留[yo]韵母，有待深入的研究。

（二）从邪崇船禅日澄母

从邪崇船禅日澄母《标韵》音系中主要表现为[dz z dʑ ʑ]四个声母。[dz z]两个声母仅存在一个最小对立组，即"二十三麦"中同时有494号"杂"与495号"泽"；我们认为[z]声母仅存在于79号"寺"[zɿ]与494号"杂"[zeʔ]两个音节。而[dʑ ʑ]两个声母各有不少。该格局亦可从近代绍兴传教士记音及现代绍兴方言中看出。

现代绍兴话，中古澄母字基本全为[dz/dʑ]声母，而船禅从邪崇俟母及日母文读有[z/ʑ]声母或[dz/dʑ]声母两种情况（现代绍兴话尖团不分，[ts]组声母不见于细音）。粗粗统计可得：从邪母字[z/ʑ]、[dz/dʑ]各半，且有两读的往往白读[z/ʑ]，文读[dz/dʑ]；崇母字[z]、[dz]各半；船禅母及日母文读字多数[z/ʑ]、少量[dz/dʑ]。

而 *The Ningpo Syllabary* 附录中所记的绍兴音中，dz（即[dz]）声母字远比今日的[dz/dʑ]声母字多（传教士记音分尖团）。尤其是从邪母字，除了止开三一律记为[z]外,在传教士记音中几乎全为[dz]声母。传教士记音的从邪崇船禅日澄母字声母,除了[ts-]组与[tʃ-]组声母对立消失外,浊塞擦音与浊擦音的分布情况基本与《标韵》音系一致。

我们发现,现代杭州话的从邪母字也几乎全为[dz/dʑ]声母,甚至不存在[ʑ]声母(反映早期分尖团时[z]不见于细音)。陈忠敏(2015)认为"北部吴语从邪澄崇船禅等母原先的读音是浊擦音,读[dz]是杭州半官话的文读渗透层。随着杭州话权威地位式微,文读层在吴语里呈消退趋势;各地消退的程度不一,所以对应不整齐"。我们基本同意该观点,早期绍兴读书音中从邪崇船禅日母字读dz声母是受杭州影响而产生的文读音(绍兴一带的澄母字几乎没有读浊擦音声母的,应当不在此列)。

丁锋(2005)[158-159]认为今日绍兴[dz]声母字少于近代传教士记音是由于"浊塞擦音的擦音化"。我们认为,这是文白层次的差异。《标韵》音系及近代绍兴传教士记音所代表的早期绍兴读书音有大量[dz]声母字,而多数字在口语中仍保留[z]声母。在近百年的演变中,一方面,一些[dz]声母的文读音完全取代了原白读音;而另一方面,一些未进入口语的[dz]声母文读音逐渐消失,形成今日[z/ʑ]、[dz/dʑ]杂乱的局面。自源性[dz]变[z]的音变或许并不多。

(三) 果摄一等

果摄一等字大多在"七拿",而果摄合口一等见母字"锅果菓螺裹剐粿䯏过"与晓母字"火夥伙货"分别在369号"古"[ku]与370"虎"[hu]之中。该现象附近地区也有,见表7。

表7

		绍兴城区	绍兴柯桥	上虞百官	萧山城厢	富阳春江
见	戈	[ko]	[ko]	[ku]	[ko]	[ku]
	锅果裹过	[ku]	[ku]	[ku]	[ku]	[ku]
溪	科窠棵课	[kʰo]	[kʰo]	[kʰo]	[kʰo]	[kʰʊ]
	颗	[kʰo]	—	[kʰo]	[kʰo]	[kʰʊ]
疑	讹	[ŋo]	[ŋo]	[ŋo]	—	—
	卧	[ŋo]	[ŋo]	[ŋo]	[ŋo]	[ŋʊ]

《同音字类标韵》的音韵特点与音系性质

（续表）

		绍兴城区	绍兴柯桥	上虞百官	萧山城厢	富阳春江
晓	火货	[hu]	[hu]	[fu]	[hu]	[hu]
匣	和	[ɦo]	[ɦo, ɦu]	[ɦo]	[ɦo]	[ɦu]
	禾祸	[ɦo]	[ɦo]	[ɦo]	[ɦo]	[ɦu]
影	倭	[o]	[o]	[uo]	[o]	[u]
	窝	[o, u]	[o]	[uo]	[o]	[u]

北部吴语中，果摄合口一等部分字读为[u]韵母的现象仅出现于今绍兴、上虞、萧山、杭州、富阳一带，且辖字范围大致相同；此外台州临海、温岭等地果摄合口一等也有部分字为[u]韵母（黄晓东2007；阮咏梅2013）；而其他地区果摄开合一等同韵，并无分化。根据盛益民，李旭平（2018），该现象可能是受杭州影响而产生，具体将另文分析。

（四）蟹摄一二等

蟹摄一二等基本在《标韵》的"八为"[e/ue]、"十八该"[a/ia/ua]、"十九代"[e]。其中蟹摄合口一等（包括泰韵帮组）基本在"八为"[e/ue]，蟹摄开合口二等基本在"十八该"[a/ia/ua]，而蟹摄开口一等的哈韵与泰韵情况比较特殊，三大号中皆有分布。蟹摄开口一等字的读音情况列表如表8所示（表8中"八为"与"十九代"中字皆来自哈韵；"十八该"中字，"‖"之前来自哈韵，之后来自泰韵）。

表8

	八为[e/ue]	十八该[a/ia/ua]	十九代[a]
t	戴歹157.对[te]	歹戴襶‖带瘅421.带[ta]	—
tʰ	胎台147.退[tʰe]	台胎鲐邰贷䢡岱‖太泰汰414.太[tʰa]	—
d	—	怠殆逮迨霴黛埭騠‖笶大416.怠[da]	苔臺抬薹待代玳瑇袋425.代[de]
n	—	乃迺鼐奶耐褦‖奈柰413.奈[na]	—
l	来154.类[le]	来騋莱秾徕赉‖懒赖嬾籁癞濑嬾415.赖[la]	—
ts	—	灾灾哉栽载宰崽再400.灾[tsa]	—

（续表）

	八为[e/ue]	十八该[a/ia/ua]	十九代[a]
tsʰ	—	蔡 424. 差[tsʰa]	猜采彩採綵寀罞保菜采 426. 采[tsʰe]
dz	—	财才裁材纔在载 402. 柴[dza]	—
s	—	顋䚡揌赛塞 403. 衰[sa]	—
k	—	该剴陔改溉禝∥盖葢丐匄 398. 该[ka]	—
kʰ	—	—	开恺凯铠闿垲慨忾嘅欬 咳 427. 开[kʰe]
ŋ	—	—	呆礙碍∥艾 430. 艾[ŋe]
h	—	—	㧴海醢 428. 海[ŋe]
ɦ	—	—	欬孩亥佮∥害 429. 害[ɦe]
∅	—	—	哀埃欸爱僾瑷∥霭餲 431. 爱[e]

哈韵端组部分字出现两读，如"戴歹胎台来"等字；其中俗读在"八为"，注释说明"本音"即读书音在"十八该"。又"八为"中，156 号"翠"下注"俗读菜音详四百廿六号彩"，158 号"兑"下注"臺音详四百廿四号代"；"十八该"中，424 号"差"下注"本与四百廿六号采全一音今读分二音"；"十九代"中，425 号"代"下注"本与四百二十六号怠全一音今读分二音"，426 号"采"下注"本与四百二十四号差全一音"。"八为""十八该""十八该"三大号之间错综复杂的关系，由蟹摄开口一等字造成。

北部吴语中，一般哈韵为[e]，泰韵开口帮见系为[e]，其端系为[a]（只有"戴"字广泛存在两读，穿戴义[ta]，姓氏[te]，前者或许本字为"带"）。而近现代绍兴方言中不少哈韵字及泰韵开口帮见系字可读 a，这是其他地区所没有的。

The Ningpo Syllabary 附录中所记绍兴音中，"乃灾哉宰载忾哀"等字为 a 韵母，"盖"有 ka/kæ 两读；分析《越谚》中的注音可知，其"戴歹待采概改哀爱瑷亥盖害蔼"等字为[a]韵母。现代绍兴话中也有不少字可读[a]，该情况在绍兴城区最多，往外围逐渐减少，且具体辖字不太一致。

至于[e]与[a]两读的语体色彩，绍兴方言中，"埃"字在"苏维埃""埃及"等词中为[a]，而在口语词"埃糟"（垃圾）中为[e]，构成文白异读；而"态乃赛塞"等字只见于书面语,没有很常用的口语词。由此可知[e]为白读层,[a]为文读层。(绍兴咍韵及泰韵开口见系[e]、[a]文白关系的想法受蔡子文先生启发。)

根据现代咍泰韵读[a]韵母的词汇分布与地理分布,我们认为,绍兴早期读书音的咍韵及泰韵开口见系字全读[a]韵。《标韵》音系中蟹摄开口一等字的情况正反映出这一点。

除去[d]、[tsʰ]两声母注有"本与……全一音今读分二音",《标韵》的"十八该"与"十九代"声母完全互补。据此,我们认为两大号同为[a]韵母。少数字的俗读放在"八为"中,是口语为[e]韵母的记录。我们猜想,由于实际口语中[e]韵读音比较强势,《标韵》作者将[a]韵人为分为两个大号,使口语中读为[e]韵母的字独立成新一个大号"十九代";然而分韵工作进行得不够彻底,形成《标韵》中该类字分布于三个大号的杂乱局面。至于"八为"中的咍韵字数量过少,与"十九代"也看似互补,纯属巧合。

根据盛益民(2018),绍兴等地的文读音来源于杭州,建炎南渡将当时汴洛地区的通语传入杭州,新产生的临安官话作为权威语言影响外围地区。我们认为,该类[a]韵母读书音是受南宋以来的杭州官话影响而产生。该类字的早期绍兴读书音情况与杭州官话相平行。以《中原音韵》及现代杭州话为例,见表9(《中原音韵》拟音参考宁继福(1985);"绍兴"指《标韵》中少数字所反映的白读层,同现代绍兴白读层)。

表9

	蟹开一				蟹开二	
	泰韵帮组	咍韵	泰韵见系	泰韵端系	皆佳韵非见系	皆佳韵见系
中原音韵	[ui]	[ai]				[iai]
杭州	[ei]	[ɛ]				[iɛ]
标韵	[e]	[a]				[ia]
绍兴	[e]				[a]	

根据表9中的对应关系,我们认为绍兴读书音的[a]韵母是对杭州话[ɛ]韵母的折合(杭州话[ɛ]韵母在早期可能为[ai],近代传教士记音为ai,Simmons(1996)认为[ɛ]可能由双元音[ai]简化而来),而[e]韵母是对杭州

话[ei]韵母的折合。该读书音层次从绍兴府城产生,然后向四周扩散。至于为何折合为[ɑ]而非附近地区的[e/ɛ],或许是因为绍兴话的哈韵在较早时已变为[e],舌位较高,在本地人的感知上不如[a]接近[ai]。

此前,王洪君(2006)认为"哈韵的[ɑ]读是绍兴自源产生的一等向二等扩散的新读,不是外方言的移借";王福堂(2009)认为"[ɛ]哈韵开口韵也已经有一部分字按词汇扩散的方式向泰韵归并,韵母中除[ɛ]外现了另一读音[a]","早期的哈泰两韵是相互归并"。基于以上讨论,我们认为实际情况并非如此。

四、音系性质

《标韵》音系以读书音为主,并含有少量白读音。

周赛华(2015)[21]指出"书中音系应是当时绍兴方音的反映",而未给出具体地点。我们只知道作者为山阴县人,无法得知其籍贯、居住地等信息。但是,我们可以通过其音韵特点及书中其他信息确定其大致位置。

《标韵》中可用于判断其基础方言点位置的音韵特征主要有三:

1. 虞鱼韵精知章组字韵母为[y](特征一);
2. 宕江通摄知系(除阳韵知组)为[tɕ-]组声母撮口呼,与相应的见系合流(特征二);
3. 麻韵章组少数字白读为[tɕyo],与假开二见系文读合流(特征三)。

当今,只有绍兴的杨汛桥、夏履一带音系符合以上特征;考虑到较早期时特征二与特征三在绍兴的分布范围可能更广,绍兴西部如柯桥、柯岩、湖塘、漓渚等地也都有可能。

此外,《标韵》的注释中多次引用"越王峥""瓜渚湖""柯桥镇"等绍兴一带有名的地名。值得注意的是,"余支村""盛家图""小赭村"等一些并不出名的小地方也出现在书中。查阅资料可知:"余支村"即今绍兴柯岩的余渚村,"盛家图"即今余渚村的盛家渡;而"小赭村"即今绍兴华舍的小赭村,名称未改。据此我们猜测,作者居住地应该离这些地区不远。

综上所述,我们认为《标韵》音系的基础方言点在今绍兴西郊的某处,《标韵》音系反映了清中后期绍兴西郊的读书音体系,以及少量白读音。

五、结　　论

本文基于绍兴一带的方言,对《标韵》的音系进行了深入研究。对《标韵》音系拟音,并深入分析了其中几项音韵特点。

在作者信息不详的情况下,根据音系特点及书中一些信息,得出该音系的性质,为清中后期绍兴西郊的读书音体系(并含少量白读音)。

根据《标韵》音系的情况,我们猜想绍兴西郊一带音系在早期可能与萧山更接近,后期受到绍兴府城影响才逐渐变成今天的面貌。

参考文献

鲍士杰(1998)《杭州方言词典》,南京:江苏教育出版社。

陈忠敏(2015)论160年前上海话声母[dz]/[z]变异——兼论北部吴语从邪澄崇船禅等母读音变异现象,《方言》第4期:340。

丁　锋(2005)一百年来绍兴方言的语音演变,载上海市语文学会编,《吴语研究——第三届国际吴方言学术研讨会论文集》,上海:上海教育出版社。

黄晓东(2007)浙江临海方言音系,《方言》1期。

金春华(2014)吴语绍兴话方言地理学研究,复旦大学硕士学位论文。

宁波市地方志编纂委员会(1995)《宁波市志》,北京:中华书局。

宁继福(1985)《中原音韵表稿》,长春:吉林文史出版社。

阮咏梅(2013)《温岭方言研究》,北京:中国社会科学出版社。

盛益民(2012)吴语绍兴柯桥方言音系,载《东方语言学》编委会,上海高校比较语言学 E-研究所编,《东方语言学》第十二辑。

盛益民(2018)宋室南渡与临安官话对吴语的影响——若干词汇、语法的例证,*Language and Linguistics* 19(3):439-441。

——,李旭平(2018)《富阳方言研究》,上海:复旦大学出版社:362-363。

王福堂(2008a)绍兴方言同音字汇,《方言》第1期。

——(2008b)绍兴方言百年来的语音变化,载上海市语文学会,香港中国语文学会编,《吴语研究——第四届国际吴方言学术研讨会论文集》,上海:上海教育出版社:4-5。

——(2009)绍兴方言中蟹摄一等咍泰韵的分合,载余霭芹,柯蔚南主编,《罗杰瑞先生七秩晋三寿庆论文集》,香港:香港中文大学出版社:296。

王洪君(2006)层次与演变阶段——苏州话文白异读析层拟测三例,*Language and*

Linguistics 7(1):79。

王佳亮(2018)萧山临浦方言同音字汇,载陈忠敏,陆道平主编,《吴语研究——第九届国际吴方言学术研讨会论文集》,上海:上海教育出版社。

无锡市地方志编纂委员会(1995)方言,载无锡市地方志编委会编,《无锡市志》,南京:江苏人民出版社。

肖　萍(2011)《余姚方言志》,杭州:浙江大学出版社。

谢　斐(2009)《浙江上虞百官镇方言音系》,浙江师范大学硕士学位论文。

郑张尚芳(2010)吴语方言的历史记录及文学反映,载《东方语言学》编委会,上海高校比较语言学 E-研究所编,《东方语言学》第七辑:101。

周赛华(2015)《同音字类标韵》所记清中后期的绍兴话及其变化,《汉语学报》第 4 期。

大西博子(1999)《萧山方言研究》,东京:好文出版:173-177。

Simmons R V. (1996) An Early Missionary Syllabary for the Hangzhou Dialect. *Bulletin of the School of Oriental and African Studies* 59(3):521.

(200240　上海,上海交通大学船舶海洋与建筑工程学院　1217891411@qq.com)

《音韵崇正》音系述评*

周赛华

提要 文章对《音韵崇正》的音系进行了比较详细的描写,并对其中的方音特点做了重点介绍。

关键词 《音韵崇正》;音系;方音特点

《音韵崇正》成书于 1849 年,撰者刘学芬。作者在书前的自序后署有"道光二十九年岁在己酉孟春月中浣之三日笔　天山人① 刘学芬 时年七十有五"。该书包括以下内容:1. 自序和其学生詹瑞五的序。2. 例言。3. 切字法、隔标法、隔列法。4. 详释十二律、五音六律。5. 摘集应调总韵。6. 三十二字母。7. 启蒙五音母韵。8. 五音各韵。9.（宫音、商音、徵音、羽音、变音、入声）标射横图。

此书是仿照《韵法直图》和《韵法横图》所作。书中"五音各韵"就是按开合齐撮四呼把各韵平声分别与三十二个字母相拼,相当于直图,以书中"工"韵为例②:

1	2	3	4	5	6	7	8	9	10	11	12	13	14	15	16
工	空	頔	岘	东	通	童	脓	〇	〇	蓬	蒙	宗	葱	潨	鬆
17	18	19	20	21	22	23	24	25	26	27	28	29	30	31	32
〇	中	冲	虫	春	〇	烘	洪	翁	〇	风	逢	〇	〇	笼	戎

---

* 本文为国家社科基金项目"近代等韵研究缀补"（项目编号 15BYY103）阶段性成果之一。

① 作者署"天山"人,恐怕只是表明自己的超尘脱俗而已。未必是自己的真实的住地。作者的籍贯不详,只能从购书的地点推测（该书系本人购于衢州市柯城区）,可能是浙南一带人氏。另柯城区九华乡境内有齐天山,又名九华山,是著名的佛教圣地。或许"天山"是"齐天山"的省略。

② 原为直行,今改为横行。另外序号也是笔者所加,原书是没有的。

与《韵法直图》不同的主要是《韵法直图》中每图安排的韵都四声相承，而"五音各韵"只有平声韵。

书中"标射横图"是按开合齐撮四呼把各韵平声依次与三十二个字母相拼，以"宫音标射横图"中"工""光"韵为例①：

见	溪	郡	疑	端	透	定	泥	帮	滂	并	明	精	清	从	心
1	2	3	4	5	6	7	8	9	10	11	12	13	14	15	16
工	空	顒	峎	东	通	童	脓	〇	〇	蓬	蒙	宗	葱	潀	鬆
光	匡	狂	〇	当	汤	唐	囊	邦	潘	盘	忙	庄	仓	床	桑

邪	照	穿	状	审	禅	晓	匣	影	喻	非	奉	敷	微	来	日
17	18	19	20	21	22	23	24	25	26	27	28	29	30	31	32
〇	中	冲	虫	春	〇	烘	洪	翁	〇	风	逢	〇	〇	笼	戎
〇	张	昌	场	伤	常	荒	黄	汪	王	方	防	望	忘	郎	穰

"标射横图"按开齐合撮分开列图，而《韵法横图》不分四呼列图，只是在每韵前标明开口、合口、齐齿或撮口。此外，"标射横图"在图中韵字下面列出了四声相承的字，如"空字"下列有"孔控哭"，"东"字下列有"懂栋笃"。

一、音系及其音系性质

（一）声母

书中分三十二字母，即三十二个声母：

牙音：见溪郡疑　舌音：端透定泥　重唇音：帮滂并明　齿头音：精清从心邪　正齿音：照穿状审禅　喉音：晓匣影喻　清唇音：非敷奉微　半舌音：来　半齿音：日。

（二）韵母

在"摘集应调总韵"中，刘氏把韵分为宫音（合口）、商音（开口）、徵音（齐齿）和羽音（撮口）四类：

---

① 原书只有一行，因版面关系，文中分为两行，另原书在字母下有打码编号，今改为阿拉伯数字。

宫音(合口)	商音	徵音(齐齿)	羽音(撮口)
瓜光工孤乖傀昆官锅	迦冈高街钩根艰歌	加姜躬基骄金坚鸠	居君涓

在"启蒙五音母韵"中进一步分韵为六十(见下),即六十个韵母,并且四呼相配,另有变音四韵:该资割吴。

合口	瓜	○国	光	工	孤	○交	乖	傀	昆	官	○归	锅
开口	迦	○甲	冈	○公	○姑	高	街	钩	根	艰	○勾	歌
齐齿	加	结	姜	躬	基	骄	○皆	○吉	金	坚	鸠	○脚
撮口	○家	○诀	○疆	○弓	居	○娇	○该	○决	君	涓	○朱	菊

此书虽然仿照《韵法直图》和《韵法横图》,但进行了一定改变,这种改变有些是有意的,有些是无意的。但这些更改都透漏出时音的信息,是不可多得的汉语史语料。从大的方面来看,声母与《韵法直图》相同,在三十六字母的基础上,删掉了知彻澄娘四母,并入到照组字之中①。刘氏的改动主要在韵母方面,主要为:

1. 取消了闭口韵

在《韵法直图》和《韵法横图》中,保留了"甘、监、兼、金、簪"等深咸摄的闭口韵,在《音韵崇正》中,闭口韵都归入相应的山摄和臻摄。在"五音各韵"中:"官"韵下有"官宽权顽单滩潭南班攀彭蛮"。在"艰"韵下有"艰颜丹探谭难餐蚕山咸蓝"。在"坚"韵下有"颠天田拈编篇骈绵占缠搧掀贤烟盐"。在"根"韵下有"根登层真陈深衡恩分焚"。在"金"韵下有"金钦勤银形因寅"。

2. 取消了山摄三分的格局

在《韵法直图》和《韵法横图》中,保留了"官、关、涓"的分立。而在《音韵崇正》里,山摄完全合流了。从"启蒙五音母韵"中可以看到"官艰坚涓"同韵部,不同的只是介音上的区别。

---

① 刘氏在"例言"中说:"西域原列三十六字母,内知彻澄娘四母,知字入资韵照母下……是集删其四母,故列三十二字母。"

3. 梗(曾)摄与臻摄的分合

在《韵法直图》和《韵法横图》中，梗摄与臻摄是不同韵的，保留了"巾≠京;庚≠根"。在《音韵崇正》中，梗(曾)摄与臻(深)摄已经合流了。在"五音各韵"中"根"韵下有"根登层真陈深衡恩分焚"。

4. 麻韵三等字与麻韵二等字的分合

在《韵法直图》和《韵法横图》中，麻韵三等字与麻韵二等字不同韵，麻韵三等字为"迦"韵和"淀"，麻韵二等字为"嘉"韵、("拏"韵)和"瓜"韵。而在《音韵崇正》中，麻韵二三等字仍旧同韵部，不同只是介音。从"启蒙五音母韵"中可以看到"瓜迦加〇"四呼相配。

5. 入声韵进行了适当的合并

在《韵法直图》和《韵法横图》中，入声分为十六韵，而在《音韵崇正》中，入声只有九韵。大致把横图中"菊"韵与"橘"合并，"吉"韵与"结"韵合并，"甲"韵、"阁"韵与"革"韵合并，"刮"韵、"郭"韵和"钁"合并，"脚"韵与"角"韵合并。

(三) 音系性质

《音韵崇正》中反映的音系，应该是当时的读书音。理由如下：

1. 从音系的总的框架来看，不是当时口语音的反映

(1) 今柯城方音非组字大致是非敷母合流、奉微母合流。而在书中仍旧保持非敷奉微四母，显然是受直图的影响。

(2) 今柯城方音喻母与影母合流，书中仍保留喻母，显然也是受直图的影响。

(3) 今柯城方音日母字读音比较复杂，其中绝大部分口语常用字与泥娘疑母细音合流。但书中日母字与泥娘疑母字对立。在"徵音标射横图"下，疑母列字有"娘浓宜尧银年牛"，日母列字有"戎儒饶人然柔"，这种独立显然是直图或官话的影响。

(4) 今柯城方音从澄母字多跟日禅母或邪母合流。但书中从澄母基本独立，不跟日禅母或邪母相混。在"徵音标射横图"下，日母列字有"戎儒饶人然柔"，禅母列字有"常时韶神蟾雠"，从母列字有"墙崇齐樵秦前愁"，邪母列字有"邪祥松囚"，这种对立应该是直图的影响。

(5) 今柯城方音蟹摄开口四等齐韵、止摄开口三等之支脂微见晓组字与同摄的精组字(部分知章组字)合流，读舌尖音。但书中见晓组字跟唇音、舌头音合流，在书中归"基"韵，读的是舌面元音，而精组字(部分知章组字)归

"资"韵,读舌尖音,这种对立显然是直图或官话的影响。

(6) 今柯城方音梗摄开口二等舒声字白读音与阳韵字合流,而在书中梗摄开口二等字归在"根"韵,阳韵字归在"姜"韵,这种对立显然是直图或官话的影响。

(7) 在今柯城方音中阳韵合口三等字、江韵、唐韵与阳韵开口三等(庄组字除外)是不同韵部的,主要元音有对立。但在书中江宕摄字归在开合齐三呼相承的"光、冈、姜"韵中,主要元音相同,这显然是受直图或官话的影响。

(8) 在今柯城方音中,山摄字还大致能三分。而在书中山摄字已经合流,归在四呼相承的"官艰坚涓"四韵中。这显然是受官话的影响。

(9) 在今柯城方音中,果摄字与模韵字合流。而在书中,模韵字归在"孤"韵,果摄字归在"锅"和"歌"韵。这显然是受直图或官话的影响。

从整个音系来看,既有传统的继承,又能向官话靠近,同时也受到方音的影响。这种混合的语音系统正是吴语区读书音的特点。(周赛华 2017)

2. 刘氏在"例言"中说:"为学贵有根底,是集首列各图及三十二字母,俾学者开卷一览,便知五音源头。"又说:"是集颜曰'音韵崇正',尚为平仄设也。"可见作者编书的目的是为读书人方便,而不是为一般的市农工商而设的。

当音系性质确定后,可以把书中的声韵系统构拟如下:

声母:见[k]、溪[kʰ]、郡[g]、疑[ŋ];端[t]、透[tʰ]、定[d]、泥[n];帮[p]、滂[pʰ]、并[b]、明[m];精[ts]、清[tsʰ]、从[dz]、心[s]、邪[z];照[tʃ]、穿[tʃʰ]、状[dʒ]、审[ʃ]、禅[ʒ];晓[x]、匣[ɣ]、影[Ø]、喻[j];非[f]、奉[v]、敷[ ]①、微[m̥];来[l]、日[ʐ]。

韵母:瓜[ua]、迦[a]、加[ia];结[iɛʔ];光[uaŋ]、冈[aŋ]、姜[iaŋ];工[oŋ]、躬[ioŋ];孤[u]、基[i]、居[y];高[au]、骄[iau];乖[uai]、街[ai];傀[ue]、钩[e];昆[uən]、根[ən]、金[iən]、君[yən];官[uan]、艰[an]、坚[ian]、涓[yan];鸠[iəu];锅[uo]、歌[o]、菊[yoʔ]。

变韵:该[ei]、资[ɿ][ʅ]、割[əʔ]、吴[ŋ̍]。

入声韵:国[uɛʔ]、郭[oʔ]、谷[uoʔ]、甲[ɛʔ]、脚[ioʔ]、诀[yɛʔ]。

---

① 在书中敷母下列的字,除了敷字外,其他的都是微母字,跟微母下的字大多相同。可见书中敷母已经不存在了。

二、书中反映的方音现象

《音韵崇正》中，作者有意无意透漏出了一些方音信息，是宝贵的语音史资料。现分条列出如下[今方音为柯城区老派读音，引自《衢州市柯城区方言音系》(黄晓东 2010)]。

1. 山咸摄一等韵部分字与江宕摄字合流

在"五音各韵"中，"光"韵下有：光匡狂端汤唐囊。在"冈"韵下有：冈康帮滂盘汇穅含庵鸳穰。在"标射横图"中，"光"韵"当"字下四声相承有"党断掇"，"囊"字下有"煖懦○"，"帮"字下有"榜半○"，"潘"字下有"拚胖○"，"盘"字下有"拚畔○"，"桑"字下有"爽算朔"，"郎"字下有"朗乱落"。在"标射横图""冈"韵"冈"字下四声相承有"敢绛各"，"康"字下有"坎看恪"，"昂"字下有"○岸岳"，"忙"字下有"满○莫"，"庄"字下有"缵壮卓"，"穅"字下有"沆汉喝"，"含"字下有"罕翰曷"，"安"字下有"盍暗遏"。

山咸摄	班	滩	含	岸	罕	关	湾	纂
	ã	ã	ã	ã	ã	uã	uã	ã
江宕摄①	章	昌	商	将	良	枪	相	央
	yã	yã	yã	iã	iã	iã	iã	iã

2. 部分止摄合口三等字与虞鱼韵字合流，即"支微入鱼"

在"标射横图"中"居"韵下有"居窥衢鱼睢趋须徐诸虚垂於如"。其中"衢"字下四声相承有"讵馈局"，"睢"字下有"沮醉足"，"趋"字下有"取翠促"，"须"字下有"髓絮肃"，"虚"字下有"许税旭"，"垂"字下有"许瑞○"，"於"字下有"与畏育"。

归	贵	锤	喂	围	水	吹
y	y	y	y	y	y	y

3. 曾梗臻深四摄合流

在"标射横图""根"韵下有"根登腾能奔烹盆门争层生真称陈深神亨衡

---

① 在书中江宕摄字合流。但今柯城方音中，阳韵与唐江韵字读音有差别。

恩分焚"。"金"韵下有"金轻勤银丁听廷兵平明精清秦心因淫"。

盆	焚	登	清	金	深	心
ən	ən	ən	in	in	yən	in

4. 麻韵三等字与麻韵二等字仍同韵部

在"标射横图""迦"韵下有"迦牙拏爬麻楂叉沙遮车奢佘霞鸦"。在"标射横图""加"韵下有"加嗟邪也野"。

爬	牙	邪	鸦	瓜	遮	车
ɑ	ɑ	iɑ	iɑ	uɑ	yɑ	yɑ

5. 蟹摄开口二等的牙喉音字仍旧读洪音

在《韵法直图》和《韵法横图》中,"该≠皆"。但在"标射横图""街"韵下有"街揩崖排埋斋钗柴谐来"。

埋	斋	街	该	揩	来	柴
ɛ	ɛ	ɛ	ɛ	ɛ	ɛ	ɛ

6. 知章组字在遇摄合口三等、山摄合口三四等和臻摄合口三等前与见组字合流

在"羽音标射横图"下有:

见	溪	郡	照	穿	晓	匣
居	窥	衢	诸	㩁	虚(许税旭)	垂(许瑞〇)
君(准〇诀)	春(蠢〇屈)	群	钧	倾	薰(迥舜血)	醇(炯顺述)
涓	棬	传(犬倦〇)	嵩	穿	萱	悬

另在"五音各韵""涓"韵下有"涓川权源"。

川	春	传	准	诸	钧	薰	顺	悬	犬	君	舜	圈
tɕʰ	tɕʰ	dʑ	tʃ	tʃ	tʃ	ʃ	ʒ	ʒ	tɕʰ	tɕ	ʃ	tɕʰ

7. 蟹摄开口一等咍韵的精组字和部分端组字与部分止摄合口三等字和部分蟹摄合口一等字合流

在"宫音标射横图"中"傀"下有：傀堆台杯培梅栽催才追吹谁回煨为来蕤。"台"字下四声相承有"腿代○"，"栽"字下有"载再○"，"催"字下有"彩菜○"，"才"字下有"彩在○"，"来"字下有"儡累六"。

在今柯城方音中，这两组字不同音，读音却比较接近。但在临近的遂昌，读音确实相同，但读开口，不读合口。而书中一等咍韵字读合口，还是有一定差异的。下面把今遂昌方音也列举如下：

回	腿	代	再	催	彩	菜	才	来	累	杯	堆	煨	例字
ue	e	ɛ	ɛ	ɛ	ɛ	ɛ	ɛ	ɛ	e	e	e	ue	柯城
uei	ei	ei	ei	ei	ei	ei	ei	ei	ei	ei	ei	uei	遂昌

8. 流摄一三等字不同韵部

从"启蒙五音母韵"可以看出，流摄一三等字分为"钩"韵和"鸠"韵，不是开齐相配的，即不同韵部，主要元音有差异。今柯城方音基本上还保存着这种差别。不同的是三等尤韵的端组字（如丢流等字）与一等的侯韵字同韵。一等侯韵牙喉音字仍旧保留着复合元音，但舌齿音字受声母同化的影响，舌位前移，同时因发音的不便，导致韵尾的失落，从而变成了单元音。

鸠	丢	秋	周	优	柔	钩	偷	楼	欧
io	e	io	io	io	io	ɤɯ	e	e	ɤɯ

9. 流摄一等字与蟹摄合口一等和止摄合口三等部分字同韵部

从"启蒙五音母韵"可以看出"傀"韵和"钩"韵合开相配。今柯城方音蟹摄合口一等和止摄合口三等部分字除了牙喉音字仍旧保持合口音外，其他已经读开口，与流摄一等字同韵（牙喉音字除外）了。

魁	堆	杯	追	灰	煨	钩	偷	楼	欧
ue	e	e	e	ue	ue	ɤɯ	e	e	ɤɯ

10. 止摄合口三等微韵的非组字读细音

在"五音各韵"中"基"韵列有"基溪低梯皮西夷非沘微黎"等。

非	淝	微	基	低	皮	西	夷	黎
i	i	i	ɿ	i	i	i	i	i

11. 庄组字绝大部分与精组字合流与知章组字对立

如在"五韵各韵"中:"光"韵下有"庄苍床桑○"与"章昌长伤常"对立;"迦"韵下有"楂叉搽沙○"与"遮车○奢佘"对立;"根"韵下有"争撑层生○"与"真称陈深神"对立;"鸠"韵下有"啾秋愁修囚"与"周抽紬收雠"对立;"割"韵下有"作错濯朔○"与"酌勺○烁○"对立;等等。

庄	叉	争	愁	真	遮	秋	周	濯	酌
tʃ	tsʰ	ts	z	tʃ	tʃ	tʃ	tʃ	○	ʒ

12. 泥娘母细音与疑母细音合流

在"徵音标射横图"疑母下列字有"娘浓宜尧银年牛"。其中有四声相承的字为:娘字"仰○玉";宜字"拟义业";尧字"○尿孽";银字"你蘭业";年字"○○念业";牛字"纽○玉"。

娘	宜	尧	银	年	牛	玉	仰	纽	你
ŋ	ŋ	ŋ	ŋ	ŋ	ŋ	ŋ	ŋ	ŋ	ŋ

再看四个变韵①。

13. 该韵

这韵字只有蟹摄开口一等咍韵的牙喉音字,如"该开哀獃"。

在今柯城方音中,蟹摄开口一等咍韵字与蟹摄开口二等字是同音的(包括蟹摄开口一等泰韵字)。但在临近的遂昌,两者牙喉音字的读音是不同的。

街	盖	揩	凯	鞋	艾	该	开	呆	哀
a	a	a	a	a	a	ei	ei	ei	ei

---

① "资"韵,主要是指舌尖元音。另入声比较复杂,跟今音差距比较大,加上没有四呼相配,因此很难跟今音进行对应比较,故略"割"韵的讨论。

14. 吴韵

这韵字主要是遇摄合口一等模韵的疑母字,如"吴午悟"。

在今柯城方音中,这些字有声化韵的又读。

吴	午	悟	五	租	虎	乌
ŋ/ŋu	ŋ/ŋu	ŋu	ŋ/ŋu	tsu	xu	u

15. 声调

在"标射横图"中,列字四声相承,即平上去入。但在"例言"说:"平去入三声,有阴阳之别。惟上声无之。学者不可不知。乐府尤重,凡调韵调平仄,须顺口得其自然之音调去,在前之字为阳,在后之字为阴。如一东内,通童二字同韵,东通童侬,通字在前为阳平,童字在后为阴平。通桶恸诧、童桶洞读,恸字为阳去,洞字为阴去。诧字为阳入,读字为阴入。一先内,天田二字入坚韵。颠天田拈,天字居前为阳平,田字居后为阴平之类是也。余仿此。《诗法度针》以出口轻呼为阳,出口重呼为阴。所论甚为妥当。但通天二字本出口轻呼为阳,童田二字出口重呼为阴,彼误以通天二字出口重呼为阴,童田二字出口轻呼为阳,其说大非。今辨正之。"

在今柯城方音中,声调正是七个。

阴平	阳平	上	阴去	阳去	阴入	阳入
323	212	35	53	242	5	12

传统声调分阴阳,是根据声母的清浊,清声母的为阴,浊声母的为阳。但书中分阴阳是根据音高,音高高的为阳,音高低的为阴。在柯城方音中,清声母字的音高高于浊声母字的音高,故清声母字为阳,浊声母字为阴。

《音韵崇正》本是为读书音而作,但作者在贯彻自己的思想时做得不彻底,或者说作者的音韵水平不高,在书中不时掺杂了自己的方音。正是这种无心之过,为我们保留了大量的方音信息。这些方言特点,对于我们了解当时南部吴语具有重要的参考价值,是研究语音史或方音史的不可多得的宝贵资料。

参考文献

耿振生(1992)《明清等韵学通论》,北京：语文出版社。

——(1993)《论近代书面音系研究方法》,《古汉语研究》第4期。

黄晓东(2010)衢州市柯城区方言音系,载上海市语文学会,香港中国语文学会编,《吴语研究——第五届国际吴方言学术讨论会论文集》,上海：上海教育出版社。

衢州市志编纂委员会编(1994)《衢州市志》,杭州：浙江人民出版社。

邵荣芬(2009)释《韵法直图》,载邵荣芬,《邵荣芬语言学论文集》,北京：商务印书馆。

遂昌县志编纂委员会编(1996)《遂昌县志》,杭州：浙江人民出版社。

周赛华(2017)明末吴语正音书《声韵表》音系述要,《古汉语研究》第2期。

(430062　武汉,湖北大学中文系　zhouzshbs@sina.com)

《汉语大词典》补订九则

蒋远桥

提要 《汉语大词典》义项完备,释义确切。在使用中发现一些该词典的失误,分释义不准、书证误配、书证后起三类,对随牒、击、爰、立表、皇代、杼轴、侧望、渚宫、三爵等九词进行补订。

关键词 《汉语大词典》;释义;书证;补订

《汉语大词典》(以下简称《汉大》)是收录汉语词汇最多的大型权威词典,古今兼收,源流并重,所收条目义项完备,释义确切,层次清楚,文字简练,能够反映汉语词汇发展演变的面貌,出版之后,普惠学林。后汉语大词典编纂处又组织人员通读词典,整理学术界研究成果,就立目、释义、书证、注音、体例等问题,进行订补,编成《汉语大词典订补》(2010)。使用《汉大》时,笔者记下一些资料,在查核《汉语大词典订补》后觉得仍有价值,把它们整理出来,供《汉大》第二版编纂工作参考。

一、释义不准例

(一) 随牒

"随牒"一词《汉大》释义为:

> 据以授官的委任状。《汉书·匡衡传》:"平原文学匡衡材智有余,经学绝伦,但以无阶朝廷,故随牒在远方。"颜师古注:"随牒,谓随选补之恒牒,不被超擢者。"宋陆游《夜读〈岑嘉州诗集〉》诗:"晚途有奇事,随牒得补处。"清钱谦益《河南按察司按察使卢维屏授通议大夫制》:"尔自筮仕以还,皆用随牒平进,可谓不汲汲矣。"

按,《汉大》所引书证,"随牒"只用作状语,不应解释为名词性短语。"牒"作为政府公文有多种性质和用途,则"随牒"相应地也有多种不同的意思。如《汉大》"牒"义项④为"授予官职的文书",则"随牒"当解释为"依随、按照授予官职的文书(前去任职)",这也是该词的常用义,不可或缺。在文献使用中,"随牒"常常特指"以次第受职而不越等",与"平进"意思相似,即《汉大》所给出的书证用义。综合"随牒"其他用例,其释义可修订为:

① 依随原有公文。《后汉书·马援列传》:"援在陇西上书,言宜如旧铸五铢钱,事下三府,三府奏以为未可许,事遂寝。及援还,从公府求得前奏,难十余条,乃随牒解释,更具表言。帝从之,天下赖其便。"

② 依随、按照授予官职的文书(接受职务)。《旧唐书·德宗本纪》:"朕顷缘兴师备边,资用不给,遂权议减官,以务集事。近闻授官者皆已随牒之任,扶老携幼,尽室而行。"《旧唐书·赵憬传》:"后连为州从事,试江夏尉。累迁监察御史,随牒藩府,历殿中侍御史、太子舍人。"

③ 以次第受职而不越等。《汉书·匡衡传》:"平原文学匡衡材智有余,经学绝伦,但以无阶朝廷,故随牒在远方。"颜师古注:"随牒,谓随选补之恒牒,不被超擢者。"《南齐书·褚渊》:"今以近侍禁旅,进升中候,乘平随牒,取此非叨。"《北史·刘璠传》:"少慷慨,好功名,志欲立事边城,不乐随牒平进。"清钱谦益《河南按察司按察使卢维屏授通议大夫制》:"尔自筮仕以还,皆用随牒平进,可谓不汲汲矣。"

(二) 击

"击"字《汉大》义项⑥为:

振翅飞翔。唐杜甫《八哀诗·赠司空王公思礼》:"飞兔不近驾,鸷鸟资远击。"毛泽东《沁园春·长沙》词:"鹰击长空,鱼翔浅底,万类霜天竞自由。"

按,击字由本义"打""敲打",引申有"攻打""搏杀"义,却引申不出《汉大》义项⑥的"振翅飞翔"义。《汉大》此义项书证一杜甫《赠司空王公思礼》诗"飞兔不近驾,鸷鸟资远击"二句,可以翻译为"飞兔骏马不在近处驱驰,鸷鸟依靠飞得高远、蓄足势力后的扑杀"。杜甫诗用"鸷鸟远击",语本《孙子兵法·势篇》"故水之疾至于漂石者,势也;鸷鸟之击至于毁折者,节也"、《六韬·发启》"鸷鸟将击,卑飞敛翼;猛兽将搏,弥耳俯伏"、《史记·越王勾践世家》"且鸷鸟之击也,必匿其形"等句。诸人设譬取向不同,但其中"击"字解释为"搏杀"而非"振翅飞翔"则是一致的。书证二毛泽东《沁园春·长沙》"鹰击长空,鱼翔浅底"句中的"击",虽然与"翔"对举,但意思与"翔"并不相同。这句词中,毛泽东正是以鸟之翱"翔",来类比显出鱼游于水的酣畅自在;而以鹰在长空中攻"击"搏杀,写其生机勃发,进而写诗人意气,挥斥方遒。作者使用"击"字,并不仅仅是为了表现鹰的飞翔,也不仅仅是为了表现动感,其目的是在表现不同于一般的飞翔和动感,即飞翔和动感的特殊之处。这里的鹰飞,是鹰击杀其他动物之前的蓄势,一击而能凡鸟毁折,搏击时节奏的短促,与飞翔时节奏的平缓乃至于趋于静态完全不同。而鹰击的动作,隐含着的"何当击凡鸟,毛血洒平芜""鹰鹘念搏击,岂贵食满肠"的慷慨激昂,也非一般的飞翔甚至"矫健有力"的飞翔所具备。这种文学创作"陌生化"的目的,正在于区别于该词正常的词典义,如果《汉大》在"击"下直接隶有"振翅高飞"的义项,则鹰也只是振翅高飞于长空,与鱼"高飞"于浅底全无差别,也就抹杀了作者用字的心思。

"远击"一词《汉大》的解释为"谓长途出击"。杜甫"飞兔不近驾,鸷鸟资远击"二句,是在说司空王思礼足以"长驱远驭"而得"洗剑青海水,刻铭天山石",所以杜甫用"远击"二字。在诗歌的上下文中,"远击"似乎可以理解为"长途出击",不过结合词源,杜诗中的"远击"解释为"从远处攻击"更为平易。与毛泽东《沁园春》词中的"击"字相似,杜甫这种遣词造句,更适宜看作文学创作的技巧,而非该词在语境中可以用这一义项来解释。东汉陈琳《檄吴将校部曲文》:"夫鸷鸟之击先高攫,鸷之势也。"六臣注《文选》吕延济注:"攫,执也,言鸷鸟击物必先高飞者,取其势也。""鸷鸟""击"这样的字词放在一起,以前代文献为基础用事用典,既增加了诗句的丰富复杂,同时也对语义阐释形成源流上的强大束缚。另外,如果把诗中的"远击"理解为"长途出击",则杜甫诗句中的"资"字也会无法落实。

因此,可删去《汉大》"击"字义项⑥"振翅飞翔";将《汉大》"远击"的释义修订为:

① 长途出击。《汉书·赵充国传》:"奉诏出塞,引军远击。"明焦竑《玉堂丛语·筹策》:"若欲穷追远击,又恐六师往还万里,馈运艰难,士马疲劳。"

② 从远处攻击。唐杜甫《八哀诗·赠司空王公思礼》:"飞兔不近驾,鸷鸟资远击。"清陈鑫《太极拳论》:"至于击人则视人之远近,远则展开胳膊可以及人,近则胳膊不能展开,故用屈肘合捶打,极有含蓄,外面全不露形迹,被击者即跌倒,方为上乘。盖远击易,近击难,故得多下功夫才能如是。"

(三) 爰

"爰"字《汉大》列有"变更""犹曰""及,到"等义项,而未列其本义。

《说文解字》:"爰,引也,从爪从于。"爰字象二手相引之形,甲骨文作↗,有援引、持有义,被借为语词后,新增手旁为"援"字以替"爰"。《汉大》不出此义项,或与词典编写的体例及当时编写过程有关。虞万里(2012)在回忆《汉大》收词原则、编写细则及步骤细节时写到,"各编写组在印制工作本的同时,应将那些孤证、义不明或难解的词目作为'存目'附于工作本之末","在加快进度理念的制约下,编写组、编纂处已经无法顾及附于工作本之后的孤证、难解条目,多半不再去寻找相应的资料予以补充完善,所以相当一部分可以甚至应该立目的词条和义项被漏落了"。

检索文献,我们可以发现"爰"字援引、持有的用例。《史记·六国年表》"绵诸乞援"句,南朝宋裴骃集解《音义》曰'援,一作爰'",南朝梁刘令娴《祭夫徐敬业文》有"德爰礼智,才兼文雅"句,可以译为"道德拥有礼智,才情兼备文雅",其中"爰"字,与"兼"对言,都是动词,可理解为"同时持有、拥有"。因此,"爰"的释义,可在《汉大》原有基础上加上其本义作为义项①:

① 援引,持有。《说文》:"爰,引也,从爪从于。"《史记·六国年表》:"绵诸乞援。"南朝宋裴骃集解:"《音义》曰:'援,一作爰。'"南朝梁刘令娴《祭夫徐敬业文》:"君惟德爰礼智,才兼文雅。"

二、书证误配例

(四) 立表

"立表"一词《汉大》义项③为:

……后因以"立表"为严明军纪之典。南朝梁沈约《与谢朏敕》:"倾首东路,望兼立表。"

沈约《与谢朏敕》句的上下文为:"是用虚心侧席,属想清尘。不得不屈兹独往,同此濡足。便望释萝袭衮,出野登朝。必不以汤有惭德,武未尽善,不降其身,不屈其志,使璧帛虚往,蒲轮空归。倾首东路,望兼立表。""倾首"两句,是作者写自己盼望之真诚急切。倾首,侧头,与"侧耳"类似,表示恭敬急切地期待回音。兼,犹"兼人""兼寸"之"兼","胜过"的意思。立表,设置日晷以计时,晋陆机《思归赋》:"愿灵晖之促景,恒立表以望之。""倾首东路,望兼立表"两句,可以译为"我侧耳东路,期待回音,盼望之急切,犹胜于立表计时"。所以沈约例句,应入《汉大》"立表"义项①"古代计时方法之

一。在阳光下竖立木桩,观察它的影子以测定时间"之下。或者在义项①后增加如下部分:

亦以立柱测时来表示急切。晋陆机《思归赋》:"愿灵晖之促景,恒立表以望之。"南朝梁沈约《与谢朏敕》:"倾首东路,望兼立表。"

"立表"的意思其实是要看"表"的意思,"表"有不同的性质作用,则"立表"便也有不同的含义。如《汉大》"表"字义项⑩为:

指石碑。唐杜甫《石笋行》:"恐是昔时卿相冢,立石为表今仍存。"鲁迅《且介亭杂文·韦素园墓记》:"弟丛芜,友静农,霁野立表;鲁迅书。"

则相应地,"立表"还可以增加如下的义项:

竖立碑石。汉《张迁碑》:"刊石立表,以示后昆,共享天祚,亿载万年。"《水经·鲍丘水注》:"刊石立表,以纪勋烈。"

《张迁碑》的例句,比杜甫《石笋行》诗句早出,可以作为《汉大》"表"字义项"石碑"的初始书证。

(五) 皇代

"皇代"一词《汉大》义项①为:

传说中的三皇之世。……亦泛指古代。南朝梁任昉《为卞彬谢修卞忠贞墓启》:"樵苏之刑,远流于皇代。"

《为卞彬谢修卞忠贞墓启》是卞彬为感谢朝廷修缮其高祖卞壶(谥忠贞)墓而请任昉写的一封书启。青溪栅一役,卞壶战死,二子眕、盱同时见害,卞氏昌耀门第,为之一变。启文中说"门绪不昌,天道所昧,忠构身危,孝积家祸",是对晋朝未能给予卞壶及卞氏更多荣耀而表示不满。接下去说"但加等之渥,近阙于晋典;樵苏之刑,远流于皇代",是把晋代轻视忠臣、未加优渥,与齐朝(本朝)重视先烈、修缮旧坟进行对比,以褒美当朝、感谢皇恩。樵苏之刑,用秦朝尊重柳下季坟墓的典故。《战国策·齐四》载颜斶见齐宣王,说到秦攻齐时的命令"有敢去柳下季(展禽)垄五十步而樵采者,死不赦"。所以,"但加等之渥,近阙于晋典;樵苏之刑,远流于皇代"全句可译为"只是加等而葬的优渥,不见于前代晋朝的典制;砍柴刈草于展禽墓垅即杀无赦的刑法,却远远流传到了当下国朝"。

所以,任昉例句中"皇代"是对当朝的尊称,此书证当入该词义项②即"犹言国朝;当今之世"。

（六）杼轴

《汉大》义项②为：

指纺织。……亦泛指女子纺织持家之劳。南朝梁何逊《为衡山侯与妇书》："聊陈往翰，宁写款怀。迟枉琼瑶，慰其杼轴。"

何逊"聊陈往翰，宁写款怀。迟枉琼瑶，慰其杼轴"句可译为"我聊且在去信中如此陈述，却写不尽我款款深情。期盼你投以木桃报以琼瑶，屈尊回信，宽慰我织锦般的思念"。"迟"为等待、比及义，引申出相望、期待的意思。枉，谓枉屈对方。琼瑶，美玉，语本《诗·卫风·木瓜》"投我以木桃，报之以琼瑶"句，喻对方的复信。其，第一人称代词。杼轴，织布机的部件，以喻构思、心思，陆机《文赋》"虽杼轴于予怀，怵佗人之我先"、《宋书·志序》"每含毫握简，杼轴忘飡"句，皆以织喻诗文之构思，何逊句则以杼轴之织喻思念的情怀，即上句中的"款怀"，与以织锦喻构思类似。

所以，应删掉义项②中"亦泛指女子纺织持家之劳"部分，而在义项③"比喻诗文的组织、构思"后增加"亦泛指心思、情怀"部分，何逊文句可作为书证。

三、书证后起例

（七）侧望

"侧望"一词《汉大》解释为：

① 侧身而望。唐杜甫《奉送十七舅下邵桂》："昏昏阻云水，侧望苦伤神。"② 侧身伫望。表示十分想望。《三国演义》第四回："乃命李儒读策曰：'孝灵皇帝早弃臣民，皇帝承嗣，海内侧望。'"

按，《汉大》"侧身伫望。表示十分想望"义之书证为小说《三国演义》，该文句属于后起。董卓该策见载于《三国志·魏志·董卓传》注引《献帝起居注》，可以此为书证，另外还可增加其他书证，义项②补订如下：

② 侧身伫望。表示十分想望。《三国志·魏志·董卓传》注引《献帝起居注》载策："孝灵皇帝不究高宗眉寿之祚，早弃臣子。皇帝承绍，海内侧望。"《魏书·宣武纪》载正始三年二月（506）《求言诏》："是以侧望忠言，虚求谠直。"萧纲《与魏东荆州刺史李志书》："密驿轻邮，侧望归简。"

另外，《汉大》"侧望"义项①"侧身而望"，是把"侧望"仅视为静态的动作描写，鲜有文献用例，其所举杜甫《奉送十七舅下邵桂》"昏昏阻云水，侧望苦伤神"诗句，也是自然地隐含着思念情感。所以，也可以考虑把两义项合而为一，将"侧望"释为：

侧身而望，表示思念、想望、期待。《三国志·魏志·董卓传》注引《献帝起居注》载策："孝灵皇帝不究高宗眉寿之祚，早弃臣子。皇帝承绍，海内侧望。"《魏书·宣武纪》载正始三年二月（506）《求言诏》："是以侧望忠言，虚求谠直。"萧纲《与魏东荆州刺史李志书》："密驿轻邮，侧望归简。"唐杜甫《奉送十七舅下邵桂》："昏昏阻云水，侧望苦伤神。"

（八）渚宫

"渚宫"一词《汉大》解释为：

春秋楚国的宫名。……亦代指江陵。唐刘禹锡《元和癸巳岁仲秋诏发江陵凯旋之辰卒尔成咏寄荆南严司空》："蛮水阻朝宗，兵符下渚宫。"

按，《南齐书·谢朓传》载，子隆在荆州，"朓以文才尤被赏爱，流连晤对，不舍日夕"，后萧遥光、江祏谋反，拉拢谢朓不得而联名奏启，皇帝复诏中有"昔在渚宫，构扇蕃邸，日夜纵诱，仰窥俯画"几句，可为"亦代指江陵"义更早的书证。

（九）三爵

"三爵"一词《汉大》义项③为：

三只鸟雀。爵，通"雀"。明杨慎《华烛引》："六螭税驾眠虞渊，三爵行栖珠树烟。"

杨慎句语本北周庾信《灯赋》"九龙将暝，三爵行栖，琼钩半上，若木全低"句。这种词句，涉及六龙、烛龙、青鸟、三足乌等多个典实，再加上骈辞俪句的样式，容易形成纷杂的"语义团"，作为词典某一义项的书证并不十分适合。若以杨慎句为书证，自然不如以更为早出的庾信文句为书证。故可将义项③修订为：

三只鸟雀。爵，通"雀"。北周庾信《灯赋》："九龙将暝，三爵行栖，琼钩半上，若木全低。"

参考文献

陈　曦(2016)《六韬译注》，北京：中华书局。
汉语大词典编辑委员会，汉语大词典编纂处(1993)《汉语大词典》，上海：汉语大词典出版社。
汉语大词典编纂处(2010)《汉语大词典订补》,上海:汉语大词典出版社。
李　零(1991)《孙子兵法注译》,成都:巴蜀书社。
严可均(1958)《全上古三代秦汉三国六朝文》,北京:中华书局。
虞万里(2012)《汉语大词典》编纂琐忆,《辞书研究》第 2 期。

(200433　上海,上海市教育考试院命题办　jiangyuanqiao@163.com)

CONTENTS

The Semantic Elements of Verbs Meaning "*huàn*"（换）and the Relevant Sentence Patterns ··· **Lu Ying-shun**（1）

   Abstract: The term "semantics" in the present paper means the cognitive elements evoked by the verb *huàn*（换）and the like, which mean "exchange". The term "sentence pattern" refers to the linear order of those cognitive elements evoked by a certain cognitive scene after they are profiled twice. This paper gives a comprehensive description of the various kinds of sentence patterns based on the elements of syntactic structure mapping, and also gives an explanation of the relevant phenomena. In addition, it attempts to explore the syntactic and semantic similarities and differences among those verbs by means of the different levels of cognitive scenes.

   Key words: cognitive scene; sentence pattern; verbs *huàn* and the like

The Formation and Emergence of *zhide* Constructions
   ··· **Cai Shumei**（14）

   Abstract: By describing the meaning and usage characteristics of *zhide*（值得）as a lexical item, this paper firstly points out that its conceptual basis is a comment on the value of things in terms of the necessity of making relevant actions from the perspective of telic roles. And then it investigates the forming process and features of *zhide*（值得）constructions driven by the projection from the semantic structure（[XP] corresponds to [YP]）to the syntactic structure. Finally, this paper derives the grammatical meanings of *zhide*（值的）constructions based on the information provided by specific context. It is genealized that the formation of construction and the emergence of grammatical meaning are interactive among multiple interfaces, which also provides the structural basis and cognitive paths for people to recognize and understand constructions as well as their meanings.

Key words: *zhide* (值得) constructions; construction formation; grammatical meaning; emergence

On the Function of "zhè/nàzhǒng" from the Perspective of Interaction
·· **Yin Zhiping** (29)

Abstract: In modern Chinese, the syntactic distribution of "zhè/nàzhǒng", a rough counterpart of "this/that kind of" in English, change on three levels. First, the construction expands its modified object from nominal elements to verbs and adjectives; second, the construction first precedes its modified object and then can also occur after its modified object; third, the construction also has some extraordinary colloquial usage. The change of the construction's syntactic distribution leads to the enhancement of its pragmatic function. The pragmatic function of the construction is mainly to establish the interaction between hearing and speaking parties for identifying the referent based on the sharing of knowledge. The interactive function of the construction marks the discourse characteristics of a dialogue.

Key words: zhe/na kind words; interaction; common ground

Review of and Reflection on Sentences Containing "ba(把) NP gei(给) VP" ·· **Cheng Yaheng** (47)

Abstract: Sentences containing "Ba(把) NP Gei(给) VP" is a pattern with high frequency in Chinese. In such sentences, the VP can be of a VRC structure, a VDC structure, a VO structure, and a verbal reduplication structure such as VV, V yi(一) V, V le(了) V. Moreover, the VP can be a "V zhe(着)" which expresses state-lasting. In still other cases, the VP can take the "yi(一) V" form. The causative mark Gei(给) in the structure of "Ba(把) NP Gei(给) VP" derives from the dative constructure "Gei(给)". The sentence of "Ba(把) NP Gei(给) VP" includes two subsystems, i. e. , disposition and causation, which are in a changing continuum. Also, in sentence containing "Ba(把) NP Gei(给) VP", adverbials can appear between "Gei(给)" and VP.

Key words: the sentence of "Ba(把) NP Gei(给) VP"; causative mark; continuum; cause; management

A Cognitive Grammar Perspective on Argument Alternation: The Case of Two Retained-object Constructions in Mandarin Chinese
·· **Wang Liyong** (60)

Abstract: A special variant of *ba* and *bei* constructions in Mandarin Chinese is one where the verb takes a retained object. Zhang & Tang (2011), focusing only on the *ba* construction, classified the retained-object constructions into two general types in accordance with whether there exists a possessive relation between the inner and outer objects, as exemplified by the contrast between sentences like *wo ba juzi bo-le pi*(我把橘子剥了皮) and *wo ba shui jiao-le hua* (我把水浇了花). They argue, from the perspective of generative grammar, that these two sub-constructions correspond syntactically with two different kinds of applicative structures, hence their differences in syntactic behavior and semantic restriction. However, within the framework of cognitive grammar, employing the notion of symbolic nature of language, this paper argues that depositing abstract syntactic categories is totally unnecessary. No matter which element serves as the *ba* object, it is the result of selecting some entity as the focus of attention. What's more, the differences between the two sub-constructions derive from the interaction between focusing as a way of construing events and the concept content encoded by the relevant event. This paper provides a new perspective for the phenomenon of argument alternation in Mandarin Chinese.

Key words: retain-object constructions; applicative structures; symbolic grammar; construal; conceptual content

Examples of the Structure of "*shang*" after the Speaking Verb "*cao*"
·· **Lyu Pei & Yu Yibing** (76)

Abstract: There are many examples for "*cao shang*". Based on previous research and language facts, we think that both "*qi*" and '*shang*' are aspectual markers like "*zhe*" in the structure of "*cao(zhe/qi/shang) + NP*". On the one hand, NP is the object of manner in the structure of "*cao(zhe/qi) + NP*". On the other hand, NP is the object of manner or object of result in the structure of "*cao shang* + *NP*". *Cao*-type verbs can be changed from hand gestural verbs to speaking verbs or psychological verbs.

Key words: speaking verb; *cao*; *shang*; object of manner; object of result

On the Semantic Change of *Liào* ("料") in News Headlines
·· Qiu Liying & Li Shuangjian (87)

Abstract: It can be proved from multiple aspects that *liao* ("料") in news headlines has been undergoing a change from $liao_2$ [probability] from $liao_1$ [guess] in recent years. The construction "S + *liao* + V + O" is the syntactic context of the semantic change from $liao_1$ to $liao_2$, the agent of *liao* is not the subject (S), and the relationship of S and V in the construction is subject-predicate or agent-verb.

Key words: news headlines; *liao* ("料"); semantic change; word order

Construction Morphology and a Unified Interpretation for Word Compounding and Derivation ·· Yuan Ye (100)

Abstract: Although traditional morphology and the current mainstream DM morphology try to demarcate the borderline between compounding and derivation, this paper holds from the Construction Morphology (Booij 2010, 2016) perspective that they can be unified with constructional schemas of a proper degree of abstraction. Starting from the overlapping and duality phenomena found in prefixation, affixoid and synthetic compound instances, with the guidance of construction morphology (CM), this paper attempts to interpret the commonality of and the convertability between some of the compound and derived words. By contrasting the different analyses from traditional morphology, mainstream distributed morphology (DM), and CM, it is shown that CM enjoys obvious directness, mental reality, and theoretical generality.

Key words: construction morphology; compound; derived word; synthetic compound; construction schema

A Study on Internal Combination of Sememe of Verb-noun Compounds in Modern Chinese ···························· Song Beibei & Su Xinchun (115)

Abstract: This paper makes a comprehensive and systematic investigation of the internal combination of verb-noun compounds. It proposes the concept of components of sememe and its principles of segmentation. This paper summarizes and constructs the type and level system of the components of sememe. The combination mode of the components of sememe is discussed in details. The internal combination mode is divided into three main types: the basic combination mode, the extended combination mode and the superposed combination mode. The basic combination mode is the main combination mode. The internal combination mode is divided into 24 minimal types. There are three main minimal types of combination mode. Finally, it points out the significance of the study of sememe internal combination.

Key words: verb-noun compounds; sememe; component of sememe; combination mode

The Origin and Emerging Mechanism of Sentence-final Particle *De*
.... **Liang Yinfeng** (131)

Abstract: The paper discusses the origin and emerging mechanism of the sentence-final particle *De*. We hypothesizes that the sentence-final particle *Di* emerged in Song Dynasty, and was in an embryonic stage as early as in Five-Dynasties. It is argued that the sentence-final particle *Di* emerged in the construction 'M + Shi + DJ *Di*'. At first, the word *Di* was used as a nominalizer in the construction 'M + Shi + DJ *Di*', and then was involved a reanalysis whereby the sentence-final particle *Di* emerged. Additionally, the sentence-final particle *Zhe* in Archaic Chinese played an important analogical role during the grammaticalization process of sentence-final particle *Di*.

Key words: sentence-final particle; *De*; origin; emerging time; emerging mechanism

The Diachronic Evolution of "Zhigu" in Late Ancient Chinese
.... **Zong Shouyun & Yao Haibin** (152)

Abstract: As a verb phrase, "zhigu" originally means that somebody concentrates on somethhing. In Yuan dynasty, "zhigu" was also a mood adverb, meaning that the addresser asks the addressee to do something attentively. On the other hand, "zhigu" can express continuity. This paper argues that the motivation of the evolution of "zhigu" is abduction and conventionalization of implication. Finally, "zhigu develops from a modal adverb to a conjunctive adverb, and the motivation of this change is image-schema transformation.

Key words: Zhigu; abduction; conventionalization of implication; image-schema transformation

From Hypothetical Negation to Selection and then to Suggestion——The Lexical formation and Evolution of *Zaibu*(再不) ······ **Liu Hongni** (164)

Abstract: There are three different uses of *Zaibu*(再不) in Chinese. *Zaibu*$_1$ (再不$_1$) means a hypothetical negative, *Zaibu*$_2$(再不$_2$) means selection, and *Zaibu*$_3$(再不$_3$) means making a suggestion. The path of lexicalization of *Zaibu* (再不) is: *Zaiburan*(再不然)→*Zaibu*$_1$(再不$_1$) →*Zaibu*$_2$(再不$_2$)→*Zaibu*$_2$ (再不$_2$). The change from *Zaiburan*(再不然) to *Zaibu*$_1$(再不$_1$) is the result of reduction of Pronouns. While the change from *Zaibu*$_1$(再不$_1$) to *Zaibu*$_2$(再不$_2$) then to *Zaibu*$_3$(再不$_3$) and from hypothetical negation to selection then to suggestion is a process from objectivity to subjectivity then to intersubjectivity, which is also accompanied by the change of semantic content and the change of syntactic forms of the relevant sentences before and after *Zaibu*(再不).

Key words: *Zaibu*(再不); lexicalization; hypothetical negative; selection; suggestion

A Note of Colloquial Words in Vernacular Novels ········· **Li Weida** (175)

Abstract: There are many common words in vernacular novels; however, it is difficult to determine what they mean. This paper discusses the meaning of *boxue*(剥削)、*chejir*(扯鸡儿)、*chugong*(出矿)、*chui*(吹)、*jiaodi*(脚地) and *tiao*(跳), and corrects the generalizations of the existing literature.

Key words: vernacular novels; colloquial words; meaning

An Analysis on the Mandarin Components of Function Words in *Introduction to the Wenchow Dialect* ···················· **Yuan Dan & Hu Tingting** (184)

Abstract: *Introduction to the Wenchow Dialect* written by Montgomery is a textbook for teaching the Wenzhou dialect to foreigners in the 19th century. However, investigating the grammatical system of the book, we find that the Wenzhou dialect recorded in it is not trueborn Wenzhou dialect, but mingled with some mandarin components, and the borrowing of function words is particularly complicated. This paper mainly depicts three mandarin components of function words in the book in details, compares them with the counterparts in real Wenzhou dialects, and analyses the ways of borrowing as well as the reasons. The three mandarin components mentioned are: a. the mandarin component "把" replacing the dialectal word "逮"; b. mandarin components replacing language structures related to "走"; c. the mandarin components of interrogative words.

Key words: *Introduction to the Wenchow Dialect*; function word; mandarin component *Yuyan Zierji*; language contact

The Analysis of Salutation-Selected System of Modern Chinese on Four Dimensions ················· Shao Changchao (197)

Abstract: There are many researches on salutation of modern Chinese language, but the content and methods of research mainly focused on the psychological and pragmatic motivations. However, the salutation system is too complex and difficult to be fully clarified. In this paper, based on the characteristics and the internal features, we extracted four internal variable parameters and dimensions: degree of respect; degree of formality, discriminative degree, familiar degree. Furthermore, combined with questionnaires on four variable parameters, we expand the quantitative analysis and explore the rules of salutation in the case of conventional and unconventional conditions. We pointed out the way of generating choices of appellations and their variation with respect to pragmatic needs, and reveal constraints of salutation into the scientific paradigm that can effectively guide and regulate people's ways of salutation.

Key words: salutation; degree of respect; degree of formality; discriminative degree; familiar degree

The Current Situation and Trend of Chinese Discourse Analysis in the New Century ················· Huang Bing & Zhang Xiaoyu (211)

Abstract: Since the new century, the introduction of the world's leading linguistic ideas and the Sinicization of textual research have promoted the rapid development of discourse research. As an important platform for the academic achievements of rhetoric in China, *Contemporary Rhetoric* has given full attention to the research of discourse, and has published a large number of Chinese discourse research papers, which greatly expanded the field of Chinese discourse research and promoted the academic quality and level of Chinese discourse research. This paper takes the Chinese discourse analysis papers published in *Contemporary Rhetoric* in the new century as the object of research. Through the survey of these papers from multiple perspectives, we try to show the current situation and trend of Chinese discourse analysis in the new century.

Key words: Chinese discourse analysis; *Contemporary Rhetoric*; current situation; trend

An ACO Simulation of Vowel Change ························ **Jiao Lei** (223)

Abstract: The Ant Colony Optimization (ACO) algorithm is one kind of heuristic algorithms which is widely applied in solving the Travelling Salesman Problems (TSP). In this study an optimized ACO model is proposed to simulate the process of vowel shift change. The outcome of the simulation shows strong similarity between the process of vowel chain shift and the process of self-organization of the ants. As a result, several famous historical vowel chain shift processes can be successfully predicted and explained by this optimized ACO model, which indicates that it is valuable to apply the heuristic algorithms in the research of language evolution.

Key words: vowel evolution; ACO algorithm; lexical diffusion theory

How Linguistic Experience Shapes Tone Perception——The Perception of Mandarin Tone 1 and Tone 3 by Mandarin and Min speakers
·· **Wu ShengYi** (240)

Abstract: This study discusses how linguistic experience shapes tone perception by investigating the perception of Mandarin tone 1 and tone 3 in disyllabic words by two groups of speakers (the Mandarin group and the Min (Datian) group). Based on an AX identification experiment and a discrimination experiment, we found that: First, whether tone perception is categorical or not cannot be determined, as we found both types of results. Second, linguistic experience may shapes tone perception in two ways. On the one hand, tone perception may be influenced by the tonal system in speakers' L1. For instance, the Min group is more sensitive to pitch changes than the Mandarin group in that Datian dialect has a very complex tonal system. On the other hand, tone perception is also subject to influenced by speakers' phonological knowledge in their L1 or L2. For example, both groups heard more "tone 3" in the initial position and "tone 1" in the final position, which might be attributed to the influence of Mandarin tone sandhi. Because of the "half third" tone sandhi rule, tone 3 in initial position is realized as a low tone rather than a contour one, which might facilitate the response of "tone 3" in initial position. In general, tone perception is not only limited by psycho-physic factors, but also shaped by linguistic perception.

Key words: linguistic experience; tone perception; categorical perception; identification and discrimination

Nasal Sound Changes in Naxi Dialects
······························ **Li Zihe, Pan Jingjing, Dai Huteng** (254)

Abstract: This research focuses on nasal sound changes in Naxi dialects. Pre-nasalized stops and affricates have existed in the stage of Proto-Naish. In some dialects pre-nasalized stops and affricates have lost their nasal element, while in Malimasa pre-nasalized stops have become nasals of the same places of articulation due to recent innovations which competes with the ongoing disappearing of nasal elements. Both sound changes take place in a way of lexical diffusion. The contrast between nasalized rhymes and oral rhymes cannot be traced back to the stage of Proto-Naish which phonetically have had nasalized rhymes. The reason for the emergence of nasalized rhymes should be attributed to rhinoglottophilia. Dialects like Yongning and Malimasa have the contrast between nasalized rhymes and oral rhymes as a result of sound and lexical changes in later periods.

Key words: Naxi; pre-nasalized initials; nasalized rhymes; rhinoglottophilia; lexical diffusion

A Sociogeolingistic Research on the Jian-tuan phonemes in Shandong Juxian ·· **Qi Haifeng** (271)

Abstract: The Jian-tuan phonemes existing in many villages of Shandong Juxian were investigated by means of sociogeolinguistics. Data were collected in 17 typical villages in Juxian. According to the geographical variation and age-related differences, we generalize the development of the Jian-tuan phonemes and analyzed the nature of their variation.

Key words: Jian-tuan Yin; sociogeolinguistics; Age-related difference; Variation

The Dynamic Spectral Characteristics of Vowels in Open Syllables of the Shanghai Wu ·· **Ling Feng** (280)

Abstract: A revised Lobanov vowel normalization was adopted to process the formant values of vowels in Shanghai Wu. The Euclidean distance between the beginning and end of each vowel, which was defined as the dynamic character of a vowel, was calculated based on the normalized data. It is found that the dynamic character of a typical monophthong is less than 1 bark, while that of a typical diphthong is more than 2 bark. The boundary between monophthong and diphthong is 1.5 bark. According to this standard, the vowels such as [E、i、y、ʌ、o、ø、ɔ、ɿ、u、yø] in new accent of Shanghai Wu are monophthongs, [iɤ、uʌ、iʌ、iɔ、uE、uei] are polythongs, and [ei、ɤ、iE] have monophthongized and diphthongized variations.

Key words: Shanghai Wu; vowel; dynamic spectral characteristics

The Phonological Characteristics and Nature of *Tongyin Zilei Biaoyun* (《同音字类标韵》) ··· **Wang Jialiang** (295)

Abstract: The phonological system of *Tongyin Zilei Biaoyun* (《同音字类标韵》), which is a rhyme book of the Shaoxing dialect in late Qing dynasty, is analyzed in this article, and is compared with modern dialects in Shaoxing and of nearby areas. It has several significant phonological characteristics such as two sets of initials from the Zhi (知) group; [y] medial of most characters from the Zhi (知) group of some rhymes; quantities of initial [dz] or [dʒ] from Cong (从), Xie (邪), Chong (崇), Chuan (船), Chan (禅), and Ri (日) initial; [u] rhyme of some characters from the Guo (果) group, Hekou (合口), Divion I; uniformity between Divion I and Divion II of Xie (蟹) group, Kaikou (开口), both of the [a] rhyme. Finally it comes to the conclusion that *Tongyin Zilei Biaoyun* (同音字类标韵) reflects the literary phonological system of a Wu dialect in the western suburb of Shaoxing in the middle and late Qing dynasty. Meanwhile, it is supposed that the evolution of dialects in western Shaoxing and Xiaoshan was influenced strongly by the dialect of central Shaoxing.

Key words: *Tongyin Zilei Biaoyun*; Shaoxing dialect; phonological characteristics; phonological nature

A Review of the Phonological System of *Yinyun Chongzheng*
.... **Zhou Saihua** (313)

Abstract: This article offers a detailed description of the phonological system of *Yinyun Chongzheng*, and highlights some of the phonological features in it.

Key words: *Yinyun Chongzheng*; phonological system; phonological features

Nine Revisions of *Hanyu Da Cidian*(《汉语大词典》)
.... **Jiang Yuanqiao** (324)

Abstract: The definition of *Hanyu Da Cidian* (《汉语大词典》) is basically complete and precise. However, there are still some omission or mistakes related with of the documentary evidence. Our research suggests nine revisions.

Key words: *Hanyu Da Cidian*; definition; documentary evidence; revision

稿　　约

一、《语言研究集刊》刊登语言学各领域的学术论文、评论,每年出版两辑,每辑35万字左右。

二、本集刊欢迎国内外学者赐稿。来稿投电子文本即可,请寄编辑部邮箱:yuyanxue@ fudan. edu. cn;或登录《语言研究集刊》网站(http:∥yjjk. chinajournal. net. cn/)在线投稿。请勿寄编委会或编辑成员个人,以免遗失或延误。如作者本人认为需寄纸质文本,请寄:中国上海市邯郸路220号,复旦大学中文系《语言研究集刊》编辑部(邮编200433)。稿件一经刊出,即致薄酬和样书二册。

三、来稿一般不超过15 000字,题目、作者名、单位、提要和关键词均需中英文对照。电子文本请寄简体中文版word版和PDF版两种。本刊实行双向匿名评审,所以PDF版请投两份,一份有作者信息,另一份则不出现作者本人信息、基金项目(如有)、"参拙著"之类提示性文字。Word版只需一份,具有作者信息。正文末请附e-mail联系地址。除必须使用繁体字、异体字外,请使用简体字。

四、来稿请勿用word中的自动格式(如章节、例句排序等)。撰写格式如下:

1. 题目为宋体小二号加粗占1行居中,作者名为楷体小四号占1行居中。"提要"2字和"关键词"3字为黑体五号,提要、关键词内容为宋体五号;提要和关键词部分两端各缩进两个字符。正文为宋体五号。

2. "提要"2字和"关键词"3字顶格,后分别空1格,然后续写提要和关键词,关键词之间用分号隔开。正文首行空2格,单独成段的引文和例句采用仿宋体,不用引号,且首行空2格,回行不空格。

3. 大的章节,请用"一、二、三"等编序,序号和标题用楷体四号占3行居中。小节用"(一)、(二)、(三)"和"1.、2.、3."等编序,序号和小标题用黑体五号顶格,占1行。例句如需编序,请用"(1)、(2)、(3)"等,并全文统一编号。

4. 国际音标请用 IPAPANNEW 字体,并用"[ ]"标明,声调用数码上标。

5. 行文中如需注明观点或引文、例句的出处,应采用以下格式:

赵元任(1934)指出……

"…………"(王力1958:17-19)

"…………"(段玉裁《说文解字注》)

6. 图表请在左上方用"图1""表2"等排序,黑体小五号顶格。附在文末的图表在图表左上方加注"附图1""附表3"等。

7. 正文后隔开2行附参考文献。"参考文献"4字黑体小五号顶格,所列文献用宋体小五号,并依作者姓名的拼音字母顺序编排,首行顶格,回行空2格。西文文献排在中文文献、日文文献后。现代文献的编辑依次为:作者名、括注发表或出版年份、文章题目(西文用正体)或书名(中文加书名号,西文用斜体)、期刊名(中文加书名号,西文用斜体)期数或出版社名。作者名勿用简称。古代文献的编辑依次为:作者名、括注朝代、书名。同一作者的文献,按发表或出版时间先后排列。文章题目或书名与期刊名或出版社之间用逗号分开,最后加句号。参考文献只列正文实际涉及的文献。

8. 基金项目、鸣谢等采用脚注,注释亦采用脚注,并用带圈数字表示序号,如①、②等。

以上各条可参考本刊近期已发表的论文(纸质或图片形式。期刊网上下载的本刊论文格式均已改变)。

五、请勿一稿多投。文责由作者自负。

六、来稿审读时间约为三至六个月,不论录用与否,一般不退原稿。是否录用,由编辑部通过 e-mail 通知。来稿如无特别声明,为了统一体例、格式等,本刊可能会对稿件做技术性的修改或删节,并请作者审阅校样。

七、本刊已加入"中国知网"电子期刊出版系统,所发文章均可在期刊网(www.cnki.net)上检索并下载。凡给本刊投稿的作者,均视为已知晓并接受其论文上线发表。

八、文章一经发表,版权属《语言研究集刊》所有。在其他出版物上转载、选编已发表的论文,需特别注明"本文首发于《语言研究集刊》第×辑"字样。

图书在版编目(CIP)数据

语言研究集刊.第二十三辑/复旦大学汉语言文字学科《语言研究集刊》编委会编.—上海:上海辞书出版社,2019
 ISBN 978-7-5326-5317-1

Ⅰ.①语… Ⅱ.①复… Ⅲ.①语言学-丛刊 Ⅳ.①H0-55

中国版本图书馆 CIP 数据核字(2019)第 038634 号

语言研究集刊(第二十三辑)
复旦大学汉语言文字学科《语言研究集刊》编委会 编

责任编辑	马　沙
装帧设计	杨钟玮

出版发行		上海世纪出版集团 上海辞书出版社(www.cishu.com.cn)
地	址	上海市陕西北路457号(邮编:200040)
印	刷	常熟文化印刷有限公司
开	本	787×1092毫米　1/18
印	张	$19\frac{6}{18}$
字	数	347 000
版	次	2019年4月第1版　2019年4月第1次印刷
书	号	ISBN 978-7-5326-5317-1/H.689
定	价	80.00元

本书如有质量问题,请与承印厂质量科联系,电话:0512-52219025